D1920123

Ergänzende digitale Inhalte

Dieses Symbol weist auf ergänzende digitale Inhalte hin. Rufen Sie zur Nutzung **www.westermann.de/metzler-100212** auf oder verwenden Sie den QR-Code. Geben Sie anschließend den Online-Schlüssel ein.

Online-Schlüssel
KND5-96WE-MHSK

westermann

Metzler Physik

EINFÜHRUNGSPHASE

Metzler Physik EINFÜHRUNGSPHASE

herausgegeben von und mit Beiträgen von
Peter Lingemann

in Teilen eine Bearbeitung von ISBN 978-3-14-100100-6 (Gerhard Glas, Joachim Gomoletz, Dr. Andreas Kratzer, Joachim Krause, Peter Lingemann, Georg Peters, Dr. Herbert Kurt Schmidt, Claudia Seelmann), **von ISBN 978-3-507-17010-0** (Joachim Krause) und **von ISBN 978-3-507-17028-5** (Dr. Herbert Kurt Schmidt)

Zum Schülerband erscheinen:
Lösungen, ISBN 978-3-14-100214-0

westermann GRUPPE

Druck A[1] / Jahr 2022
Alle Drucke der Serie A sind im Unterricht parallel verwendbar.

Grafiken: Enrico Casper, Ulrich Kilian, Peter Lingemann, Liselotte Lüddecke, newVISION! GmbH, Birgit und Olaf Schlierf
Layout: Janssen Kahlert Design & Kommunikation GmbH, Hannover
Umschlaggestaltung: LIO-Design GmbH, Braunschweig
Repro/Druck/Bindung: Westermann Druck GmbH, Georg-Westermann-Allee 66, 38104 Braunschweig

ISBN 978-3-14-**100212**-6

INHALTSVERZEICHNIS

1 MECHANIK

1.1 Kinematik **5**
1.1.1 Beschreibung von Bewegungen 5
ERKUNDEN & EINSTEIGEN 7
1.1.2 Die geradlinige Bewegung mit konstanter Geschwindigkeit 8
METHODE: Messwerte erfassen (I) 10
EXKURS: Die Basiseinheiten der Zeit und der Länge 11
1.1.3 Durchschnittsgeschwindigkeit und Momentangeschwindigkeit 12
METHODE: Näherungsweise Ermittlung von Momentangeschwindigkeiten aus Zeit-Weg-Daten 14
METHODE: Messunsicherheit und signifikante Stellen 15
1.1.4 Die geradlinige Bewegung mit konstanter Beschleunigung 16
METHODE: Linearisierung – Auswertung von Messdaten 18
1.1.5 Der freie Fall 20
1.1.6 Bewegungsgleichungen 23
METHODE: Flächeninhalte unter t-v-Graphen 24
1.1.7 Geschwindigkeit und Beschleunigung als vektorielle Größen 26
1.1.8 Ungestörte Überlagerung 28
1.1.9 Wurfbewegungen 30
METHODE: Messwerte erfassen (II) – Videoanalyse 32
VERSTEHEN & VERNETZEN 34
ERKUNDEN & EINSTEIGEN 35

1.2 Dynamik **36**
1.2.1 Das Trägheitsprinzip 36
1.2.2 Die Grundgleichung der Mechanik 38
1.2.3 Wechselwirkung und Impuls 41
1.2.4 Das Kräftegleichgewicht 44
1.2.5 Träge und schwere Masse 47
1.2.6 Kräfte an der schiefen Ebene 46
METHODE: Vektoren in Komponenten zerlegen 47
1.2.7 Haftkräfte und Reibungskräfte 48
1.2.8 Die gleichförmige Kreisbewegung 50
1.2.9 Zentripetale Kräfte 52
EXKURS: Kurvenfahrt eines Fahrrads 54
1.2.10 Trägheitskräfte 55
1.2.11 Strömende Medien 58
EXKURS: Luftwiderstandsbeiwert 59
EXKURS: Kräfte auf rotierende Bälle – Magnus-Effekt 59

1.3 Energie und Impuls **60**
1.3.1 Mechanische Energie 60
1.3.2 Kinetische und potenzielle Energie 62
1.3.3 Energieübertragung bei Reibung 64
1.3.4 Energieerhaltung 65
METHODE: Rechnen mit Einheiten 68
1.3.5 Energiestrom – Leistung 69
1.3.6 Impuls und Impulserhaltung 70
1.3.7 Impulserhaltung in der Ebene 74
1.3.8 Rückstoßprinzip 76

1.4 Rotation starrer Körper **78**
1.4.1 Die gleichmäßig beschleunigte Drehbewegung 78
1.4.2 Drehimpuls und Drehimpulserhaltung 80

Grundwissen **84**
EXKURS: Simulation Fall mit Luftwiderstand 84
V&V: Verkehrsphysik: Brems- und Anhalteweg 85
VERSTEHEN & VERNETZEN 86

2 GRAVITATION

2.1 Die Gravitationskraft **88**
2.1.1 Das Sonnensystem 88
ERKUNDEN & EINSTEIGEN 89
EXKURS: Ein schwarzes Loch im Zentrum der Milchstraße 89
2.1.2 Die Kepler'schen Gesetze 90
2.1.3 Das Gravitationsgesetz 90
Drehwaage: Messung Gravitationskonstante 92
Astronomische Massenbestimmung 93
2.1.4 Gravitationsgesetz und Masse 94
EXKURS: Schweremessungen und Gravimetrie 94
EXKURS: 1969 – die ersten Menschen auf dem Mond 94

2.2 Bewegungen im Gravitationsfeld **95**
2.2.1 Die Gravitationsfeldstärke 95
2.2.2 Ebbe und Flut 96
2.2.3 Energie im Gravitationsfeld 97
2.2.4 Satelliten und Raumfahrt 98

2.3 Weltbilder **100**
2.3.1 Von der Antike zu Kepler und Newton 100
2.3.2 Das heutige kosmologische Weltbild 102
Dunkle Materie, dunkle Energie 104
EXKURS: Kometen- und Meteoriteneinschläge 105

Grundwissen **106**
VERSTEHEN & VERNETZEN **107**

3 ELEMENTE DER RELATIVITÄTSTHEORIE

3.1 Äther und absoluter Raum **108**
Das Michelson-Interferometer 109
ERKUNDEN & EINSTEIGEN 110

3.2 Postulate und Relativität der Gleichzeitigkeit **112**
EXKURS: Das Global Positioning System (GPS) – Relativitätstheorie im Alltag 112

3.3 Eigenzeit und Zeitdilatation **114**

3.4 Myonen im Speicherring **116**
EXKURS: Das Hafele-Keating-Experiment – Atomuhren messen die Zeitdilatation 117
V&V: Zeitdilatation durch Gravitation 118

3.5 Längenkontraktion **119**

3.6 Masse und Energie **120**

V&V: Dynamische Masse 121
V&V: Welche Uhr geht langsamer? 121
Grundwissen **122**
VERSTEHEN & VERNETZEN **122**

4 ELEMENTE DER WÄRMELEHRE

4.1 Grundlagen **124**
4.1.1 Temperaturmessung 124
4.1.2 Die allgemeine Gasgleichung 126

4.2 Energieumwandlungen **127**
4.2.1 Der erste Hauptsatz der Thermodynamik 127
EXKURS: Zur Geschichte des ersten Hauptsatzes der Thermodynamik 128
4.2.2 Eine Wärmekraftmaschine 130
4.2.3 Wirkungsgrad von Energieumwandlungsprozessen 132

4.3 Die Entropie **133**
4.3.1 Irreversible Vorgänge 133
4.3.2 Die Definition der Entropie 134

4.4 Die Strahlungsgesetze **136**

Grundwissen **137**

ANHANG

Lösungen 138
Sachwortverzeichnis 142
Bildquellenverzeichnis 143
Tabellen 144

1 MECHANIK

Die Mechanik wurde von Galileo GALILEI (1564–1642) und Isaac NEWTON (1643–1727) als Wissenschaft begründet. GALILEI fand die Gesetze für die Fallbewegung auf der Erde, NEWTON entwickelte die Grundlagen zum Verständnis der Bewegungen auf der Erde und der Bewegung der Planeten um die Sonne. Die physikalischen Begriffe und Größen der Mechanik sind auch in allen anderen Bereichen der Physik von Bedeutung. An Problemen und Fragestellungen aus der Mechanik kann die Denk- und Arbeitsweise der Physik exemplarisch gezeigt werden.

Die Mechanik wird eingeteilt in die Kinematik und in die Dynamik. Die Kinematik beschreibt, wie sich Körper bewegen und nach welchen Gesetzen Bewegungen ablaufen. Die Dynamik fragt nach den Ursachen für bestimmte Bewegungen, also nach dem Zusammenhang zwischen Kräften und Bewegungsformen.

1.1 Kinematik

Die **Bewegungen,** die Körper in unserer Umwelt ausführen, sind meistens kompliziert. In allen Einzelheiten lassen sich ihre Abläufe nur mit großem mathematischen Aufwand beschreiben und erklären. In diesem Kapitel werden die Größen zur quantitativen Beschreibung von Bewegungen eingeführt und die Gesetzmäßigkeiten einfacher **Grundformen der Bewegung** behandelt. Es ist zu erwarten, dass dann komplizierte Bewegungen auf die Grundformen zurückgeführt und mit ihrer Hilfe beschrieben oder vorhergesagt werden können.

1.1.1 Beschreibung von Bewegungen

Für die rechts abgebildeten Beispiele eines 100-m-Laufs (**Abb. 2**), einer Fahrt eines Segelbootes (**Abb. 3**) und eines Flugs eines Verkehrsflugzeugs (**Abb. 4**) soll im Folgenden gezeigt werden, wie Bewegungen beschrieben und aufgezeichnet werden.

- Die 100-m-Läufer werden gefilmt; die Zeitlupenaufnahme zeigt sie zu vorgegebenen Zeiten vor den Markierungen der 100-m-Strecke.
- Die jeweilige Position des Segelbootes, d. h. seine geografische Länge und Breite, wird zu bestimmten Zeiten durch Peilungen oder mithilfe des Global Positioning Systems (GPS) bestimmt.
- Für die Position des Flugzeugs wird zusätzlich zu seiner geografischen Länge und Breite die Höhe über dem Meeresspiegel festgehalten.

Alle Bewegungen werden durch die Registrierung von Ort und Zeit erfasst. Für jede Registrierung wird ein Bezugssystem gewählt, auf das sich die Angaben von Ort und Zeit beziehen: die 100-m-Bahn, die Erdoberfläche bzw. die Erdoberfläche mit dem Raum darüber.

In der Physik wird unter einer **Bewegung** eines Körpers die **Veränderung** seines **Ortes mit der Zeit** relativ zu einem **Bezugssystem** (Koordinatensystem) verstanden.

- Im Fall des 100-m-Läufers ist die Gerade vom Start- bis zum Zielpunkt das *eindimensionale Koordinatensystem.*
- Für das Segelboot ist die Erdoberfläche mit ihren Längen- und Breitengraden das *zweidimensionale Koordinatensystem.*
- Die Bahn des Flugzeugs wird in einem *dreidimensionalen Koordinatensystem* aus geografischer Länge und Breite sowie Höhe über dem Meeresspiegel festgehalten.

Für Ortsangaben spielen im Allgemeinen Form und Ausdehnung des bewegten Körpers keine Rolle. In vielen Fällen ist es praktisch, sich auf seinen *Schwerpunkt* zu beziehen, d. h. auf den Punkt, in dem die gesamte Masse des Körpers, vereinigt gedacht werden kann.

Zur **Beschreibung der Bewegung** eines Körpers genügt es in vielen Fällen, die Ortsangaben **auf einen bestimmten Punkt** des Körpers, z. B. auf den Schwerpunkt des Körpers zu beziehen.

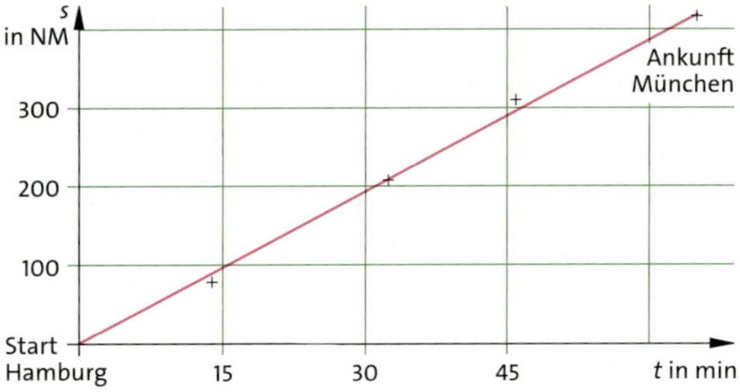

t in min	0	14	32	46	65
s in NM	0	78	207	315	418

1 Zeit-Weg-Tabelle und Zeit-Weg-Diagramm eines Fluges von Hamburg nach München. Als Zeit-Weg-Diagramm ergibt sich durch Mittelung eine Ursprungsgerade. Die Zeit-Weg-Funktion hat die Funktionsgleichung $s = (385{,}8\ \text{NM/h}) \cdot t$ mit s in NM und t in h.

An den Bewegungen interessiert nicht nur, welche Orte erreicht, sondern auch welche *Strecken* oder **Wege *s*** *zwischen den Orten* in bestimmten **Zeiten *t*** zurückgelegt werden (s spatium, lat.: Weg; t tempus, lat.: Zeit). Ein Flug von Hamburg nach München z. B. kann mit den in der Luftfahrt üblichen Einheiten nach Flugzeit t in Stunden (h) und Flugweg s in *Nautical miles* (1 NM = 1,852 km) als *Tabelle*, als *Diagramm* oder als *Gleichung* festgehalten werden (**Abb. 1**).

Die **Bewegung eines Körpers** wird durch die Angabe seines Weges s als Funktion der Zeit t beschrieben. Die Funktionsgleichung $s = s(t)$ heißt **Zeit-Weg-Funktion.**

Die *Zuordnung von Zeit und Weg* kann gegeben sein:

- durch eine Wertetabelle, die **Zeit-Weg-Tabelle,**
- durch ein Diagramm, das **Zeit-Weg-Diagramm,**
- durch eine Gleichung, die **Zeit-Weg-Funktion.**

Zeit t und Weg s sind **physikalische Größen.** Ihr **Größenwert ist das Produkt aus Zahlenwert und Einheit,** z. B. $s = 1{,}5 \cdot 1\,\text{m} = 1{,}5\,\text{m}$. Da für eine Ortsveränderung nicht nur der Betrag des Weges, sondern auch die Richtung bedeutsam ist, ist die physikalische Größe Weg ein Vektor: $\vec{s}$. Die physikalische Größe Zeit t ist dagegen ein **Skalar:** Sie ist eindeutig durch den Größenwert der Zeitangabe bestimmt.

In der Physik hat man sich auf ein *System physikalischer Einheiten* geeinigt, das *Système International d'Unités*, abgekürzt **SI**. Die in diesem System festgelegte Einheit der Zeit ist die Sekunde: $[t] = 1\,\text{s}$, die Einheit des Weges ist das Meter: $[s] = 1\,\text{m}$. Die ein physikalisches Symbol umschließende eckige Klammer [ ] hat die **Bedeutung** *„Einheit der dieses Symbol bezeichnenden physikalischen Größe"*.

2 Der 100-m-Lauf ist ein Beispiel für eine eindimensionale Bewegung, eine Bewegung längs einer Geraden.

3 Segelboote können je nach Windverhältnissen auf verschiedenen Kursen in unterschiedliche Richtungen segeln. Ihre Bewegung ist ein Beispiel für eine zweidimensionale Bewegung, eine Bewegung in einer Fläche.

4 Ein Flugzeug steigt auf und fliegt in unterschiedlichen Höhen und Richtungen seinem Ziel zu. Seine Bewegung ist ein Beispiel für eine dreidimensionale Bewegung, eine Bewegung im Raum.

AUFGABEN

1. In einem Zug, der auf gerader Strecke mit konstanter Geschwindigkeit fährt, wird ein Ball fallen gelassen.
   a) Beschreiben Sie seine Bewegung vom Zug und vom Gleis als Bezugssystem.
   b) Geben Sie den Unterschied der vom Ball zurückgelegten Wege in den beiden Bezugssystemen an.
2. Beschreiben Sie die Bewegung eines Punktes auf dem Umfang eines Rades, das mit konstanter Geschwindigkeit längs einer Geraden abrollt.

ERKUNDEN & EINSTEIGEN

1. Schulweggeschichten: Dargestellt ist die Entfernung *s* von zu Hause.

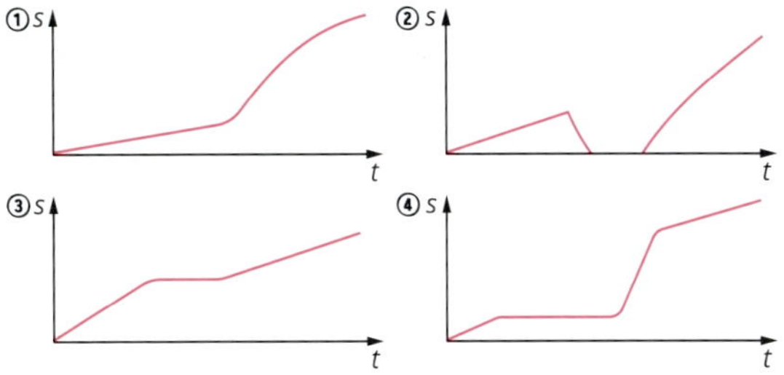

a) Ordnen Sie *t*-*s*-Diagramme und Schulweggeschichten passend einander zu.

b) Beschreiben Sie, wie sich im *t*-*s*-Diagramm hohe von niedrigen Geschwindigkeiten unterscheiden. Wie lässt sich Stillstand erkennen?

c) Verfassen Sie eine Schulweggeschichte zum übriggebliebenen Diagramm.

I Marian geht zur Haltestelle, wartet und fährt dann ein kurzes Stück mit dem Bus. Zum Schluss läuft er noch ein Stück.

II Lina geht zu Fuß zur Schule. Plötzlich fällt ihr auf, dass sie spät dran ist, und sie beginnt zu rennen.

III Can ist schon unterwegs, als ihr einfällt, dass sie etwas vergessen hat. Sie geht noch mal nach Hause zurück und dann zur Schule.

2. a) Eine Autofahrerin notiert alle halbe Stunde ihre durchschnittliche Geschwindigkeit in den vorherigen 30 Minuten. Ermitteln Sie die zurückgelegte Strecke.

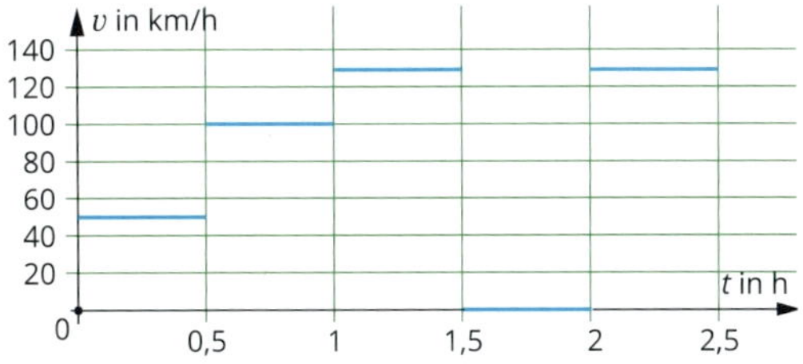

b) Ein Autofahrer notiert alle halbe Stunde seine seit dem Start zurückgelegte Strecke. Ermitteln Sie jeweils die in 30 Minuten gefahrene durchschnittliche Geschwindigkeit in km/h.

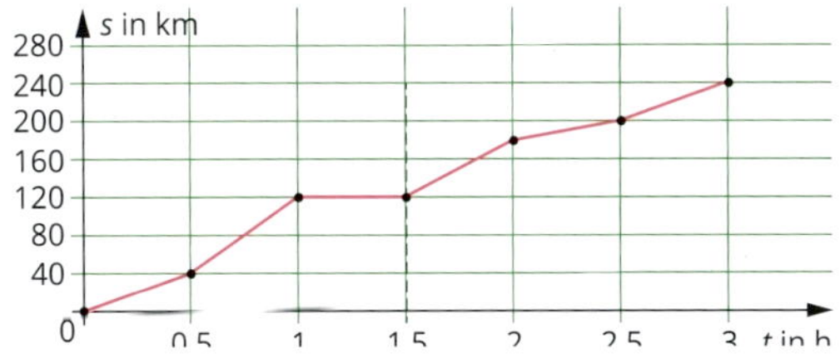

3. Erstellen Sie eine Rangfolge: A) Schmetterling: 20 m in 10 Sekunden, B) Schnecke: 1,5 m in ½ Stunde, C) Fußgängerin: 72 m in 1 Minute, D) Frachtschiff: 720 km pro Tag, E) Delfin: 30 km pro Tag, F) Sprinter: 100 m in 10 Sekunden, G) jagender Löwe: 20 m in 1 Sekunde.

4. Der Autoscooter-Wagen fährt bei konstanter Tacho-Anzeige die verschiedenen Bahnen entlang. Geben Sie die Bahnen an, bei denen jeweils die Geschwindigkeiten der Wagen am Anfang und am Ende der Bahn gleich sind.
Gleiche Geschwindigkeit bedeutet: gleiche Richtung und gleiche Tacho-Anzeige.

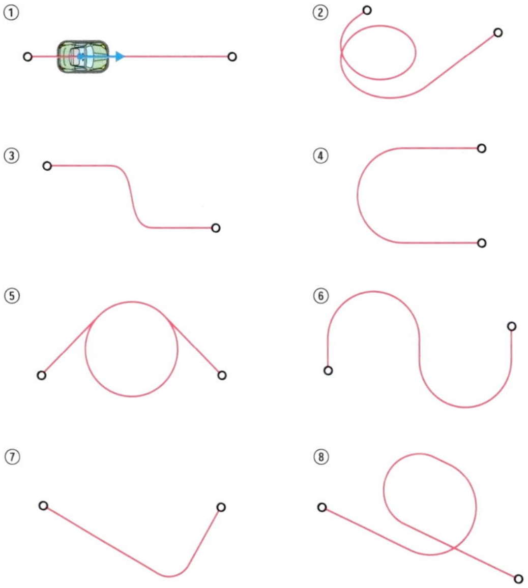

5. Bei einer „gleichförmigen Bewegung" ändern sich Richtung und Betrag der Geschwindigkeit nicht. Geben Sie an, in welchen Abbildungen gleichförmige Bewegungen zu sehen sind. (Der *Betrag der Geschwindigkeit* ist das, was beim Auto der Tacho anzeigt, also z.B. 10 km/h. Manchmal wird dafür der Begriff *Tempo* verwendet.)

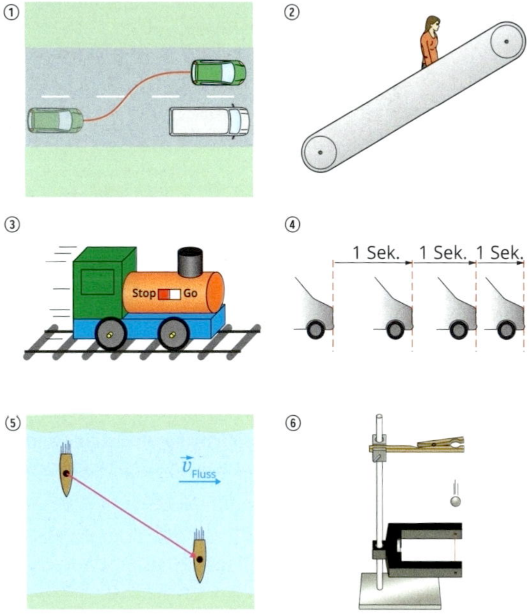

1.1.2 Die geradlinige Bewegung mit konstanter Geschwindigkeit

Ein Schnellzug, der geradeaus fährt und dessen Geschwindigkeit sich nicht ändert, ist ein Beispiel für die einfachste Form einer Bewegung. Sie ist *geradlinig* und *gleichförmig*. Die Geschwindigkeit des Zugs ist durch den Quotienten aus zurückgelegtem Weg s und benötigter Zeit t bestimmt:

$$\text{Geschwindigkeit} = \frac{\text{zurückgelegter Weg}}{\text{benötigte Zeit}} \quad \text{oder } v = \frac{s}{t}$$

(v velocitas, lat.: Geschwindigkeit).

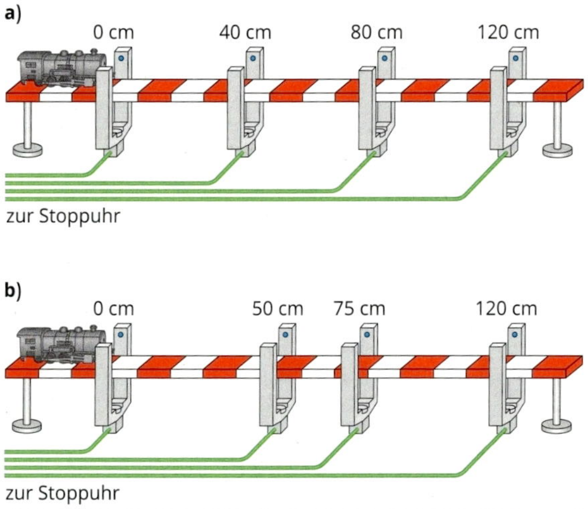

1 Die Lokomotive einer Spielzeugeisenbahn durchfährt auf gerader Strecke und mit konstanter Geschwindigkeit mehrere Lichtschranken. **a)** Zu Versuch 1: Die Lichtschranken sind in gleichen Abständen aufgestellt. **b)** Zu Versuch 2: Benachbarte Lichtschranken haben verschiedene Abstände voneinander.

Weg s	0	40 cm	80 cm	120 cm
Zeit t	0	5,13 s	10,26 s	15,39 s
Geschwindigkeit $v = s/t$	–	7,8 cm/s	7,8 cm/s	7,8 cm/s

2 Zu Versuch 1a: Der Quotient aus Weg s und Zeit t ergibt stets die konstante Geschwindigkeit v.

Weg s	0	40 cm	80 cm	120 cm	
Zeit t in s	0	5,13 s	10,26 s	15,39 s	
Zeitdifferenz Δt	–	5,13 s	5,13 s	5,13 s	–
Geschwindigkeit $v = \Delta s/\Delta t$	–	7,8 cm/s	7,8 cm/s	7,8 cm/s	–

3 Zu Versuch 1b: Der Quotient aus Wegdifferenz Δ und Zeitdifferenz Δt ergibt stets den Wert der konstanten Geschwindigkeit v.

Weg s in m	0 cm	50 cm	75 cm	120 cm
Zeit t in s	0 s	6,41 s	9,62 s	15,39 s
Geschwindigkeit $v = s/t$	–	7,8 cm/s	7,8 cm/s	7,8 cm/s
Geschwindigkeit $v = \Delta s/\Delta t$		7,8 cm/s	7,8 cm/s	7,8 cm/s

4 Versuch 2: Die Geschwindigkeit ist konstant.

▶ **Versuch 1a:** Eine geradlinig gleichförmige Bewegung wird mit einer Spielzeugeisenbahn nachgestellt. Die Lokomotive fährt mit konstanter Geschwindigkeit auf gerader Strecke durch vier Lichtschranken, die im Abstand von jeweils 40 cm entlang der Schiene stehen (**Abb. 1a**). Beim Unterbrechen der ersten Lichtschranke beginnt die Zeitmessung einer Stoppuhr, beim Unterbrechen jeder weiteren Lichtschranke wird die bis dahin verstrichene Zeit im Messgerät gespeichert.

Ergebnisse: Die Messwerte in **Tab. 2** zeigen, dass sich bei einer Verdoppelung des Wegs von 40 cm auf 80 cm auch die dafür benötigte Zeit von 5,13 s auf 10,26 s verdoppelt, und dass sich bei einer Verdreifachung des Wegs die Zeit verdreifacht. Das heißt, der Weg s und die Zeit t sind proportional zueinander: $s \sim t$. Die Proportionalität von Weg und Zeit ergibt sich auch daraus, dass der Quotient v immer den gleichen Wert hat: $v = s/t = 7{,}8\,\text{cm/s} = 0{,}078\,\text{m/s}$ hat. Es gilt also $v = s/t$. ◀

▶ **Versuch 1b:** Der zurückgelegte Weg und die dafür benötigte Zeit müssen nicht von der ersten Lichtschranke aus gemessen werden. Sie können auch als Wegdifferenzen Δs und Zeitdifferenzen Δt zwischen beliebigen Messpunkten $(t\,|\,s)$ berechnet werden.

Ergebnis: Für den Wert der konstanten Geschwindigkeit gilt $v = \Delta s/\Delta t$. Er beträgt wieder 0,078 m/s (**Tab. 3**). ◀

Eine Bewegung auf gerader Strecke mit konstanter Geschwindigkeit heißt **geradlinig gleichförmig.**
Bei einer geradlinig gleichförmigen Bewegung werden in gleichen Zeitabschnitten Δt gleiche Wegstrecken Δs zurückgelegt. Die **Zeit-Weg-Funktion** dieser Bewegung lautet: $s(t) = v \cdot t$.

▶ **Versuch 2:** Die zweite Lichtschranke wird 50 cm von der ersten und die dritte 75 cm von der ersten entfernt aufgestellt, sodass die Lichtschranken verschiedene Abstände voneinander haben (**Abb. 1b**).

Ergebnis: Der Quotient $v = \Delta s/\Delta t$ bleibt auch in dieser Anordnung konstant, wie die Werte in **Tab. 4** zeigen. Ebenso wie in Versuch 1b ist es möglich, die konstante Geschwindigkeit als Quotient einer Wegdifferenz Δs und einer Zeitdifferenz Δt zu berechnen. Mit den Messwerten z. B. zur zweiten und vierten Lichtschranke folgt wieder:

$$v = \frac{\Delta s}{\Delta t} = \frac{1{,}20\,\text{m} - 0{,}50\,\text{m}}{15{,}39\,\text{s} - 6{,}41\,\text{s}} = \frac{0{,}70\,\text{m}}{8{,}98\,\text{s}} = 0{,}078\,\frac{\text{m}}{\text{s}}.$$ ◀

Die Geschwindigkeit v ist eine abgeleitete Größe, da sie mithilfe zweier anderer Größen, Weg s und Zeit t, definiert ist. Ihre Einheit ergibt sich aus den Einheiten von Weg und Zeit zu $[v] = [s]/[t] = 1\,\text{m} / 1\,\text{s} = 1\,\text{m/s}$.
Auch andere Einheiten von Weg oder Zeit werden verwendet. Die Geschwindigkeit der Spielzeugeisenbahn ist in cm/s angegeben, Schilder im Straßenverkehr beziehen

sich auf die Einheit km/h. Die Einheiten können ineinander umgerechnet werden. Beispielsweise gilt

$$1\,\frac{\text{km}}{\text{h}} = 1\,\frac{1000\,\text{m}}{3600\,\text{s}} = \frac{1}{3{,}6}\,\frac{\text{m}}{\text{s}},$$

$$1\,\frac{\text{m}}{\text{s}} = 1\,\frac{\frac{1}{1000}\,\text{km}}{\frac{1}{3600}\,\text{h}} = 1\,\frac{3600}{1000}\,\frac{\text{km}}{\text{h}} = 3{,}6\,\frac{\text{km}}{\text{h}}.$$

Darstellung in Diagrammen

Die in den Versuchen 1 und 2 ermittelten Messpunkte $(t\,|\,s)$ liegen im Zeit-Weg-Diagramm (**Abb. 5**) alle auf einer Geraden mit der Geradengleichung $s = v \cdot t$. Die Steigung der Geraden gibt als Quotient $\Delta s/\Delta t$ die Geschwindigkeit des bewegten Körpers an. Bei Bewegungen in nur einer Dimension kennzeichnet das Vorzeichen einer Geschwindigkeit die Richtung der Bewegung in Bezug auf die Richtung des Wegs.

Beispiel: In **Abb. 6a** ist das Zeit-Weg-Diagramm einer abschnittsweise gleichförmigen Bewegung mit den Messpunkten $P_1(t_1|s_1)$, $P_2(t_2|s_2)$, $P_3(t_3|s_3)$ und $P_4(t_4|s_4)$ dargestellt. In allen drei Abschnitten wird die Geschwindigkeit berechnet und in ein Zeit-Geschwindigkeit-Diagramm eingetragen:

- $v_1 = \frac{\Delta s}{\Delta t} = \frac{s_2 - s_1}{t_2 - t_1} = \frac{70\,\text{m} - 30\,\text{m}}{5\,\text{s} - 1\,\text{s}} = \frac{40\,\text{m}}{4\,\text{s}} = 10\,\frac{\text{m}}{\text{s}}$,
- $v_2 = \frac{\Delta s}{\Delta t} = \frac{s_3 - s_2}{t_3 - t_2} = \frac{70\,\text{m} - 70\,\text{m}}{7\,\text{s} - 5\,\text{s}} = \frac{40\,\text{m}}{4\,\text{s}} = 0\,\frac{\text{m}}{\text{s}}$,
- $v_3 = \frac{\Delta s}{\Delta t} = \frac{s_4 - s_3}{t_4 - t_3} = \frac{10\,\text{m} - 70\,\text{m}}{11\,\text{s} - 7\,\text{s}} = \frac{-60\,\text{m}}{4\,\text{s}} = -15\,\frac{\text{m}}{\text{s}}$.

Die Ergebnisse zeigen, dass die Berechnungen automatisch zum richtigen Vorzeichen der Geschwindigkeit führen. Im Zeit-Geschwindigkeit-Diagramm finden sich die Graphen negativer Geschwindigkeiten folgerichtig unterhalb der t-Achse (**Abb. 6b**).

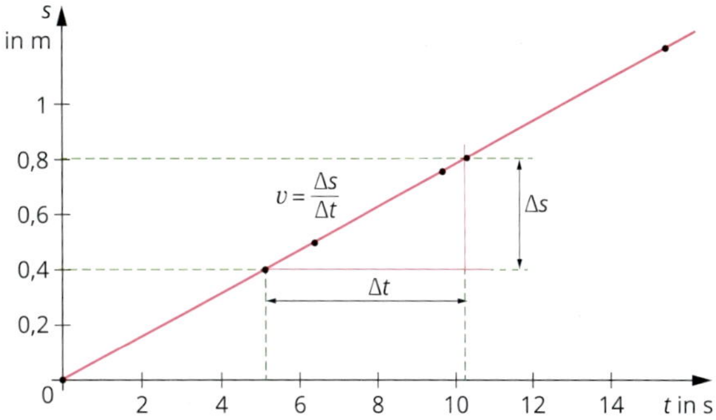

5 Zeit-Weg-Diagramm einer gleichförmigen Bewegung. Die Steigung des t-s-Graphen gibt die Geschwindigkeit an.

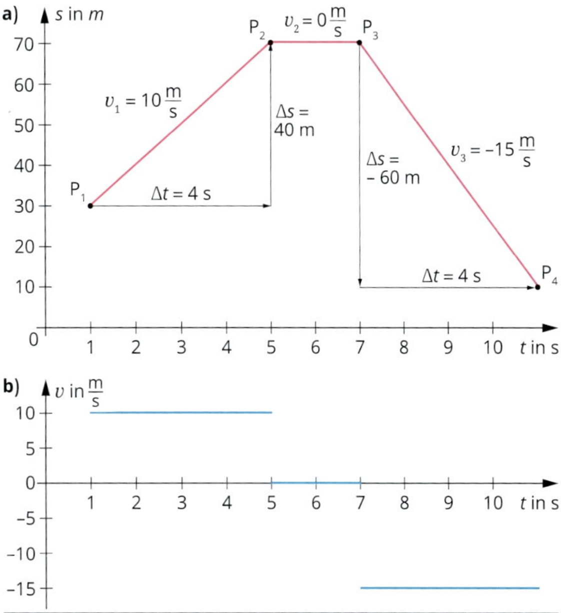

6 a) Zeit-Weg- und **b)** Zeit-Geschwindigkeit-Diagramm einer abschnittsweise gleichförmigen Bewegung

AUFGABEN

1. Ein Wagen durchfährt eine 1,6 km lange Strecke in 24 s. Berechnen Sie die Geschwindigkeit in m/s, km/h, m/min.
2. Auf Schiffen wird die Wassertiefe bestimmt, indem die Laufzeit eines vom Schiff ausgesendeten und am Meeresboden reflektierten Ultraschallsignals gemessen wird („Echolot"). Die Schallgeschwindigkeit in Wasser beträgt 1500 m/s. Berechnen Sie die Wassertiefe für die Laufzeit 0,5 s.
3. Ein Fußballtorwart beginnt oft schon vor dem Elfmeterschuss seine Bewegung, da die Flugzeit des Balls nicht ausreicht, um aus der Mitte des 7,32 m breiten Tores bis an einen der Pfosten zu kommen. Berechnen Sie die Flugzeit eines 90-km/h-Balls.
4. Ein Schiff fährt eine Strecke von 6000 km mit einer Geschwindigkeit von 20 km/h. Auf dem Rückweg beträgt die Geschwindigkeit nur 10 km/h. Berechnen Sie die Durchschnittsgeschwindigkeit für die gesamte Fahrt (nicht 15 km/h).
5. Gegeben ist das rechts abgebildete Zeit-Weg-Diagramm einer geradlinigen Bewegung:

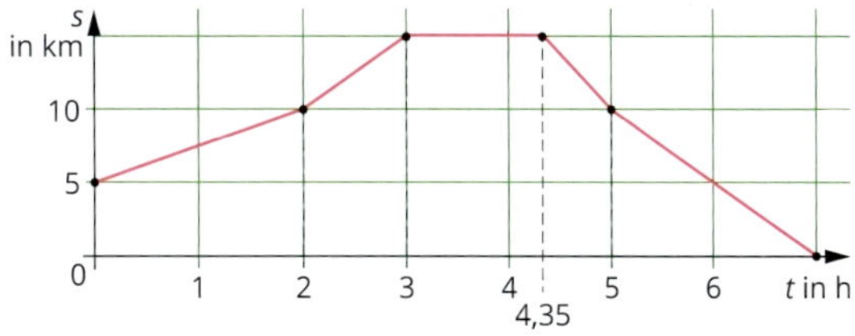

   a) Berechnen Sie die Intervallgeschwindigkeiten.
   b) Zeichnen Sie das Zeit-Geschwindigkeit-Diagramm.
6. Ein Fahrzeug bewegt sich auf gerader Strecke für 20 s mit einer Geschwindigkeit von 20 m/s. Nach 10 s Pause fährt es für 30 s mit einer Geschwindigkeit von 40 m/s weiter. Anschließend bewegt es sich mit 25 m/s zum Startpunkt zurück.
   a) Ermitteln Sie die Dauer der Rückfahrt.
   b) Zeichnen Sie das Zeit-Geschwindigkeit-Diagramm.
   c) Zeichnen Sie das Zeit-Weg-Diagramm.

METHODE

Messwerte erfassen (I)

In der Bewegungslehre sind insbesondere die zurückgelegten *Wege* von Bedeutung, die mit unterschiedlichen Messinstrumenten ermittelt und einer mitlaufenden *Messzeit* zugeordnet werden. Im Weiteren dienen Zeiten und Wege zur Berechnung von Zeit-Geschwindigkeit-Datenpaaren.

Stoppuhren mit Schalter-Signalen steuern

Das Unterbrechen oder die Freigabe des Lichtstrahls einer Lichtschranke dienen als Signal an eine elektronische Stoppuhr, eine Zeitmessung zu starten, sie zu beenden oder Zwischenzeiten zu speichern. Anstelle eines opto-elektrischen Schalters – wie der Lichtschranke – kann ein beliebiger anderer Schalter zum Einsatz kommen (**Abb. 1**). Eine Stoppuhr registriert an ihren Eingängen den Wechsel von einem geschlossenen zu einem geöffneten Stromkreis und umgekehrt.

Speichenrad und Lichtschranke

Durch einen leichten Faden wird die Bewegung des Wagens auf ein Speichenrad übertragen (**Abb. 2**). Die Speichen unterbrechen beim Drehen des Rades immer wieder den Lichtstrahl einer Lichtschranke. Aus der Anzahl der Speichen und den Breiten von Speichen und Zwischenräumen kann auf den zurückgelegten Weg geschlossen werden, denn bei einer ganzen Umdrehung des Speichenrads hat der Wagen eine Strecke zurückgelegt, die gleich dem Umfang des Speichenrads $s = 2\,\pi\,r$ ist. Das Speichenrad in **Abb. 2** verfügt über 40 jeweils (annähernd) gleichbreite Speichen und Zwischenräume. Zwischen einer Strahlunterbrechung und Strahlwiederfreigabe hat sich die Schnur – und damit der Wagen – um 1/80 des Radumfangs weiterbewegt.

Das Speichenrad mit Lichtschranke gehört zur Gruppe der sogenannten „Inkrementalgeber“ (*incrementum*, lat.: Zuwachs). Solche Systeme messen in Schritten und nicht kontinuierlich.

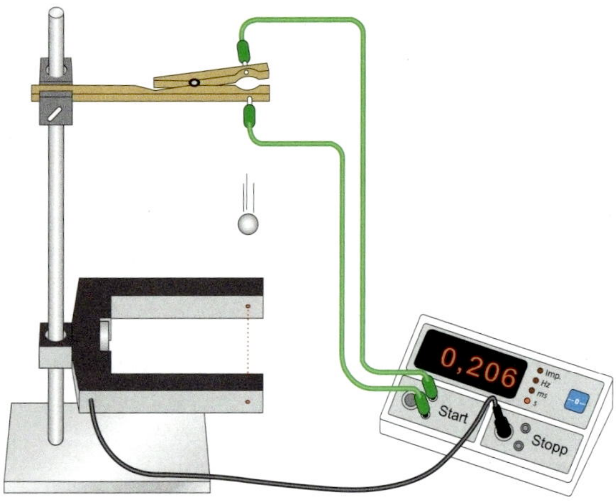

1 Die beiden grünen Kabel an der Klammer sind über die Metallkugel elektrisch leitend verbunden. Das Öffnen der Klammer unterbricht den Kontakt, was als Startsignal für die Zeitmessung dient. Die Messung stoppt, sobald die Kugel den Strahl der Lichtschranke unterbricht.

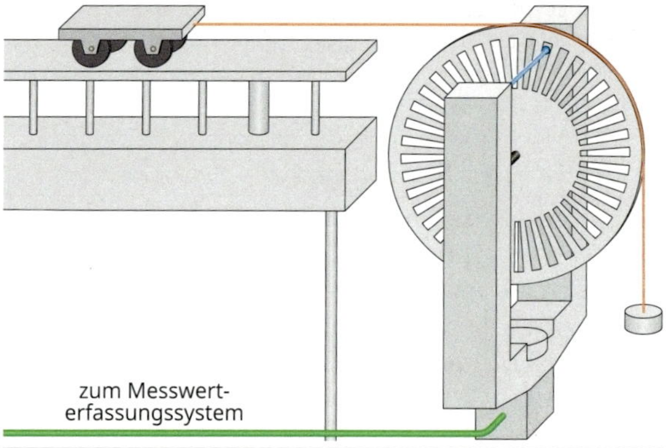

2 Speichenrad und Lichtschranke

Laser- und Ultraschall-Entfernungsmessgerät

Sowohl das Laser- als auch das Ultraschall-Entfernungsmessgerät ermitteln mehrmals pro Sekunde die Entfernung *s* eines Objekts vom Messgerät. Dazu wird bei manchen Geräten ein kurzer Lichtimpuls oder Ton ausgesendet und gemessen, wie lange es dauert, bis der am Objekt reflektierte Lichtimpuls oder Ton wieder am Messgerät eintrifft. Bei bekannter Licht- bzw. Schallgeschwindigkeit *c* erfolgt die Berechnung der Entfernung *s* aus der Laufzeit *t* nach $s = c \cdot \frac{t}{2}$.

AUFGABEN

1. Das Rad in **Abb. 2** hat 40 Speichen und 16 cm Umfang. Speichen und Zwischenräume sollen gleich breit sein.
   a) Berechnen Sie die vom Faden zurückgelegte Strecke, wenn sich das Speichenrad genau um einen Zwischenraum oder um genau eine Speiche dreht.
   b) Der Lichtstrahl wird unterbrochen – freigegeben – unterbrochen – freigegeben. Ermitteln Sie die Strecke des Fadens, die mindestens über das Speichenrad gezogen wurde.
   c) Im Diagramm steht 0 für *Strahl frei* und 1 für *Strahl unterbrochen*. Geben Sie begründet an, ob der Faden schneller werdend oder langsamer werdend über das Speichenrad gezogen wird.
   d) Berechnen Sie die Strecke, um die der Faden in der Zeit von 0,15 s bis 1,15 s gezogen wurde.
   e) Berechnen Sie die Intervallgeschwindigkeiten des Rades.

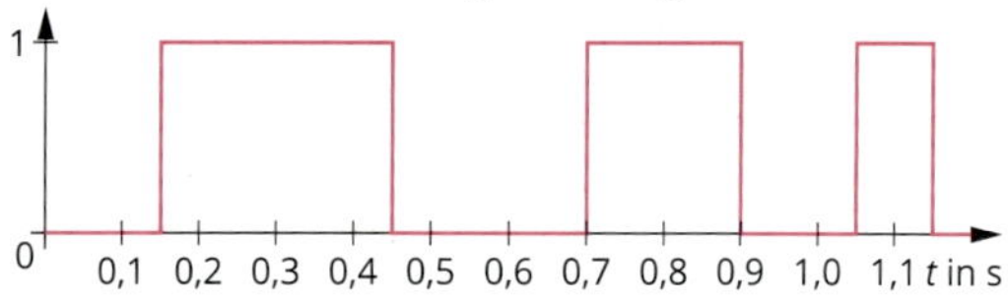

2. a) Erklären Sie in der Formel $s = c \cdot t/2$ (siehe Text) die „2“.
   b) Die Entfernung eines Körpers vom Messgerät betrage maximal 10,0 m. Berechnen Sie, wie oft in einer Sekunde die Entfernung von einem Ultraschall-Entfernungsmesser ($c = 340$ m/s) bzw. einem Laserentfernungsmesser höchstens gemessen werden kann.

AUFGABEN

1. Ordnen Sie den Zeit-Weg-Diagrammen einer geradlinigen Bewegung die passenden Zeit-Geschwindigkeit-Diagramme zu. Begründen Sie Ihre Zuordnung.

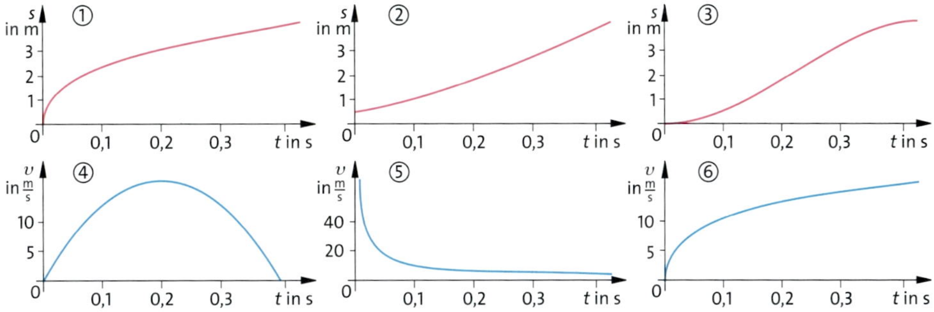

2. Bewegungen zweier Fahrzeuge auf einer Straße:

a) Beschreiben Sie die Fahrt des Fahrzeugs B.

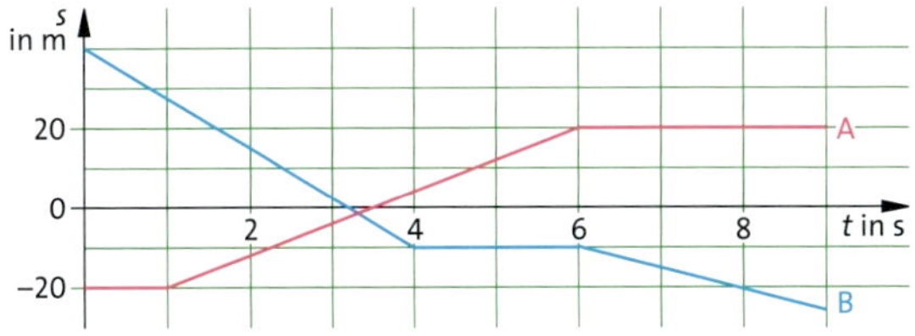

b) Bestimmen Sie die Geschwindigkeiten der beiden Fahrzeuge in den einzelnen Zeitabschnitten.

3. Am Ort A startet um 9:00 Uhr ein Lkw und fährt mit der Geschwindigkeit $v_1 = 50\,\text{km/h}$ zum 220 Kilometer entfernten Ort B. 30 Minuten später startet ein zweiter Lkw mit der Geschwindigkeit $v_2 = -80\,\text{km/h}$ von B aus nach A.

a) Stellen Sie die Situation in einem *t*-*s*-Diagramm dar und lesen Sie Zeit und Ort der Begegnung der Lkw ab.

b) Stellen Sie für beide Lkw die Bewegungsgleichung auf (Geradengleichung aus -*s*-Diagramm) und berechnen Sie damit Zeit und Ort der Begegnung der beiden Lkw.

c) Die Begegnungszeit lässt sich auch über die Gleichung $50\,\text{km/h} \cdot \Delta t + 80\,\text{km/h} \cdot \Delta t = 195\,\text{km}$ ermitteln. Erläutern Sie.

4. Der Schall breitet sich mit gleichbleibender Geschwindigkeit aus. Skizzieren Sie den Aufbau und beschreiben Sie die Durchführung eines Experiments, mit dem sich diese Behauptung überprüfen lässt. Verwenden Sie z. B. Mikrofone, die als Schalter für eine Stoppuhr dienen.

EXKURS

Die Basiseinheiten der Zeit und der Länge

Zeit und **Länge** gehören zu den sieben in Naturwissenschaft und Technik verwendeten *Grundgrößen des Internationalen Einheitensystems* (SI), das 1960 von der 11. Generalkonferenz für Maß und Gewicht (CGPM) festgelegt wurde. Zu den Grundgrößen gehören ferner die *Masse*, die *elektrische Stromstärke*, die *Temperatur*, die *Stoffmenge* und die *Lichtstärke*.

Die Basiseinheiten der Grundgrößen sind durch ein *Normal* definiert. Ein Normal ist ein Objekt oder ein festgelegtes Messverfahren. Die *abgeleiteten Einheiten* aller anderen physikalischen Größen sind Produkte oder Quotienten von Basiseinheiten.

Basiseinheit der Zeit *t* im SI-System ist die Sekunde: $[t] = 1\,\text{s}$. Die Sekunde und die Minute sind als Unterteilung der Stunde seit dem Mittelalter gebräuchlich. Bis 1960 war die Sekunde als der 86 400. Teil des mittleren Sonnentags festgelegt. Der mittlere Sonnentag ist der Jahresdurchschnitt der wahren Sonnentage, wobei der wahre Sonnentag die Zeitdauer zwischen zwei aufeinanderfolgenden Höchstständen der Sonne ist. Die wahren Sonnentage haben keine konstante Länge, da sich die um ihre eigene Achse rotierende Erde mit variierender Geschwindigkeit auf ihrer elliptischen Bahn um die Sonne bewegt. Doch auch die Dauer des mittleren Sonnentages ändert sich fortlaufend, denn die Erde rotiert nicht gleichmäßig. Aus diesem Grund ist die Sekunde inzwischen über eine atomphysikalische Konstante definiert: Die Resonanzfrequenz zwischen zwei ausgewählten Energiezuständen des nicht radioaktiven Isotops Cäsium-133 wurde 1967 zu $9\,192\,631\,770\,\text{s}^{-1}$ festgelegt.

In einer „Atomuhr" werden Cäsiumatome verdampft und durch elektromagnetische Strahlung in einen höheren Energiezustand gebracht. Dieser Übergang geschieht bei einer ganz bestimmten Frequenz der Strahlung, die exakt bestimmt wird. Die Unsicherheit der Atomuhr in der Physikalisch-Technischen Bundesanstalt (PTB) in Braunschweig, die das Zeitnormal bereitstellt, beträgt $1{,}5 \cdot 10^{-14}$, d. h. im Laufe eines Jahres beträgt die Abweichung relativ zu einer idealen Uhr eine Millionstel Sekunde. Die in der PTB realisierte Zeit heißt koordinierte Weltzeit UTC (Coordinated Universal Time). An die koordinierte Weltzeit angeschlossen sind die mitteleuropäische Zeit MEZ = UTC + 1 h und die mitteleuropäische Sommerzeit MESZ = UTC + 2 h.

Basiseinheit der Länge *l* ist das Meter: $[l] = 1\,\text{m}$. Das Meter wurde 1791 von der französischen Nationalversammlung als der vierzigmillionste Teil der Länge des durch Paris gehenden Erdmeridians als einheitliches Maß vorgeschlagen. 1889 erfolgte ein Ersatz durch den Abstand zweier Striche auf einem Platin-Iridium-Stab. 1960 endete schließlich die Nutzung dieses von Materialeigenschaften abhängigen Normals und eine Wellenlängendefinition trat an seine Stelle. Die Entwicklung von immer genaueren Laserwellenlängen-Normalen und Fortschritte bei der optischen Frequenzmessung eröffneten die Möglichkeit, im Jahr 1983 das Meter durch die Festlegung eines Wertes für die Lichtgeschwindigkeit zu $c = 299\,792\,458\,\text{m/s}$ zu definieren. Das Meter ist die Länge der Strecke, die Licht in Vakuum während dem 1/299 792 458 einer Sekunde durchläuft.

1.1.3 Durchschnittsgeschwindigkeit und Momentangeschwindigkeit

Im Allgemeinen ist die Geschwindigkeit eines Körpers nicht konstant. Wird bei einer Bewegung mit nicht konstanter Geschwindigkeit der im Zeitintervall $\Delta t = t_2 - t_1$ durchlaufene Weg $\Delta s = s_2 - s_1$ bestimmt, so gibt der Quotient $\bar{v} = \Delta s / \Delta t$ die *Durchschnittsgeschwindigkeit* an. Sie wird manchmal auch *Intervallgeschwindigkeit* genannt.

Die **Durchschnittsgeschwindigkeit** oder **Intervallgeschwindigkeit** $\bar{v}$ zwischen zwei beliebigen Messpunkten $P_1(t_1|s_1)$ und $P_2(t_2|s_2)$ einer Bewegung ist der Quotient aus der zurückgelegten Wegstrecke $\Delta s = s_2 - s_1$ und der dazu benötigten Zeit $\Delta t = t_2 - t_1$:

$$\bar{v} = \frac{\Delta s}{\Delta t} = \frac{s_2 - s_1}{t_2 - t_1}.$$

▶ **Versuch 1:** Auf einer Modellbahn wird eine Autofahrt nachgestellt (**Abb. 1**). Das Modellauto startet aus der Ruhe an der ersten Lichtschranke und wird stetig schneller. Die Stoppuhr misst die Zeit ab dem Moment, in dem sich das Auto in Bewegung setzt (erste Lichtschranke). Zur Berechnung der Intervallgeschwindigkeiten speichert die Stoppuhr beim Unterbrechen des Lichtstrahls jeder weiteren Lichtschranke die bis dahin verstrichene Zeit.

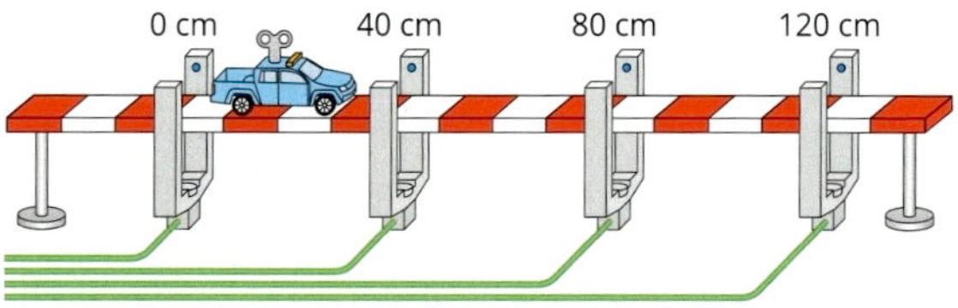

1 Das Auto unterbricht beim Start den Lichtstrahl der ersten Lichtschranke und startet so die Zeitmessung einer Stoppuhr.

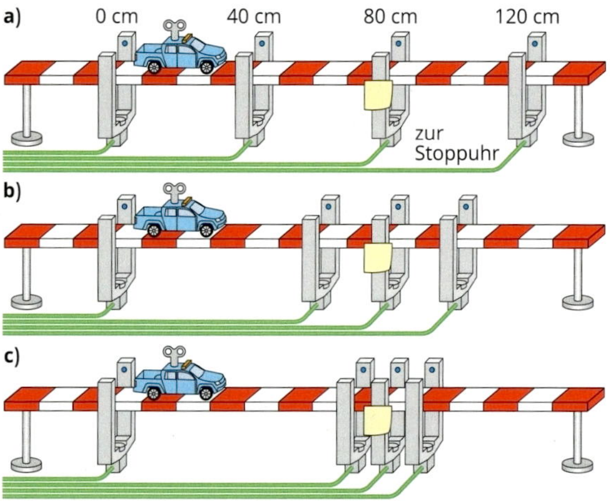

2 Die näherungsweise Ermittlung der Momentangeschwindigkeit gelingt durch Bestimmung der Intervallgeschwindigkeiten in möglichst kleinen Intervallen um die untersuchte Stelle.

Ergebnis: Die Messwerte in **Tab 3** führen zu unterschiedlichen Intervallgeschwindigkeiten, es liegt daher keine gleichförmige Bewegung vor. Die Durchschnittsgeschwindigkeit für die gesamte Messtrecke von 1,20 m beträgt

$$\bar{v} = \frac{\Delta s}{\Delta t} = \frac{1{,}20\,\text{m}}{0{,}4645\,\text{s}} = 2{,}58\,\frac{\text{m}}{\text{s}}.$$ ◀

Momentangeschwindigkeit

Der Tachometer eines Fahrzeugs zeigt nicht Durchschnitts- oder Intervallgeschwindigkeiten an, sondern zu jedem Zeitpunkt die *Momentangeschwindigkeit* des Fahrzeugs.

Die Geschwindigkeit eines Körpers zu einem bestimmten Zeitpunkt heißt **Momentangeschwindigkeit.**

▶ **Versuch 2:** Es soll näherungsweise die Momentangeschwindigkeit des Modellautos beim Durchfahren der dritten Lichtschranke ermittelt werden (**Abb. 2**). Dazu werden die zweite und die vierte Lichtschranke immer näher an die dritte, mit einem gelben Aufkleber markierte Lichtschranke herangerückt, sodass die Wegintervalle Δs und damit auch die Zeitintervalle Δt zwischen je zwei Lichtschranken immer kleiner werden.
Ergebnis: Die beiden aus den Weg- und Zeitintervallen Δs und Δt berechneten Intervallgeschwindigkeiten nähern sich bei kleiner werdenden Intervallen einander an (**Tab. 4**). Sie nähern sich der gesuchten Momentangeschwindigkeit, die zwischen 3,91 m/s und 3,94 m/s liegt. ◀

Mit den noch kürzeren Messintervallen eines Laser-Entfernungsmessers ergibt sich die Momentangeschwindigkeit in Versuch 2 zu 3,93 m/s.

s in m		0		0,40		0,80		1,20	
t in ms		0		256,6		368,9		464,5	
Δt in ms	–		256,6		112,3		95,6		–
$\bar{v} = \frac{\Delta s}{\Delta t}$ in m/s	–		1,56		3,56		4,18		–

3 Messwerte zu Versuch 1: Die Geschwindigkeit $\bar{v}$ erhöht sich in jedem Intervall. Die Bewegung ist nicht mehr gleichförmig.

a)

s in m	0,400		0,800		1,20
t in ms	256,6		368,9		464,5
$\bar{v}$ in m/s		3,56		4,18	

b)

s in m	0,600		0,800		1,00
t in ms	316,1		368,9		417,9
$\bar{v}$ in m/s		3,79		4,08	

c)

s in m	0,700		0,800		0,900
t in ms	343,2		368,9		393,6
$\bar{v}$ in m/s		3,89		4,05	

d)

s in m	0,750		0,800		0,850
t in ms	356,1		368,9		381,6
$\bar{v}$ in m/s		3,91		3,94	

4 Versuch 2: Bei Verringerung der Lichtschrankenabstände nähern sich die Intervallgeschwindigkeiten $\bar{v}$ der Momentangeschwindigkeit am Ort der mittleren Lichtschranke.

Momentangeschwindigkeit im Zeit-Weg-Diagramm

Die immer weitere Verkleinerung von Weg- und Zeitintervallen Δs und Δt stößt bei Lichtschranken wegen deren Abmessungen im Bereich von Zentimetern an technische Grenzen. In einem Zeit-Weg-Diagramm entfallen solche Hindernisse und Δt und Δs können in einem unendlich fortgesetzten Prozess immer kleiner gemacht werden (**Abb. 5** und **6**). Der Quotient $\Delta s/\Delta t$ als Steigung einer Sekante strebt dann gegen die Steigung der Tangente im Punkt P_1 und diese Steigung ist die Momentangeschwindigkeit zur Zeit t_1. **Abb. 7** zeigt die Tangenten an den Zeit-Weg-Graphen zu verschiedenen Zeiten und gibt die als Tangentensteigung ermittelte Momentangeschwindigkeit v_2 wieder.

Die Momentangeschwindigkeit ist der Grenzwert der Folge der Intervall- oder Durchschnittsgeschwindigkeiten:

$$v = \lim_{\Delta t \to 0} \frac{\Delta s}{\Delta t} = \lim_{t_2 \to t_1} \frac{s_2 - s_1}{t_2 - t_1}.$$

In einem Zeit-Weg-Diagramm ist die Momentangeschwindigkeit zur einer Zeit t_1 die Steigung der Tangente im Punkt $P_1(t_1|s_1)$.

Damit ist die Momentangeschwindigkeit die erste Ableitung des Weges $s(t)$ nach der Zeit:

$$v(t) = \frac{\mathrm{d}\, s(t)}{\mathrm{d}t} = \dot{s}(t).$$

Ableitungen nach der Zeit werden in der Physik mit einem Punkt über der abgeleiteten Größe angezeigt, zweite Ableitungen mit zwei Punkten.

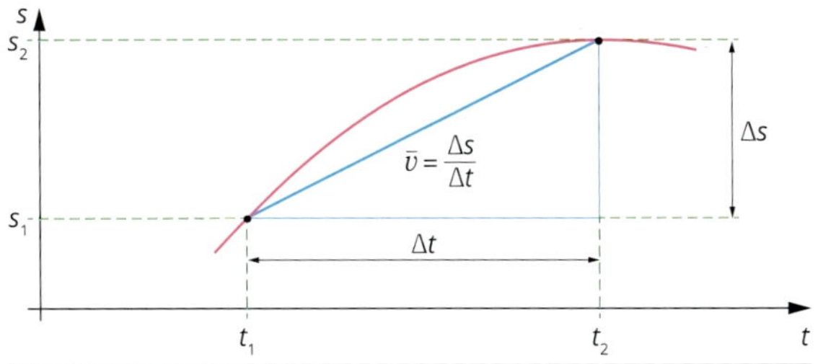

5 Die Steigung der Sekante gibt die Durchschnitts- oder Intervallgeschwindigkeit $\bar{v} = \Delta s/\Delta t$ an.

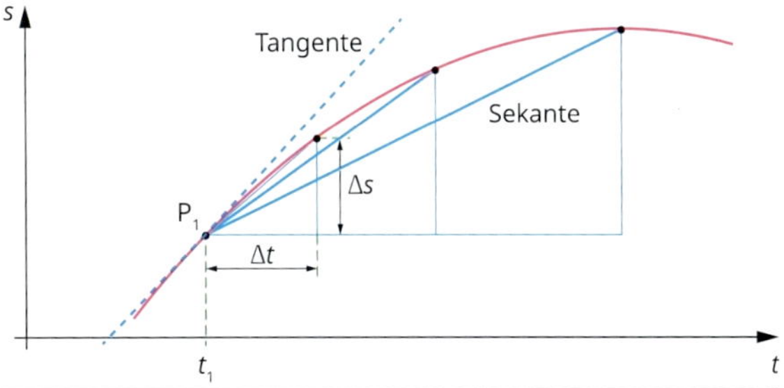

6 Die Steigung der Tangente im Punkt P_1 gibt die Momentangeschwindigkeit zur Zeit t_1 an, also $v(t_1)$.

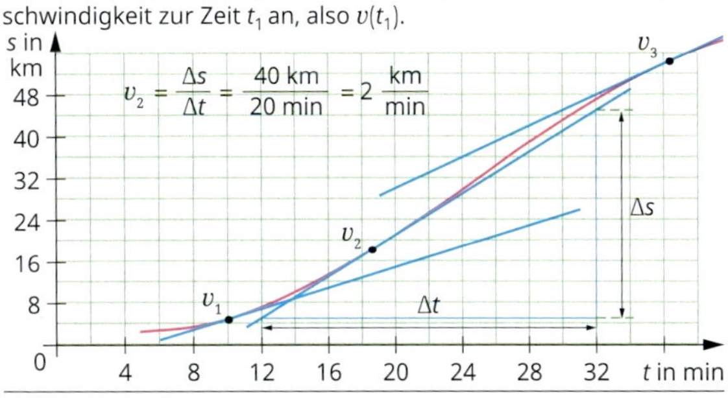

7 Die Momentangeschwindigkeiten v_1, v_2 und v_3 sind die Steigungen der Tangenten an den Graphen im Zeit-Weg-Diagramm.

AUFGABEN

1. **a)** Berechnen Sie die Wege nach der Zeit-Weg-Funktion $s(t) = 1\,(\mathrm{m/s^2}) \cdot t^2$ für $t = 0\,\mathrm{s}; 0{,}5\,\mathrm{s}; \ldots; 3\,\mathrm{s}$ und zeichnen Sie das Zeit-Weg-Diagramm.
   b) Berechnen Sie die Intervallgeschwindigkeiten in den Intervallen [1 s; 2 s], [1,5 s; 2 s], [2 s; 2,5 s], [2 s, 3 s].
   c) Geben Sie begründet einen Vorschlag für die Momentangeschwindigkeit zum Zeitpunkt $t = 2\,\mathrm{s}$ an.
2. Ermitteln Sie in **Abb. 7** die Geschwindigkeiten v_1 und v_3.
3. Eine Person fährt eine 12 km lange Strecke mit dem Rad konstant mit einer Geschwindigkeit von 16 km/h. Berechnen Sie die Geschwindigkeit für den gleich langen Rückweg, wenn die gesamte Radtour zwei Stunden dauern soll.
4. Die Tabelle zeigt Daten einer eindimensionalen Bewegung.

	P_0	P_1	P_2	P_3	P_4	P_5
t in s	−1,5	0,5	2,5	4,5	6,5	8,5
s in m	−2,6	0,0	1,4	1,6	0,6	−1,6

a) Ermitteln Sie rechnerisch und näherungsweise die Momentangeschwindigkeiten.

b) Legen Sie mit einem Lineal in den Punkten P_1, P_2 und P_3 die Tangenten an die Kurve und ermitteln Sie die Steigungen der Tangenten.

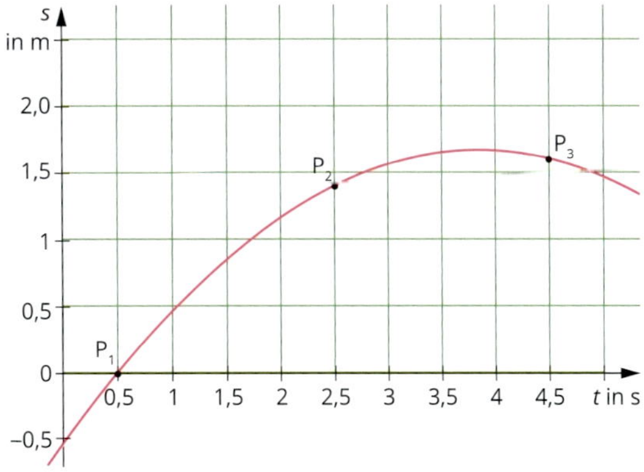

METHODE

Näherungsweise Ermittlung von Momentangeschwindigkeiten aus Zeit-Weg-Daten

Momentangeschwindigkeiten werden oft nicht direkt gemessen, sondern näherungsweise berechnet. Als Grundlage dafür dienen Zeit-Weg-Datenpaare z. B. aus Messungen mit Lichtschranken, Entfernungsmessgeräten oder aus Analysen von Filmaufnahmen. Die Berechnung kann im Hintergrund geschehen, sodass der Bildschirm eines Messgeräts nur die Geschwindigkeit anzeigt (**Abb. 1**).

Beispiel: Zu vorhandenen Zeit-Weg-Datenpaaren (**Tab. 2**) sollen die Momentangeschwindigkeiten zu den verschiedenen Zeiten 20 ms, 40 ms, 60 ms und 80 ms näherungsweise bestimmt werden.

Methode 1: Die Intervallgeschwindigkeit in einem kleinen Intervall um die gegebene Zeit wird ermittelt und dann als Näherung der gesuchten *Momentangeschwindigkeit* angegeben. Als Intervallgrenzen dienen die Werte der benachbarten *t-s*-Daten, sodass z. B. gilt:

$$v(40\,\text{ms}) \approx \frac{\Delta s}{\Delta t} = \frac{2{,}1\,\text{cm} - 0{,}1\,\text{cm}}{60\,\text{ms} - 20\,\text{ms}} = \frac{0{,}02\,\text{m}}{0{,}040\,\text{s}} = 0{,}5\,\frac{\text{m}}{\text{s}}.$$

Im Zeit-Weg-Diagramm bedeutet dieses Vorgehen, die unbekannte Steigung der Tangente in einem Punkt als ungefähr gleich zur Steigung der Sekante zwischen benachbarten Messpunkten anzunehmen (**Abb. 4**). Analoge Berechnungen führen zu Näherungen für die Momentangeschwindigkeiten zu den Zeiten $t = 20\,\text{ms}$, 60 ms und 80 ms. Für die Zeiten 0 ms und 100 ms ist das Verfahren nicht anwendbar, da es jeweils nur ein benachbartes Datenpaar gibt (**Tab. 2, Abb. 5b**).

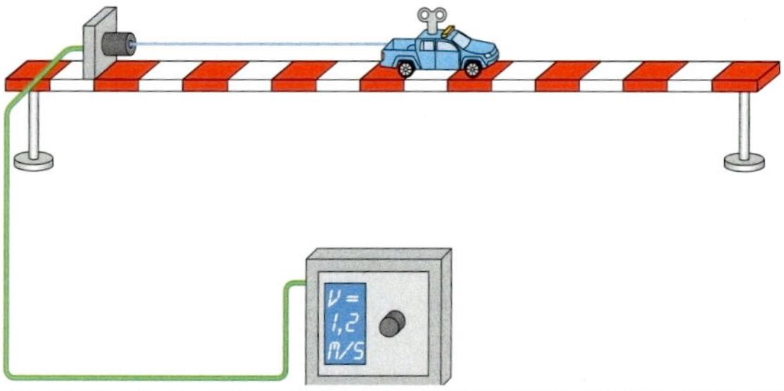

1 Die angezeigte „Momentangeschwindigkeit" berechnet das Messgerät aus Zeit-Weg-Datenpaaren, die ein Laserentfernungsmesser liefert.

t in ms	0	20	40	60	80	100
s in cm	0	0,1	0,8	2,1	4,0	6,4
v in m/s		0,2	0,5	0,8	1,1	

2 Methode 1: Als Momentangeschwindigkeit v(40 ms) wird die Geschwindigkeit im Intervall von $t = 20\,\text{ms}$ bis $t = 60\,\text{ms}$ genommen.

t in ms	0	10	20	30	40	50	60
s in cm	0		0,1		0,8		2,1
v in m/s	–	0,05		0,35		0,65	

3 Methode 2: Die Intervallgeschwindigkeiten zwischen benachbarten Messpunkten werden als Momentangeschwindigkeit zur Zeit in der Intervallmitte angenommen.

Methode 2: Zwischen zwei benachbarten ($t|s$)-Wertepaaren wird die Intervallgeschwindigkeit bestimmt und als Momentangeschwindigkeit der Zeit in der Mitte des Intervalls zugeordnet (**Tab. 3, Abb. 5c**):

$$v(30\,\text{ms}) \approx \frac{\Delta s}{\Delta t} = \frac{0{,}8\,\text{cm} - 0{,}1\,\text{cm}}{40\,\text{ms} - 20\,\text{ms}} = \frac{0{,}007\,\text{m}}{0{,}020\,\text{s}} = 0{,}35\,\frac{\text{m}}{\text{s}}.$$

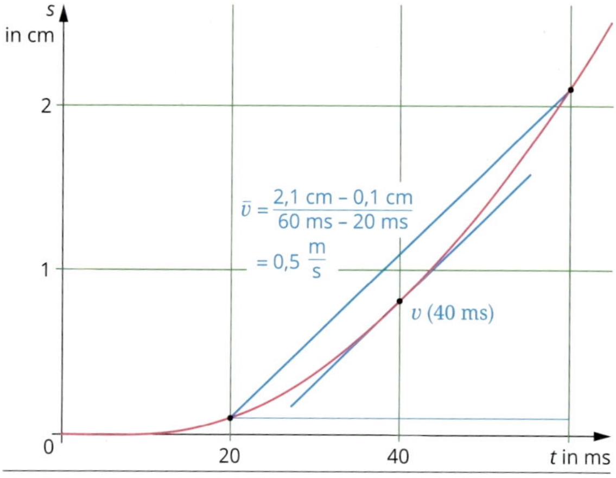

4 Die Steigung der Tangente ($t = 40\,\text{ms}$) ist näherungsweise gleich der Steigung der Sekante zwischen den beiden benachbarten Messpunkten.

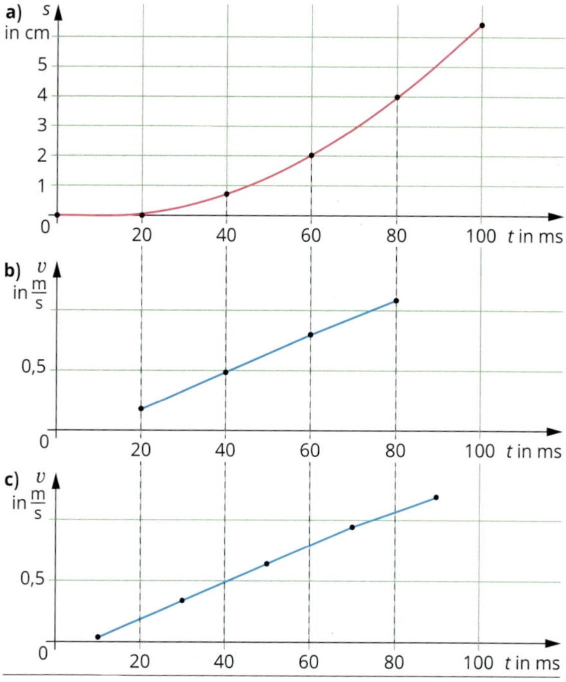

5 a) Zeit-Weg-Diagramm, **b)** und **c)** Zeit-Geschwindigkeit-Diagramme, deren Daten nach den Methoden 1 und 2 berechnet wurden

METHODE

Messunsicherheit und signifikante Stellen

Jede Messung ist mit einer **Messunsicherheit** behaftet. Das Ergebnis einer Messung hängt z.B. von den verwendeten Geräten, vom Messverfahren, von den Fertigkeiten und der Sorgfalt der Anwender sowie von Einflüssen der Umgebung ab – also von systematischen und von zufälligen Fehlern und Unsicherheiten.
Systematische Unsicherheiten, z.B. infolge von Ungenauigkeiten der Messapparatur, verfälschen alle Messwerte und sind häufig nicht oder nur schwierig zu erkennen.
Zufällige Unsicherheiten wie mechanische Erschütterungen, elektrische oder magnetische Störfelder, Ableseungenauigkeiten wie das Schätzen von Skalenteilen und Temperaturschwankungen, lassen sich durch mehrmaliges Messen minimieren. Die Abschätzung zufälliger Unsicherheiten geschieht oft mit dem als *Standardabweichung des Mittelwerts* definierten Maß Δx. Dabei ist $\overline{x}$ das *arithmetische Mittel* oder der Mittelwert aus n Einzelwerten:

$$\overline{x} = \frac{x_1 + x_1 + \ldots + x_n}{n},$$

$$\Delta x = \sqrt{\frac{(x_1 - \overline{x})^2 + (x_2 - \overline{x})^2 + \ldots + (x_n - \overline{x})^2}{n(n-1)}}.$$

Mit $x = \overline{x} \pm \Delta x$ ist der Bereich bestimmt, in dem mit hoher Wahrscheinlichkeit der wahre Wert liegt.

Schätzung der Messunsicherheit

Insgesamt ist der Prozess der Bestimmung einer Messunsicherheit eine **Schätzung**, bei der Erkenntnisse über systematische und zufällige Unsicherheiten zusammengetragen werden.
Beispiel: Die Fallstrecke einer Kugel wird mit einem Maßstab zu 74,6 cm gemessen. Die (zufällige) Ableseunsicherheit der Skala wird auf $\pm\frac{1}{2}$ mm geschätzt, dazu kommen eine systematisch begrenzte Genauigkeit des Maßstabs von $\pm\frac{1}{2}$ mm sowie ein angenommener (zufälliger) Fehler beim Anlegen des Maßstabs von ebenfalls $\pm\frac{1}{2}$ mm. Die Unsicherheit von zusammen ±0,15 cm wird aufgerundet, sodass die Angabe der Fallstrecke schließlich $s = (74{,}6 \pm 0{,}2)$ cm lautet. Die absolute Unsicherheit von 0,2 cm ergibt eine relative Messunsicherheit von 0,2 cm / 74,6 cm = 0,3 %.

Signifikante Stellen

Fehlt die Angabe einer Messunsicherheit, dann ist anzunehmen, dass die letzte Ziffer eines Messergebnisses mit einer – nicht bekannten – Unsicherheit belegt ist. Die sicheren sowie die letzte unsichere Stelle ergeben zusammen die **signifikanten Stellen** eines Messergebnisses.
Im Hinblick auf ihre Messunsicherheiten sind die Werte 2,5 km und 2500 m in der nachfolgenden Tabelle nicht identisch. Eine Angabe von 2,5 km umfasst z.B. auch die Längen 2450 m oder 2549 m. Die Angabe 2500 m lässt diese Unsicherheit nicht zu.

Strecke s	Anzahl signifikanter Stellen	Strecke s	Anzahl signifikanter Stellen
2500 m	4	2,45 cm	3
2,50 km	3	0,0245 m	3
2,5 km	2	$24{,}5 \cdot 10^{-3}$ m	3

1 Beispiele für die Anzahlen signifikanter Stellen

Zehnerpotenzschreibweise

Die Schreibweise im SI-Format mit durch drei teilbaren Exponenten der Zehnerpotenzen ($10^{\pm 3}$, $10^{\pm 6}$ $10^{\pm 9}$, ...) ermöglicht es, die Anzahl signifikanter Stellen eines Wertes besser zu verdeutlichen.
Beispiel: Die Angabe einer Entfernung mit 13 500 m ist mit der Darstellung $13{,}5 \cdot 10^3$ m nicht gleichwertig, denn sie behauptet mit ihren fünf signifikanten Stellen eine höhere Präzision. Gleichwertig wäre die Darstellung $13{,}500 \cdot 10^3$ m.

Rechnen mit signifikanten Stellen

Bei der Multiplikation oder Division von zwei Werten hat das Ergebnis genauso viele signifikante Stellen wie der am wenigsten präzise der beiden Werte.

Beispiel 1: Eine Modelleisenbahn durchfährt eine Strecke von 148 cm in 8,5 s. Die Durchschnittsgeschwindigkeit, angegeben mit zwei signifikanten Stellen, beträgt

$$v = \frac{\Delta s}{\Delta t} = \frac{1{,}48\,\text{m}}{8{,}5\,\text{s}} = 0{,}17\,\frac{\text{m}}{\text{s}}.$$

Beispiel 2: Ein Ton kommt nach $t = 4{,}6\,\text{ms} = 0{,}0046\,\text{s}$ an einem 1,50 m entfernt aufgestellten Mikrofon an. Eine Rundung der daraus berechneten Schallgeschwindigkeit auf 326 m/s ist nicht hinreichend, da die Zeit t nur auf zwei signifikante Stellen benannt ist. Eine Lösung bietet die Schreibweise mit Zehnerpotenzen oder die Einheit muss von m/s auf km/s geändert werden:

$$v = 0{,}33 \cdot 10^3\,\frac{\text{m}}{\text{s}} \text{ oder } v = 0{,}33\,\frac{\text{km}}{\text{s}}.$$

AUFGABEN

1. Geben sie die Anzahl signifikanter Stellen an:
0,003 kg; 0,03 kg; 0,030 kg; $1{,}45 \cdot 10^{15}$ Hz; 2500,0 m.

2. Geben Sie das Ergebnis unter Beachtung der Regeln für signifikante Stellen an:
2,24 cm · 1,25 cm; 2,03 cm · 3,92 cm; 10,6 cm · 5,9 cm.

3. Geben Sie das Ergebnis unter Beachtung der Regeln für signifikante Stellen an:
5,0 km/2,0 h; 5 km/2 h; 2,0 m/0,30 s; 2,0 m/ 0,300 s; 2,0 m/0,3 s; 189 m/12 · 10^{-3} s.

4. Notieren Sie mit zwei signifikanten Stellen, unter Nutzung der Schreibweise mit Zehnerpotenzen:
1940 m; 1951 m; 374 g; 3376 g; 574 s; 864,2 km; 302 km.

5. Fünf Kinder messen mit Handstoppuhren, wie lange eine Pendelschwingung dauert.
a) Berechnen Sie aus ihren Ergebnissen 1,86 s; 2,01 s; 2,05 s; 1,96 s; 2,07 s den Mittelwert und die Stanardabweichung des Mittelwerts.
b) Erwartet hatten die Kinder 2,00 s. Beurteilen Sie, ob das Pendel falsch konstruiert wurde.
c) Erläutern Sie, warum es besser sein kann, die Dauer für z.B. 5 Schwingungen zu messen.

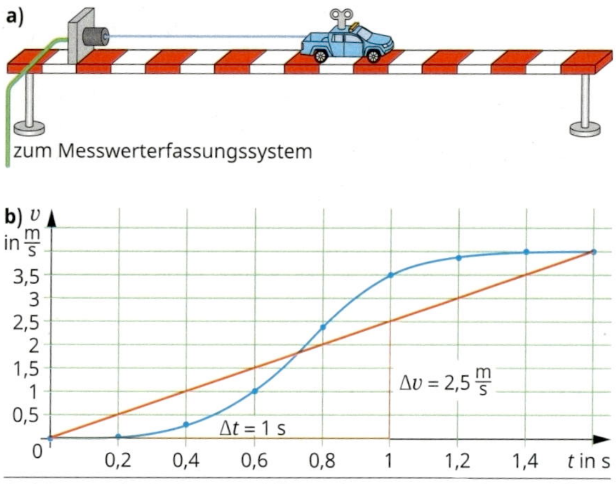

1 a) Weg und Zeit eines Modellautos beim Start werden mithilfe eines Laserentfernungsmessers aufgezeichnet.
b) Zeit-Geschwindigkeit-Diagramm des Starts des Modellautos. Die Durchschnittsbeschleunigung beträgt $\bar{a}$ = 2,5 m/s².

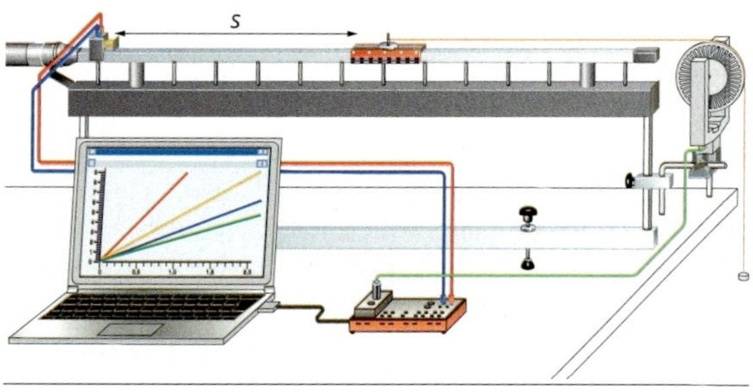

2 Versuch 2: Der Luftkissengleiter wird durch ein angehängtes Wägestück beschleunigt.

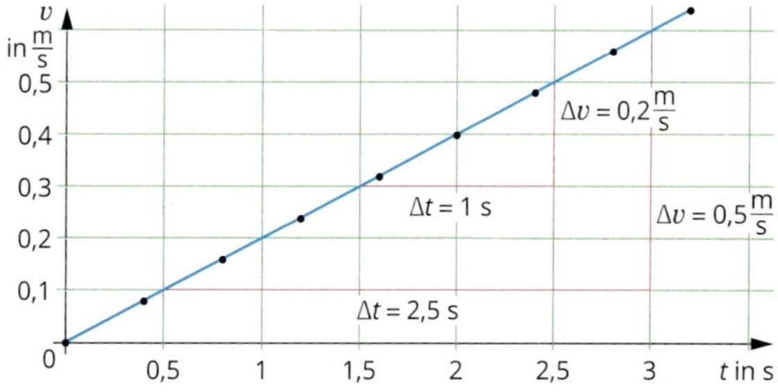

3 Versuch 2: Die Beschleunigung beträgt konstant $a = 0{,}2\,\mathrm{m/s^2}$.

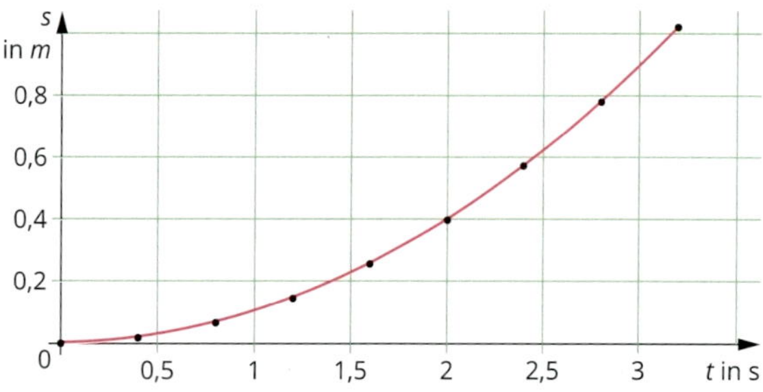

4 Versuch 2: *t*-*s*-Diagramm der Bewegung auf der Luftkissenbahn

1.1.4 Die geradlinige Bewegung mit konstanter Beschleunigung

Ein Zug verlässt den Bahnhof und nimmt Fahrt auf; ein Fahrrad bremst vor einer Baustelle; ein Läufer beginnt einen 100-m-Sprint. In allen drei Fällen ändert sich die Geschwindigkeit eines Körpers. Die Änderung der Geschwindigkeit um Δv in einer Zeit Δt wird **Beschleunigung** genannt. Analog zu den Begriffen Durchschnittsgeschwindigkeit und Momentangeschwindigkeit werden die Begriffe Durchschnittsbeschleunigung und Momentanbeschleunigung unterschieden.

Die Intervall- oder Durchschnittsbeschleunigung a zwischen zwei Messpunkten $(t_1|v_1)$ und $(t_2|v_2)$ ist der Quotient aus der Änderung der Geschwindigkeit $\Delta v = v_2 - v_1$ und der dazu benötigten Zeit $\Delta t = t_2 - t_1$:

$$\bar{a} = \frac{\Delta v}{\Delta t} = \frac{v_2 - v_1}{t_2 - t_1},$$

(a accelerare, lat.: beschleunigen).

Für die Einheit der Beschleunigung folgt

$$[a] = \frac{[\Delta v]}{[\Delta t]} = \frac{\mathrm{m/s}}{\mathrm{s}} = \frac{\mathrm{m}}{\mathrm{s}^2}.$$

Eine Beschleunigung von $1\,\mathrm{m/s^2}$ bedeutet, dass sich die Geschwindigkeit in einer Sekunde um 1 m/s erhöht.

▶ **Versuch 1:** Die Geschwindigkeit eines Modellautos beim Losfahren wird mithilfe eines Laserentfernungsmessers ermittelt (**Abb. 1a**).
Ergebnis: Das *t*-*v*-Diagramm zeigt, dass das Auto 1,6 s nach dem Start seine maximale Geschwindigkeit von 4 m/s erreicht hat (**Abb. 1b**). Seine Durchschnittsbeschleunigung beträgt $\bar{a}$ = (4 m/s)/(1,6 s) = 2,5 m/s². Die Steigung des *t*-*v*-Graphen ändert sich allerdings ständig. Die Beschleunigung des Autos ist also nicht konstant. ◀

▶ **Versuch 2:** Es wird eine Bewegung eines Gleiters auf einer waagerecht justierten Luftkissenfahrbahn untersucht. Ein angehängtes Wägestück wirkt durch einen Faden, der über eine Rolle läuft, auf den Gleiter und beschleunigt ihn (**Abb. 2**).
Auswertung 1: Das mit einem Computer aufgenommene Zeit-Geschwindigkeit-Diagramm der Gleiter-Bewegung in **Abb. 3** zeigt eine Ursprungsgerade. Die Geschwindigkeit v des Gleiters nimmt also proportional mit der Zeit t zu. Für zwei beliebige Datenpaare $(t|v)$ errechnet sich die Beschleunigung $a = \Delta v / \Delta t$ zu 0,2 m/s². Die Beschleunigung des Gleiters ist also konstant. Wenn einer der beiden Datenpunkte zur Berechnung das Datenpaar $(t|v) = (0\,\mathrm{s}|0\,\mathrm{m/s})$ ist, dann gilt insbesondere $a = v/t$ (ohne „Δ") und somit

$$v = a \cdot t.$$

Auswertung 2: Die Darstellung des Wegs in Abhängigkeit von der Zeit liefert eine parabelförmige Kurve (**Abb. 4**). Die Vermutung, dass der Weg proportional zum Quadrat der Zeit wächst, wird durch die Konstanz des Quotienten $k = s/t^2$ für alle Datenpaare bestätigt (**Tab. 5**).

Aus $k = s/t^2$ ergibt sich der Zusammenhang $s = k\,t^2$ mit $k = 0{,}1\,\mathrm{m/s^2}$. Da k die Einheit einer Beschleunigung aufweist, lässt sich vermuten, dass k die Hälfte der zuvor ermittelten Beschleunigung von $a = 0{,}2\,\mathrm{m/s^2}$ ist – und dass allgemein $s = \frac{1}{2}a\,t^2$ gilt. Weitere Untersuchungen bestätigen die Gültigkeit dieses Zusammenhangs. ◀

Eine geradlinige Bewegung mit konstanter Beschleunigung (bei der die Beschleunigung nach Betrag und Richtung konstant bleibt) wird als **geradlinig gleichmäßig beschleunigte Bewegung** bezeichnet. Bei einem Start aus der Ruhe lauten die Funktionsgleichungen:
Zeit-Weg-Funktion: $s(t) = \frac{1}{2}a\,t^2$,
Zeit-Geschwindigkeit-Funktion: $v(t) = a \cdot t$.

Weg und Zeit der gleichmäßig beschleunigten Bewegung sind jeweils Funktionen des *Parameters t*. Dieser Parameter kann aus den beiden Gleichungen eliminiert werden. Aus der Gleichung $v = a\,t$ ergibt sich $t = v/a$ und eingesetzt in $s = \frac{1}{2}\,a\,t^2$ folgt $v^2 = 2\,a\,s$ oder $v = \sqrt{2\,a\,s}$.
v ist die Geschwindigkeit, die ein Körper am Ende des Weges s erreicht, den er nach Start aus der Ruhe mit konstanter Beschleunigung a durchlaufen hat.

Analog zur Momentangeschwindigkeit gibt es eine *Momentanbeschleunigung* $a(t)$, die die erste Ableitung der Geschwindigkeit nach der Zeit ist:

$$a(t) = \frac{\mathrm{d}\,v(t)}{\mathrm{d}t} = \dot{v}(t) \quad \text{bzw.} \quad a(t) = \frac{\mathrm{d}^2 s(t)}{\mathrm{d}t^2} = \ddot{s}(t)\,.$$

t in s	0	0,4	0,8	1,2	1,6	2,0	2,4	2,8	3,2
s in m	0	0,016	0,065	0,145	0,26	0,40	0,58	0,78	1,04
$k = s/t^2$ in m/s²	–	0,1	0,1	0,1	0,1	0,1	0,1	0,1	0,1

5 Die Konstanz der Quotienten $k = s/t^2$ bestätigt, dass der Zeit-Weg-Graph eine Parabel ist.

AUFGABEN

1. Ein Bob hat vom Start an die gleichbleibende Beschleunigung von $2\,\mathrm{m/s^2}$. Berechnen Sie
a) seine Geschwindigkeit 5 s nach dem Start;
b) den bis zu diesem Zeitpunkt zurückgelegten Weg;
c) seine Durchschnittsgeschwindigkeit auf diesem Weg;
d) den zurückgelegten Weg, wenn seine Geschwindigkeit auf 20 m/s angewachsen ist.

2. Die folgende Tabelle zeigt die Werte eines Fahrbahnversuchs mit Start aus der Ruhe:

t in s	0,0	0,4	0,8	1,2	1,6	2,0
s in cm	3,2	8,4	23,8	49,6	75,7	101,8

a) Zeichnen Sie das Zeit-Weg-Diagramm.
b) Ermitteln Sie Momentangeschwindigkeiten in den Mitten der Intervalle. Zeichnen Sie das t-v-Diagramm.
c) Charakterisieren Sie die Bewegung (ggf. in Teilstücken).
d) Berechnen Sie $\overline{a}$ in der ersten Sekunde.

3. a) Berechnen Sie jeweils die Durchschnittsbeschleunigung: Die Geschwindigkeit eines Autos steigt in 4,0 s von 0 m/s auf 30 m/s; von 0 m/s auf 20 m/s; von 10 m/s auf 30 m/s.
b) Berechnen Sie die Durchschnittsbeschleunigung für die Bewegung mit den Daten (3,0 s | 2,6 m/s) und (8,0 s | –1,5 m/s).

4. Berechnen Sie jeweils die durchschnittliche Beschleunigung a und die Länge s der bei der (gleichmäßigen) Beschleunigung zurückgelegten Strecke.
a) Ein Airbus A380 erreicht beim Start nach 30 s eine Geschwindigkeit von 270 km/h.
b) Ein Sportwagen beschleunigt von 0 km/h auf 100 km/h in 3,4 s.

5. Bei einem Auto nimmt die Geschwindigkeit auf einer Strecke von 60 m gleichmäßig von 0 m/s auf 20 m/s zu. Berechnen Sie die Beschleunigung a.

6. Ein ICE-S benötigt zum Beschleunigen von 0 km/h auf 300 km/h nur 6 km, während ein ICE 3 dafür 20 km braucht. Berechnen Sie jeweils die mittlere Beschleunigung und die für die Beschleunigung benötigte Zeit.

7. a) Planen Sie ein Experiment mit dem sich prüfen lässt, ob der rote Wagen gleichmäßig beschleunigt. Material: Elektronische Stoppuhr, bis zu 4 Lichtschranken.
b) Planen Sie ein Experiment, bei dem die Prüfung mittels Videoanalyse erfolgt.

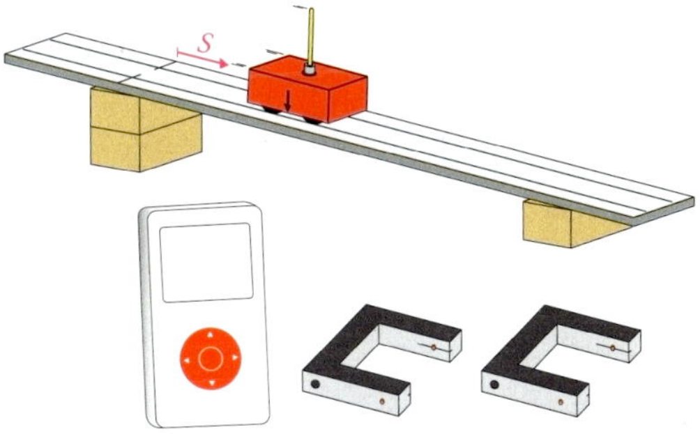

8. Quadratische Zusammenhänge zwischen den Messwerten zweier Größen lassen sich oft an den Daten direkt erkennen: Wenn sich Werte einer Größe verdoppeln (verdreifachen), dann vervierfachen (verneunfachen) sich die Werte der anderen Größe – oder umgekehrt.
a) Geben Sie aus **Tab. 5** passende Datenbeispiele an.
b) Geben Sie an, wie sich im zuvor beschriebenen Fall die Werte der anderen Größe verhalten, wenn sich die Werte der ersten Größe vervierfachen (verfünffachen). Ermitteln Sie aus der Tabelle erneut je ein Beispiel.

9. Prüfen Sie, ob die durch folgende Werte beschriebene Bewegung gleichmäßig beschleunigt ist. (Dies ist der Fall, wenn $s \sim t^2$ gilt).

t in s	0	0,1	0,2	0,3	0,4	0,5	0,6	0,7	0,8
s in cm	0	0,5	2,0	4,5	7,9	12,6	17,8	24,6	32,3

Nutzen Sie
a) ... das in Aufgabe 8 vorgestellte Verfahren,
b) ... ein Verfahren zur Messdatenauswertung.

METHODE

Linearisierung – Auswertung von Messdaten

Die Auswertung eines Versuchs umfasst oft die Ermittlung eines mathematischen Zusammenhangs zwischen den beteiligten Größen in Form einer Funktion. Dieser Prozess wird als „mathematische Modellierung" bezeichnet. Häufig eignen sich Modelle auf Basis von *Potenzfunktionen* (x^n), um einen Zusammenhang zu beschreiben. Im Folgenden werden zwei Verfahren dargestellt, mit denen es gelingt, eine passende Funktion zu bestimmen (also zu modellieren).

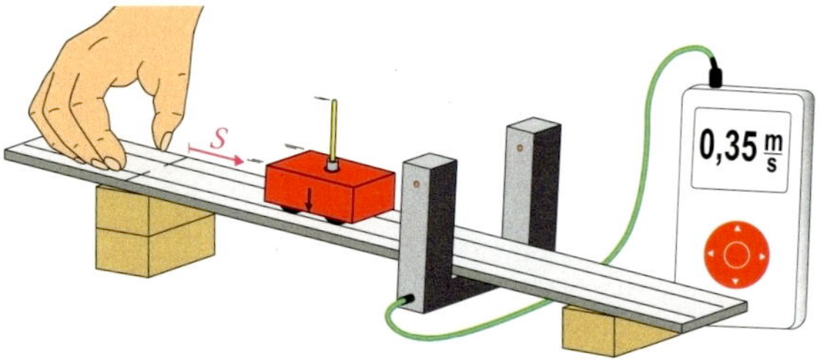

1 Wagen auf schiefer Ebene: Der Wagen wird losgelassen und die Geschwindigkeit v am Ende einer Strecke s aus der Dunkelzeit der Lichtschranke sowie der Breite des gelben Unterbrecherfähnchens bestimmt.

a)

s in m	0,00	0,10	0,20	0,30	0,40	0,50	0,60	0,70	0,80
v in m/s	0,00	0,35	0,51	0,62	0,71	0,80	0,86	0,93	0,99

b)

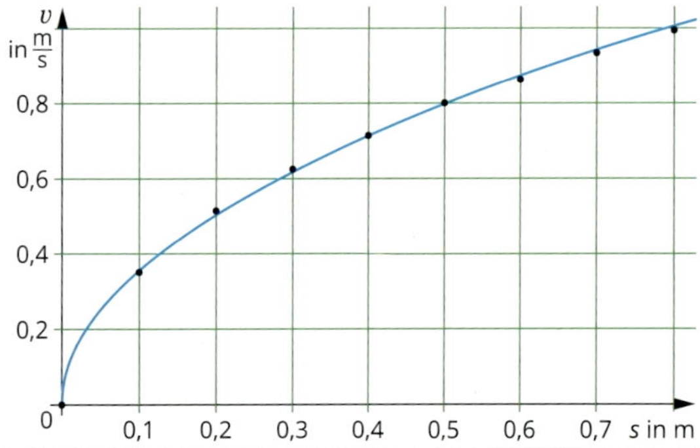

2 Messdaten und Diagramm mit Ausgleichskurve

a)

$\sqrt{s}$ in $\sqrt{m}$	0	0,32	0,45	0,55	0,63	0,71	0,77	0,84	0,89
v in m/s	0	0,35	0,51	0,62	0,71	0,80	0,86	0,93	0,99

b)

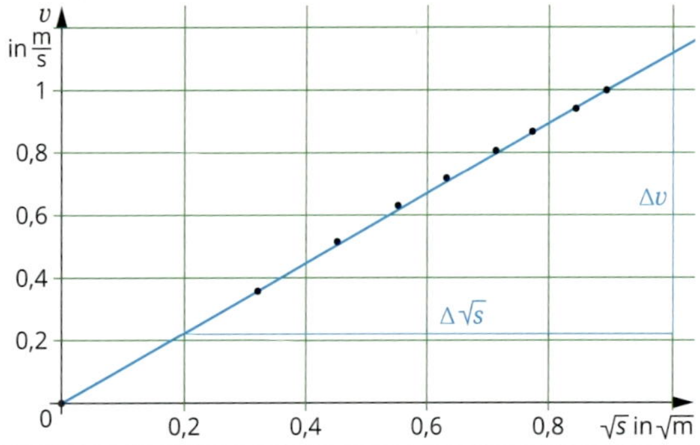

3 $\sqrt{s}$-v-Werte zum Fahrbahnversuch und b) $\sqrt{s}$-v-Diagramm

Beispiel: Ein Wagen fährt aus der Ruhe eine schiefe Ebene hinab und beschleunigt dabei. Die am Ende eines Beschleunigungsweges s erreichte Geschwindigkeit v wird mithilfe eines Unterbrecherfähnchens bestimmt (**Abb. 1**). Ziel der Auswertung ist es, eine Funktion zu ermitteln, die die Abhängigkeit der Geschwindigkeit v von der Länge des Beschleunigungsweges s im Bereich der Messwerte gut beschreibt.

Vermutung über eine geeignete Funktion

In das Diagramm der Messwerte wird eine Ausgleichskurve gezeichnet (**Abb. 2**). Das ist eine Kurve, die möglichst glatt zwischen den Punkten hindurchgeht und sich ihnen gleichzeitig möglichst gut annähert. Ein Vergleich der eingezeichneten Ausgleichskurve mit bekannten Verläufen von Graphen (**Abb. 5**) ergibt eine Vermutung über eine geeignete Modellierung des Zusammenhangs zwischen dem Weg s und der Geschwindigkeit v. In diesem Fall besteht die Vermutung, dass eine Wurzelfunktion geeignet ist: $v \sim \sqrt{s}$ bzw. $v = k \cdot \sqrt{s}$. Diese Vermutung lässt sich grafisch und rechnerisch überprüfen.

Grafische Prüfung

Die gewählte Funktion wird auf alle s-Werte angewendet, d.h., es wird aus allen s-Werten die Quadratwurzel gezogen (**Tab. 3a**) und daraus ein $\sqrt{s}$-v-Diagramm erstellt (**Abb. 3b**). Liegen alle Punkte in etwa auf einer *Geraden*, so gilt die Vermutung als geeignet. Liegen die Punkte nicht annähernd auf einer Geraden, so wird die Vermutung verworfen und das Verfahren muss mit einer anderen Vermutung wiederholt werden.

Bei passender Modellierung folgt der Proportionalitätsfaktor k aus der Steigung der Geraden im $\sqrt{s}$-v-Diagramm:

$$k = \frac{\Delta v}{\Delta\sqrt{s}}.$$

Die Einheit des Faktors k ergibt sich aus den Einheiten der beteiligten Größen:

$$[k] = \frac{[\Delta v]}{[\Delta\sqrt{s}]} = \frac{\frac{\mathrm{m}}{\mathrm{s}}}{\sqrt{\mathrm{m}}} = \frac{\mathrm{m}}{\mathrm{s}\sqrt{\mathrm{m}}} = \frac{\sqrt{\mathrm{m}}\sqrt{\mathrm{m}}}{\mathrm{s}\sqrt{\mathrm{m}}} = \frac{\sqrt{\mathrm{m}}}{\mathrm{s}}.$$

Rechnerische Prüfung

In der rechnerische Methode werden für alle n Wertepaare die Faktoren k_i aus der gewählten Funktion berechnet:

$$k_i = \frac{v_i}{\sqrt{s_i}}, \quad i = 1, 2, ..., n.$$

Stimmen alle berechneten Faktoren k_i ungefähr überein, so gilt die Modellierung als passend (**Tab. 4**). Stimmen die berechneten Faktoren k_i nicht gut überein, muss dieses Verfahren mit einer anderen Vermutung wiederholt werden. Bei geeigneter Funktion kann der Faktor k als Mittelwert der berechneten k_i-Werte angenommen werden, $k = (k_1 + k_2 + ... + k_n)/n$. Im gewählten Beispiel ist $k \approx 1{,}1\ \sqrt{\mathrm{m}}/\mathrm{s}$. Insgesamt ergibt sich damit folgende Formel:

$$v \approx 1{,}1\ \frac{\sqrt{\mathrm{m}}}{\mathrm{s}}\sqrt{s}$$

s in m	0	0,10	0,20	0,30	0,40	0,50	0,60	0,70	0,80
v in m/s	0	0,35	0,51	0,62	0,71	0,8	0,86	0,93	0,99
$k = \frac{v}{\sqrt{s}}$ in $\frac{\sqrt{m}}{s}$	–	1,107	1,140	1,132	1,123	1,131	1,110	1,112	1,107

4 Die Vermutung, dass $v \sim \sqrt{s}$ eine geeignete Modellierung darstellt, ist zutreffend, da die Faktoren k in etwa übereinstimmen.

Ergänzungen

- Die Ermittlung eines mathematischen Zusammenhangs zwischen zwei Größen wird auch als **Linearisierung** bezeichnet, da beim grafischen Verfahren der Graph einer *linearen* Funktion – eine Gerade – zur Bestätigung einer Vermutung dient.
- Die beiden vorgestellten Verfahren unterstellen, dass der Graph der gesuchten Funktion nicht entlang einer der beiden Achsen verschoben ist. Die *rechnerische Auswertung* funktioniert bei einer solchen Verschiebung nicht mehr, die *grafische Auswertung* ist immerhin unempfindlich gegenüber einer Verschiebung auf der *y*-Achse.

AUFGABEN

1. a) Prüfen Sie für jede der folgenden vier Messreihen, ob eine der gängigen Funktionen aus **Abb. 10** einen Zusammenhang zwischen den Messwerten beschreibt.

b) Falls ja, geben Sie den Faktor *k* jeweils mit der entsprechenden Einheit an.

***v* in m/s**	0	1,0	2,0	3,0	4,0	5,0	6,0	7,0
***E* in J**	0	1,9	7,7	17,0	30,4	47,6	68,6	92,8

***m* in kg**	0	0,1	0,2	0,4	0,6	0,8	1,0	1,2
***T* in s**	0	0,14	0,19	0,28	0,34	0,41	0,44	0,49

***t* in s**	0,5	1,0	1,5	2,0	2,5	3,0	3,5	4,0
***P* in W**	495	253	169	123	99	81	72	63

***T* in s**	0,30	0,39	0,55	0,74	1,02	1,33	1,91	2,44
***F* in N**	93	55	28	15	8,0	4,7	2,3	1,4

2. a) Geben Sie an, warum das Diagramm die Formel $s = k\,t^2$ als geeignetes mathematisches Modell ausweist.

b) Es gilt $s = k\,t^2$. Ermitteln Sie den Faktor *k*.

c) Geben Sie an, welche physikalische Größe die gleiche Einheit hat wie der Faktor *k*.

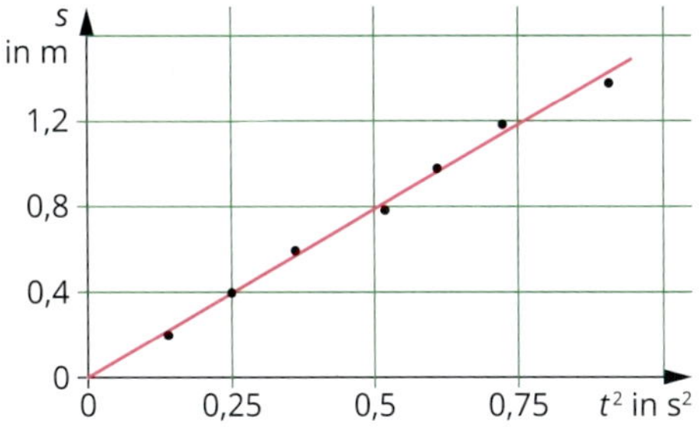

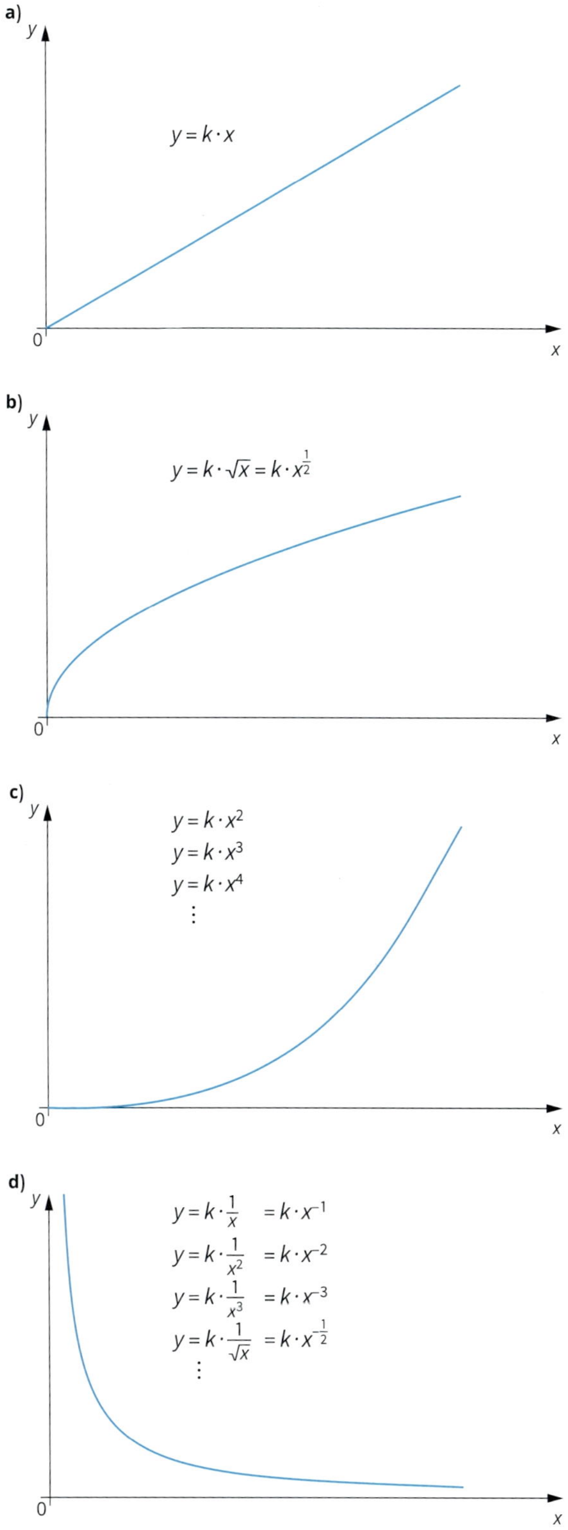

5 Grafische Darstellung gängiger mathematischer Zusammenhänge. In den Übersichten stehen die mathematischen Symbole *x* und *y* für physikalische Größen. Es handelt sich um ausgewählte Vielfache von Potenzfunktionen, denen die allgemeine Form $f(x) = k x^n$ mit $k \in \mathbb{R}^+$, $n \in \mathbb{R}$, $x > 0$ zugrunde liegt:
a) Graph einer proportionalen Funktion,
b) Graph einer Wurzelfunktion,
c) Parabel *n*-ter Ordnung ($n = 2, 3, 4, \ldots$),
d) Hyperbel *n*-ter Ordnung ($n = 1, 2, \ldots$) bzw. Graph einer reziproken Wurzelfunktion.

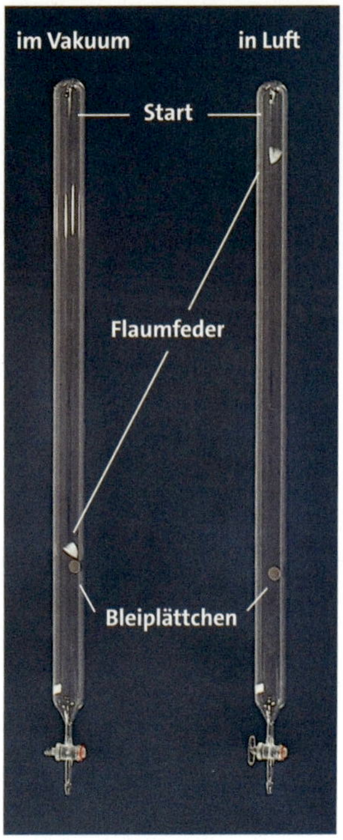

1 Versuch 1: Im Gravitationsfeld der Erde fallen – im Vakuum – alle Körper gleich schnell.

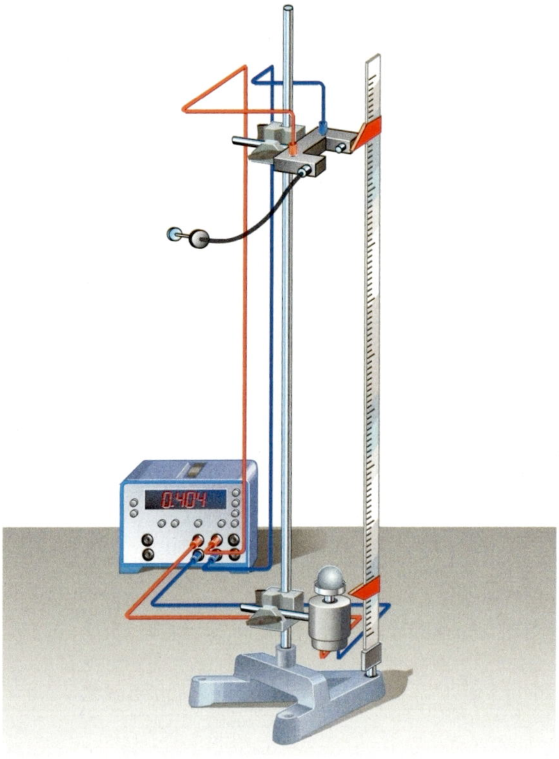

2 Versuch 2: Aufbau zur Aufnahme von Zeit-Weg-Messdaten

1.1.5 Der freie Fall

▶ **Versuch 1:** In einer Glasröhre beginnen eine Flaumfeder und ein Bleiplättchen gleichzeitig zu fallen, indem die lotrecht gehaltene Röhre schnell um 180° gedreht wird (**Abb. 1**). Der Versuch wird zunächst mit luftgefüllter Röhre durchgeführt und dann ein zweites Mal, nachdem die Röhre (fast) luftleer gepumpt wurde.
Beobachtung und Deutung: Feder und Bleiplättchen erreichen in der luftleeren Röhre den Boden zur gleichen Zeit, da hier Auftrieb und Luftwiderstand (fast) ausgeschaltet sind. ◀

Die Fallbewegung eines Körpers im luftleeren Raum heißt **freier Fall.** Alle Körper fallen im luftleeren Raum gleich schnell.

Die Begründung für den gleichschnellen Fall aller Körper liefern Erkenntnisse aus der Dynamik.

Eine in Luft fallende Stahlkugel führt wegen ihrer Form und Dichte näherungsweise einen freien Fall durch, weshalb diese Bewegung im Folgenden zur Erkenntnisgewinnung über den freien Fall untersucht wird.

▶ **Versuch 2:** Eine Stahlkugel wird im Auslöser zwischen Stift und Stößel eines Fallgeräts gehalten und schließt über diese einen elektrischen Kontakt. Das Freigeben der Kugel unterbricht den Kontakt und startet den Digitalzähler. Die Kugel fällt dann in einen Fangteller und löst einen Schalter aus, der die Zeitmessung stoppt (**Abb. 2**). Für jeden Fallweg wird die Zeit mehrmals gemessen und der Mittelwert notiert (**Tab. 4**).
Ergebnis: Die grafische Darstellung der Messwerte in **Abb. 5** lässt vermuten, dass der Fallweg s quadratisch von der Fallzeit t abhängt und somit eine gleichmäßig beschleunigte Bewegung vorliegt. Die Anwendung einer Auswertemethode bestätigt diese Vermutung und ergibt die Zeit-Weg-Funktion $s = kt^2$ mit $k = 4{,}91\,\text{m/s}^2$, bzw. $s(t) = \frac{1}{2}at^2$ mit $a = 9{,}82\,\text{m/s}^2$. Die Beschleunigung wird **Fall-** oder **Erdbeschleunigung** $\boldsymbol{g}$ genannt. ◀

Der **freie Fall** ist eine gleichmäßig beschleunigte Bewegung mit der für alle Körper am gleichen Ort konstanten *Fall-* oder *Erdbeschleunigung g*.
Die **Fall-** oder **Erdbeschleunigung** beträgt in Meereshöhe auf 45° geografischer Breite $g = 9{,}81\,\text{m/s}^2$. Die Bewegungsgleichungen des freien Falls lauten
$s = \frac{1}{2}gt^2, \quad v = gt, \quad a = g.$

Eine stroboskopische Aufnahme zeigt, wie verschiedene Körper die gleiche Fallbewegung ausführen (**Abb. 3**). Bei bekannter Blitzfrequenz kann der Aufnahme Zeit und Weg entnommen werden. Eine vertiefte Behandlung des

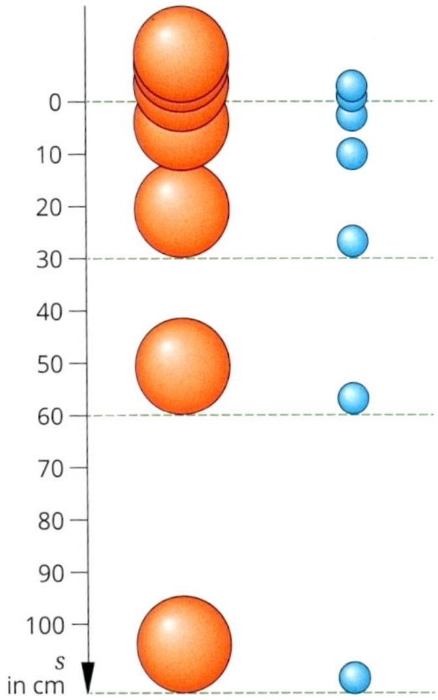

3 Stroboskopische Aufnahme des freien Falls zweier Kugeln verschiedener Masse

Phänomens erfolgt im Kapitel zur Dynamik. Die Fall- oder Erdbeschleunigung g ist ortsabhängig. Sie hängt sowohl von der geografischen Breite als auch von der Höhe über dem Meeresspiegel ab. Die Ortsabhängigkeit beruht auf der Abplattung der Erde und der Drehung der Erde um ihre Achse. Am Äquator gilt $g = 9{,}78\,\text{m/s}^2$ und am Pol $g = 9{,}83\,\text{m/s}^2$. Ferner ändert sich der Wert von g mit dem Abstand vom Erdmittelpunkt.

Fall mit Luftwiderstand

Beim Fall im luftgefüllten Raum verhindert der Luftwiderstand, dass die Geschwindigkeit eines Körpers stetig zunimmt. Regentropfen fallen mit konstanter Geschwindigkeit zu Boden, ebenso Fallschirmspringer mit geöffnetem Schirm. Der Luftwiderstand wächst beim Fallen ungefähr quadratisch mit der Fallgeschwindigkeit v und minimiert so die weitere Beschleunigung eines Körpers. Bei einer bereits erreichten Geschwindigkeit v beträgt die weitere Beschleunigung eines Körpers im Gravitationsfeld der Erde nur noch $a = g(1 - kv^2)$. Dabei ist k eine Konstante, in die die Dichte der Luft sowie die Masse, die Querschnittsfläche und der *Luftwiderstandsbeiwert* des Körpers einfließen. Bei immer weiter steigender Geschwindigkeit geht die Beschleunigung gegen null und der Körper erreicht eine *Endgeschwindigkeit* v_e.

Tatsächlich würden Körper auch beim freien Fall im Vakuum nicht unendlich schnell. Die Lichtgeschwindigkeit c stellt eine obere Grenze dar, der sich die Geschwindigkeit eines Körpers asymptotisch annähert. Diese Beobachtung wird von der Relativitätstheorie widerspruchsfrei *erklärt*. Relativistische Effekte bleiben aber in der klassischen Mechanik, die Geschwindigkeiten von höchstens einigen 1000 km/h behandelt, unberücksichtigt.

t in s	0,000	0,142	0,203	0,247	0,286	0,347	0,404	0,429	0,495
s in m	0,00	0,10	0,20	0,30	0,40	0,60	0,80	0,90	1,20

4 *t*-*s*-Messdaten zum freien Fall

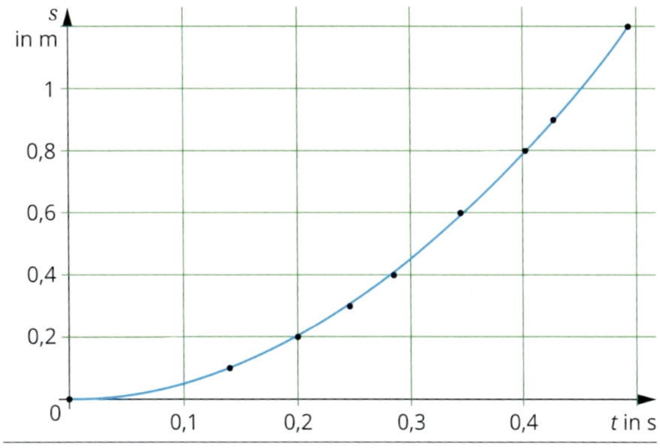

5 Graph der *t*-*s*-Messdaten zum freien Fall

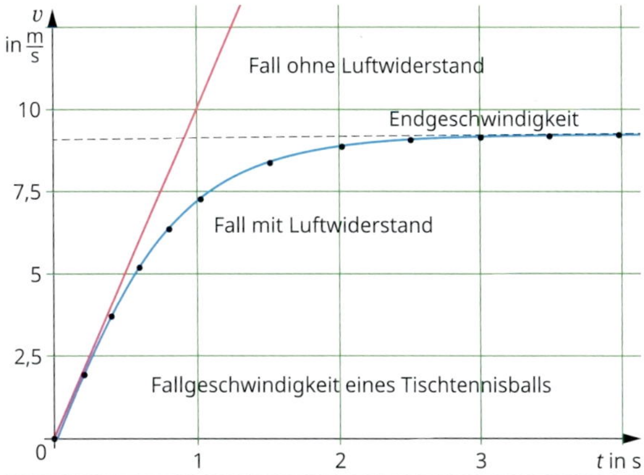

6 Im luftgefüllten Raum erreichen fallende Körper irgendwann eine Endgeschwindigkeit – falls die zur Verfügung stehende Fallstrecke lang genug ist.

▸ Beispiel: Freier Fall auf dem Mond

Im Jahre 1971 bestätigte der Astronaut David R. Scott bei der Apollo-15-Mission das Ergebnis des Versuchs 1, indem er auf dem Mond gleichzeitig einen Hammer und eine Feder zu Boden fallen ließ. Beide Körper trafen gleichzeitig auf dem Boden auf. Da der Versuch gefilmt wurde, kann die Fallbeschleunigung auf dem Mond mit der Methode der Videoanalyse abgeschätzt werden. Der Vorgang des Fallens dauert $t = 1{,}2\,\text{s}$ und die Fallhöhe, ermittelt aus der Länge des Hammerstiels (NASA-Angabe: 39 cm), beträgt etwa 1,2 m. Unter der Annahme, dass auf dem Mond die Beziehung $s = \frac{1}{2} g_{\text{Mond}}\, t^2$ gilt, folgt

$$g_{\text{Mond}} = \frac{2s}{t^2} = \frac{2 \cdot 1{,}2\,\text{m}}{(1{,}2\,\text{s})^2} = 1{,}7\,\frac{\text{m}}{\text{s}^2}.$$

Es ergibt sich eine gute Übereinstimmung mit dem Literaturwert von

$$g_{\text{Mond}} = 1{,}62\,\frac{\text{m}}{\text{s}^2}.$$ ◂

Simulation und Übung:
Fall mit/ohne Luftwiderstand

AUFGABEN

1. Ein Körper fällt aus einer Höhe von 130 m ohne Luftwiderstand herab. Berechnen Sie
   a) Fallstrecke und Geschwindigkeit nach 2,0 s / nach 4,0 s,
   b) nach welcher Zeit und mit welcher Geschwindigkeit der Körper auf den Boden trifft,
   c) die Geschwindigkeit des Körpers nach 65 m Fallstrecke,
   d) die Fallstrecke, nach der der Körper eine Geschwindigkeit von 45 m/s erreicht,
   e) die Fallzeit für die letzten 65 m.

2. Zur Bestimmung der Erdbeschleunigung wird mehrmals ein Stein von einem 19,85 m hohen Turm fallen gelassen. Bestimmen Sie die Fallbeschleunigung als Durchschnitt von neun Zeitmessungen mit verschiedenen Stoppuhren: $t_i = 2{,}00$ s; 2,04 s; 1,99 s; 2,02 s; 2,06 s; 1,96 s; 1,97 s; 2,01 s; 2,07 s.

3. **Tab. 4:** Ergänzen Sie die zu erwartenden Fallzeiten für 0,50 m, 0,70 m und 1,00 m.

4. Werten Sie die Messwerte in **Tab. 4** aus, indem Sie ein Verfahren der Linearisierung anwenden, und bestätigen Sie den im Lehrbuchtext genannten quadratischen Zusammenhang zwischen Fallzeit und Fallstrecke.

5. **Tab. 4:** Ermitteln Sie näherungsweise Momentangeschwindigkeiten und erstellen Sie das *t*-*v*-Diagramm

6. Ein Stein fällt von einer Turmspitze und trifft nach 4,0 s auf dem Boden auf. Berechnen Sie
   a) die Höhe des Turms,
   b) die Geschwindigkeit, mit der der Stein auf dem Erdboden auftrifft,
   c) die Fallzeit für die erste Hälfte seines Fallwegs,
   d) die Zeit, die der Stein zum Durchfallen der letzten 20 m benötigt,
   e) die Zeit seit dem Loslassen, nach der ein Beobachter den Stein aufschlagen *hört* (Schallgeschwindigkeit: 320 m/s).

7. **a)** Beschreiben Sie eine Möglichkeit, mit dem Versuchsaufbau beim freien Fall einer Kugel Messwertepaare für die Fallzeit *t* und die Momentangeschwindigkeit $v(t)$ am Ende der Fallzeit (näherungsweise) zu ermitteln.
   b) Nennen Sie zwei mögliche Messunsicherheiten.
   c) Beschreiben Sie einen Versuch, der es gestattet, *t*-*v*-Wertepaare mit nur zwei Lichtschranken aufzunehmen. Vergleichen Sie beide Versuche im Hinblick auf Messunsicherheiten.

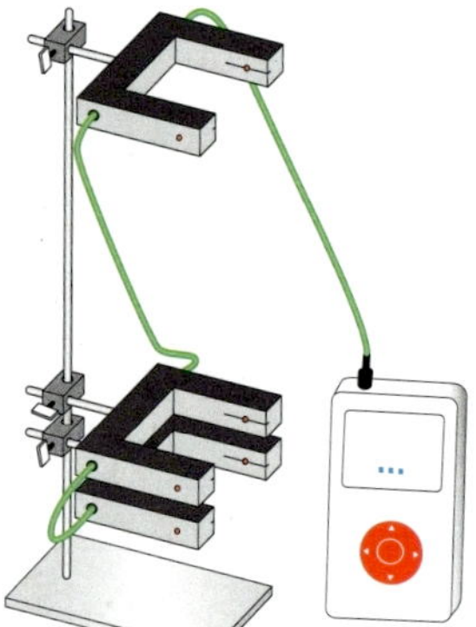

8. Planen Sie ein Experiment und führen Sie es durch: Fünf schwere Schraubenmuttern sollen so auf eine Schnur aufgefädelt werden, dass sie in festen zeitlichen Abständen aufschlagen, wenn die lotrecht hängende, den Boden berührende Schnur losgelassen wird. Ermitteln Sie, wo die Muttern hängen können, wenn die Schnur höchstens 5 m lang sein soll.

9. Zeitmessung beim freien Fall: Die Messung der Zeit beginnt, sobald die Bolzen die Kugel freigeben und sie endet, wenn die Kugel den Strahl der Lichtschranke unterbricht.
   a) Geben Sie an, zwischen welchen Punkten (x) die Fallstrecke gemessen werden muss.
   b) Das Messgerät zeige immer eine zu große Fallzeit an. Nennen Sie eine mögliche Ursache für diesen Fehler.

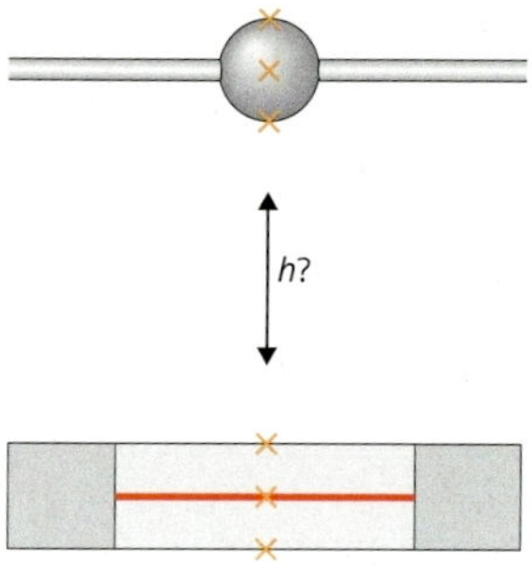

10. Auf der Zentimeter-Skala rechts ist in Abständen von 0,1 s der Ort eines fallenden Körpers aufgetragen.
   a) Begründen Sie kurz, warum der Körper nicht im Vakuum, sondern in Luft (oder einem anderen Medium) fällt.
   b) Ermitteln Sie die Endgeschwindigkeit, falls diese schon erreicht wurde.

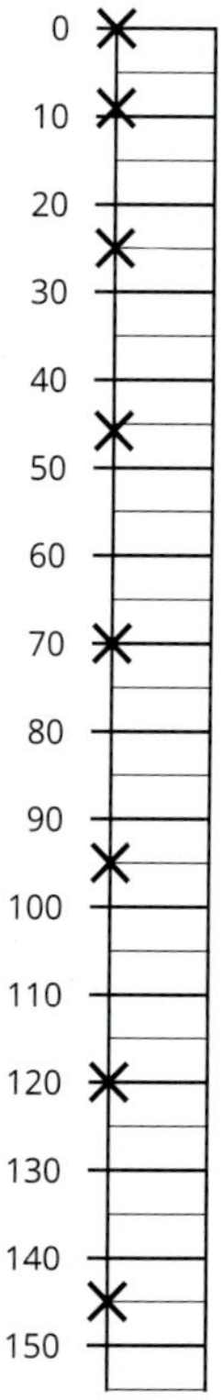

11. Auf dem Mond fallen ein Hammer und eine Feder gleich schnell zu Boden. Erläutern Sie, inwiefern Schwerelosigkeit oder Vakuum das Versuchsergebnis auf dem Mond verursachen.

12. Beurteilen Sie, ob ein Fallschirmsprung auf dem Mond möglich ist.

13. Ein Hammer fällt aus einer Höhe von 1,2 m. Vergleichen Sie die Auftreffgeschwindigkeit für den Vorgang auf der Erde mit der auf dem Mond.

*14. **a)** Geben Sie begründet an, welche der unten dargestellten Kurven das *t*-*v*-Diagramm eines Steins darstellt, der zur Zeit $t = 0$ s lotrecht in die Höhe geworfen wird und später wieder den Startpunkt erreicht.
   b) Ordnen Sie dem ersten *t*-*v*-Diagramm passende *t*-*s*- und *t*-*a*-Diagramme zu. Begründen Sie Ihre Auswahl.
   c) Skizzieren Sie ein *t*-*v*-Diagramm und ein *t*-*a*-Diagramm zum dritten *t*-*s*-Diagramm.

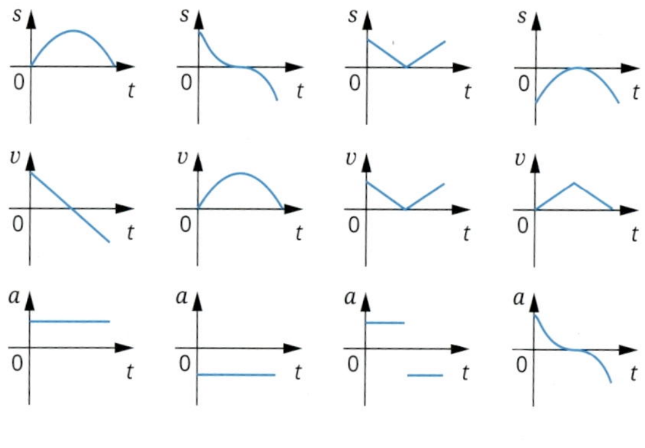

1.1.6 Bewegungsgleichungen

Beschleunigungen erfolgen nicht in allen Fällen aus der Ruhe heraus, z.B. wenn Fahrzeuge von einer Geschwindigkeit v_0 aus weiter beschleunigt oder abgebremst werden. Für die Geschwindigkeit $v(t)$ nach einer über die Zeit t konstanten Beschleunigung a gilt

$$v(t) = v_0 + a\,t.$$

Die bei diesem Vorgang zurückgelegte Strecke entspricht dem Flächeninhalt unter dem Graphen in einem Zeit-Geschwindigkeit-Diagramm. Sie ergibt sich nach **Abb. 1** zu $s = v_0\,t + \frac{1}{2}a\,t^2$. Für den Fall, dass sich das Fahrzeug zu Beginn der Zeitmessung am Ort s_0 befindet, folgt als allgemeine Bewegungsgleichung:

$$s = s_0 + v_0\,t + \frac{1}{2}a\,t^2.$$

Bremsvorgang

Das gleichmäßige Abbremsen eines Körpers aus einer Anfangsgeschwindigkeit v_0 ist eine gleichmäßige Beschleunigung mit einer negativen Beschleunigung, $a < 0$. Wird ein Fahrzeug dabei zum Stillstand gebracht, so ist seine Geschwindigkeit am Ende des Vorgangs $v(t) = 0\,\text{m/s}$ und es folgt

$$0 = v_0 + a\,t\text{, also } v_0 = -a\,t \quad (a < 0).$$

Der Flächeninhalt unter dem t-v-Graphen gibt wieder die zurückgelegte Strecke an. Die in **Abb. 2** gezeigte Subtraktion **a)** oder Addition **b)** zweier Teilflächen führt mit $s = v_0 t + \frac{1}{2}a\,t^2$ zur identischen Gleichung wie bei positiver Beschleunigung (also für $a > 0$). ◄

Bewegungen im Überblick

Gleichförmige Bewegungen und geradlinig gleichmäßig beschleunigte Bewegungen aus der Ruhe heraus stellen zwei Spezialfälle allgemeiner Bewegungen dar. Sie folgen einfachen Gesetzmäßigkeiten im Hinblick auf Weg, Geschwindigkeit und Beschleunigung. **Abb. 3** zeigt die zugehörigen charakteristischen Graphen im Überblick.

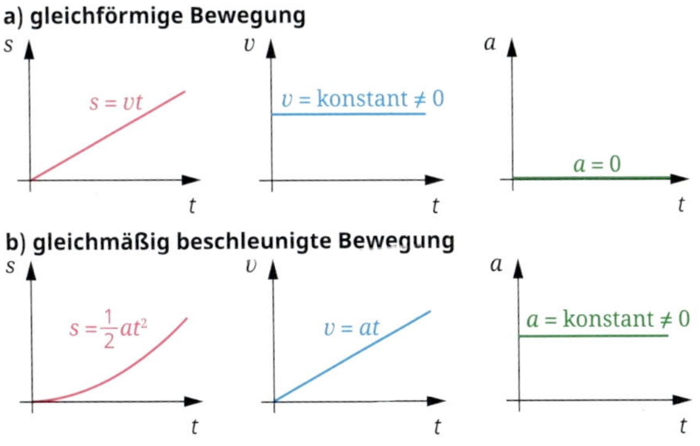

3 Charakteristische Graphen zweier Spezialfälle

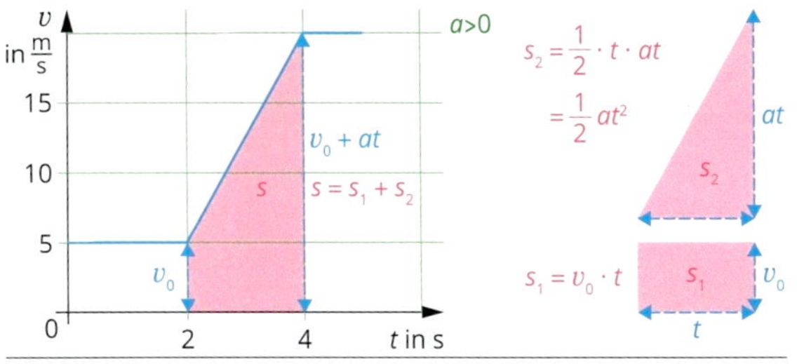

1 Die während einer gleichmäßigen Beschleunigung zurückgelegte Strecke s entspricht dem Flächeninhalt unter dem Graphen im Zeit-Geschwindigkeit-Diagramm.

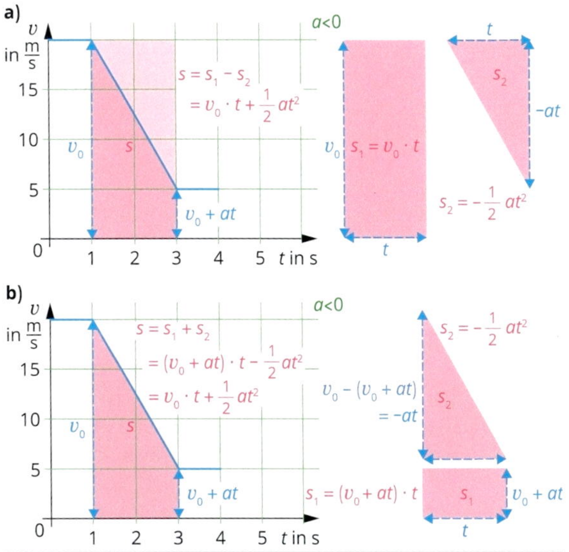

2 Der die Strecke s während des Bremsens darstellende Flächeninhalt wird **a)** als Subtraktion oder **b)** als Addition zweier Teilflächen gebildet.

AUFGABEN

1. **a)** Ein Auto fährt mit einer Geschwindigkeit von 30 m/s und verliert pro Sekunde 7,5 m/s an Tempo. Geben Sie die Geschwindigkeiten nach 1 s, 2 s und nach 4 s an.
b) Für Aufgabe a) gilt die Gleichung $v = v_0 + a\,t$. Geben Sie die Werte für v_0 und a an.
c) Ein Auto fährt mit einer Geschwindigkeit von 20 m/s und bremst dann gleichmäßig mit $a = -1{,}6\,\text{m/s}^2$ ab. Berechnen Sie die Zeit bis zum Stillstand.

2. Zu **Abb. 2**: Ermitteln Sie die während des Bremsens zurückgelegte Strecke. Geben Sie die Beschleunigung a an.

3. Aus der Höchstgeschwindigkeit von 330 km/h bremst der ICE-3 (maximal) mit der mittleren Beschleunigung von $-1{,}24\,\text{m/s}^2$. Berechnen Sie Bremsweg und Bremszeit.

4. Ein Auto wird aus dem Stand in 10,2 s auf eine Geschwindigkeit von 100 km/h gleichmäßig beschleunigt und dann nach einem Bremsweg von 96 m wieder zum Stehen gebracht.
a) Berechnen Sie jeweils die Beschleunigung.
b) Bestimmen Sie die Länge des Weges beim Anfahren und die Dauer des Bremsvorgangs.

METHODE

Flächeninhalte unter *t*-*v*-Graphen

Der Flächeninhalt unter einem Graphen lässt sich manchmal direkt einer weiteren physikalischen Größe zuordnen. In einem *t*-*v*-Diagramm beispielsweise gibt der Flächeninhalt zwischen dem Graphen und der *t*-Achse die während der Bewegung zurückgelegte Strecke *s* an. Im Beispiel in **Abb. 4** ist der Inhalt der rechteckigen Fläche das Produkt der Seitenlängen des Rechtecks, also $130\,\text{km/h} \cdot 2\,\text{h} = 260\,\text{km}$. Dies entspricht der zurückgelegten Strecke *s*. Mit symbolischer Notation der physikalischen Größen lautet das Produkt: $v \cdot t$. Es ist aus der Gleichung $v = s/t$, d. h., $s = v \cdot t$, bekannt.

In gleicher Weise lassen sich weitere Flächeninhalte unter Graphen deuten. Nach der Beziehung $v = a\,t$ gibt zum Beispiel der Flächeninhalt unter dem *t*-*a*-Graphen die Geschwindigkeit *v* der beschriebenen Bewegung an.

Ermittlung des Flächeninhalts

Bei einer recht einfachen Bewegung wie der, die in **Abb. 4a** dargestellt ist, werden die Flächeninhalte der verschiedenen Rechtecke addiert. Ihre Summe ist die insgesamt zurückgelegte Strecke. Für die Ermittlung des Flächeninhalts bei komplexeren Graphen gibt es verschiedene Verfahren, die zumindest eine näherungsweise Bestimmung ermöglichen.

Beispiel: In **Abb. 6** ist der Verlauf der Geschwindigkeit auf einer Autofahrt dargestellt. Es soll näherungsweise die Strecke ermittelt werden, die das Auto in den ersten acht Stunden zurückgelegt hat.

Verfahren 1: Kästchen zählen

Ein rechtwinkliges Koordinatensystem unterteilt eine Fläche unter Geschwindigkeitsgraphen in kleine Rechtecke („Kästchen"). In **Abb. 6** steht der Flächeninhalt eines Kästchens für 10 km, was sich aus dem Produkt der Seitenlängen des Kästchens – 1 h und 10 km/h – ergibt. Die Fläche unter dem Graphen wird näherungsweise durch 46 Kästchen gebildet, sodass die zurückgelegte Strecke etwa 460 km beträgt (**Abb. 7**).

Verfahren 2: Fläche mit Trapezen ausfüllen

Die Fläche unterhalb des Graphen wird durch Trapeze oder rechtwinklige Dreiecke und Rechtecke angenähert (**Abb. 8**).

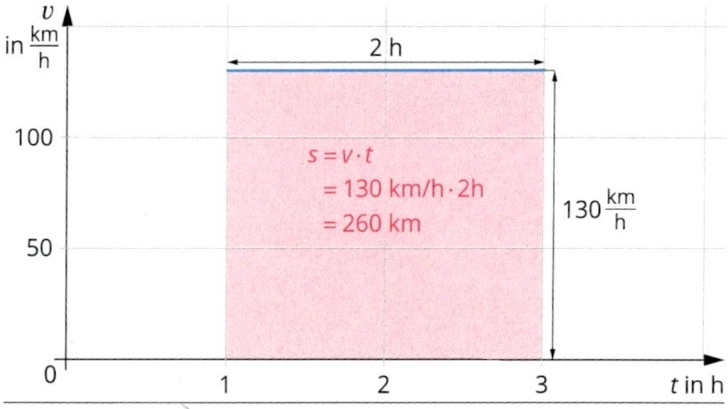

4 Der Flächeninhalt unter dem *t*-*v*-Graphen ist die zurückgelegte Strecke: $s = v \cdot t = 130\,\text{km/h} \cdot 2\,\text{h} = 260\,\text{km}$.

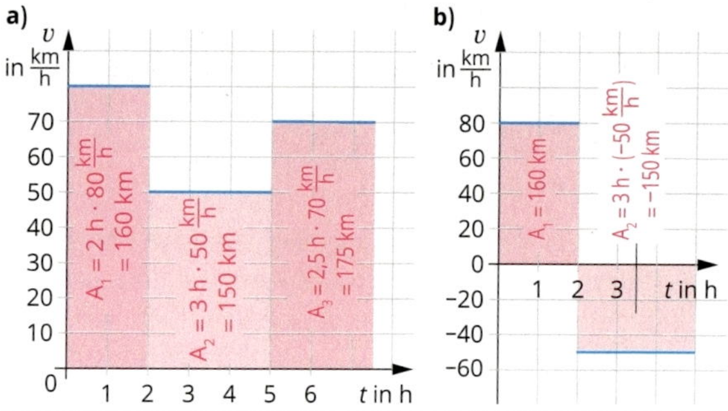

5 **a)** Insgesamt werden 160 km + 150 km + 175 km = 485 km zurückgelegt. **b)** Bei Flächenstücken unterhalb der horizontalen Achse ergibt sich ein negativer Wert für die zurückgelegte Strecke.

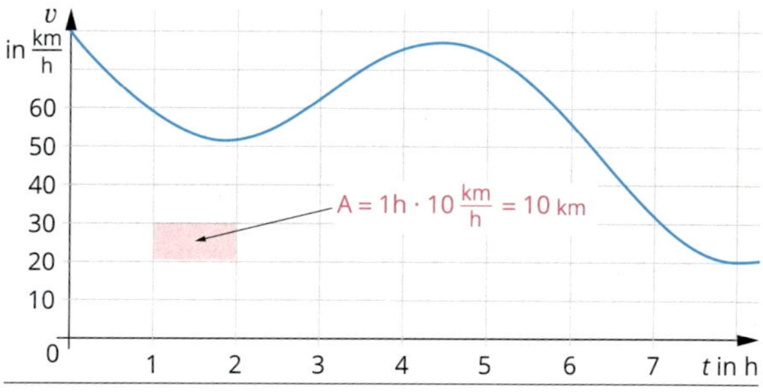

6 *t*-*v*-Diagramm einer Autofahrt. Der Flächeninhalt eines Rechtecks (eines „Kästchens") des Koordinatensystems steht für eine Strecke von 10 km.

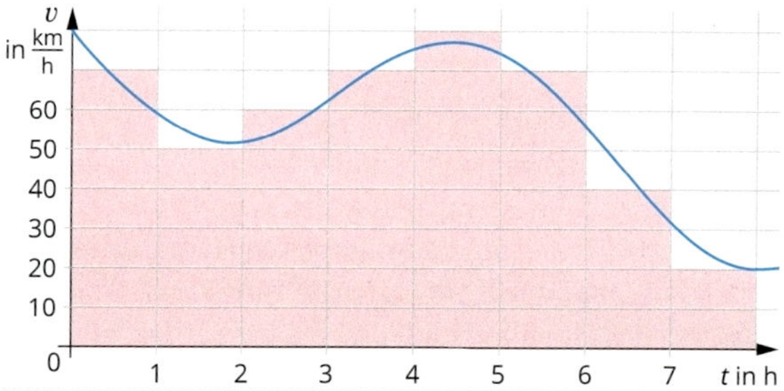

7 Insgesamt 46 Kästchen nähern die Fläche unter dem Graphen an und ergeben eine zurückgelegte Strecke von 460 km.

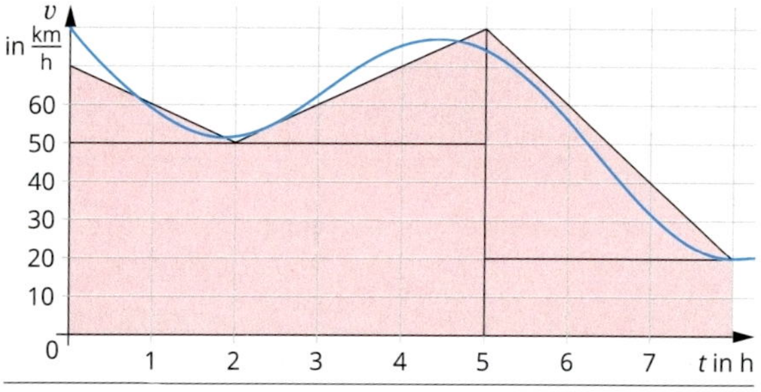

8 Eine Annäherung mit Rechtecken und Dreiecken oder Trapezen ergibt eine Strecke von 465 km.

Verfahren 3: Mittelsumme

Gleichbreite Rechtecke unterteilen die Fläche unter dem Graphen (**Abb. 9**). Jedes Rechteck ist so hoch, dass der Graph es in der Mitte der horizontalen Seite schneidet. Eine Erhöhung der Anzahl der Rechtecke erhöht die Genauigkeit der Flächeninhaltsermittlung. Diese Methode ist als Bildung der *Mittelsumme* bekannt.

Verfahren 4: Integration bei bekannter Funktion

Die Ermittlung des Flächeninhalts zwischen einem Graphen und der horizontalen Achse trägt in der Mathematik den Namen Integration. Ist die Geschwindigkeit einer Bewegung als Funktion der Zeit $v(t)$ bekannt, so ist in einfachen Fällen die Zeit-Weg-Funktion gegeben durch

$$s = \int_{t_1}^{t_2} v(t)\, dt.$$

Die Berechnung im obigen Beispiel ergibt eine Streckenlänge von 457,1 km.

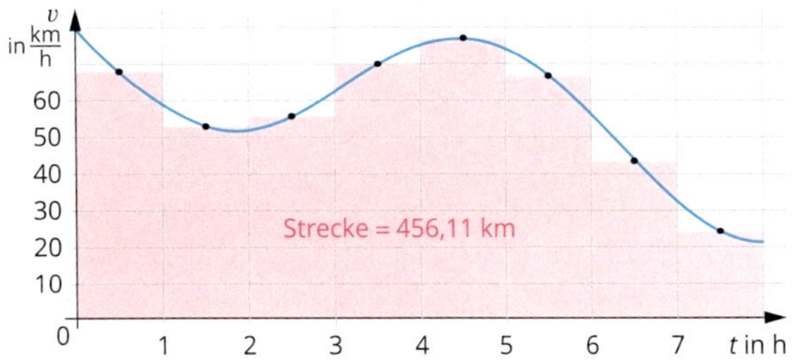

9 Mittelsumme mit acht Rechtecken

Fläche unterhalb der Zeitachse

Die Integration von t_1 nach t_2 ($t_1 < t_2$) entlang eines Graphenstücks, das unterhalb der t-Achse verläuft, ergibt einen negativen Wert (**Abb. 5b**). Der Flächeninhalt ist der *Betrag* dieses Werts, er ist also positiv oder null. Ob die Strecke, die der Flächeninhalt angibt, positiv oder negativ zu werten ist, hängt vom Sachzusammenhang ab, wie ein Beispiel zeigt: Ein Auto fährt zwei Stunden lang mit 80 km/h geradeaus, wendet und bewegt sich drei Stunden lang mit 50 km/h zurück. Am Ende befindet es sich dann 160 km − 150 km = 10 km vom Startort entfernt, hat aber die Strecke 160 km + 150 km = 310 km zurückgelegt.

AUFGABEN

1. Ermitteln Sie jeweils den zurückgelegten Weg.

a)

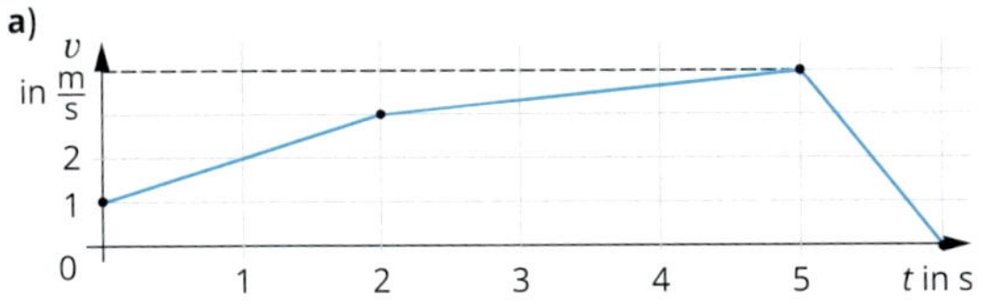

b)

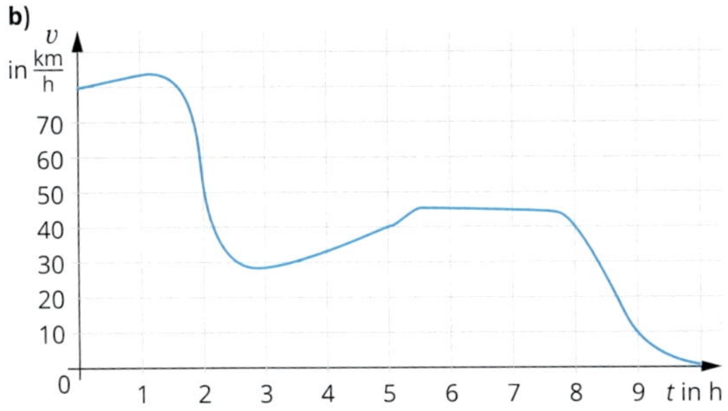

2. Ein Auto beschleunigt (näherungsweise) gleichmäßig in 10 s Sekunden von 0 m/s auf 28 m/s bzw. von 14 m/s auf 28 m/s. Zeichnen Sie die Graphen in ein t-v-Diagramm und ermitteln Sie jeweils die zurückgelegten Strecken.

3. Beim Bremsen setzt sich der *Anhalteweg* aus *Reaktionsweg* (Weg während der Reaktionszeit von 1 s) und *Bremsweg* zusammen. Auf trockener Straße beträgt die Beschleunigung beim Bremsen z. B. −8,0 m/s². Zeichnen Sie für Fahrten mit 28 m/s (≈ 100 km/h) und mit 14 m/s *ein t-v*-Diagramm und ermitteln Sie jeweils die Anhaltewege.

4. Ein Auto fährt mit gleichbleibender Geschwindigkeit auf einer geraden, nicht geneigten Landstraße und bremst bis zum Stillstand ab.

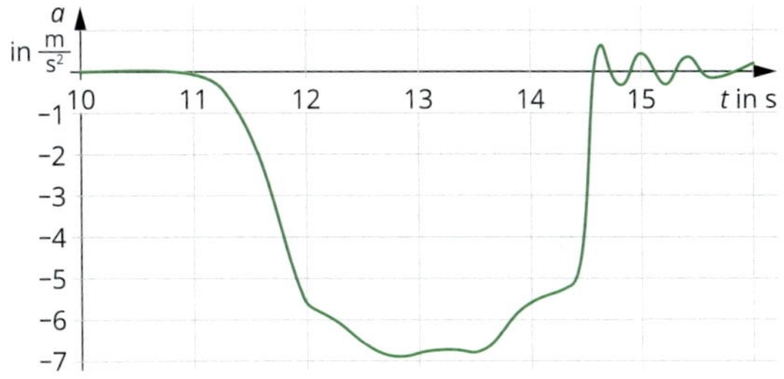

a) Ermitteln Sie anhand des aus Messdaten erstellten Zeit-Beschleunigung-Diagramms die Geschwindigkeit, mit der das Auto vor dem Abbremsen gefahren ist.

b) Beschreiben Sie, falls möglich, die Autofahrt unter der Annahme, dass das Auto zunächst mit 100 km/h unterwegs ist.

5. Um nicht auf den in 1 km Entfernung vorausfahrenden Güterzug zu prallen, wird im Personenzug eine Vollbremsung eingeleitet.

a) Prüfen Sie, ob es zum Unfall kommt.

***b)** Ermitteln Sie den Mindestabstand zwischen den Zügen zu Beginn der Vollbremsung, um einen Unfall zu vermeiden (nicht 1,33 km).

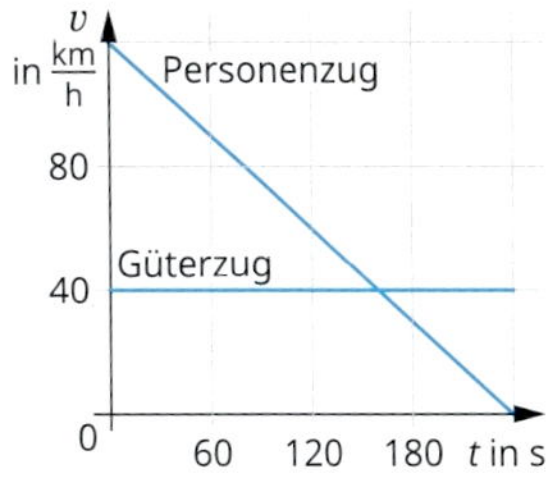

1.1.7 Geschwindigkeit und Beschleunigung als vektorielle Größen

Der grüne, der rote und der gelbe Autoskooter-Wagen in **Abb. 1** fahren gleich schnell. Obwohl sich der gelbe Wagen am nächsten zum rechten Bildrand befindet, wird er aufgrund seiner Bewegungsrichtung nicht als Erster dort ankommen. Dahinter steht die Erkenntnis, dass eine Geschwindigkeit nicht nur durch ihren Betrag, sondern auch durch ihre Richtung charakterisiert ist.

Eindimensionale Vorwärts- und Rückwärtsfahrten eines Wagens auf einer Fahrbahn werden durch ein positives oder negatives Vorzeichen vor der Geschwindigkeitsangabe deutlich gemacht. Bei der Bewegung eines Körpers in der Ebene oder in den drei Dimensionen eines Raums reichen zur Beschreibung seiner Richtung die zwei Vorzeichen (+/–) aber nicht aus. Aus diesem Grund wird die Geschwindigkeit als vektorielle Größe angegeben und grafisch als Vektorpfeil dargestellt (**Abb. 1**).

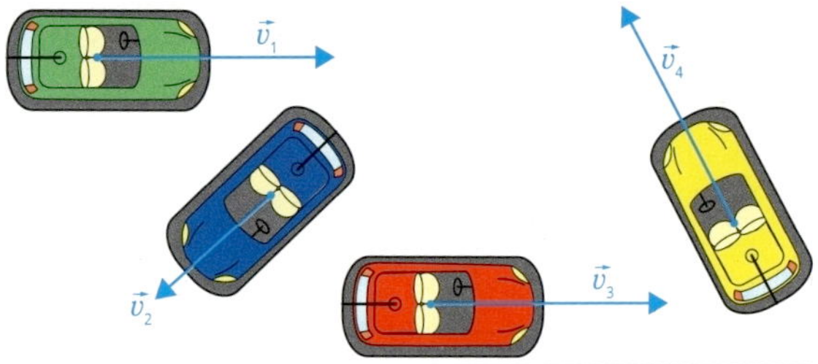

1 Beim grünen, roten und gelben Autoskooter-Wagen sind die *Beträge der Geschwindigkeiten* v_1, v_3 und v_4 gleich. Nur der rote und der grüne Wagen haben unter Einbezug der Richtung die gleiche Geschwindigkeit.

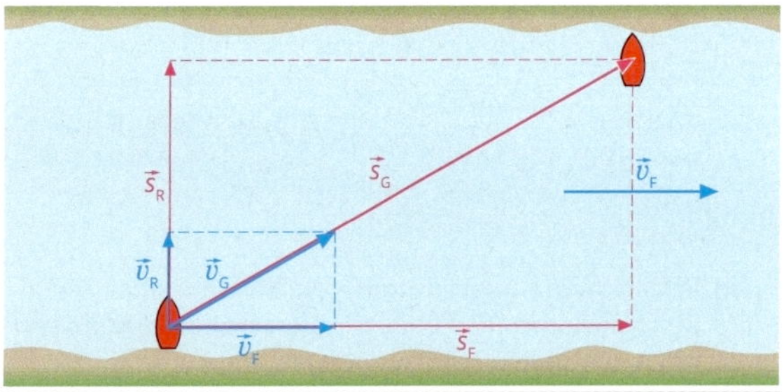

2 Die Geschwindigkeitskomponenten $\vec{v}_R$ und $\vec{v}_F$ und die Wegkomponenten $\vec{s}_R$ und $\vec{s}_F$ werden vektoriell addiert.

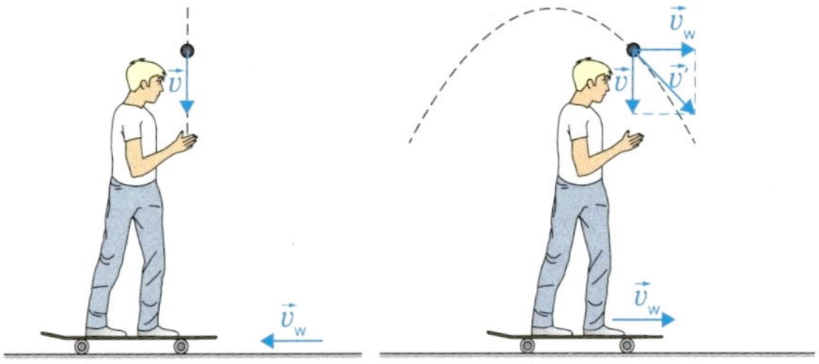

3 Flugbahnen beim Kugelwurf: Links aus dem Bezugssystem des Skateboards, rechts aus dem Bezugssystem eines am Straßenrand stehenden Beobachters

Geschwindigkeit als **vektorielle Größe:** Die Richtung des Vektorpfeils gibt die Richtung der Geschwindigkeit an. Die Länge des Vektorpfeils ist ein Maß für den *Betrag der Geschwindigkeit*.

Addition von Vektoren

Der vektorielle Charakter von Größen ist besonders dann von Bedeutung, wenn Größen addiert oder subtrahiert werden sollen, die nicht in die gleiche Richtung zeigen.

Der Ruderer, der in **Abb. 2** von einem zum anderen Ufer eines Flusses rudert, hat den Eindruck, den Fluss senkrecht zu seiner Strömungsrichtung zu überqueren. Gleichzeitig bewegt er sich aber mit dem Fluss stromabwärts. Die Geschwindigkeit $\vec{v}_G$, die das Boot in Bezug auf einen Beobachter an Land aufweist, lässt sich durch vektorielle Addition berechnen:

$$\vec{v}_G = \vec{v}_R + \vec{v}_F.$$

Für die *Beträge der Geschwindigkeiten* gilt dabei im Allgemeinen eine Ungleichung, $v_G \neq v_R + v_F$, wie an den Beispielwerten des Ruderers deutlich wird: Bei einer Fließgeschwindigkeit des Flusses von $v_F = 0{,}6\,\text{m/s}$ und einer Bootsgeschwindigkeit von $v_R = 0{,}8\,\text{m/s}$ ergibt sich zeichnerisch oder mithilfe des Satzes von PYTHAGORAS eine Geschwindigkeit über Grund von $v_G = 1\,\text{m/s}$:

$$1\,\frac{\text{m}}{\text{s}} \neq 0{,}8\,\frac{\text{m}}{\text{s}} + 0{,}6\,\frac{\text{m}}{\text{s}}.$$

Die zum Durchqueren des Flusses benötigte Zeit *t* beträgt unabhängig von der Fließgeschwindigkeit $t = s_R/v_R$. Das liegt daran, dass die beiden Geschwindigkeiten $\vec{v}_R$ und $\vec{v}_F$ stets senkrecht zueinander stehen und es somit keine Komponente der Fließgeschwindigkeit v_F in oder gegen die Richtung der Bootsbewegung gibt.

Wechsel des Bezugssystems

Die Frage nach der Geschwindigkeit des Boots wird abhängig von der Wahl des Bezugssystems unterschiedlich beantwortet. Der Ruderer gibt an, sich *im Fluss* mit der Geschwindigkeit v_R zu bewegen. Ein Beobachter *an Land* ermittelt die höhere Geschwindigkeit v_G.

Die Situation in **Abb. 3** verdeutlicht die Bedeutung des Bezugssystems an einem weiteren Beispiel: Links im Bild ist das Bezugssystem ein rollendes Skateboard, auf dem eine Kugel lotrecht nach oben geworfen wird und an dem die Landschaft mit der Geschwindigkeit v_w vorbeizieht. Ein *am Straßenrand* stehender Beobachter sieht einen schrägen Wurf, bei dem sich die Geschwindigkeit der Kugel aus der vektoriellen Addition von Geschwindigkeiten $\vec{v}\,' = \vec{v} + \vec{v}_W$ ergibt. Es gilt also insbesondere $v' > v$ (für $v_W > 0$).

Beschleunigung als vektorielle Größe

Die Beschleunigung eines Körpers bedeutet nicht immer, dass er schneller wird. Eine Beschleunigung liegt auch vor, wenn der Köper langsamer wird oder wenn er nur seine Richtung ändert. Wie die Geschwindigkeit ist auch die Beschleunigung eine vektorielle Größe und die Gleichung für die Beschleunigung lautet vektoriell:

$$\vec{a} = \frac{\Delta\vec{v}}{\Delta t}.$$

Kennzeichnend für eine Beschleunigung ist das Auftreten einer Änderung des Geschwindigkeitsvektors, $\Delta\vec{v}$.

Um die Geschwindigkeitsänderung anhand von Vektorpfeilen zu ermitteln, wird wie in **Abb. 4c** gezeigt, der Vektor der späteren Geschwindigkeit $\vec{v}\,'$ an den Startpunkt der früheren Geschwindigkeit $\vec{v}$ verschoben. Der Vektor der Geschwindigkeitsänderung $\Delta\vec{v}$ beginnt dann an der Spitze des ersten Vektors $\vec{v}$ und endet an der Spitze des zweiten Vektors $\vec{v}\,'$.

Skalare

Größen, die bereits durch ihren Betrag vollständig beschrieben sind und keine Richtung haben, heißen **Skalare**. Beispiele für skalare Größen sind die Masse und die Zeit.

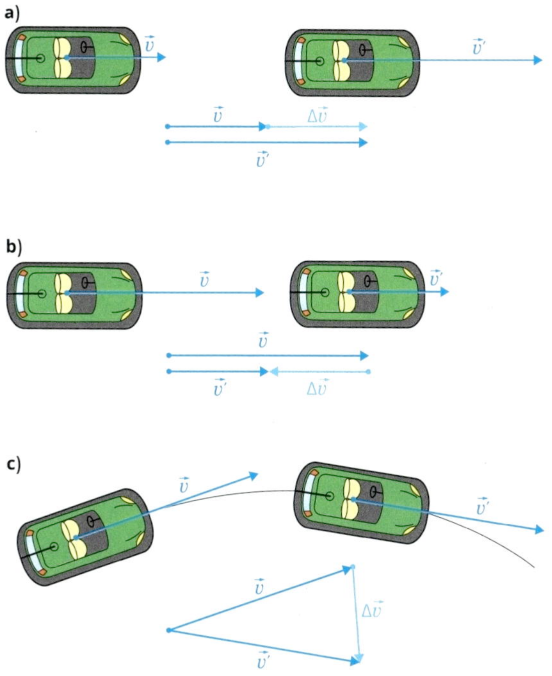

4 Kennzeichnend für eine Beschleunigung ist eine Änderung der Geschwindigkeit $\Delta\vec{v}$. Spezialfälle: Der Betrag der Geschwindigkeit wird **a)** größer, **b)** kleiner, die Richtung bleibt gleich. **c)** Der Betrag der Geschwindigkeit bleibt gleich, aber die Richtung ändert sich.

AUFGABEN

1. Eine Sportlerin durchschwimmt ein 30 m breites Gewässer mit einer Geschwindigkeit von 0,4 m/s.

a) Bestätigen Sie durch Rechnung, dass die Schwimmerin nach 75 s am anderen Ufer ankommt.

b) Das Gewässer sei hier und im Folgenden ein Fluss, dessen Wasser mit einer Geschwindigkeit von 0,7 m/s fließt. Begründen Sie, warum die Schwimmerin weiterhin 75 s zum Durchqueren des Flusses benötigt.

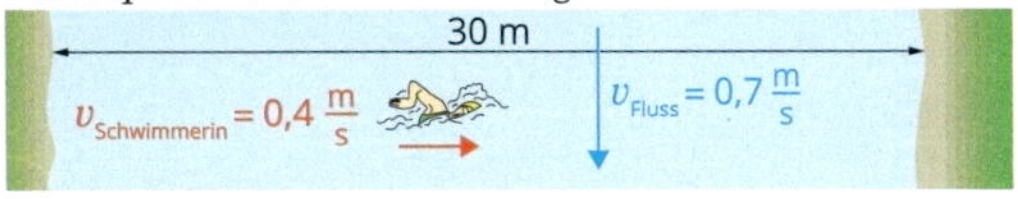

c) Berechnen Sie, um welche Strecke die Schwimmerin im Fluss abgetrieben wird.

d) Ermitteln Sie die von der Schwimmerin über Grund zurückgelegte Strecke.

e) Ermitteln Sie ihre Geschwindigkeit über Grund.

f) Geben Sie an, welche Größen beim Wechsel vom Schwimmerin-System in das „Über-Grund"-System gleichbleiben und welche sich ändern.

2. a) Ein Boot fährt mit der Geschwindigkeit $c = 3$ m/s in ruhendem Gewässer nach Norden. Berechnen Sie die Zeit, die das Boot für eine Strecke von 960 m benötigt.

b) Das Gewässer fließt mit $v = 1{,}8$ m/s in die gleiche Richtung, in die das Boot fährt. Berechnen Sie die Zeit, die das Boot nun für die 960 m über Grund benötigt.

c) Das Gewässer fließt mit $v = 1{,}8$ m/s gegen die Richtung, in die das Boot fährt. Berechnen Sie erneut die Zeit.

d) Das Gewässer fließt mit $v = 1{,}8$ m/s von Ost nach West. Das Boot steuert nicht gegen die Strömung an, sodass es sich zwar um 960 m nach Norden bewegt, aber auch ein gutes Stück nach Westen getrieben wird. Erklären Sie, warum sich das Boot nach den in 2a) errechneten 320 s weiterhin um 960 m über Grund nach Norden bewegt hat. Berechnen Sie die Länge der Strecke, um welche das Boot nach Westen abgetrieben wird. Berechnen Sie die Länge der Strecke, die das Boot über Grund zurücklegt, sowie die Geschwindigkeit über Grund.

***e)** Das Boot soll gegen die Strömung (von Ost nach West, 1,8 m/s) ansteuern und sich nur nach Norden bewegen. Dazu muss die Richtung des Boots um einen Winkel α so geändert werden, dass sich die Vektoren der Boots-Geschwindigkeit und der Gewässer-Geschwindigkeit zu einem neuen Vektor $\vec{c}\,'$ addieren, der genau nach Norden zeigt.

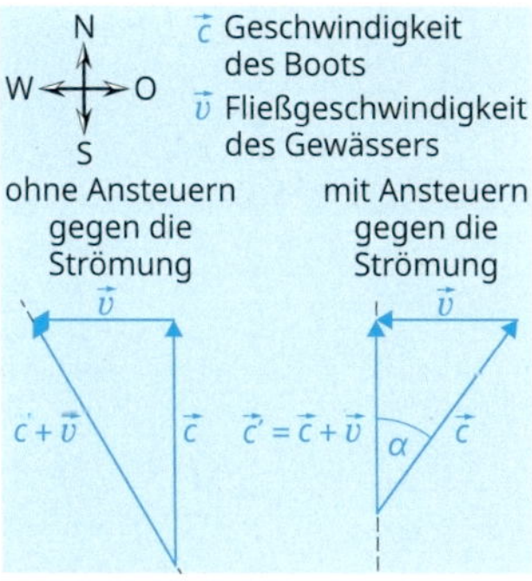

Berechnen Sie die Geschwindigkeit c' (Lösung: 2,4 m/s). Berechnen Sie die Zeit, die das Boot für die Strecke von 960 m über Grund benötigt. Berechnen Sie den Winkel α.

1.1.8 Ungestörte Überlagerung

Die Bewegung eines Ruderers im Fluss kann als Überlagerung von zwei Bewegungen beschrieben werden, nämlich als Überlagerung der Bootsbewegung im Wasser und der Bewegung des Wassers in Bezug auf das Ufer. Im Folgenden werden Überlagerungen von Bewegungen näher betrachtet.

▶ **Versuch 1:** Ein Gleiter bewegt sich gleichförmig auf einem Luftkissentisch in einer als Richtung der x-Achse festgelegten Richtung. Dann erhält er einen kurzen Stoß senkrecht zu seiner Bewegungsrichtung und ändert seine Geschwindigkeit (**Abb. 1**). Die Darstellung der x-Koordinate seines Ortes in Abhängigkeit von der Zeit ergibt Messpunkte, die auf einer Geraden liegen (**Abb. 2a**). Aus diesem Diagramm ist nicht erkennbar, an welcher Stelle der Stoß auf den Gleiter stattgefunden hat.
Deutung: Der ursprünglichen, gleichförmigen Bewegung in x-Richtung wird durch diese Art des Stoßes eine zweite – ebenfalls gleichförmige – Bewegung überlagert, die die ursprüngliche Bewegung nicht stört. Eine solche Überlagerung wird daher *ungestörte Überlagerung* oder auch *Superposition* genannt. ◀

Das Modell der Bewegung des Ruderers im Fluss und der Kugelwurf in **Abb. 3** können je nach Wahl des Bezugssystems als *ungestörte Überlagerung zweier Bewegungen* aufgefasst werden. Beim Ruderer überlagert für einen am Ufer stehenden Beobachter die Fließbewegung des Wassers die Bootsbewegung – idealisiert, ohne die Bootsbewegung zu stören. Der schräge Kugelwurf kann z. B. als Superposition eines lotrechten Wurfs nach oben und der Bewegung des Skateboards nach rechts beschrieben werden.

▶ **Versuch 2:** Der Gleiter bewegt sich an einem auf dem Luftkissentisch liegenden Magneten vorbei (**Abb. 1b**).
Ergebnis: Das Diagramm in **Abb. 2b** zeigt keine Gerade mehr. Das bedeutet, dass der ursprünglichen Bewegung keine zweite ungestört überlagert wurde. ◀

AUFGABEN

1. Der dargestellte schräge Wurf einer Kugel entstammt einer Videoanalyse mit 14 Einzelbildern pro Sekunde.
  a) Berechnen Sie den zeitlichen Abstand zwischen zwei Kugelpositionen und geben Sie an, wie lange der dargestellte Flug der Kugel dauert.
  b) Prüfen Sie durch Erstellen eines t-x-Diagramms, ob der schräge Wurf einer Kugel so verstanden werden kann, dass einer horizontalen Bewegung eine oder mehrere andere Bewegungen ungestört überlagert werden.

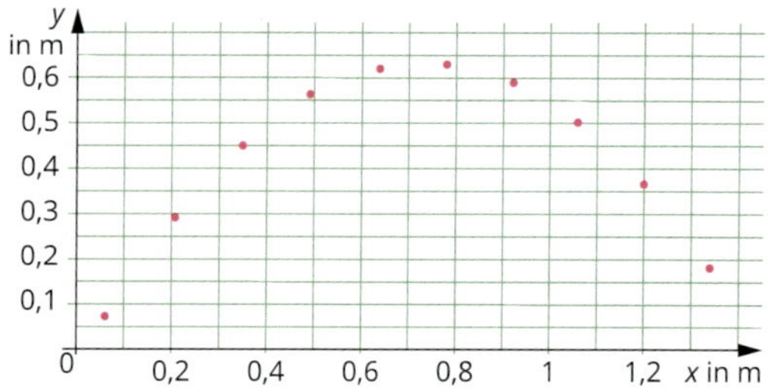

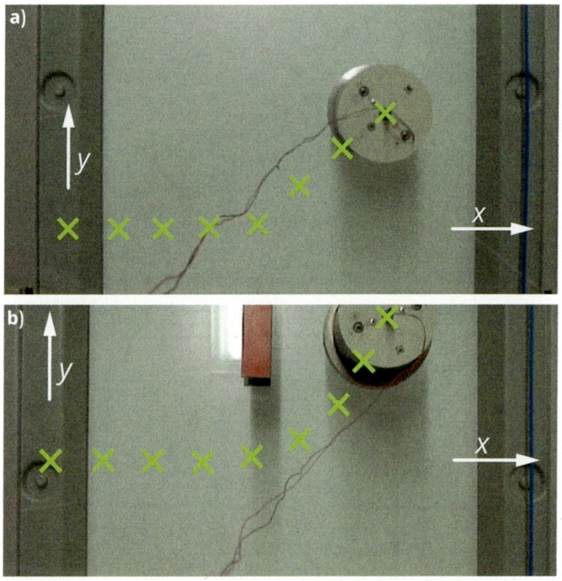

1 a) Der Körper bewegt sich gleichförmig nach rechts und erhält dann einen Stoß senkrecht zur Bewegungsrichtung. **b)** Auf dem Luftkissentisch liegt ein Magnet, der den Gleiter anzieht.

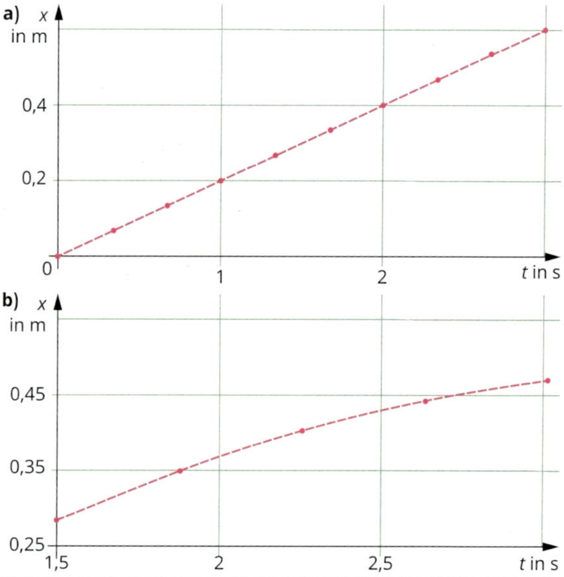

2 Die ursprünglich gleichförmige Bewegung in x-Richtung wird
a) nicht gestört, denn der t-x-Graph ist weiterhin eine Gerade,
b) gestört, denn der t-x-Graph ist keine Gerade mehr.

AUFGABEN

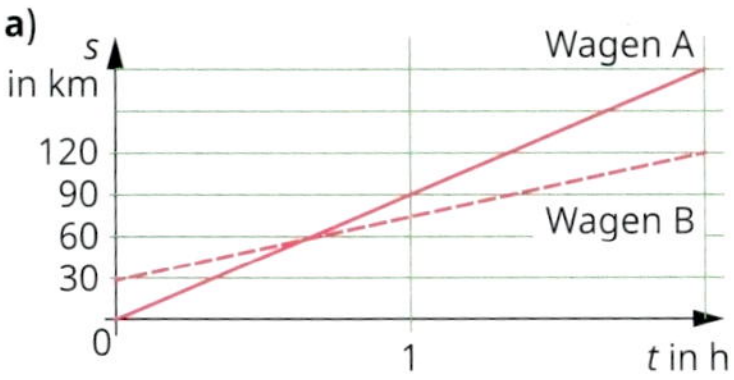

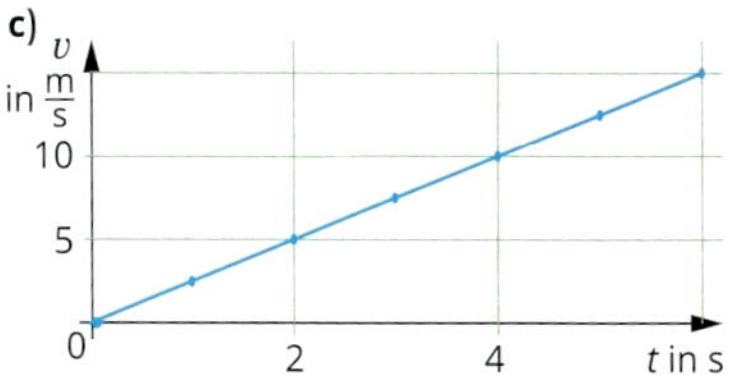

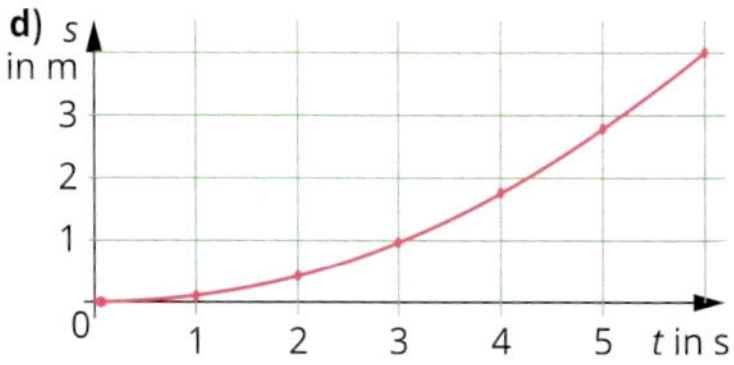

1. Geben Sie zu den Grafiken **a)** bis **d)** oben an, welche Aussagen richtig und welche falsch sind, und begründen Sie Ihre Entscheidung. Teilweise sind Berechnungen oder die Anwendung weiterer Fachmethoden erforderlich.

a) I) Wagen A überholt Wagen B.
II) A und B fahren in die gleiche Richtung.
III) Die Geschwindigkeitsdifferenz zwischen beiden Wagen beträgt mehr als 40 km/h.
IV) Die beiden Wagen starten am selben Ort.
V) Die beiden Wagen starten zur selben Zeit.

b) I) Die Geschwindigkeit zum Zeitpunkt 2 s beträgt 2 m/s.
II) Die Geschwindigkeit zum Zeitpunkt 6 s ist doppelt so groß wie zum Zeitpunkt 1 s.
III) Die Beschleunigung ist in allen Intervallen null.
IV) Der Körper entfernt sich 7 m vom Startort.

c) I) Der Körper bewegt sich mit konstanter Geschwindigkeit.
II) Es handelt sich um eine gleichmäßige Beschleunigung aus der Ruhe.
III) Die Beschleunigung beträgt 2,5 m/s^2.
IV) In den ersten 4 s legt der Körper 40 m zurück.
V) In der Zeit von 4 s bis 6 s legt der Körper 25 m zurück.

d) I) Der Wagen legt in den ersten 4 s mehr als 4 m zurück.
II) Die Geschwindigkeit nach 4 s beträgt ca. 1,1 m/s.
III) Die Geschwindigkeit nach 4 s beträgt ca. 0,9 m/s.
IV) Es handelt sich um eine gleichmäßige Beschleunigung.
V) Die konstante Beschleunigung beträgt etwa 0,22 m/s^2.

2. Die Abbildung **a** rechts zeigt drei Ausschnitte mit je zwei Aufnahmen aus der (ungefähren) Flugbahn eines schräg geworfenen Balls. Die Zeit zwischen jeweils zwei Positionen des Balls beträgt etwa 0,2 s.

a) Übertragen Sie die Abbildung in Ihr Heft. Die Geschwindigkeitsänderung $\Delta\vec{v}$ beim schrägen Wurf soll ermittelt werden. Dazu wird der Geschwindigkeitsvektor der späteren Geschwindigkeit $\vec{v}'$ an den Startpunkt der früheren Geschwindigkeit $\vec{v}$ verschoben. Der Vektor der Geschwindigkeitsänderung $\Delta\vec{v}$ startet dann an der Spitze des ersten Vektors und endet an der Spitze des zweiten Vektors $\vec{v}'$. Konstruieren Sie jeweils den Vektor. Beschreiben Sie eine Auffälligkeit.

b) Geben Sie den Betrag der Geschwindigkeitsänderung $\Delta\vec{v}$ in m/s^2 an.

c) Es geht um die Änderungen der Geschwindigkeit $\Delta\vec{v}$ bei einer Kreisbewegung (siehe Grafik **b**): Ermitteln Sie den Vektor der Geschwindigkeitsänderung $\Delta\vec{v}$ zwischen den beiden benachbarten Positionen (grün markiert) einer weiß markierten Position. Zeichnen Sie den Vektor $\Delta\vec{v}$ dann an die dazwischenliegende weiß markierte Position. Verfahren Sie ebenso für weitere weiße Positionen. Beschreiben Sie eine Auffälligkeit.

Aufg. 2a digital

***3.** Eine U-Bahn hat eine Anfahr- und Bremsbeschleunigung von ± 0,5 m/s^2 und sie erreicht eine Höchstgeschwindigkeit von 25 m/s. Berechnen Sie die Längen von Anfahrweg und Bremsweg, die Wegstrecke der Fahrt mit Höchstgeschwindigkeit sowie die Fahrzeit, wenn der Weg zwischen zwei Stationen 3 km beträgt.

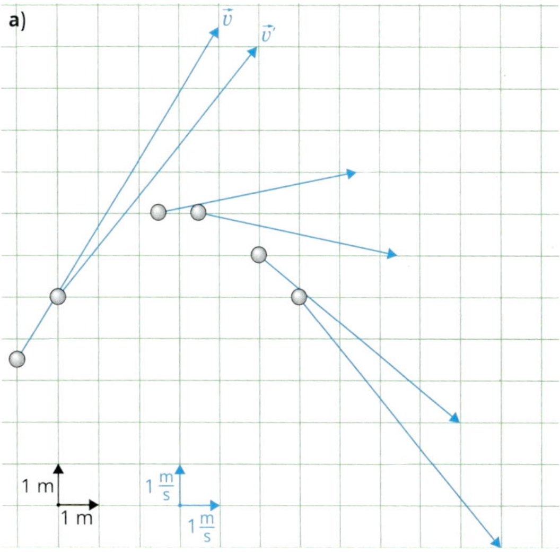

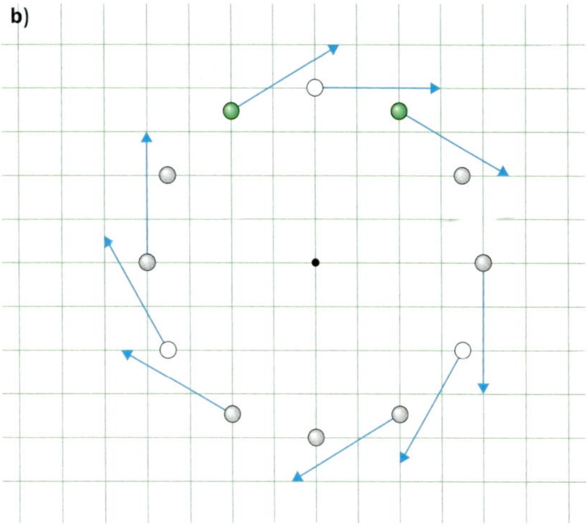

1.1.9 Wurfbewegungen

Als Beispiel einer Bewegung, die nicht mehr nur in einer Richtung – eindimensional – entlang einer Geraden vor sich geht, sondern sich zweidimensional in einer Ebene abspielt, soll der Wurf untersucht werden. Die wichtigste Erkenntnis wird sein, dass sich die Wurfbewegungen durch die Kombination eindimensionaler Bewegungen beschreiben lassen.

Der waagerechte Wurf

Sehr einfach ist der waagerechte Wurf zu verstehen. Der Vorgang wird idealisiert, d.h., von störenden Einflüssen wie dem Luftwiderstand wird abgesehen.

▶ **Versuch 1:** Auf einer waagerechten Schiene erhält eine Kugel einen Stoß (**Abb. 1**). Beim Verlassen der Schiene öffnet sie einen Kontakt und unterbricht damit den Stromkreis eines Elektromagneten, an dem eine zweite Kugel auf der Höhe der Schiene hängt.

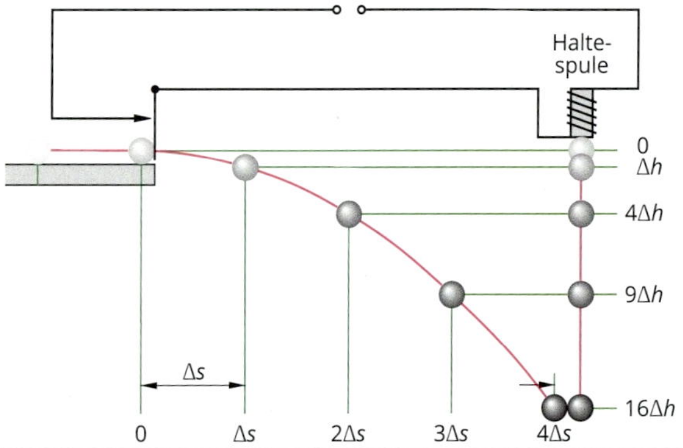

1 Vergleich von freiem Fall und waagerechtem Wurf. Bei stroboskopischer Beleuchtung ist zu sehen, wie während des Fallens beide Kugeln immer auf gleicher Höhe bleiben.

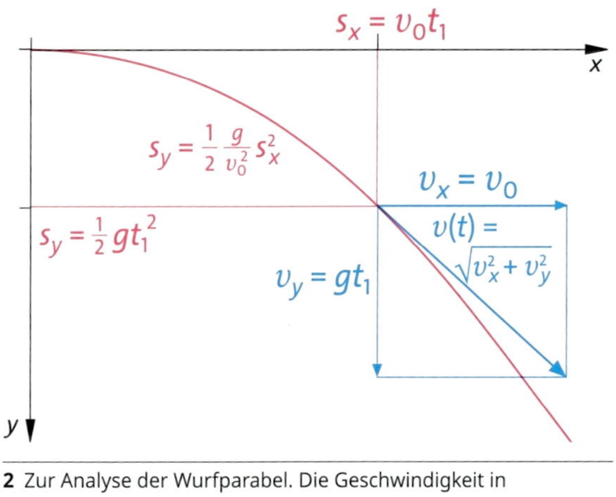

2 Zur Analyse der Wurfparabel. Die Geschwindigkeit in x-Richtung und in y-Richtung werden vektoriell addiert. Der Geschwindigkeitsvektor liegt tangential zur Bahnkurve.

Beobachtung: Ist die Geschwindigkeit der ersten Kugel genügend groß, so stoßen beide Kugeln im Fallen stets zusammen. Die Höhe des Zusammenstoßes hängt von der Geschwindigkeit der ersten Kugel ab.
Eine stroboskopische Aufnahme verdeutlicht den Vorgang: Beide Kugeln vollführen in vertikaler Richtung dieselbe gleichmäßig beschleunigte Bewegung des freien Falls. Die erste Kugel bewegt sich aber zusätzlich horizontal mit konstanter Geschwindigkeit. Horizontale und vertikale Bewegung dieser Kugel laufen offenbar ohne gegenseitige Beeinträchtigung ab. ◀

Die Bewegung heißt **waagerechter Wurf**; die Bahn ist die (Hälfte einer) *Wurfparabel*.

Die Analyse der Bewegung ergibt:
In *horizontaler* x-Richtung verlässt die Kugel die Rampe mit der konstanten Geschwindigkeit v_0; es gelten die Gesetze der gleichförmigen Bewegung:

$$s_x = v_0 t, \quad v_x = v_0, \quad a = 0.$$

In *vertikaler* y-Richtung (y-Achse nach unten) fällt die Kugel; es gelten die Gesetze des freien Falls:

$$s_y = \frac{1}{2} g t^2, \quad v_y = g t, \quad a_y = g.$$

Wird aus den Gleichungen für s_x und s_y der Parameter Zeit eliminiert, indem die Gleichung für s_x nach t aufgelöst und der Term für t in die Gleichung für s_y eingesetzt wird, so ergibt sich die Gleichung der **Wurfparabel** (**Abb. 2**):

$$s_y = \frac{1}{2} g \left(\frac{s_x}{v_0}\right)^2 = \frac{1}{2} \frac{g}{v_0^2} s_x^2 \quad \text{oder} \quad s_y = \text{konstant} \cdot s_x^2$$

mit dem Scheitelpunkt im Startpunkt der Bewegung. Durchfällt der Körper die Höhe $s_y = h$, so legt er in x-Richtung die Strecke $s_x = w$, die **Wurfweite**, zurück:

$$w = \sqrt{\frac{2 v_0^2 h}{g}} = \sqrt{\frac{2h}{g}}\, v_0.$$

Mithilfe der Höhe $s_y = h$, die der Körper durchfällt (oder auf anderem Wege mithilfe der Wurfweite), ergibt sich die Wurfzeit t_w aus der Gleichung für den freien Fall in y-Richtung für $h = \frac{1}{2} g t_w^2$ zu

$$t_w = \sqrt{\frac{2h}{g}}.$$

Der Betrag der *Bahngeschwindigkeit* $v(t)$ wird mithilfe des Satzes des Pythagoras bestimmt zu

$$v(t) = \sqrt{v_x^2 + v_y^2} = \sqrt{v_0^2 + g^2 t^2}.$$

Zu beachten ist: Diese wie auch die folgenden Formeln beschreiben den Wurf idealisiert ohne Berücksichtigung des Luftwiderstandes.

▶ Verständnis-Übung

Schräger Wurf ohne Luftwiderstand

▶ **Versuch 2:** Mit einem Wurfgerät wird eine Kugel durch eine gespannte Feder mit konstanter Anfangsgeschwindigkeit v_0 unter dem Abwurfwinkel α abgeschossen (**Abb. 1**). Die Bahn der Kugel wird mithilfe eines senkrecht stehenden Auffangbrettes registriert, auf dem die Kugel eine Markierung hinterlässt. Das Brett wird in verschiedenen Entfernungen aufgestellt. Die Wurfweiten werden mit einem waagerecht liegenden Brett bestimmt. Die Anfangsgeschwindigkeit v_0 des Wurfgerätes kann über Wurfweite und Wurftiefe in einem waagerechten Wurf ermittelt werden.
Ergebnis: Die aufgenommene Bahnkurve stimmt mit der mithilfe der Vektorkomponenten des Wegs konstruierten Kurve überein (**Abb. 35.1**): Weg in Abwurfrichtung mit konstanter Geschwindigkeit $s_0 = v_0 t$, Weg senkrecht nach unten $s = \frac{1}{2} g t^2$. ◀

Das experimentelle Ergebnis lässt sich anhand der Bewegungsgleichungen bestätigen:
Der Körper werde mit der Anfangsgeschwindigkeit v_0 unter dem Wurfwinkel α (gegenüber der Horizontalen) abgeworfen (**Abb. 2**). Die Komponenten von Weg, Geschwindigkeit und Beschleunigung in x- und y-Richtung sind:

$$s_x = v_0 t \cos(\alpha), \quad v_x = v_0 \cos(\alpha), \quad a_x = 0;$$

$$s_y = v_0 t \sin(\alpha) - \frac{1}{2} g t^2, \quad v_y = v_0 \sin(\alpha) - g t, \quad a_y = -g.$$

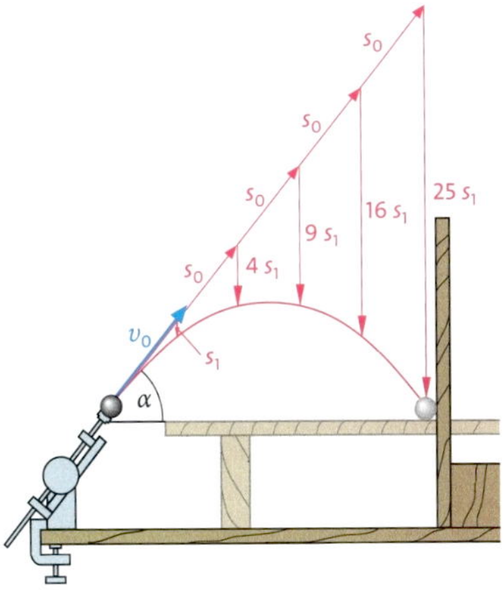

1 Die Bahnkurve des schrägen Wurfes wird punktweise durch Verschieben des Auffangbrettes aufgenommen.

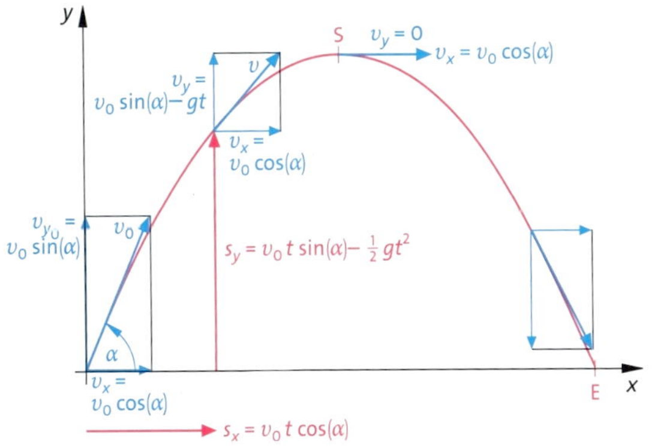

2 Bahnkurve des schrägen Wurfes. Die Geschwindigkeit v ist an einigen Stellen in Komponenten zerlegt.

Die **Gleichung der Bahnkurve** ergibt sich durch Eliminieren des Parameters t aus den Zeit-Weg-Gleichungen, indem die Gleichung für s_x nach t aufgelöst und der resultierende Term $t = s_x/(v_0 \cos\alpha)$ in die Gleichung für s_y eingesetzt wird:

$$s_y = s_x \tan(\alpha) - \frac{1}{2} \frac{g}{v_0^2 \cos^2(\alpha)} s_x^2.$$

Das ist die Gleichung einer nach unten geöffneten Parabel nach der allgemeinen Gleichungsform $y = \mathrm{A}x - \mathrm{B}x^2$. Ihr höchster Punkt S, der *Scheitelpunkt* der Bahn, zeichnet sich dadurch aus, dass der Körper in diesem Punkt in y-Richtung die Geschwindigkeit $v_y = 0$ besitzt:

$$v_y = v_0 \sin(\alpha) - g t_s = 0.$$

Die dadurch bestimmte Steigzeit $t_s = (v_0 \sin(\alpha))/g$ wird in die beiden Gleichungen für die x- und die y-Komponente des Weges eingesetzt und mit $2 \sin\alpha \cos\alpha = \sin(2\alpha)$ ergeben sich die Koordinaten x_S, y_S des Scheitelpunktes S:

$$x_S = \frac{1}{2}(v_0^2/g)\sin(\alpha), \quad y_S = \frac{1}{2}(v_0^2/g)\sin^2(\alpha).$$

Die Wurfhöhe y_S wird maximal für $\sin\alpha = 1$ oder $\alpha = 90°$, nämlich wie erwartet beim Wurf senkrecht nach oben.
Für den Auftreffpunkt E mit den Koordinaten x_E, y_E (**Abb. 2**) ist die y-Komponente des Wegs wieder null. Für die *Wurfzeit* t_E folgt mit $s_y = 0$ aus der t-s_y-Gleichung $s_y = (v_0 \sin(\alpha))\, t_E - \frac{1}{2} g t_E^2$ außer der trivialen Lösung $t_E = 0$ als Zweites $t_E = 2 v_0 \sin(\alpha)/g$. Aus der t-s_x-Gleichung ergibt sich mit der Umformung $2\sin(\alpha)\cos(\alpha) = \sin(2\alpha)$ die *Wurfweite*

$$w = s_x(t_E) = v_0 \cos(\alpha)(2 v_0 \sin(\alpha))/g = (v_0^2/g)\sin(2\alpha).$$

Der Term $\sin(2\alpha)$ wird maximal gleich 1 für $\alpha = 45°$. Für die Winkel α und $(90° - \alpha)$ ergeben sich gleiche Wurfweiten, da $\sin[2(90° - \alpha)] = \sin(180° - 2\alpha) = \sin(2\alpha)$ ist (**Abb. 3**).

Beim schrägen Wurf stellt sich die größte Wurfweite bei einem Wurfwinkel von 45° ein; gleiche Wurfweiten ergeben sich für einen beliebigen Wurfwinkel α und seinen Ergänzungswinkel zu 90°, nämlich $90° - \alpha$.

Verständnis-Übung

Schräger Wurf mit Luftwiderstand

Bei größeren Wurfweiten und -höhen muss der Luftwiderstand berücksichtigt werden. Die Bahnen sind daher keine Parabeln, sondern (unsymmetrische) sogenannte *ballistische Kurven* (**Abb. 3**). Sie können wie das Fallen mit Luftwiderstand iterativ berechnet werden.

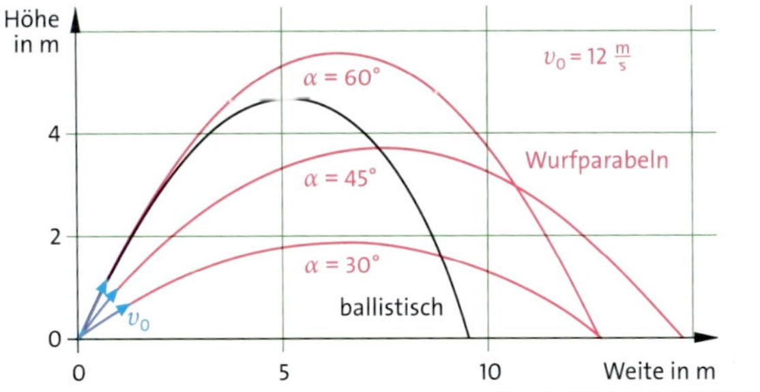

3 Bahnkurven des schrägen Wurfes für Abwurfwinkel $\alpha = 30°, 45°, 60°$. Die ballistische Kurve berücksichtigt den Luftwiderstand.

METHODE

Messwerte erfassen (II)

Die zuvor verwendeten Methoden der Messwerterfassung eignen sich besonders zur Aufnahme von Zeit-Weg-Datenpaaren bei eindimensionalen Bewegungen. Bei Bewegungen in zwei Dimensionen werden zusätzlich zur Zeit t zwei Ortskoordinaten x und y eines Körpers erfasst, was beispielsweise mit dem Verfahren der Videoanalyse gelingt (**Abb. 1**).

Videoanalyse

Basis für die Videoanalyse ist die Videoaufzeichnung einer Bewegung, die mit ruhender Kamera aufgenommen wird und die (implizit oder explizit) einen Längenmaßstab enthält.

Ermittlung der Zeit t: Ein Videofilm besteht aus vielen einzelnen Bildern (engl.: frames), vergleichbar mit einem „Daumenkino". Durch eine schnelle Abfolge der Einzelbilder sieht der Beobachter eine flüssige Bewegung. Wird ein Video beispielsweise mit 25 Bildern pro Sekunde abgespielt, so beträgt der zeitliche Abstand zwischen zwei Bildern $\Delta t = (1/25)\,s = 0{,}04\,s$.

Ermittlung der Ortskoordinaten x und y: Jedes Einzelbild des Videos besteht aus einer festen Anzahl von Bildpunkten (Pixeln), die einen konstanten Abstand voneinander haben. In der Auflösung *FullHD* beispielsweise besteht jedes Einzelbild aus 1920 × 1080 Pixeln, die ein Koordinatensystem für die Messung bilden (**Abb. 2**). Mit dem im Video sichtbaren Längenmaßstab lässt sich eine Zuordnung Pixelabstand – Entfernung in Metern vornehmen. So kann bei der Bewegung eines Körpers von der Anzahl der im Bild zurückgelegten Pixel auf die tatsächlich zurückgelegte Strecke in Metern geschlossen werden. Dazu wird in jedem – oder bei insgesamt sehr vielen Bildern: in jedem fünften oder zehnten – Einzelbild die Position des Körpers mit dem Cursor markiert. Manche

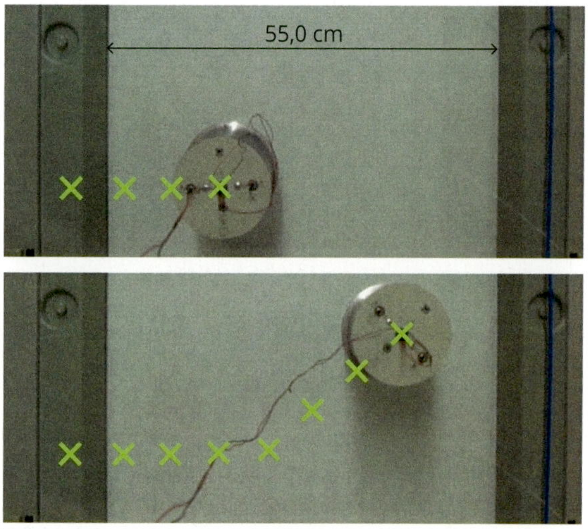

1 Bilder aus dem Video einer Bewegung eines Gleiters auf dem Luftkissentisch. Der Ort des Körpers wird im Programm zur Videoanalyse mit dem Cursor auf jedem Einzelbild markiert (x). Am Ort und zur Zeit der fünften Markierung erfährt der sich zunächst nach rechts bewegende Körper einen Stoß senkrecht zu seiner bisherigen Bewegungsrichtung (in der Abbildung von unten).

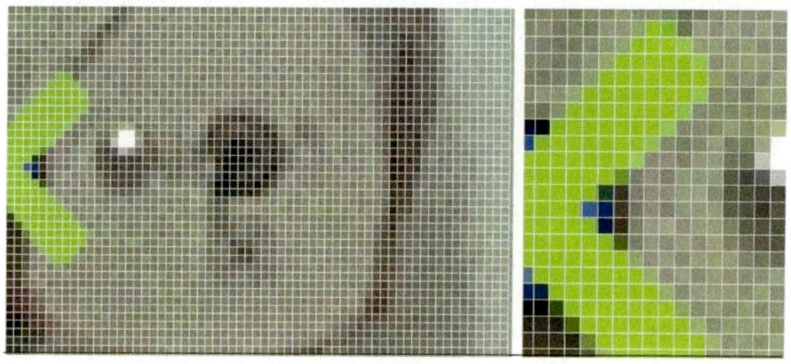

2 Jedes Videobild ist aus einzelnen Bildpunkten (Pixeln) aufgebaut, die ein zweidimensionales Koordinatensystem bilden.

Programme bieten dazu die automatische Nachverfolgung eines Körpers an. Die Leistung eines Programms zur Videoanalyse besteht darin, Hilfestellung zur Ermittlung der bei einer Bewegung zurückgelegten Pixel zu geben und anhand des Maßstabs eine Umrechnung in Meter vorzunehmen. Das Ergebnis sind *t-x-y*-Datentripel $(t|x|y)$. In gleicher Weise wie bei eindimensionalen Bewegungen dienen die Daten als Basis zur Berechnung von Geschwindigkeitskomponenten v_x und v_y sowie von Beschleunigungskomponenten a_x und a_y.

AUFGABEN

1. Ein Programm zur Videoanalyse liefert von der Bewegung eines Gleiters die Bilder in **Abb. 1**. Der Abstand zwischen den Füßen des Luftkissentisches dient als Maßstab. Er beträgt 0,550 m, was im Videoausschnitt dem Abstand von 381 Pixeln (Bildpunkten) entspricht. Es gilt also: 0,550 m ≙ 380 Pixel.
   a) Berechnen Sie die Entsprechungen für 1 m und 1 Pixel.
   b) Das Video setzt sich aus 29 Bildern pro Sekunde zusammen. Die Zeit startet beim Setzen der ersten Markierung. Berechnen Sie, nach welcher Zeit die beiden in **Abb. 1** gezeigten Bilder aufgenommen wurden, wenn jedes zehnte Bild eine Markierung trägt („*Schrittweite* 10").
   c) Der Abstand von der ersten zur fünften Markierung beträgt in horizontaler Richtung 193 Pixel. Berechnen Sie die Geschwindigkeit des Gleiters in m/s.
   d) Von der fünften bis zur achten Markierung legt der Gleiter horizontal 143 Pixel und vertikal 101 Pixel zurück. Berechnen Sie seine Geschwindigkeit in m/s.
2. Erläutern Sie, welche Unsicherheiten in Geschwindigkeitsmessungen wie nach **Abb. 1** einfließen.
3. Stellen Sie aus Kreisscheiben Papierhütchen her, die möglichst geradlinig nach unten fallen. Prüfen Sie mittels Videoanalyse, ob ein (oder mehrere ineinander gestapelte) Hütchen nach einiger Zeit mit konstanter Geschwindigkeit fallen.

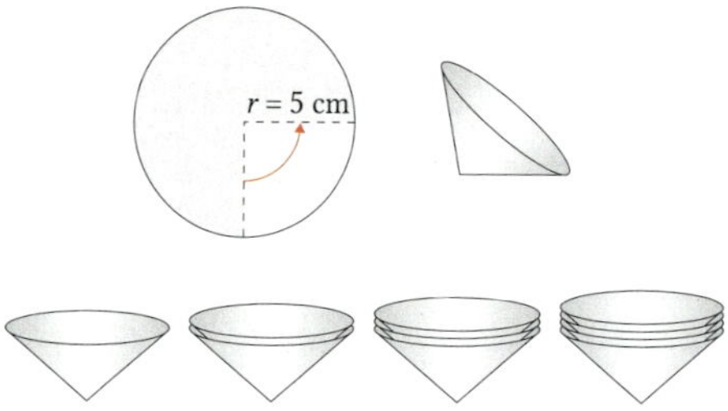

Lotrechter Wurf

Die Bewegung des lotrechten Wurfes wird gedanklich zerlegt in eine Bewegung mit konstanter Geschwindigkeit v_0 nach oben in positiver Richtung der *s*-Achse (**Abb. 3**)

$$s = v_0 t, \; v = v_0, \; a = 0$$

und in eine Fallbewegung in *entgegengesetzter* Richtung nach unten (daher das Minuszeichen):

$$s = -\frac{1}{2} g t^2, \; v = -gt, \; a = -g$$

Die Bewegungsgleichungen ergeben sich durch Addition der einzelnen Komponenten von Weg, Geschwindigkeit und Beschleunigung:

$$s = v_0 t - \frac{1}{2} g t^2, \; v = v_0 - gt, \; a = -g.$$

Im höchsten Punkt der Bahn ist die Geschwindigkeit null. Durch Nullsetzen von v in der t-v-Gleichung folgt für die **Steigzeit** $t_h = v_0/g$, in der der Körper den höchsten Punkt seiner Bahn erreicht.

Wird der Term für t_h in die t-s-Gleichung eingesetzt, so ergibt sich die **Wurfhöhe**

$$h = v_0 t_h - \frac{1}{2} g t_h^2 = \frac{1}{2} \frac{v_0^2}{g}.$$

Der Wurf ist beendet, wenn der Körper wieder den Boden erreicht: Der Weg s ist null. Die t-s-Gleichung liefert für $s = 0$ neben der trivialen Lösung $t_0 = 0$, dem Beginn des Wurfes, als Zweites die **Wurfdauer** t_e

$$t_e = 2 \frac{v_0}{g} = 2 t_h.$$

Wird dieser Wert für t_e in die t-v-Gleichung eingesetzt, so ergibt sich die Endgeschwindigkeit zu

$$v_e = v_0 - gt = v_0 - g\left(2 \frac{v_0}{g}\right) = -v_0.$$

Die **Wurfbahn** im Zeit-Weg-Diagramm verläuft symmetrisch. Der zweite Teil des lotrechten Wurfes entspricht dem freien Fall aus der Höhe h.

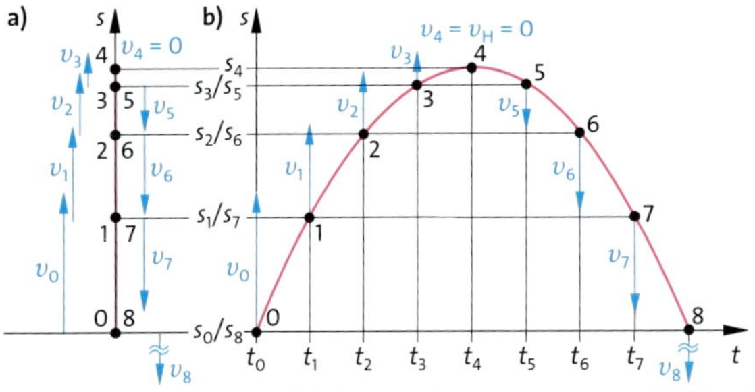

3 Senkrechter Wurf: **a**) Die Bahnkurve, eine zweimal durchlaufene Strecke, **b**) das *t*-*s*-Diagramm. Zusätzlich sind die Geschwindigkeitsvektoren in den markierten Punkten der Bahnkurve und des *t*-*s*-Diagramms eingetragen.

AUFGABEN

1. Eine Kugel wird aus 3,15 m Höhe mit einer Geschwindigkeit von $v_0 = 2{,}40$ m/s waagerecht abgeworfen.

a) Berechnen Sie, wo sich die Kugel nach 0,10 s und nach 0,50 s befindet.

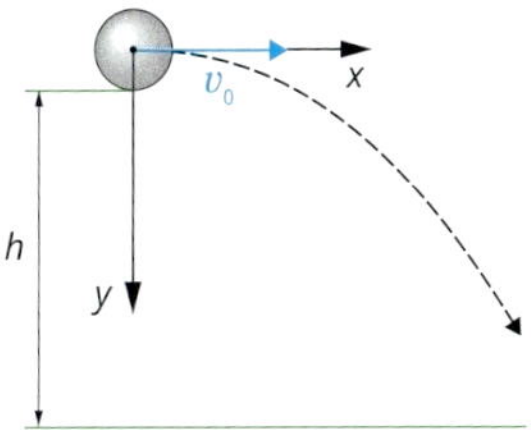

b) Berechnen Sie die Flugdauer.

c) Berechnen Sie, wie weit die Kugel dann in *x*-Richtung geflogen ist (Wurfweite).

d) Leiten Sie eine Formel für die Wurfweite x_w her, die nur die Größen h, g und v_0 enthält.

e) Berechnen Sie, wie tief die Kugel bei einer horizontalen Entfernung von 1,00 m vom Start gefallen ist.

f) Berechnen Sie die Geschwindigkeit der Kugel nach 0,5 s.

g) Berechnen Sie, um wie viel Grad die Flugrichtung nach 0,50 s aus der Horizontalen nach unten geneigt ist.

2. Berechnen Sie mindestens fünf Koordinatenpaare und zeichnen Sie die Bahnkurve beim waagerechten Wurf für die ersten zwei Sekunden. Es gilt $v_0 = 10$ m/s.

3. Ein Geschoss verlässt ein waagerecht gehaltenes Gewehr mit einer Geschwindigkeit von 780 m/s und trifft auf eine in 50 m Entfernung aufgestellte Zielscheibe. Berechnen Sie den Höhenverlust des Geschosses (kein Luftwiderstand).

4. Hilfslieferungen können bei günstigen Bedingungen aus einer von Höhe von 30 m abgeworfen werden.

a) Berechnen Sie, wie weit vor dem Ziel eine solche Lieferung abgeworfen werden muss ($v_{Flugzeug} = 180$ km/h).

b) Berechnen Sie die Auftreffgeschwindigkeit der Lieferung.

5. Ein Stein erreicht beim waagerechten Wurf ($v_0 = 20$ m/s) eine Wurfweite von von $x_w = 40$ m.
Berechnen Sie die Abwurfhöhe, die Flugdauer, die Auftreffgeschwindigkeit sowie den Auftreffwinkel zur Horizontalen

6. Erläutern Sie, unter welchen Bedingungen sich die beiden Autos nach Fahrt über die Tischkanten treffen.

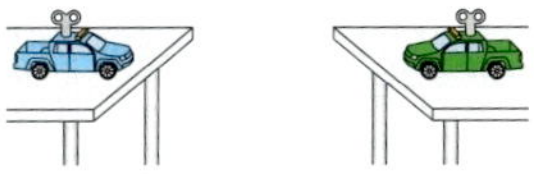

7. Ein Körper wird mit der Geschwindigkeit $v_0 = 18{,}0$ m/s lotrecht nach oben geworfen (kein Luftwiderstand).

a) Berechnen Sie die Höhe des Körpers nach 1 s, die Zeit bis zum Erreichen des höchsten Punktes (Steigzeit), die maximale Höhe, die Flugdauer sowie die Auftreffgeschwindigkeit auf den Boden.

b) Berechnen Sie, nach welcher Zeit sich der Körper in einer Höhe von 2 m befindet.

8. Berechnen Sie, mit welcher Geschwindigkeit ein Fußball vertikal nach oben geschossen werden muss, damit er 14 m aufsteigt. Berechnen Sie die Flugdauer.

9. ***t*-*v*-Diagramm** beim lotrechten Wurf nach oben: Erläutern Sie die Bedeutung der Differenz der Flächeninhalte, $s_1 - s_2$, sowie der Summe der Flächeninhalte, $s_1 + s_2$.

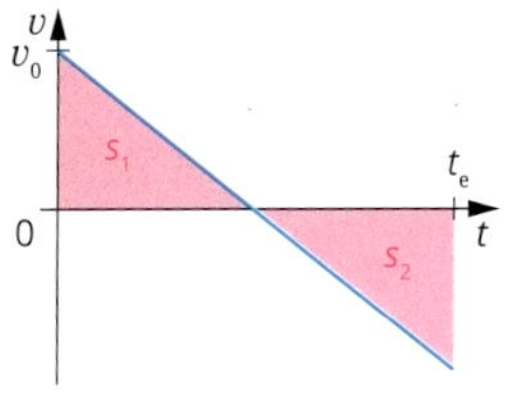

VERSTEHEN & VERNETZEN

1. Ein Körper startet aus der Ruhe und hält nach kurzer Zeit wieder an.

a) Begründen Sie, warum Diagramm ⑥ einen dazu passenden Zeit-Beschleunigungs-Graphen zeigt.

b) Begründen Sie, warum die Diagramme ⑤ und ⑧ nicht passen.

c) Beschreiben Sie zu einem der Diagramme (außer ⑥) eine passende Bewegung.

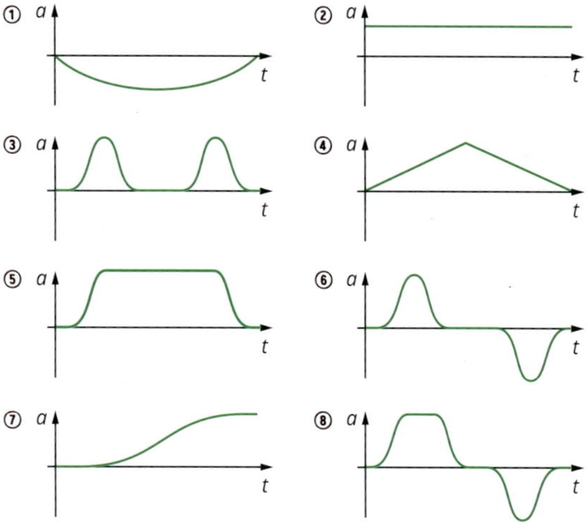

2. a) Eine Spielzeugeisenbahn fährt immer gleich schnell. Wählen Sie zu dieser Bewegung passende Diagramme aus. Falls kein passendes Diagramm zu einer der Größen s, v oder a abgebildet ist, so zeichnen Sie selber eines.

b) Geben Sie die Diagramme an, aus denen folgt, dass sich ein Körper nicht bewegt. (Hinweis: Es sind drei.)

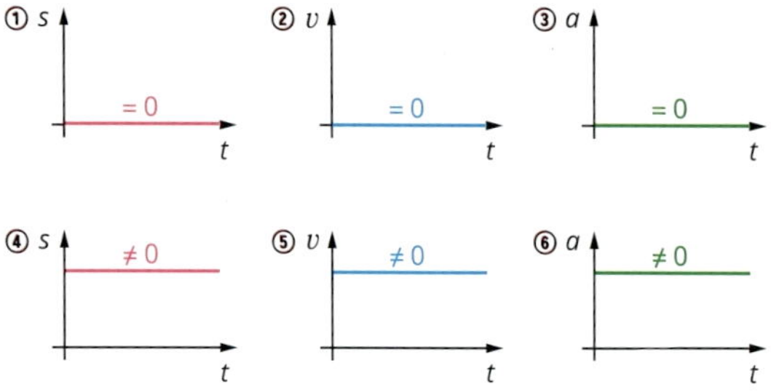

3. Die Pfeile zeigen die Geschwindigkeiten eines Autos bei zwei Kurvenfahrten an.

a) Geben Sie jeweils an, ob das Auto langsamer oder schneller wird oder das Tempo beibehält.

b) Die Pfeile ① – ⑩ zeigen die Änderung der Geschwindigkeit Δv an. Geben Sie jeweils den passenden Pfeil an.

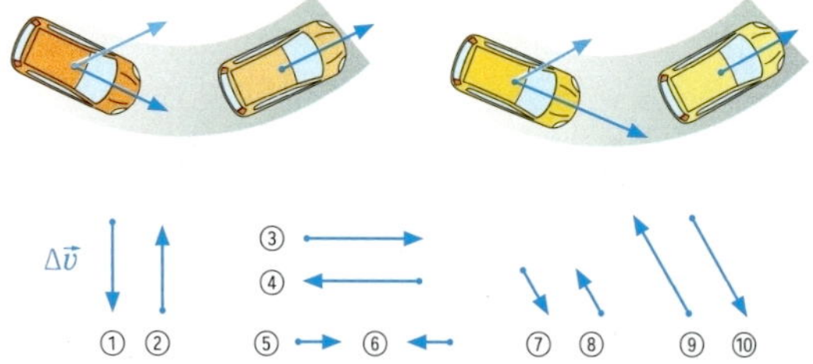

4. Sobald das Spielzeugauto über die Tischkante fährt, wird die grüne Kugel fallengelassen. Geben Sie die weiteren Positionen des Autos an. Übertragen Sie dazu die Abbildung in Ihr Heft.

5. Nennen Sie die zentrale Aussage dieser Abbildung (Abstoßgeschwindigkeit 8,5 m/s).

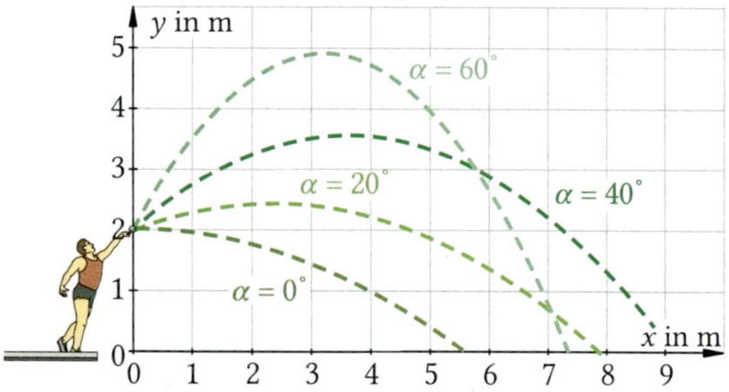

6. Die Bestimmung der menschlichen Reaktionszeit ist mit Apps auf Mobiltelefonen auf einfache Weise möglich. Deren Messung gelingt jedoch auch ohne elektronische Geräte, einfach nur mit einem Lineal. Planen Sie, ausgehend von der Abbildung, einen Versuch, mit dem die Reaktionszeit eines Menschen bestimmt werden kann. Tipp: $s = \frac{1}{2}\,g\,t^2$.

7. Wenn der Wagen die Ebene hinabrollt, unterbricht der gelbe Stab auf dem Wagen (das sogenannte „Unterbrecherfähnchen") den Strahl der Lichtschranke für die kurze Zeit Δt. Das Messgerät zeigt allerdings nicht Δt an, sondern berechnet daraus direkt die Geschwindigkeit des Wagens. Erklären Sie, wie das gelingt. Tipp: Die Breite des Fähnchens ist bekannt.

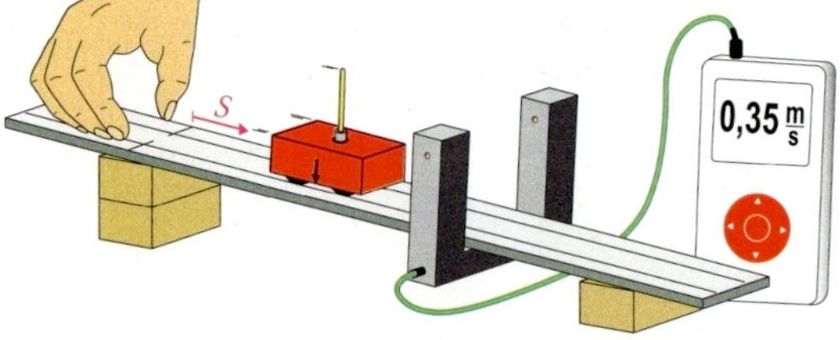

VERSTEHEN & VERNETZEN

Waagerechter Wurf

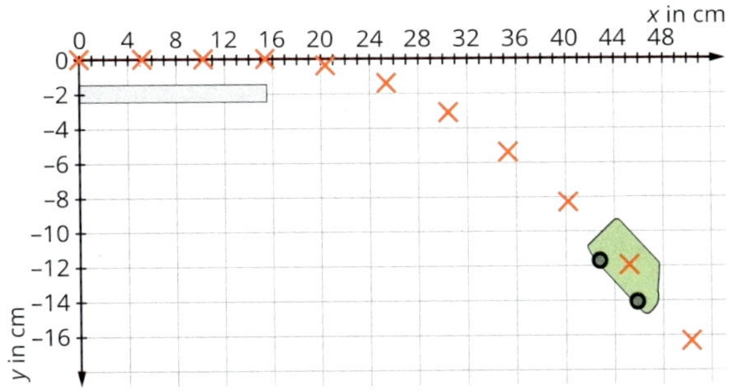

8. Fahrt und Flug eines Spielzeugautos über eine Tischkante wurden gefilmt. Mittels Videoanalyse wurden Punkte der Bewegungskurve vermessen und im Diagramm oberhalb dargestellt. Der zeitliche Abstand zwischen benachbarten Messpunkten beträgt 1/40 s = 0,025 s.

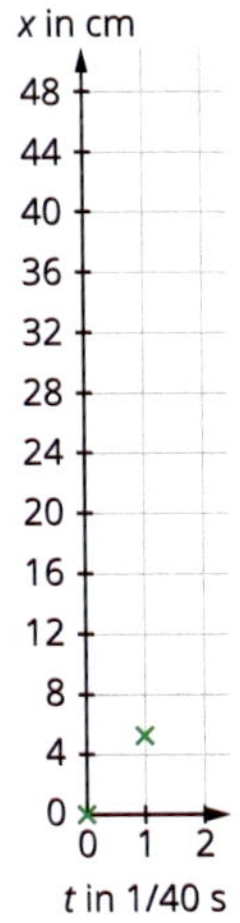

a) Diagrammverständnis: Geben Sie an, nach welcher Zeit das Auto 12 cm tief gefallen ist.

b) Erstellen Sie das *t*-*x*-Diagramm. (Hilfestellung: In den Ausschnitt des Diagramms rechts sind die ersten beiden Punkte bereits eingetragen.)

c) Deuten Sie das *t*-*x*-Diagramm: Wird die Bewegung in *x*-Richtung durch das Ende und Fehlen der Fahrbahn gestört?

d) Geben Sie an, welches der Diagramme unten den zeitlichen Verlauf der Geschwindigkeit v_x in *x*-Richtung richtig wiedergibt.

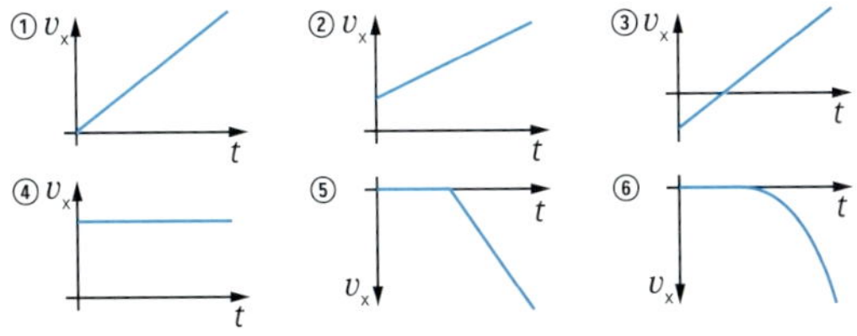

e) Bei nachfolgendem Diagramm fehlen die Beschriftungen der Achsen. Geben Sie jeweils an, welche Größe aufgetragen ist.

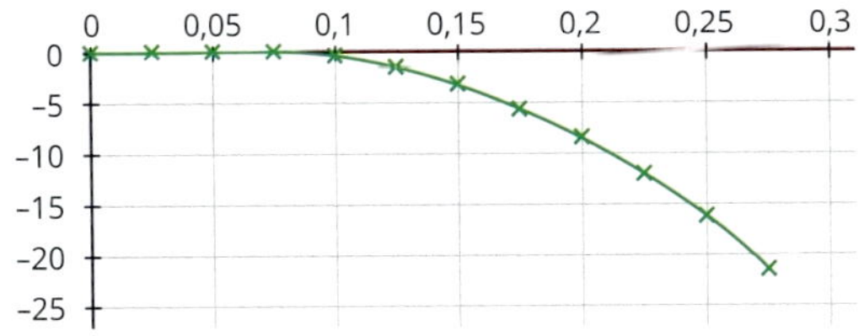

***f)** Wie alle Messungen ist auch die Messung per Videoanalyse mit Unsicherheiten behaftet, sodass die Beschleunigung des Körpers nach unten scheinbar nicht mit genau 9,81 m/s² erfolgt. Ermitteln Sie die Beschleunigung in *y*-Richtung und prüfen Sie, ob sie um mehr als 10 % von *g* abweicht.

ERKUNDEN & EINSTEIGEN

1. Der Ball prallt am Torpfosten ab. Übt der Ball eine Kraft auf das Tor aus? Oder übt das Tor eine Kraft auf den Ball aus? Nennen Sie je ein Argument für die Vermutungen.

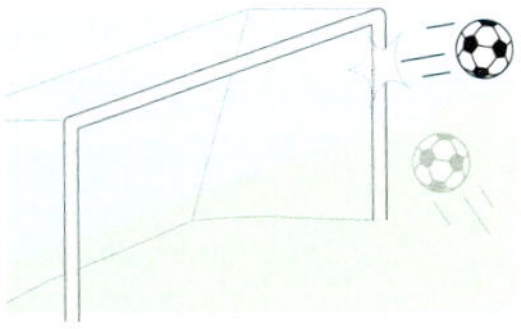

2. Eine Kugel rollt auf einer gebogenen Rinne hinab und – wenn Reibung vernachlässigt wird – auf der anderen Seite bis zur gleichen Höhe wieder hinauf (**a**). Die ursprüngliche Höhe wird auch erreicht, wenn der zweite Teil der Rinne nur gering geneigt ist (**b**). Beschreiben Sie die Bewegung der Kugel für den Fall, dass der zweite Teil der Rinne gar nicht geneigt ist (**c**).

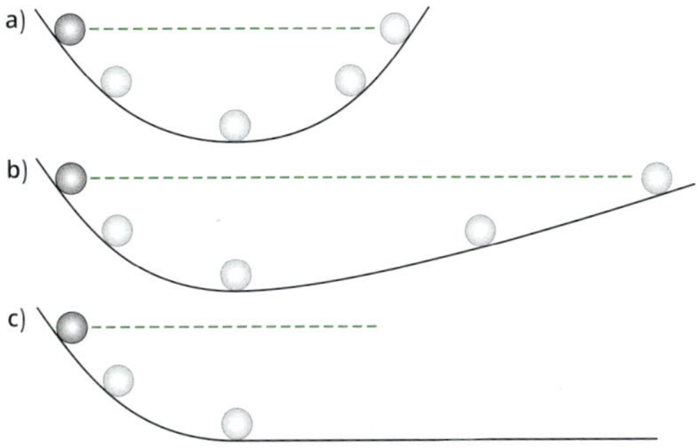

3. Die Kugel rollt mit konstanter Geschwindigkeit $\vec{v}_1$, als sie einen Stoß schräg von der Seite erhält. Die an denselben Anfangspunkt gelegten Vektorpfeile $\vec{v}_1$ und $\vec{v}_2$ verdeutlichen jeweils die Änderung der Geschwindigkeit $\Delta\vec{v}$.

a) Stellen Sie eine Vermutung auf, wie die Richtung von $\Delta\vec{v}$ und die Richtung des Stoßes zusammenhängen.

b) Zeichnen Sie eine solche Abbildung auf Kästchenpapier für den Fall, dass der Stoß genau senkrecht zur Bewegungsrichtung erfolgt.

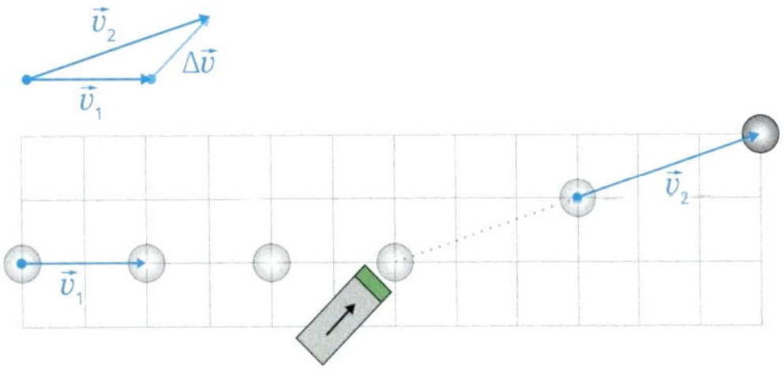

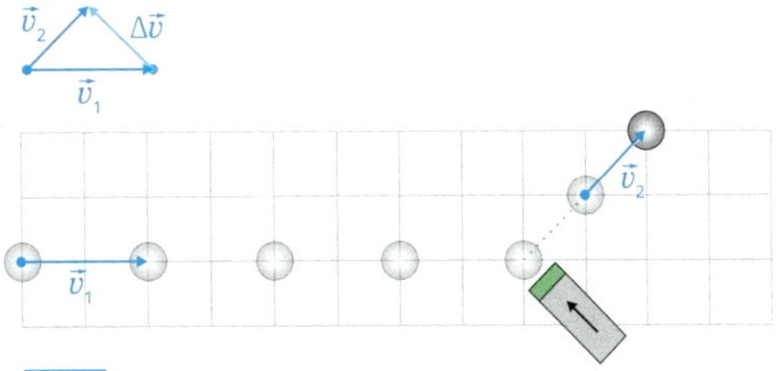

Ergänzung zu Aufg. 3

1.2 Dynamik

Die **Kinematik** beschäftigt sich mit der Analyse und Beschreibung von Bewegungen, ohne die Frage zu stellen, warum sich Bewegungszustände von Körpern verändern.

Die **Dynamik** ist die Lehre von Kräften und Impulsen. Sie fragt nach den Ursachen für die Änderungen von Bewegungszuständen.

Der englische Naturforscher Isaac Newton (1643–1727) hat in seinem Hauptwerk *„Philosophiae naturalis principia mathematica"* aus dem Jahr 1686 eine noch heute gültige Antwort auf diese Fragen gegeben. Seine Grundgesetze der Dynamik gelten sowohl für die Bewegung der Körper am Himmel als auch für die Bewegung aller Körper auf der Erde.

1.2.1 Das Trägheitsprinzip

Nach alltäglicher Erfahrung kommt jeder Körper, der sich selbst überlassen wird, nach einiger Zeit zur Ruhe. Das gilt für den Fußball, der über den Platz rollt, ebenso wie für den Eishockeypuck, der über das Eis rutscht.

Der italienische Physiker und Philosoph Galileo Galilei (1564–1642) hinterfragte die Beobachtungen. Er erkannte, dass sich ein bewegender Körper immer weiter bewegen würde, wenn er ganz sich selbst überlassen bliebe. Zum Abbremsen ist eine *Einwirkung* von außen erforderlich. Im Alltag sind das z. B. Reibungskräfte, die der Untergrund oder die Luft ausüben. Galilei gewann seine Erkenntnis u. a. aus folgendem Gedankenexperiment:

▶ **Gedankenexperiment:** Eine Kugel rollt aus einer bestimmten Höhe reibungsfrei eine schiefe Ebene hinab, läuft auf einer zweiten Ebene horizontal weiter und rollt schließlich eine dritte Ebene wieder hinauf (**Abb. 1**).

Beobachtung: Die Kugel wird auf dem ersten Teilstück immer schneller und verliert auf dem dritten Teilstück wieder an Geschwindigkeit. Sowohl bei stärkerer Neigung als auch bei schwächerer Neigung der Ebene erreicht die Kugel (fast) wieder die Höhe, von der aus sie gestartet ist.

Erklärung: Auf dem ersten Teilstück wirkt die Erde durch ihre Anziehung beschleunigend auf die Kugel und auf dem dritten Teilstück abbremsend. Wenn die abbremsende Wirkung durch eine geringere Neigung (2) der schiefen Ebene verringert ist, so legt die Kugel einen längeren Weg zurück, bis sie wieder die Ausgangshöhe erreicht hat. Ganz ohne Neigung (3) – und ohne bremsende Wirkung – kann die Kugel die Ausgangshöhe nicht erreichen. Sie müsste unendlich weiterlaufen. ◀

Diese für alle bewegten und ruhenden Körper geltende Aussage, dass sie ohne Einwirkung eines anderen Körpers ihren Bewegungszustand nicht ändern, wird als Trägheitsprinzip bezeichnet. Alle Körper zeigen die Eigenschaft Trägheit, bzw. träge zu sein.

Newtons Gedanke war es, die *äußeren Einwirkungen* in Form von Wechselwirkungen zwischen Körpern und ihrer Umgebung unter dem Begriff **Kraft** zusammenzufassen.

Trägheitsprinzip – erstes Newton'sches Axiom:
Solange keine Kraft auf einen Körper einwirkt, bleibt er in Ruhe oder er behält seine Geschwindigkeit bei, d. h., Richtung und Betrag der Geschwindigkeit bleiben konstant.

Oder positiv ausgedrückt: Zur Änderung des Betrags oder der Richtung einer Geschwindigkeit, also zur Beschleunigung eines Körpers, ist eine Kraft erforderlich. Das wird in **Abb. 2** deutlich: Der Dummy bewegt sich mit der ursprünglichen Geschwindigkeit weiter, weil die bremsende Kraft nur auf den Motorroller wirkt.

Trägheitsprinzip und Inertialsysteme

Das Verhalten der Kugel auf dem durch eine Kurve fahrenden Wagen wird aus zwei verschiedenen Bezugssystemen betrachtet (**Abb. 3**). Aus einem relativ zu den Schienen ruhendem Bezugssystem I verhält sich die Kugel nach dem Trägheitsprinzip: Sie bewegt sich in der Kurve weiter geradeaus, weil zwar eine Kraft von den Schienen

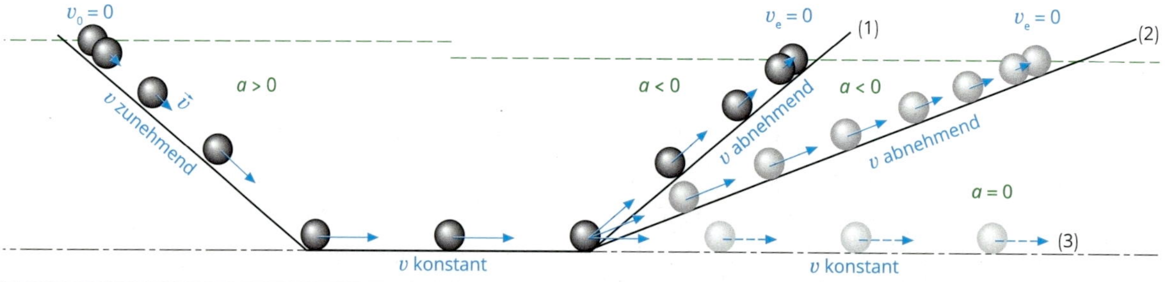

1 Gedankenexperiment: Sowohl bei stärkerer Neigung (1) als auch bei schwächerer Neigung (2) der Ebene erreicht die Kugel (fast) wieder die Starthöhe. Daraus schloss Galilei, dass sie auf einer horizontalen Ebene ohne Reibung ständig weiterrollt (3).

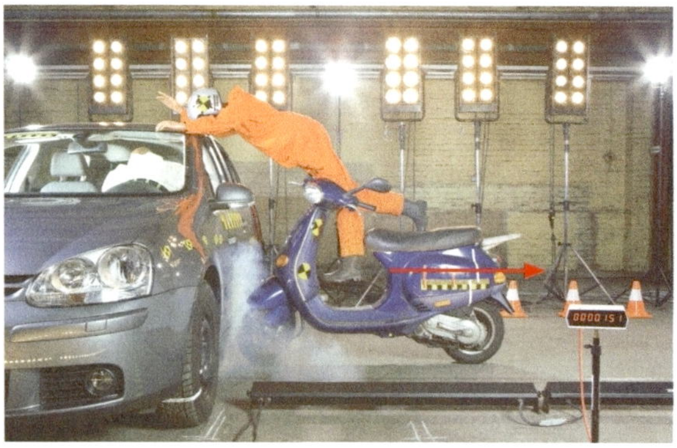

2 Auf den Dummy wirkt in der gezeigten Situation (noch) keine Kraft. Er bewegt sich mit der zuvor gefahrenen Geschwindigkeit weiter. Der Motorroller unterliegt einer *äußeren Einwirkung*, er wird von der eingezeichneten *Kraft* abgebremst.

auf den Wagen wirkt, nicht jedoch auf die Kugel. Anders urteilt ein Beobachter, der auf dem Wagen mitfährt und der den Wagen als sein Bezugssystem (II) ansieht. Obwohl es keine Einwirkung auf die Kugel gibt, bleibt sie nicht in Ruhe, sondern fällt vom Wagen herunter. Das ist für den Beobachter auf dem Wagen nicht mit dem Trägheitsprinzip vereinbar.

Bezugssysteme werden wie folgt klassifiziert:

Ein Bezugssystem, in dem das Trägheitsprinzip gilt, heißt Inertialsystem (inertia, lat.: Trägheit).

Für fast alle Versuche kann der Physikraum, das *Laborsystem*, als Inertialsystem angenommen werden, denn seine ständige Geschwindigkeitsänderung infolge der Erdrotation ist vernachlässigbar. Erst ein Versuch wie der Pendelversuch von FOUCAULT zeigt, dass der Physikraum genau genommen kein Inertialsystem ist.

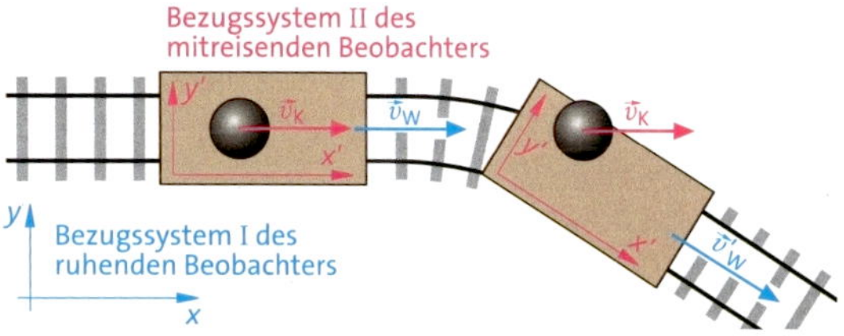

3 Kugel und Wagen haben zunächst die gleiche Geschwindigkeit. Eine Kraft der Schienen auf den Wagen zwingt ihn zur Kurvenfahrt. Da auf die Kugel keine Kraft wirkt, bewegt sie sich weiter wie zuvor.

AUFGABEN

1. Ein Wagen samt darauf sitzender Spielzeugfigur fährt gegen eine Kante.

   a) Erklären Sie mithilfe des Trägheitsprinzips, wie die dargestellte Situation zustande kommt.
   b) Geben Sie an, ob, wo und wann Kräfte auf Wagen und Figur einwirken und in welche Richtung sie wirken.
   c) Stellen Sie den Versuch nach und prüfen Sie mittels Videoanalyse, in welchem Maße die Figur nach der Kollision ihre Geschwindigkeit beibehält.

2. In die Nähe einer auf dem Tisch rollenden Stahlkugel wird ein Magnet gehalten. Erklären Sie die Bahn der Kurve mithilfe des Trägheitsprinzips und geben Sie dabei die Richtungen wirkender Kräfte an.
   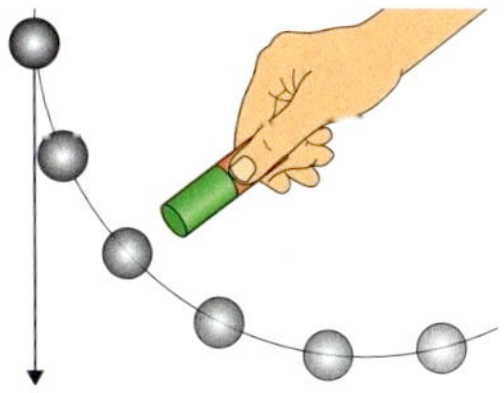

3. Auf den Achterbahnwagen wirkt neben der Erdanziehungskraft noch eine weitere Kraft. Übertragen Sie die Abbildung als Skizze und zeichnen Sie die auf den Wagen wirkende Kraft ein.

4. Wird eine Postkarte zusammen mit einem Geldstück auf ein Glas gelegt, so fällt das Geldstück ins Glas, wenn die Karte ruckartig weggezogen wird. Führen Sie den Versuch aus und begründen Sie das Geschehen.

5. Beschreiben Sie in den folgenden Situationen das Empfinden eines im Auto Mitfahrenden und stellen Sie eine Beziehung zum Trägheitsprinzip her: das Auto bremst stark ab; das Auto fährt bei konstanter Tachoanzeige durch eine Kurve.

6. Erläutern Sie das Trägheitsprinzip an einem weiteren Beispiel.

7. Beim Abbiegen eines Lkw nach rechts sieht der Fahrer, wie die ungesicherte Ladung von der glatten Ladefläche rutscht.
   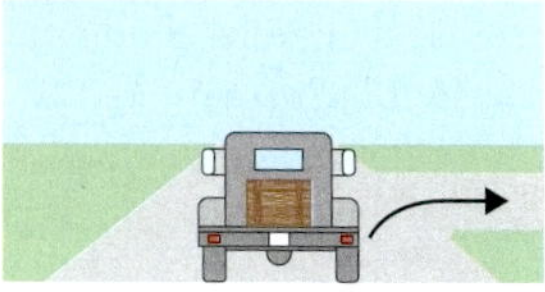
   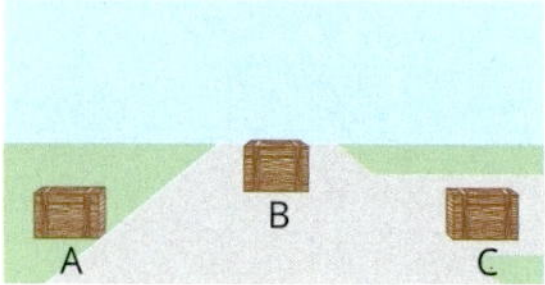

   a) Geben Sie begründet an, an welchem Ort (A, B oder C) die Ladung (ungefähr) nach dem Abbiegen zu finden ist.
   b) Erklären Sie, warum der Lastwagen auf spiegelglatter Fahrbahn nicht abbiegen kann.

8. Eine Billardkugel prallt an der Bande ab. Übertragen Sie die Abbildung in Ihr Heft. Zeichnen Sie auf Kugel und Billardtisch wirkende Kräfte ein.
   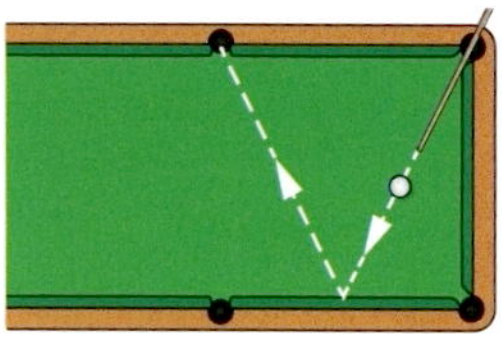

1.2.2 Die Grundgleichung der Mechanik

Nach dem Trägheitsprinzip ist eine Kraft erforderlich, um die Geschwindigkeit eines Körpers zu erhöhen, sie zu verringern oder ihre Richtung zu ändern. Die Erfahrung lehrt zudem, dass die dazu nötige Kraft von der Masse des Körpers abhängt. Mit den folgenden Experimenten wird geklärt, welcher Zusammenhang zwischen der auf einen Körper wirkenden Kraft und der Änderung seines Bewegungszustandes besteht.

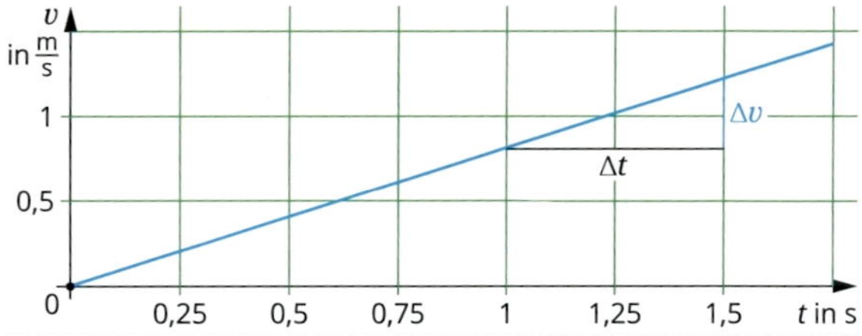

2 Auswertung von Versuch 1a: Bei konstanter beschleunigender Kraft F wächst die Geschwindigkeit v proportional zur Dauer der Kraftwirkung Δt, die Beschleunigung $a = \Delta v/\Delta t$ ist also konstant.

Die an der Bewegungsänderung beteiligten Größen sind die Masse m des Körpers, seine Geschwindigkeitsänderung Δv, die auf den Körper wirkende (konstante) Kraft F und die Dauer der Kraftwirkung Δt. Der Quotient aus Geschwindigkeitsänderung Δv und Zeit Δt ergibt die Größe Beschleunigung $a = \Delta v/\Delta t$.

▶ **Versuch 1a:** An dem Gleiter auf der Luftkissenfahrbahn ist ein dünner Faden befestigt, der über ein Speichenrad läuft und an dessen Ende ein Wägestück hängt (**Abb. 1**). Die Gewichtskraft auf das Wägestück übt somit über die Zeit Δt eine konstante Kraft F auf den Gleiter aus und sorgt für eine gemeinsame Beschleunigung von Gleiter und Wägestück. Mithilfe des Speichenrads und eines Systems zur Messwerterfassung werden Zeit-Geschwindigkeit-Datenpaare erfasst.
Ergebnis: Das t-v-Diagramm zeigt, dass eine konstant wirkende Kraft einen Körper gleichmäßig beschleunigt (**Abb. 2**), dass also $a = \Delta v/\Delta t$ = konstant gilt. ◀

▶ **Versuch 1b:** Es wird untersucht, wie die Beschleunigung a bei konstanter Masse m von der beschleunigenden Kraft F abhängt.
Dazu registriert ein Messgerät die Laufzeit Δt des Gleiters zwischen zwei Lichtschranken, also eine Dauer der Kraftwirkung, sowie die mithilfe eines Unterbrecherfähnchens ermittelte Momentangeschwindigkeit v_2 an der zweiten Lichtschranke. Die Beschleunigung a des unmittelbar vor der ersten Lichtschranke aus der Ruhe startenden Gleiters ergibt sich dann aus $a = \frac{\Delta v}{\Delta t} = \frac{v_2 - 0}{\Delta t}$.

Der Gleiter hat hier eine Masse von $m = 200$ g, die angehängten Wägestücke jeweils von 5 g. Nicht angehängte Wägestücke werden auf den Gleiter gelegt, um die beschleunigte Masse konstant bei 225 g zu halten.
Ergebnis: Die Messdaten in **Abb. 3** zeigen einen proportionalen Zusammenhang:

$a \sim F$ bei m = konstant ◀

▶ **Versuch 1c:** Bei konstanter Anzahl angehängter Wägestücke wird die Masse m des Gleiters variiert.
Ergebnis: Je größer die Masse ist, desto geringer fällt die Beschleunigung des Gleiters aus. Eine Auswertung der Messdaten (Linearisieren) ergibt, dass bei konstanter Kraft F die Beschleunigung a umgekehrt proportional zur Masse m ist:

$a \sim \frac{1}{m}$ bei F = konstant ◀

Das bedeutet, dass bei konstanter Kraft F das Produkt aus Beschleunigung a und Masse m ebenfalls konstant ist.
Die Ergebnisse werden zur Definition der Größe „Kraft" genutzt:

Grundgleichung der Mechanik
Die Kraft F, die einem Körper der Masse m die Beschleunigung a erteilt, ist das Produkt aus der Masse m und der Beschleunigung a:
$F = m\,a$
$[F]$ = kg m/s² = 1 N (Newton)

Mit $a = \Delta v/\Delta t$ folgt $F \cdot \Delta t = m \cdot \Delta v$.

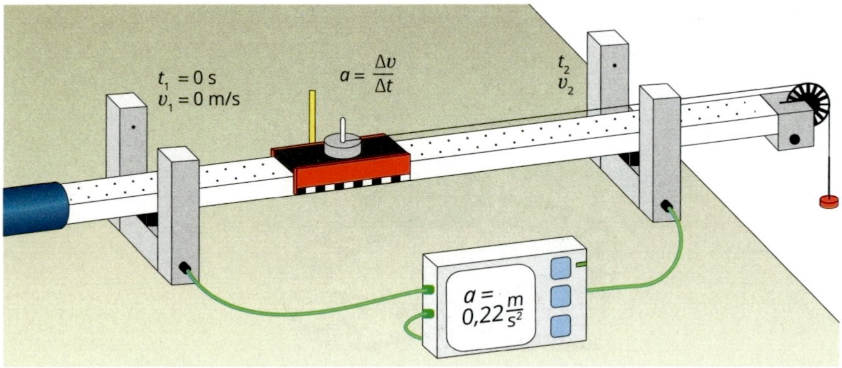

1 In Versuch 1a erfolgt die Geschwindigkeitsermittlung über ein Speichenrad. In den Versuchen 1b und 1c ermöglichen die beiden Lichtschranken über die Formel $a = \Delta v/\Delta t$ eine schnelle Bestimmung der Beschleunigung.

a)

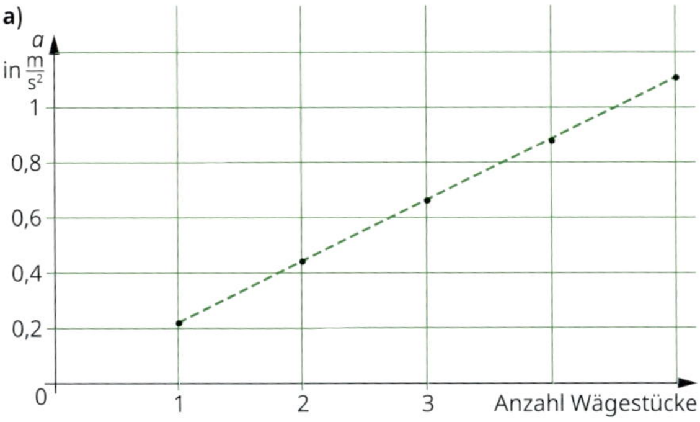

b)

Anzahl der angehängten 5-g-Wägestücke	1	2	3	4	5
a in m/s²	0,22	0,44	0,65	0,87	1,1

3 a) Auswertung von Versuch 1b: Bei konstanter Masse *m* ist die Beschleunigung *a* proportional zur beschleunigenden Kraft, die durch die angehängten Wägestücke erzeugt wird.
b) Messwerte für Gleiter der Masse 200 g zzgl. 5 Wägestücke

a)

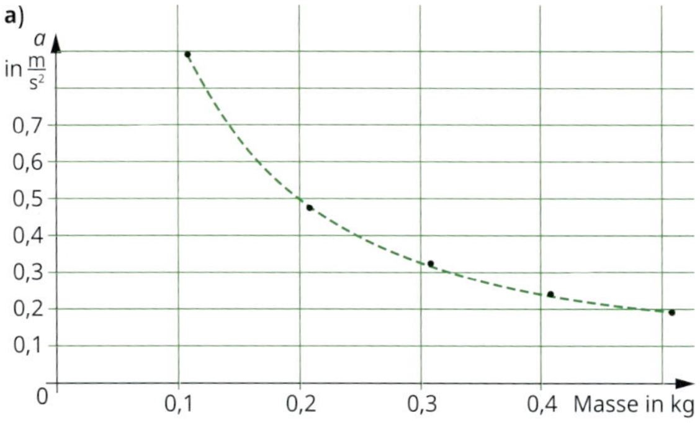

b)

Masse Gleiter + Wägestücke in kg	0,110	0,210	0,310	0,410	0,510
a in m/s²	0,89	0,47	0,32	0,24	0,19

4 a) Auswertung von Versuch 1c: Bei konstanter beschleunigender Kraft ist die Beschleunigung *a* umgekehrt proportional zur Masse *m*.
b) Messwerte für angehängte Wägestücke von 10 g

AUFGABEN

1. Ein Auto ($m = 900\,\text{kg}$) beschleunigt mit $a = 4{,}5\,\text{m/s}^2$. Berechnen Sie die Kraft, die auf das Auto wirken muss.

2. Ein Junge bringt einen Ball der Masse $m = 0{,}5\,\text{kg}$ in der Zeit $t = 0{,}2\,\text{s}$ auf die Geschwindigkeit $v = 8\,\text{m/s}$. Berechnen Sie die (durchschnittliche) Kraft, die er auf den Ball ausübt.

3. Auf ein Auto ($m = 1100\,\text{kg}$) wirkt beim Beschleunigen eine Kraft von 1,5 kN. Berechnen Sie, in welcher Zeit der Wagen dadurch von 0 km/h auf 100 km/h kommt.

4. Wenden Sie eine Methode des Linearisierens auf die Daten in **Tab. 3b** und **Tab. 4b** an.

5. Ein Zug ($m = 600$ t) erreicht beim Anfahren auf der Strecke von 2,45 km die Geschwindigkeit 126 km/h.
a) Berechnen Sie die als konstant angenommene Beschleunigung des Zugs sowie die beschleunigende Kraft.
b) Leiten Sie eine Formel für die Kraft *F* her, die ausschließlich gegebene Größen enthält.

6. Ein Wagen ($m = 200\,\text{g}$) wird auf einer Fahrbahn von einer konstanten Kraft $F = 0{,}1$ N aus der Ruhe beschleunigt. Berechnen Sie die erforderliche Länge der Fahrbahn, damit der Wagen eine Geschwindigkeit von 1 m/s erreicht.

7. Ein kleiner Pkw der Masse $m = 600\,\text{kg}$ wird auf einer Strecke von 50 m durch die konstante Kraft $F = 900$ N abgebremst. Berechnen Sie die Anfangsgeschwindigkeit.

8. Ein Körper der Masse $m = 2\,\text{kg}$ wird geradlinig nach dem folgenden *t-v*-Diagramm bewegt. Bestimmen Sie daraus für die einzelnen Bewegungsabschnitte die jeweils wirkende Kraft und zeichnen Sie das Zeit-Kraft-Diagramm.

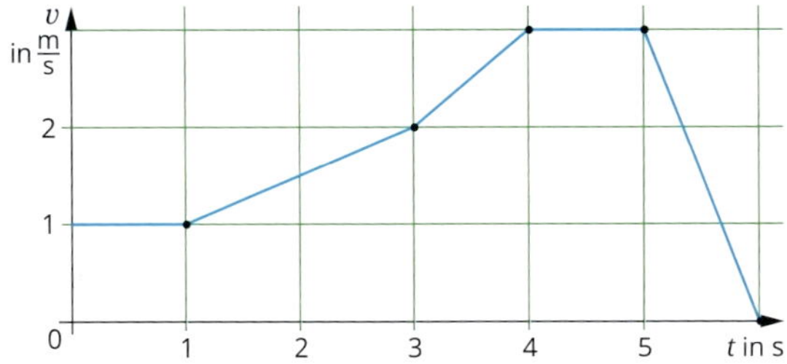

9. Ein Verkehrsflugzeug (50 t) hebt nach 1,2 km konstanter Beschleunigung bei einer Geschwindigkeit von 240 km/h ab.
a) Berechnen Sie die Dauer des Startvorgangs.
***b)** Ermitteln Sie, wie viel Zuladung noch mitgenommen werden kann, wenn die Startbahn um 50 % länger ist.

10. *Atwood'sche Fallmaschine:* Über eine feste Rolle (Speichenrad) läuft eine Schur, an deren beiden Enden Wägestücke hängen. Die Masse auf der linken Seite beträgt $m_1 = 160\,\text{g}$, die auf der rechten Seite $m_2 = 170\,\text{g}$. Sobald die Wägestücke losgelassen werden, setzen sie sich in Bewegung und werden ständig schneller.

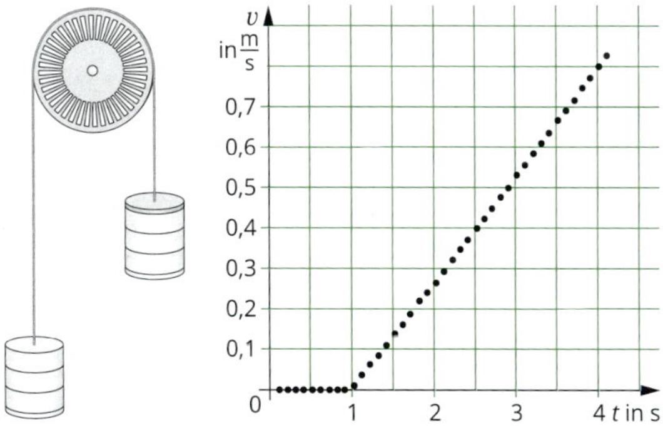

a) Ermitteln Sie die Beschleunigung *a* der Wägestücke anhand der Daten des Diagramms.
b) Begründen Sie, warum die Kraft, die die Wägestücke beschleunigt, nur die Gewichtskraft von 10 g ist: $F = m\,g = 0{,}010\,\text{kg} \cdot 9{,}81\,\text{m/s}^2 = 0{,}098\,\text{N}$.
c) Berechnen Sie die erwartete Beschleunigung $a = \frac{F}{m}$.
Hinweis: m ist die Masse der beschleunigten Körper.
d) Nennen Sie mögliche Ursachen für die verschiedenen Beschleunigungen in den vorherigen Teilaufgaben.

***11.** Ein Pkw ($m = 900\,\text{kg}$) soll auf einer Strecke von $\Delta s = 150\,\text{m}$ von $v_1 = 10\,\text{m/s}$ auf $v_2 = 40\,\text{m/s}$ beschleunigt werden. Ermitteln Sie die Dauer des Vorgangs *t* mithilfe eines *t-v*-Diagramms sowie die beschleunigende Kraft *F*.

Grundgleichung der Mechanik vektoriell

Die Gleichung $F = m\,a$ lässt sich verallgemeinern auf Bewegungen und Einwirkungen, die in der Ebene oder im Raum stattfinden. Dazu werden die Kraft F und die Beschleunigung a als vektorielle Größen angegeben und graphisch als Vektorpfeile dargestellt.

Aus $F = m\,a$ folgt dann $\vec{F} = m\,\vec{a}$

und mit $\vec{a} = \frac{\Delta\vec{v}}{\Delta t}$ ergibt sich $\vec{F} \cdot \Delta t = m \cdot \Delta\vec{v}$.

$\Delta\vec{v}$ ist die *Geschwindigkeitsänderung* eines Körpers der Masse m infolge der Wirkung einer Kraft $\vec{F}$ über die Dauer Δt. Die Größe $\Delta\vec{v}$ wird auch als *Zusatzgeschwindigkeit* bezeichnet. An den Gleichungen zu erkennen ist der in Abb. **5** dargestellte Sachverhalt:

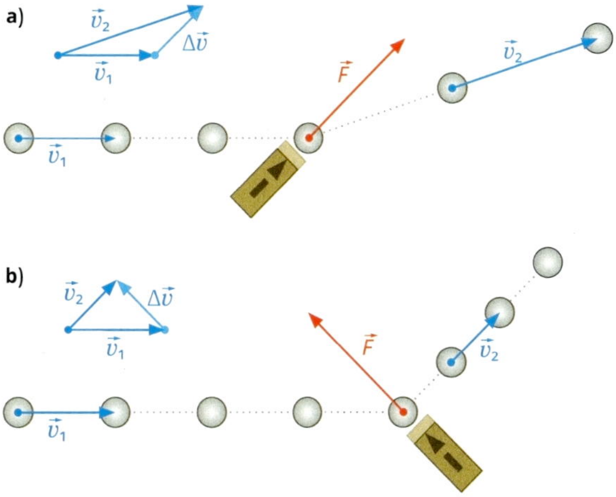

5 Die Richtungen von $\Delta\vec{v}$ und $\vec{F}$ sind identisch.

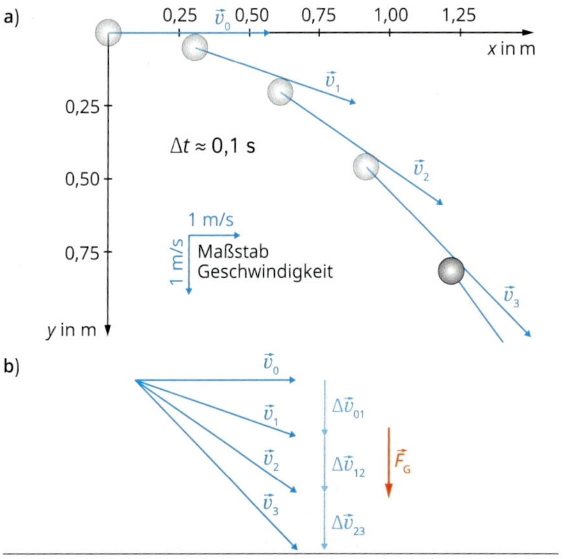

6 a) Waagerechter Wurf einer Kugel. **b)** $\Delta\vec{v}_{01}$ und $\Delta\vec{v}_{23}$ haben die gleichen Richtungen wie die sie verursachende Gewichtskraft $\vec{F}_G$.

digitale Übung zu Δv und F

digitale Übung zu Δv beim waagerechten Wurf

Ändert sich die Geschwindigkeit eines Körpers um die Geschwindigkeit $\Delta\vec{v}$, so haben $\Delta\vec{v}$ und die diese Änderung verursachende Kraft $\vec{F}$ die gleiche Richtung.

Die Gleichheit der Richtungen von $\Delta\vec{v}$ und $\vec{F}$ zeigt sich zum Beispiel beim waagerechten Wurf: In Abb. **5a**) sind die Orte einer waagerecht abgeworfenen Kugel im zeitlichen Abstand von etwa 0,1 s samt Geschwindigkeitsvektoren $\vec{v}_0$, $\vec{v}_1$,... usw dargestellt. Die Änderung der Geschwindigkeit wird jeweils deutlich, wenn zwei Vektorpfeile an den gleichen Anfangspunkt gelegt werden. Der Vektorpfeil der Geschwindigkeitsänderung $\Delta\vec{v}$ beginnt an der Spitze des ersten Vektorpfeils und endet an der Spitze des zweiten. Die exemplarisch ermittelten Vektorpfeile $\Delta\vec{v}_{01}$ und $\Delta\vec{v}_{23}$ zeigen ebenso nach unten wie die jeweils für 0,1 s einwirkende Gewichtskraft $F_G = m\,g$.

Beim waagerechten Wurf wirkt die Kraft, die für eine Änderung der Geschwindigkeit sorgt, permanent und in konstanter Stärke ein. Die Richtungen von $\Delta\vec{v}$ und $\vec{F}$ sind aber auch bei einem kurzen Kraftstoß identisch (Abb. **6**).

AUFGABEN

1. Sie sehen Ausschnitte aus Bewegungen und Geschwindigkeitsänderungen $\Delta\vec{v}$. Immer zwei Abbildungen (a) bis (d) und (A) bis (D) passen zu einer Bewegung. Ordnen Sie zu:
i) Lotrechter Wurf nach oben, ii) schräger Wurf, iii) gleichförmige Kreisbewegung, iv) Sinken am Fallschirm

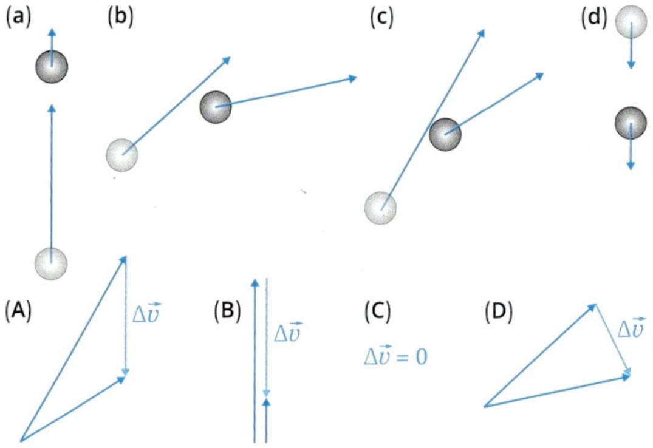

2. Erläutern Sie, welche Abbildung alle Kräfte auf eine Kugel beim schrägen Wurf zeigt. Die Kugel bewege sich ohne / mit Luftwiderstand nach rechts oben.

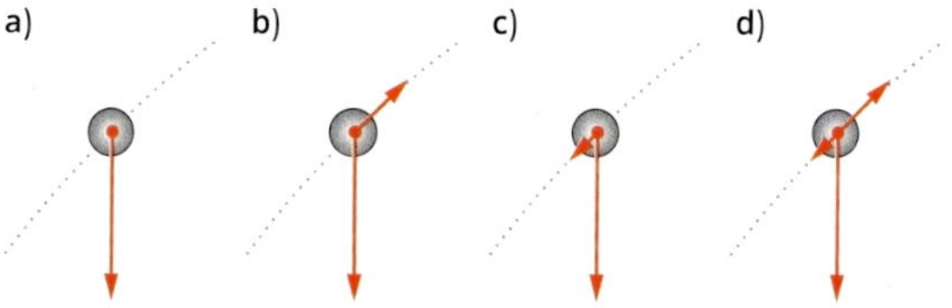

3. Abb. **6** zeigt, dass $\Delta v_{23} \approx 1$ m/s beträgt. Bestätigen Sie den Wert mithilfe der Gleichung $F \cdot \Delta t = m \cdot \Delta v$. Die Masse m kann als 100 g angenommen werden.

1.2.3 Wechselwirkung und Impuls

Die Masse und die Geschwindigkeit eines Körpers sind von Bedeutung, wenn der Bewegungszustand dieses Körpers geändert werden soll. Dazu muss ein zweiter Körper auf den ersten eine Kraft ausüben, wodurch auch der zweite Körper beeinflusst wird. Es findet also zwischen den beiden Körpern eine *Wechselwirkung* statt. In dem folgenden Experiment wird untersucht, in welcher Weise bei der Wechselwirkung zwischen zwei Körpern die Größen Masse und Geschwindigkeit wirksam sind.

▶ **Versuch:** Auf einer Luftkissenfahrbahn befinden sich zwei Gleiter, deren Massen verändert werden können. Da die Gleiter auf einem Luftkissen schweben, sind sie keiner Einwirkung anderer Körper ausgesetzt und bewegen sich praktisch reibungslos. An den einander zugewandten Seiten tragen beide Gleiter elastische Federbügel. Die Gleiter werden so durch einen Faden verbunden, dass die Federbügel gespannt sind und sich die Gleiter zunächst in Ruhe befinden. Nach dem Durchbrennen des Fadens entspannen sich die Federn, die Gleiter stoßen sich voneinander ab und bewegen sich schließlich mit konstanten Geschwindigkeiten in entgegengesetzten Richtungen (**Abb. 1**). In einer Versuchsreihe werden die Massen m_1 und m_2 der Gleiter durch zusätzliche Wägestücke geändert und die Beträge der Geschwindigkeiten v_1 und v_2 mit Lichtschranken gemessen (**Tab. 2**).

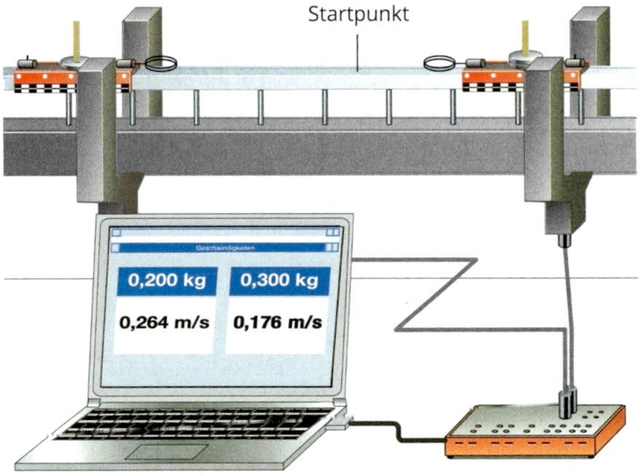

1 Die Geschwindigkeiten der Gleiter auf der Luftkissenfahrbahn werden nach dem Abstoßen im computerunterstützten Messverfahren registriert. Die beiden Lichtschranken messen die Dunkelzeiten, welche die gelben Messfahnen beim Vorbeifahren hervorrufen.

Versuchs-Nr.	m_1 in kg	m_2 in kg	v_1 in m/s	v_2 in m/s	$m_1 v_1$ in kg m/s	$m_2 v_2$ in kg m/s
1	0,200	0,300	0,264	−0,176	0,053	−0,053
2	0,250	0,250	0,216	−0,216	0,054	−0,054
3	0,200	0,400	0,280	−0,139	0,056	−0,056

2 Messwerte und Auswertung des Versuchs

Ergebnis: Der Gleiter mit der größeren Masse hat nach dem Abstoßen die kleinere Geschwindigkeit und umgekehrt. Eine genaue Betrachtung der Werte in **Tab. 2** zeigt, dass in jedem Versuch das Produkt aus Masse m und Geschwindigkeit v für beide Gleiter betragsmäßig denselben Wert hat: $m_1 v_1 = -m_2 v_2$. ◀

In diesem Experiment ändern sich die Geschwindigkeiten beider Gleiter von null auf die Endgeschwindigkeiten v_1 bzw. v_2. Die Endgeschwindigkeiten sind erreicht, wenn die Federn ihren Kontakt verlieren, also für beide Gleiter nach derselben Zeitdauer Δt.
Die obige Gleichung bleibt daher richtig, wenn beide Seiten der Gleichung durch Δt geteilt werden:

$$\frac{m_1 v_1}{\Delta t} = -\frac{m_2 v_2}{\Delta t}.$$

Wegen der Anfangsgeschwindigkeit null geben die Quotienten $\frac{v_1}{\Delta t}$ und $\frac{v_2}{\Delta t}$ die Durchschnittsbeschleunigungen der Gleiter bei diesem Vorgang an: $\overline{a}_1 = \frac{v_1}{\Delta t}$ und $\overline{a}_2 = \frac{v_2}{\Delta t}$.
Damit kann das Ergebnis geschrieben werden als:

$$m_1 \overline{a}_1 = -m_2 \overline{a}_2.$$

Nach der Grundgleichung der Mechanik $F = m\,a$ folgt:

$$\overline{F}_1 = -\overline{F}_2.$$

Auf beide Gleiter hat betragsmäßig die gleiche durchschnittliche Kraft gewirkt – nur in entgegengesetzter Richtung (**Abb. 3**).
Das Versuchsergebnis lässt sich verallgemeinern, denn es gilt für alle Wechselwirkungen zwischen zwei Körpern: Die Kraft, die ein Körper auf einen anderen ausübt, ist betragsmäßig stets gleich groß wie die *Gegenkraft* auf den Körper (**Abb. 4**).
Die Erkenntnis, dass zu jeder Kraft (actio) auf einen Körper stets eine Gegenkraft (reactio) auf einen anderen Körper existiert, formulierte erstmals NEWTON als Axiom von der Gleichheit von *actio* und *reactio*:

Wechselwirkungs- oder Reaktionsprinzip – drittes Newton'sches Axiom:
Übt der Körper A die Kraft $\vec{F}_{\text{A auf B}}$ auf den Körper B aus (actio), so übt B auf A eine Gegenkraft $\vec{F}_{\text{B auf A}}$ aus (reactio), die entgegengesetzt gleich der ersten Kraft ist: $\vec{F}_{\text{A auf B}} = -\vec{F}_{\text{B auf A}}$.

- Die beiden Kräfte $\vec{F}_{\text{A auf B}}$ und $\vec{F}_{\text{B auf A}}$ werden auch als *Wechselwirkungskräfte* bezeichnet.
- Kraft und Gegenkraft greifen immer *an zwei verschiedenen Körpern* an, niemals am gleichen. Zur Verdeutlichung sind in Abbildungen die Angriffspunkte der Kräfte oft in den Körper hineinverlegt.
- Anstelle der ausführlichen Bezeichnungen $\vec{F}_{\text{A auf B}}$ oder $\vec{F}_{\text{A}\to\text{B}}$ wird oft nur der kraftausübende Körper A oder das Kraft vermittelnde Feld A genannt: $\vec{F}_{\text{A}}$.

Der Impuls

Das im Ergebnis des Versuchs 1 vorkommende Produkt aus Masse m und Geschwindigkeit v wird als neue physikalische Größe eingeführt, die den Namen *Impuls* eines Körpers trägt (*impulsus*, lat.: Stoß).

> Der Impuls $\vec{p}$ eines Körpers ist das Produkt aus seiner Masse m und seiner Geschwindigkeit $\vec{v}$:
>
> $$\vec{p} = m\,\vec{v}$$
>
> Die Einheit des Impulses ist $[p] = 1\,\frac{\text{kg m}}{\text{s}}$.

Unter Verwendung dieser neuen Größe, deren grundsätzliche Bedeutung in weiteren Kapiteln gezeigt wird, ergibt sich eine umfassendere Definition der Kraft. Aus der Grundgleichung der Mechanik $\vec{F} = m\,\vec{a}$ folgt mit $\vec{a} = \frac{\Delta\vec{v}}{\Delta t}$ die Gleichung für einen *Kraftstoß*:

$$\vec{F}\,\Delta t = m\,\Delta\vec{v}.$$

Auf der rechten Seite dieser Gleichung steht eine Impulsänderung $m\,\Delta\vec{v} = \Delta\vec{p}$, sodass ebenso gilt:

$$\vec{F}\,\Delta t = \Delta\vec{p}, \quad \text{also} \quad \vec{F} = \frac{\Delta\vec{p}}{\Delta t}.$$

Es ergibt sich die von NEWTON stammende Definition der Kraft über die Änderung des Impulses:

> **Zweites Newton'sches Axiom:**
> Die Kraft $\vec{F}$ ist der Quotient aus der Impulsänderung $\Delta\vec{p}$ und der Zeit Δt, in der diese Änderung erfolgt:
>
> $$\vec{F} = \frac{\Delta\vec{p}}{\Delta t}.$$

Die über eine Zeitdauer Δt konstante Kraft stellt einen Spezialfall dar. Die allgemeinere, auf zeitlich veränderliche Kräfte anwendbare Definition der Kraft lautet:

> Die Kraft ist die erste Ableitung des Impulses nach der Zeit:
>
> $$\vec{F} = \lim_{\Delta t \to 0} \frac{\Delta\vec{p}}{\Delta t} = \frac{\mathrm{d}\vec{p}}{\mathrm{d}t} = \dot{\vec{p}}.$$

Die Kraft ist ein Vektor, der in Richtung der Impulsänderung und damit in Richtung der Geschwindigkeitsänderung $\Delta\vec{v}$ zeigt. Sie stellt zudem eine abgeleitete Größe dar, deren Einheit zu Ehren NEWTONS mit Newton bezeichnet wird:

$$[F] = 1\,\frac{\text{kg m}}{\text{s}^2} = 1\,\text{N}$$

Die Definition $\vec{F} = \mathrm{d}\vec{p}/\mathrm{d}t$ schließt die *Grundgleichung der Mechanik* $\vec{F} = m\,\vec{a}$ ein, ist aber umfassender, weil sie auch eine Änderung der Masse des bewegten Körpers berücksichtigt:

$$\vec{F} = \frac{\mathrm{d}\vec{p}}{\mathrm{d}t} = \frac{\mathrm{d}(m\,\vec{v})}{\mathrm{d}t} = m\,\frac{\mathrm{d}\vec{v}}{\mathrm{d}t} + \vec{v}\,\frac{\mathrm{d}m}{\mathrm{d}t}.$$

Simulation

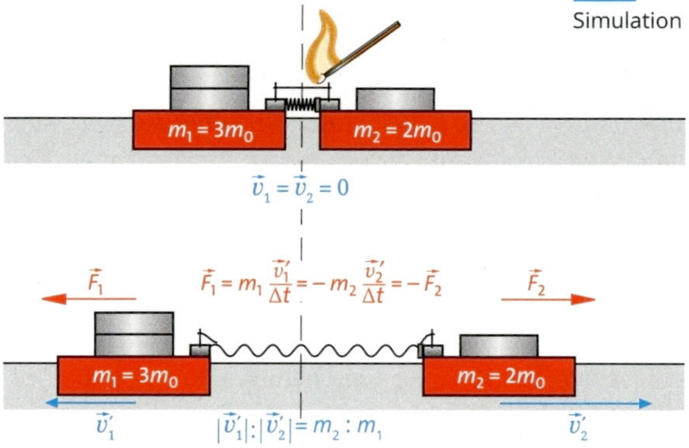

3 Die sich entspannende Feder übt auf beide Gleiter jederzeit gleich große, aber einander entgegengerichtete Kräfte aus.

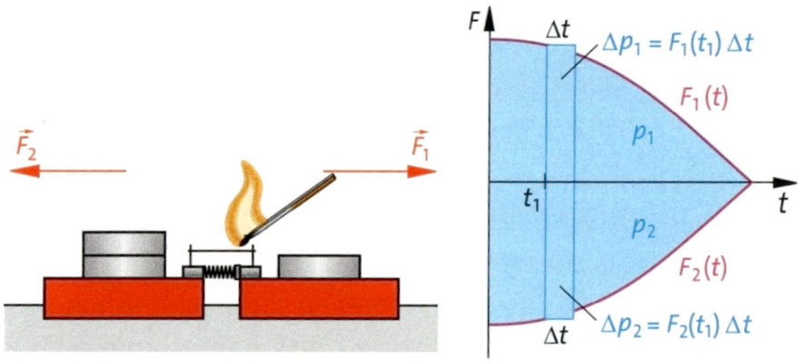

4 Während sich die Feder entspannt, wächst nach $F = \Delta p/\Delta t$ der Impuls in der Zeit Δt jeweils um $\Delta p = F\,\Delta t$. Der gesamte Impuls entspricht dem Flächeninhalt unter der Kurve $F(t)$.

AUFGABEN

1. Zwei Gleiter A ($m_A = 0{,}4\,\text{kg}$) und B bewegen sich nach dem Abbrennen der Schnur (Versuch S. 42) mit den Geschwindigkeiten $v_A = -3{,}2\,\text{m/s}$ und $v_B = 4{,}8\,\text{m/s}$ voneinander fort.
a) Berechnen Sie die Masse von B.
b) Berechnen Sie die Impulse und zeichnen Sie beide als Vektoren in eine Skizze des Versuchs ein.

2. Eine Rakete ($m = 900$ t) stößt pro Sekunde 8,0 t Verbrennungsgase mit einer Geschwindigkeit von 2,7 km/s aus. Das Triebwerk wird für eine Sekunde eingeschaltet.
a) Berechnen Sie den Impuls der Verbrennungsgase, die Schubkraft sowie die Beschleunigung der Rakete.
b) Beurteilen Sie qualitativ, ob und ggf. wie sich die berechneten Größen beim weiteren Betrieb der Rakete ändern.

3. Ein Gleiter ($m_1 = 100\,\text{g}$) bewegt sich nach Abbrennen der Schnur (Versuch S. 42) mit der Geschwindigkeit $v_1 = -10\,\text{m/s}$. Berechnen Sie die Relativgeschwindigkeit der beiden Gleiter zueinander für $m_2 = 500\,\text{g}$ (und $m_2 = 10\,\text{kg}$).

4. a) Geben Sie an, welche Aussagen zutreffen: (I) Die Hand der Person übt eine Kraft auf die Feder aus. (II) Die Feder übt eine Kraft auf die Hand aus. (III) Die Feder übt eine Kraft auf die Wand aus. (IV) Die Wand übt eine Kraft auf die Feder aus.
b) Übertragen Sie die Abbildung und zeichnen Sie die in a) ausgewählten Kräfte ein.

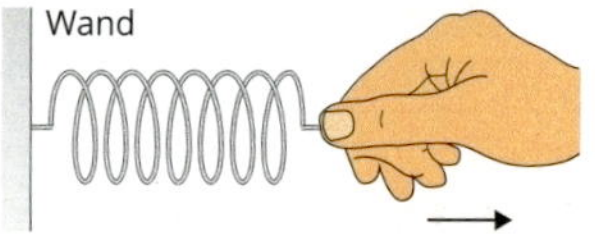

Beispiele zur Wechselwirkung

Beispiel 1: Die **Abb. 5a** zeigt einen Fußball, der gegen einen Torpfosten fliegt und von dort abprallt. Der Ball hat eine Kraft auf den Torpfosten ausgeübt, was daran zu erkennen ist, dass das Tor etwas wackelt. Umgekehrt hat der Pfosten eine Kraft auf den Ball ausgeübt. Ohne eine solche Kraft „Pfosten auf Ball" hätte der Ball nach dem Trägheitsprinzip seine Richtung nicht geändert.

Beispiel 2: In **Abb. 5b** drückt eine Person mit ihrer Hand gegen einen Pfahl. Auf die Hand wirkt eine gleich große Gegenkraft.

Beispiel 3: In **Abb. 6a** ziehen sich Anna und Ben mit ihren fahrbaren Tischen aufeinander zu. Beide ziehen dabei jederzeit mit entgegengesetzt gleich großen Kräften. Das gilt ebenso für einen unbelebten Gegenstand: In gleichem Maße wie Anna an der Wand zieht, wirkt eine Kraft von der Wand auf Anna (**Abb. 6b**).

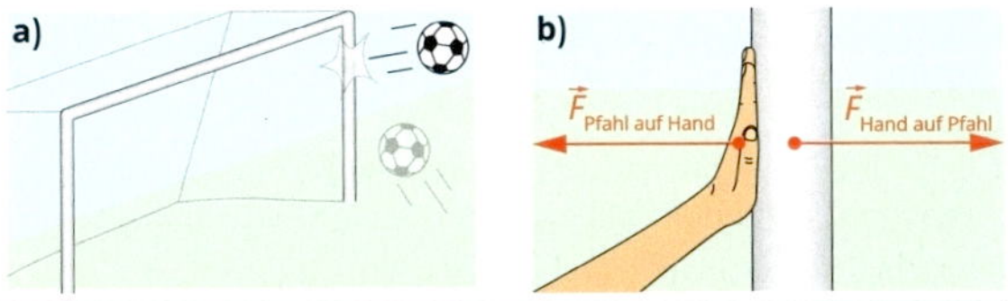

5 a) Der Ball übt eine Kraft auf das Tor aus. Ebenso übt das Tor eine Kraft auf den Ball aus.
b) Kraft und Gegenkraft beim Drücken auf einen Pfahl

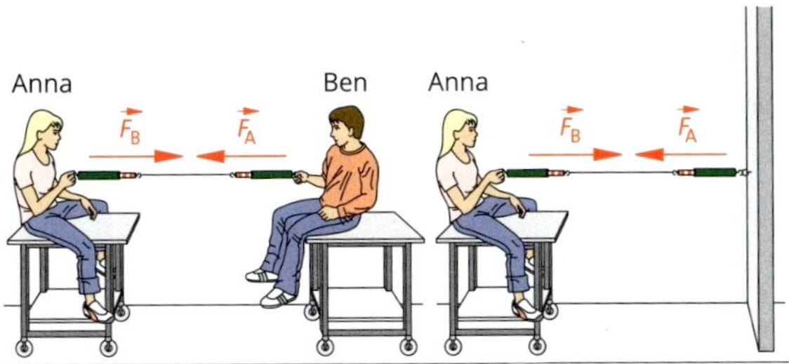

6 Eine Gegenkraft kann auch von einem unbelebten Körper auf Anna wirken.

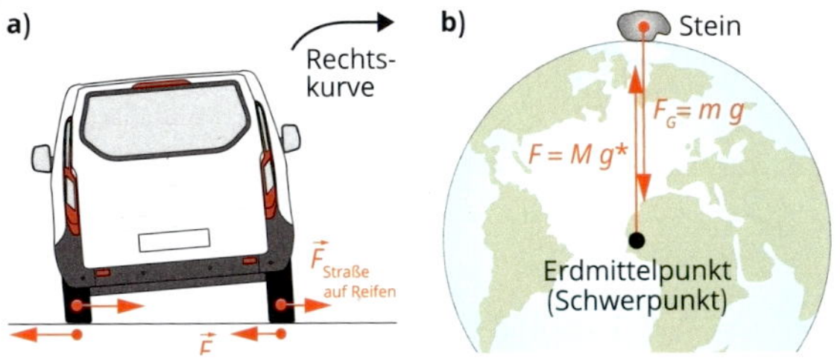

7 a) Kraft und Gegenkraft beim Rechtsabbiegen
b) Der Stein zieht die Erde ebenso an wie die Erde den Stein.

Beispiel 4: Das Auto in **Abb. 7a** übt beim Rechtsabbiegen über die Reifen eine Kraft auf die Straße aus. Die entgegengesetzt gleich große Kraft (Haftkraft) von der Straße auf die Reifen ändert die Fahrtrichtung des Fahrzeugs. Bei vereister Straße können die beiden Körper nur jeweils eine deutlich geringere Kraft aufeinander ausüben – und das Fahrzeug fährt oder rutscht nach außen aus der Kurve.

Beispiel 5: Das Wechselwirkungsprinzip gilt auch bei der Gravitationskraft: Auf den Stein der Masse m in **Abb. 7b** wirkt die bekannte Gewichtskraft $F_G = m\,g$. Mit der betragsmäßig gleich großen Gegenkraft F wirkt der Stein auf die Erde. In der Formel $F = M\,g^*$ gleicht die um ein Vielfaches größere Erdmasse M die entsprechend kleinere Beschleunigung g^* aus.

AUFGABEN

1. Eine einseitig an einer Wand befestigte Feder wird in der dargestellten Weise auf die Länge $l_1 = 20\,\text{cm}$ gedehnt. Geben Sie begründet an, ob sich die Feder bei der gezeigten Dehnung mit zwei Kraftmessern weniger weit, genauso weit oder weiter dehnt.

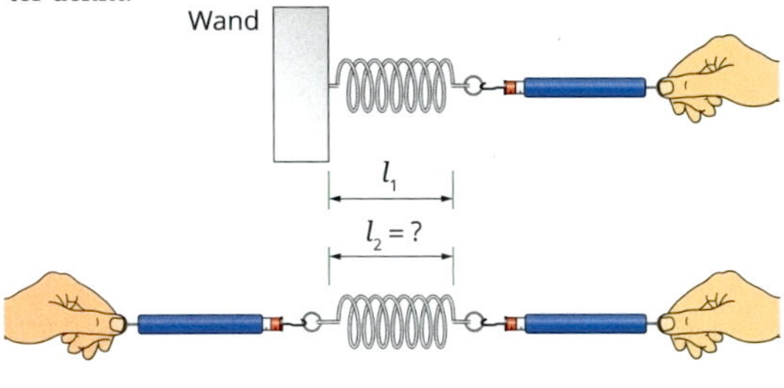

2. Das über die Vorderräder angetriebene Auto fährt gerade an. Zeichnen Sie die auftretenden Kräfte ein. Übertragen Sie dazu die Abbildung.

***3.** Wie kommt es, dass sich der Karren überhaupt von der Stelle bewegt, wenn es nach dem Wechselwirkungsprinzip doch zu jeder Kraft immer eine gleich große Gegenkraft gibt? Erklären Sie mithilfe der Abbildung, warum das Wechselwirkungsprinzip einer Beschleunigung des Karrens nicht widerspricht.

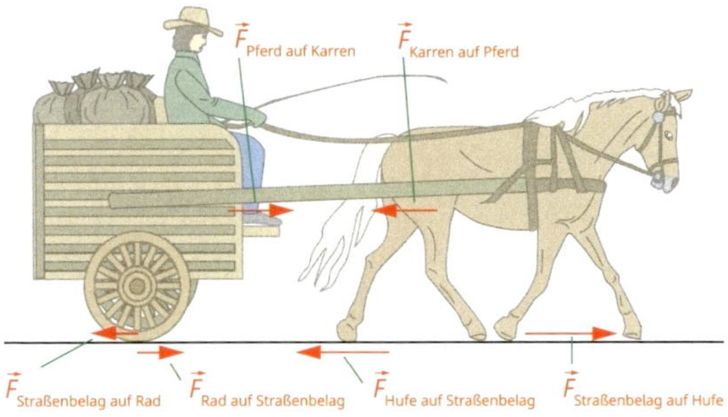

1.2.4 Das Kräftegleichgewicht

Das zuvor behandelte Wechselwirkungsprinzip, bei dem entgegengesetzt gleich große Kräfte auf *zwei Körper* betrachtet werden, unterscheidet sich vom Kräftegleichgewicht, bei dem Kräfte auf *einen Körper* angesehen werden.

Auf alle drei Körper in **Abb. 1** wirkt die gleiche Gewichtskraft, für deren Angriffspunkt der Schwerpunkt genommen wird. Trotzdem bewegen sie sich unterschiedlich. Der erste Körper ruht auf einem Tisch, der zweite bewegt sich am Fallschirm mit konstanter Geschwindigkeit abwärts und der dritte fällt mit zunehmender Geschwindigkeit. Verantwortlich für das Verhalten in den ersten beiden Fällen ist ein *Kräftegleichgewicht*.

Die Beschleunigung des Körpers auf dem Tisch in **Abb. 1a** ist null. Nach der Grundgleichung der Mechanik $F = m\,a$ kann keine resultierende Kraft auf ihn wirken. Neben der Gewichtskraft gibt es eine Kraft vom Tisch auf den Körper und beide Kräfte ergeben vektoriell addiert keine resultierende Kraft.
Ähnliches zeigt die **Abb. 1b** mit dem Körper am Fallschirm: Die Kräfte, die von den Fallschirmschnüren wirken, sind zu einer am Schwerpunkt angreifenden Kraft zusammengefasst. Ist die Kraft des Fallschirms auf den Körper auf den Betrag der Gewichtskraft angewachsen, so ergibt sich auch in diesem Fall keine resultierende Kraft. Gemäß $F = m\,a$ beschleunigt der Körper dann nicht weiter, sondern fällt mit seiner erreichten, konstanten Geschwindigkeit weiter.
Der dritte Körper (**Abb. 1c**) verändert seine Geschwindigkeit, er beschleunigt, da sich Gewichtskraft und Luftwiderstandskraft nicht vektoriell zu null addieren. Mit zunehmender Geschwindigkeit steigt die Luftwiderstandskraft allerdings an, bis sich auch in diesem Fall ein Kräftegleichgewicht einstellt.

> Mehrere Kräfte, die an *einem Körper* angreifen, werden zu einer resultierenden Kraft vektoriell addiert. Ist die resultierende Kraft null, so herrscht ein *Kräftegleichgewicht*. Wenn ein Körper nicht beschleunigt ($\vec{a} = \vec{0}$) wird, so muss nach der Grundgleichung der Mechanik ($\vec{F} = m\,\vec{a}$) die resultierende Kraft auf ihn null sein.

Drehbewegung

Die Wirkung von Kräften hängt auch von ihrem Angriffspunkt ab: In den beiden Beispielen der **Abb. 2** addieren sich die auf den Körper wirkenden Kräfte zu null und der Schwerpunkt verändert in beiden Fällen seinen Ort nicht. Die Wahl der Angriffspunkte sorgt jedoch für eine Rotation des Körpers in **Abb. 2b**.

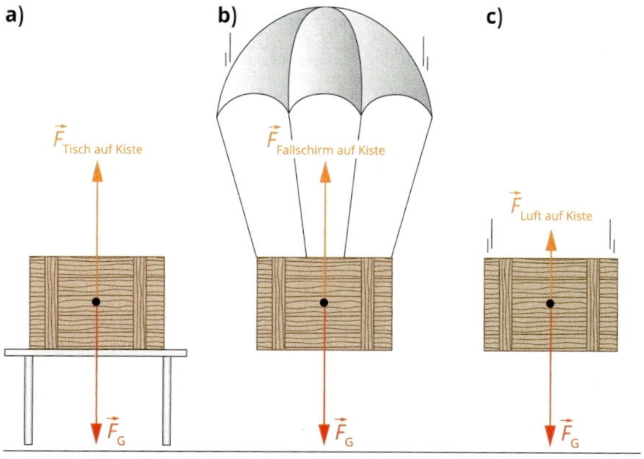

1 a) und **b)** Es herrscht ein Kräftegleichgewicht, weshalb der Körper seine Geschwindigkeit nicht ändert.
c) Kein Kräftegleichgewicht, die Kiste wird schneller.

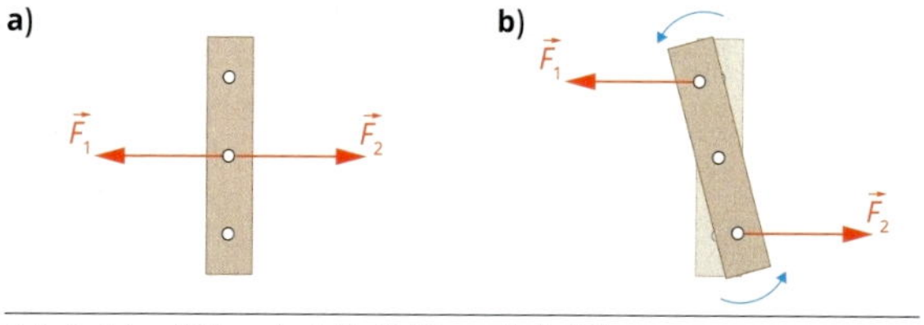

2 In beiden Fällen sind die Kräfte auf die Körper entgegengesetzt gleich groß, aber nur in **a)** bleibt der ruhende Körper in Ruhe, während er in **b)** rotiert. Verantwortlich dafür sind die unterschiedlichen Angriffspunkte der Kräfte.

AUFGABEN

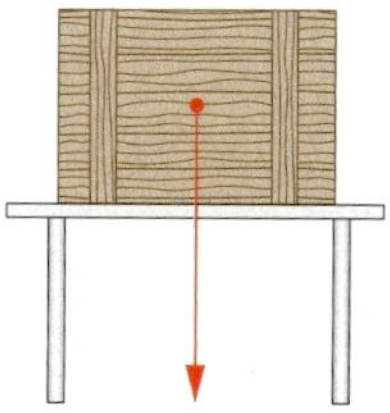

1. Der Körper ruht auf einem Tisch. Erklären Sie, warum die eingezeichnete Kraft nicht die einzige auf den Körper wirkende Kraft sein kann.
2. Zeichnen Sie vier Fahrzeuge und anschließend am Schwerpunkt eines jeden Autos alle auf das Auto wirkenden Kräfte. **a)** Auto ruht, **b)** konstante Geschwindigkeit, **c)** wird schneller, **d)** wird abgebremst.

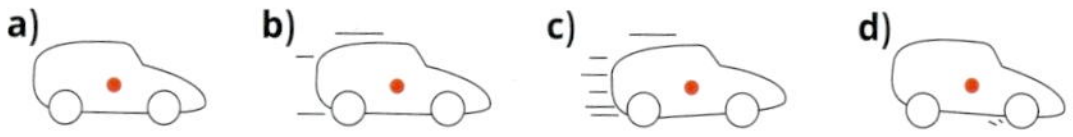

3. **a)** Übertragen Sie die unten stehende Abbildung. Zeichnen Sie alle auf den Körper wirkenden Kräfte ein. Vernachlässigen Sie den Luftwiderstand:
   (i) Fallbewegung, **(ii)** ruhende Kiste, **(iii)** Kiste lotrecht nach oben geworfen, **(iv)** schiefer Wurf.
   b) Berücksichtigen Sie den Luftwiderstand (zweite Skizze).

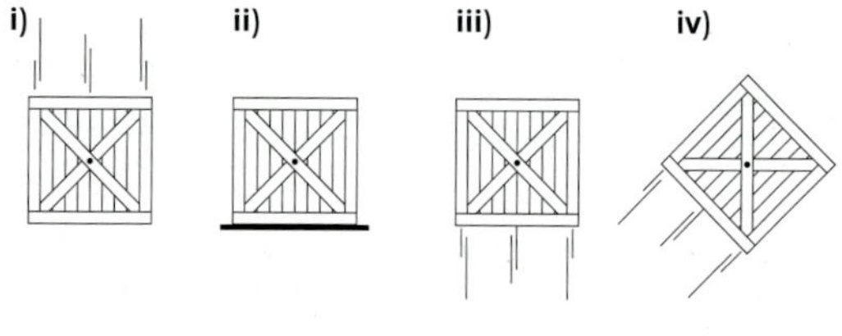

1.2.5 Träge und schwere Masse

In diesem Kapitel soll geklärt werden, weshalb Körper unabhängig von ihrer Masse im Vakuum gleich schnell fallen. Ein Versuch mit zwei Strahlkugeln verschiedener Masse zeigt, dass beide mit $a = 9{,}81\,\text{m/s}^2$ beschleunigen (**Abb. 3**).
Wichtig für diese Betrachtung ist die Unterscheidung zweier grundsätzlich unterschiedlicher Eigenschaften der Masse, nämlich der Schwere und der Trägheit.

Schwere und träge Masse

Schwere Masse: Unabhängig von jeglicher Bewegung wirkt in einem Gravitationsfeld (z. B. der Erde) eine Kraft auf den Körper der Masse m. Diese *Schwerkraft* oder *Gewichtskraft* gibt dieser Eigenschaft der Masse des Körpers den Namen *schwere Masse*.
Die schwere Masse eines Körpers lässt sich mit einem Kraftmesser aus der auf ihn wirkenden Gewichtskraft F_G ermitteln: $m = \frac{F_G}{9{,}81\,\text{N/kg}}$. Personen- und Küchenwaagen im Haushalt arbeiten nach diesem Prinzip. *Träge Masse:* Eine Stahlkugel wird waagerecht von einer Hand in die andere geworfen. Dabei ist zu spüren, dass die Kugel sowohl beim Abwerfen als auch beim Auffangen der jeweiligen Beschleunigung *entgegenwirkt*. Die Kugel verhält sich in gleicher Weise träge, wenn der Versuch statt auf der Erde in der Raumstation ISS durchgeführt wird. Die Trägheit ist also unabhängig von der Gewichtskraft auf den Körper. Der Versuch lässt ebenso erkennen, dass sich ein leichterer Körper weniger träge verhält als ein schwererer Körper. Daher wird auch die Trägheit von der Masse m beschrieben. Die Messung der trägen Masse erfolgt mithilfe der Grundgleichung der Mechanik $m = F/a$ über Kraft- und Beschleunigungsmessungen. Bei einer Trägheitswaage wird ein Körper von zwei Federn wie in **Abb. 4** gehalten und in Schwingung versetzt. Mathematisch ergibt sich, dass direkt aus der Dauer einer Schwingung T bei bekannter Federhärte auf die Masse m geschlossen werden kann: $T \sim \sqrt{m}$.

Freier Fall

Bei präzisen Messungen wurde kein Unterschied zwischen den Werten für die schwere und die träge Masse festgestellt. Träge und schwere Masse sind gleich, weshalb immer nur von *der Masse* gesprochen wird.
Die Gleichheit erklärt, warum Körper unterschiedlicher Masse (im Vakuum) gleich schnell fallen. Auf einen Körper mit z. B. der Masse von 3 kg wirkt eine dreimal so große *Gewichtskraft* wie auf den Körper der Masse 1 kg. Die dreifache Masse macht ihn aber auch dreimal so träge wie den 1-kg-Körper. Die dreifache Kraft beschleunigt die dreifache Masse also genauso stark wie die einfache Kraft die einfache Masse (**Abb. 5**).

Einstein: Äquivalenz von Schwere und Trägheit

Es ist ungewöhnlich, dass die eine Größe Masse zwei so unterschiedliche Eigenschaften wie Schwere und Trägheit erfasst. So etwas ist von keiner anderen Größe bekannt. Albert EINSTEIN zog daraus den Schluss, dass Schwere und Trägheit keine verschiedenen Eigenschaften sind, sondern physikalisch dasselbe aussagen. Das bedeutet beispielsweise, dass ein Astronaut in seinem (fensterlosen) Raumschiff nicht erkennen kann, ob es auf der Erde steht und die Gravitation mit 9,81 N/kg auf ihn wirkt, oder ob das Raumschiff fernab von allen Himmelskörpern durch den Raketenmotor mit $9{,}81\,\text{m/s}^2$ beschleunigt wird. Auf diesem Prinzip, das EINSTEIN Äquivalenz von Schwere und Trägheit nannte, baute er seine Gravitationstheorie auf: die Allgemeine Relativitätstheorie (→ Exkurs S. 380).

3 Freier Fall zweier Stahlkugeln

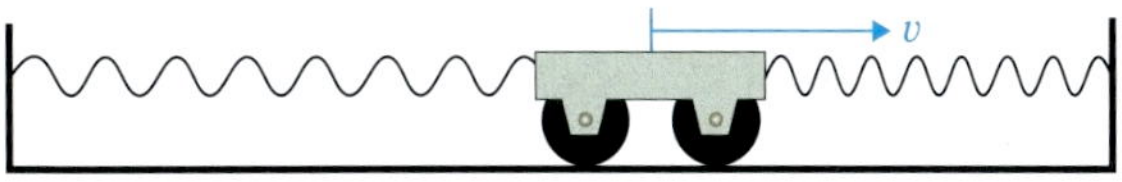

4 Trägheitswaage

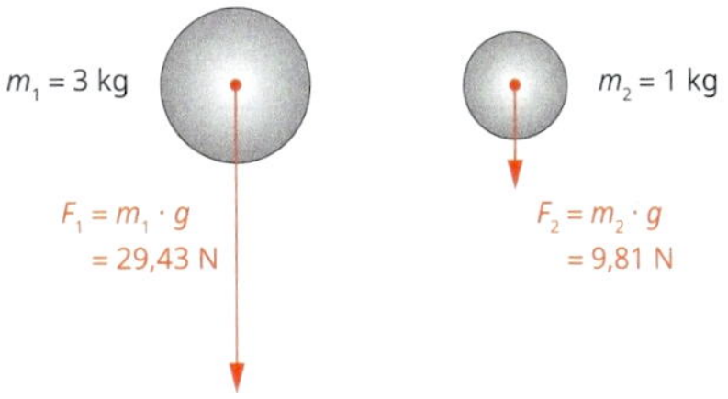

5 Körper verschiedener Masse fallen auf der Erde gleich schnell.

AUFGABEN

1. Eine Küchenwaage zeigt auf der Erde für einen Körper eine Masse von 1 kg an. Obwohl die Masse eine Körpereigenschaft ist, zeigt die gleiche Waage auf dem Mond nur ca. $\frac{1}{6}$ kg an. Erklären Sie die Abweichung.
2. Mit einer Trägheitswaage (Abb. 47.2) wird die Masse eines Körpers auf der Erde zu 75 kg bestimmt. Geben Sie, falls möglich, das Ergebnis der gleichen Messung auf dem Mond ($\frac{1}{6}$ der Erdschwerkraft) sowie in Schwerelosigkeit an.
3. Ein normaler Tischtennisball und ein mit Wasser gefüllter Ball werden im Klassenraum fallen gelassen. Stellen Sie eine Hypothese darüber auf, welcher von beiden stärker beschleunigt. Prüfen Sie experimentell.

Aufg. 3 als Simulation

1.2.6 Kräfte an der schiefen Ebene

Es ist eine Alltagserfahrung, dass eine Kugel eine geneigte Ebene beschleunigt hinabrollt – und zwar umso stärker beschleunigt, je stärker die Ebene geneigt ist. Ursache dafür ist die *Hangabtriebskraft* F_A, deren Entstehung und Ermittlung im Folgenden verdeutlicht werden.

Normalkraft

Zuerst die Situation auf einer nicht geneigten Ebene: Die Kugel ruht, woraus folgt, dass keine Kraft auf sie wirkt oder sich alle auf sie wirkenden Kräfte vektoriell zu null addieren. Auf der Erde ist Letzteres der Fall, da in jedem Fall eine Gewichtskraft F_G auf die Kugel vorhanden ist. Mit einer zur Gewichtskraft F_G gleichen Kraft F drückt die Kugel lotrecht auf die Unterlage – und die Unterlage übt gemäß dem Wechselwirkungsprinzip eine entgegengesetzt gleich große *Normalkraft* F_N auf die Kugel aus (**Abb. 1a, b**). Die auf die Kugel wirkenden Kräfte F_G und F_N addieren sich folglich vektoriell zu null (**Abb. 1c**).

Hangabtriebskraft

Die Hangabtriebskraft F_A entsteht aus der vektoriellen Addition von Gewichtskraft F_G und Normalkraft F_N, die bei geneigter Ebene nicht mehr genau entgegengesetzt wirken (**Abb. 2a**).

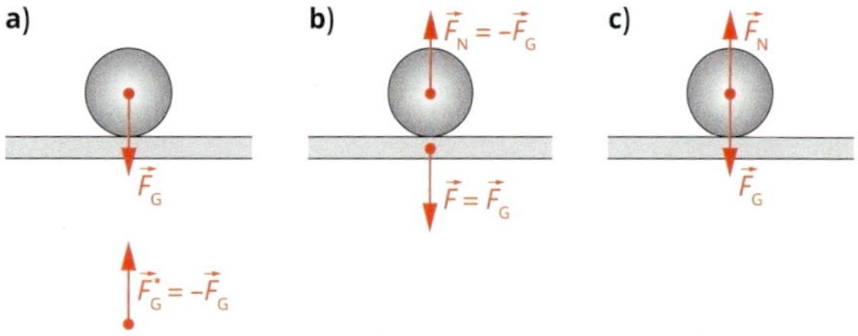

1 a) Auf die Kugel wirkt die Gewichtskraft, deren Wechselwirkungskraft F_G* die Kraft von der Kugel auf die Erde ist.
b) Die Kugel drückt mit einer zur Gewichtskraft gleich großen Kraft F senkrecht auf die Unterlage. Gemäß Wechselwirkungsprinzip wirkt eine entsprechende Gegenkraft auf die Kugel, die Normalkraft F_N.
c) Auf die Kugel wirken mit F_G und F_N insgesamt zwei Kräfte – die entgegengesetzt gleich groß sind und sich zu null addieren.

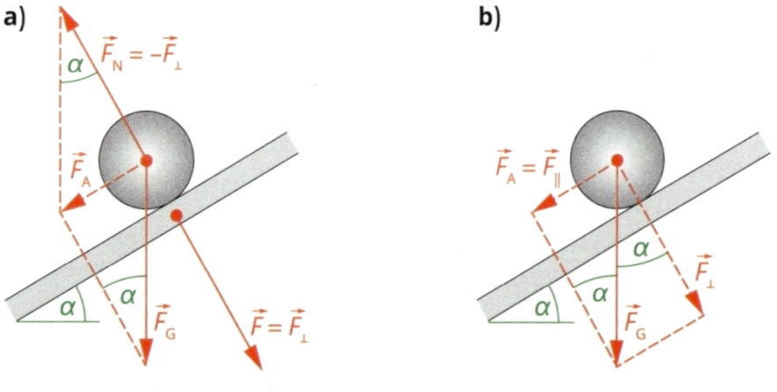

Animation

2 a) Die Hangabtriebskraft $\vec{F}_A$ resultiert aus der Addition von Gewichtskraft $\vec{F}_G$ und Normalkraft $\vec{F}_N$ auf die Kugel. **b)** Zerlegung der Gewichtskraft in Komponenten senkrecht und parallel zur Ebene.

Im Folgenden soll geklärt werden, wie groß die Normalkraft F_N ist und es wird gezeigt, dass die Resultierende aus $\vec{F}_G + \vec{F}_N$ (also die Kraft $\vec{F}_A$), parallel zur Ebene wirkt.

Abb. 2b verdeutlicht die Zerlegung der Gewichtskraft in eine Komponente $F_\perp$ senkrecht und $F_\parallel$ parallel zur schiefen Ebene. Mit einer Kraft $F = F_\perp$ drückt die Kugel senkrecht auf die Unterlage und folglich wirkt eine gleichgroße Gegenkraft (F_N) auf die Kugel. Die Normalkraft F_N ist also betragsmäßig so groß wie $F_\perp$ und es gilt $\vec{F}_N = -\vec{F}_\perp$.

Die **Abb. 2a** und **2b** zeigen ein Kräfteparallelogramm und ein Kräfte-Rechteck, die jeweils in zwei Dreiecke unterteilt sind. Aufgrund von Winkelsätzen enthält jedes der Dreiecke den Neigungswinkel der Ebene α und der Winkel α wird jeweils eingeschlossen von Seiten der Längen $|\vec{F}_G|$ und $|\vec{F}_\perp|$. Also sind die vier Dreiecke kongruent zueinander und daraus folgt, dass die Hangabtriebskraft $\vec{F}_A$ gleich der parallelen Kraftkomponente $\vec{F}_\parallel$ aus der Kräftezerlegung ist: $\vec{F}_G + \vec{F}_N = \vec{F}_A = \vec{F}_\parallel$.

Daher gilt:

$$F_A = F_G \cdot \sin\alpha \text{ und } F_N = F_G \cdot \cos\alpha.$$

AUFGABEN

1. Ist eine Steigung von 12 % eine große Herausforderung für Radfahrende? Bei Fahrt in der Ebene liegt der Kraftaufwand, um ein Fahrrad auf konstanter Geschwindigkeit zu halten, in der Größenordnung von 5 N bis 10 N, bei Beschleunigungen z. B. im Bereich von 50 N bis 150 N.

a) Bestätigen Sie, dass eine Steigung von 12 % einem Neigungswinkel von etwa 6,84° entspricht. (12 % Steigung oder Gefälle bedeuten, dass sich die Höhe auf 100 m in horizontaler Richtung um 12 m ändert.)
b) Berechnen Sie die Hangabtriebskraft, die auf eine Radfahrerin der Masse $m = 60$ kg wirkt.
c) Beurteilen Sie, ob eine Steigung von 12 % eine große Herausforderung darstellt.
d) Nehmen Sie für die Radfahrerin eine zeichnerische Kräftezerlegung von F_G vor. Maßstab 1 cm ≙ 50 N.

2. Geben Sie jeweils an, welche der sechs möglichen Kräfte auf die an einem Faden pendelnde Kugel wirken. Erläutern Sie, welcher Körper die jeweilige Kraft ausübt: (I) Kugel wurde gerade losgelassen, (II) Kugel schwingt zur Hand zurück, (III) Kugel wird von der Hand gehalten.

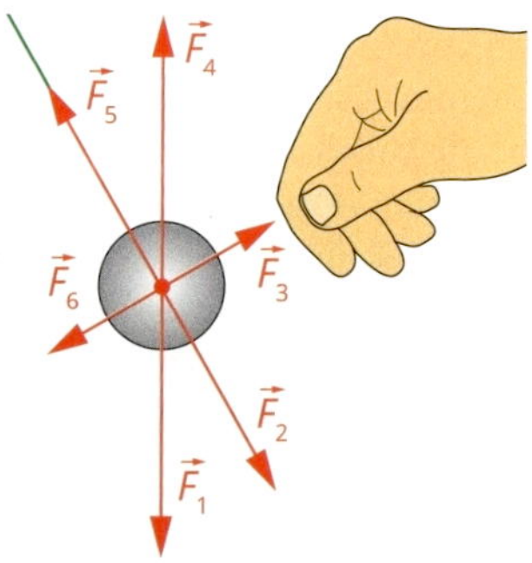

METHODE

Vektoren in Komponenten zerlegen

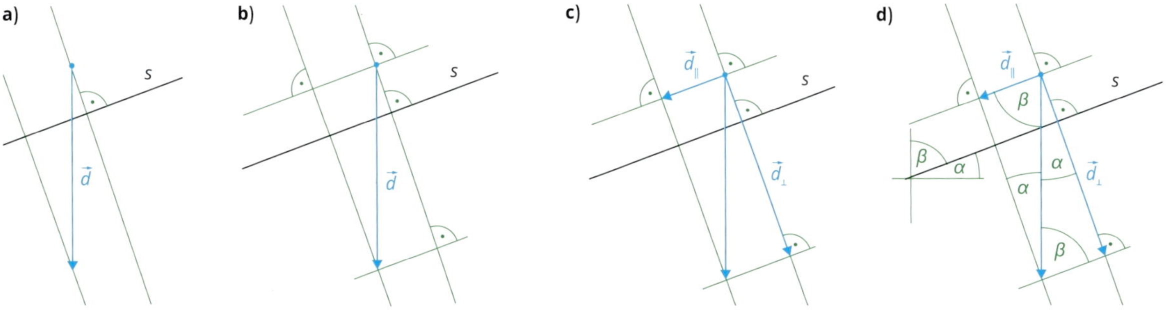

1 a) Es werden zwei Geraden konstruiert, die parallel zur Strecke *s* verlaufen. Eine Gerade geht durch den Anfangspunkt des Vektorspfeils, die andere durch seine Spitze..

b) Zwei weitere Geraden durch Anfangspunkt und Spitze folgen einer anderen Richtung. Hier verlaufen sie senkrecht zur Strecke *s*.

c) Die Vektoren der Zerlegung $\vec{d}_{\parallel}$ und $\vec{d}_{\perp}$ beginnen am Anfangspunkt des Vektors $\vec{d}$ und enden jeweils an einem der Schnittpunkte der zuvor gezeichneten Geraden.

d) wiederkehrende Winkel

Animation Abb. 1 a)–c)

Animation Zerlegung allgemein

Vektorielle Größen wie Kraft, Weg, Impuls oder Geschwindigkeit lassen sich in beliebige Komponenten zerlegen. Oft besteht die Anforderung im Speziellen darin, einen Vektor in zwei Komponenten zu zerlegen, die senkrecht zueinander stehen.

Abb. 1 zeigt die Schritte, die zur Zerlegung eines Vektors $\vec{d}$ in die gewählten Komponenten erforderlich sind. Für die Komponenten gilt: $\vec{d}_{\parallel} + \vec{d}_{\perp} = \vec{d}$. Die Länge der konstruierten Vektorpfeile $\vec{d}_{\parallel}$und $\vec{d}_{\perp}$ führt unter Berücksichtigung des Abbildungsmaßstabs zu den Beträgen der vektoriellen Größen.

Eine Alternative zur Längenmessung ist die Nutzung trigonometrischer Funktionen: Die Winkel α und β zwischen gegebener Richtung in Form der Strecke *s* und des Vektors $\vec{d}$ treten nach den Winkelsätzen der Mathematik zweimal in der Konstruktionszeichnung auf (**Abb. 1d**). Es gilt:

$$\sin(\alpha) = \frac{d_{\parallel}}{d} \Leftrightarrow d_{\parallel} = d \cdot \sin(\alpha) = d \cdot \cos(\beta);$$

$$\cos(\alpha) = \frac{d_{\perp}}{d} \Leftrightarrow d_{\perp} = d \cdot \cos(\alpha) = d \cdot \sin(\beta).$$

Vektorzerlegung verallgemeinert

Das Zerlegen einer Kraft oder eines anderen Vektors in Komponenten, die nicht senkrecht zueinander stehen, geschieht nach analogen Schritten wie zuvor und ist in **Abb. 2** dargestellt.

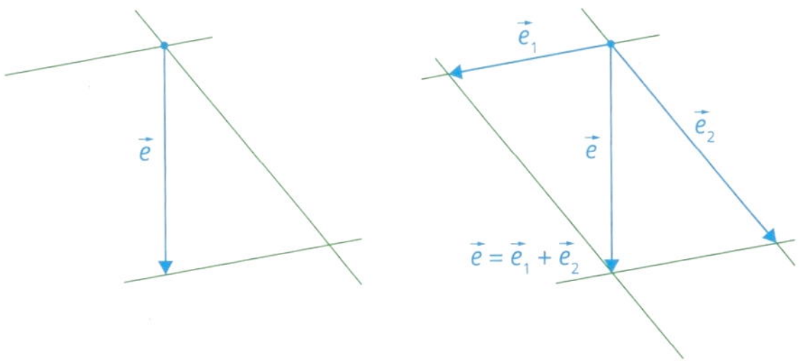

2 Zerlegung des Vektors $\vec{e}$ in zwei beliebig gewählte Richtungen

AUFGABEN

1. Übertragen Sie den Kraftvektor $\vec{F}$ in der Abb. sowie jeweils eine der Geraden a, b, c. Nehmen Sie eine Zerlegung des Vektors vor, sodass eine Kraftkomponente parallel zu a, b oder c liegt und eine andere senkrecht dazu ist.

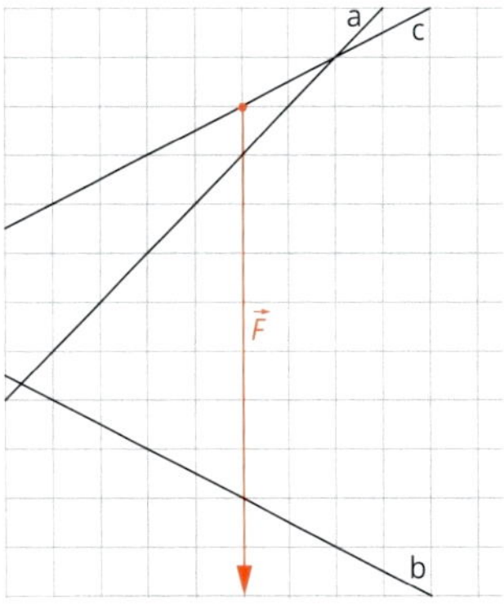

2. Übertragen Sie die Zeichnungen a) und b). Nehmen Sie jeweils eine Zerlegung der Kraft $\vec{F}$ in zwei Komponenten vor, die parallel zu den eingezeichneten Geraden liegen.

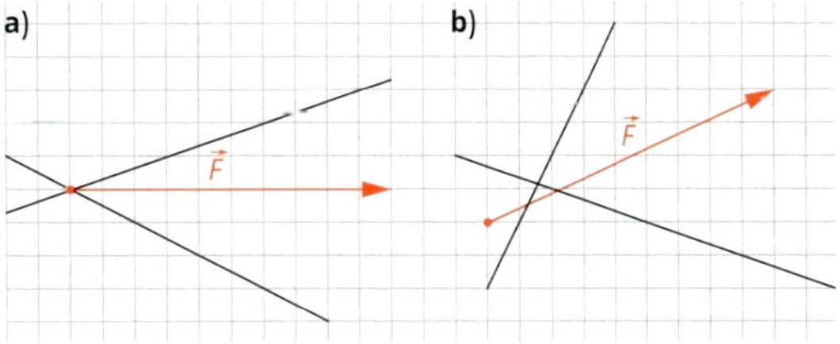

3. Ermitteln Sie die Kraft *F*, mit der die Rolle auf der schiefen Ebene gehalten wird. Es gilt $\alpha = 20°, \beta = 40°$, die Masse der Rolle beträgt $m = 1\,\text{kg}$.
(Reibung: Die geringe Haftkraft auf die Rolle bleibe unberücksichtigt.)

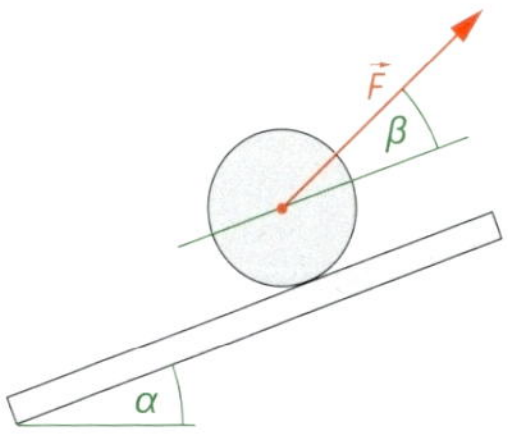

1.2.7 Haftkräfte und Reibungskräfte

Haftkräfte und Reibungskräfte treten dort auf, wo sich Körper berühren. Haftkräfte, auch Haftreibungskräfte genannt, sind von großer Bedeutung, weil ohne sie das Gehen und Laufen und ein Antrieb mit Rädern auf Straße oder Schiene nicht möglich sind. Auch Nägel, Keilriemen und Kupplungen halten nur, weil es Haftkräfte gibt. Reibungskräfte treten auf, wenn sich berührende Körper gegeneinander bewegen, was zu Materialverschleiß und Energieverlust führt.

▶ **Versuch 1:** Ein Holzklotz wird mit konstanter Geschwindigkeit gleitend über eine Unterlage gezogen.
Beobachtung: Es ist eine konstante Zugkraft F_Z erforderlich, um die Geschwindigkeit des Holzklotzes beizubehalten.
Erklärung: Nach dem Trägheitsprinzip muss wegen der fehlenden Beschleunigung ($a = 0$) mindestens eine weitere Kraft auf den Körper einwirken, die die Zugkraft kompensiert. Dies ist die Gleitreibungskraft F_R. In **Abb. 1** sind der Vollständigkeit halber noch die Gewichtskraft und die in diesem Fall betragsmäßig gleich große Normalkraft F_N eingezeichnet. ◀

▶ **Versuch 2:** Ein zunächst ruhender Holzklotz wird auf einer ebenen Unterlage gleitend in Bewegung gesetzt. Dabei zeichnen Sensoren eines Systems zur Messwerterfassung die Zugkraft sowie den zurückgelegten Weg auf.
Beobachtung: Zu Beginn des Versuchs steigt die Zugkraft ständig an, der Holzklotz bleibt aber in Ruhe. Ab einer bestimmten Zugkraft setzt sich der Klotz in Bewegung und es ist eine geringere Zugkraft erforderlich, um seine Geschwindigkeit konstant zu halten (**Abb. 2**).
Erklärung: Zunächst sind Zugkraft F_Z und Haftkraft F_H ständig betragsmäßig gleich groß. Überschreitet die Zugkraft eine maximale Haftkraft $F_{H,\,max}$, so setzt sich der Holzklotz in Bewegung und es muss nur noch eine kleinere Gleitreibungskraft F_R ausgeglichen werden. ◀

▶ **Versuch 3:** Zur Ermittlung der maximale Haftkraft $F_{H,\,max}$ wird der Neigungswinkel α einer schiefen Ebene solange erhöht, bis sich der Körper gerade in Bewegung setzt (**Abb. 3**). Dann ist die Hangabtriebskraft F_A entgegengesetzt gleich der maximalen Haftkraft $F_{H,\,max}$.
Erklärung: Mit zunehmender Neigung wächst die Hangabtriebskraft F_A. Gleichzeitig sinkt die maximale Haftkraft, denn der Körper drückt nicht mehr so stark auf die Ebene. Umgekehrt drückt die Ebene nicht mehr mit so starker Normalkraft F_N auf den Körper.
Da der Körper zunächst ruht, gilt stets, dass die Hangabtriebskraft F_A gleich der Haftkraft F_H ist – bis zum Erreichen der neigungswinkelabhängigen maximalen Haftkraft $F_{H,\,max}$.
Gleitet der Körper – bei wieder verringertem Neigungswinkel – nach einem Stoß mit konstanter Geschwindigkeit hinab, so ist die Hangabtriebskraft F_A gleich der Gleitreibungskraft F_R. ◀

▶ **Versuch 4:** Wie in **Abb. 4a** dargestellt, werden mehrere Holzklötze übereinandergestapelt und mit konstanter Geschwindigkeit über die Unterlage gezogen. Die erforderliche Zugkraft und damit die Gleitreibungskraft F_R wachsen proportional zur Normalkraft F_N, die in diesem Fall betragsmäßig gleich der Gewichtskraft ist.
Das Geschehen in **Abb. 4b** verdeutlicht, dass die die Größe der Berührungsfläche ohne Bedeutung für die Gleitreibung ist. ◀

Die **maximale Haftkraft $F_{H,\,max}$** und die **Gleitreibungskraft F_R** sind direkt proportional zur Normalkraft F_N:

$$F_{H,\,max} = f_H\,F_N \quad \text{und} \quad F_R = f_R\,F_N$$

Die **Haftreibungszahl f_H** und die **Gleitreibungszahl f_R** hängen nur von der Beschaffenheit der Berührflächen zwischen Körper und Unterlage ab. Die Gleitreibungskraft F_R ist unabhängig von der Geschwindigkeit des Körpers.

Werte für Haft- und Gleitreibungszahlen zeigt **Tab. 6**.

Als Weiteres gibt es noch die Rollreibung, die auftritt, wenn sich Räder beim Rollen (elastisch) verformen. Die Rollreibung eines Rades ist in der Regel geringer als seine Gleitreibung.

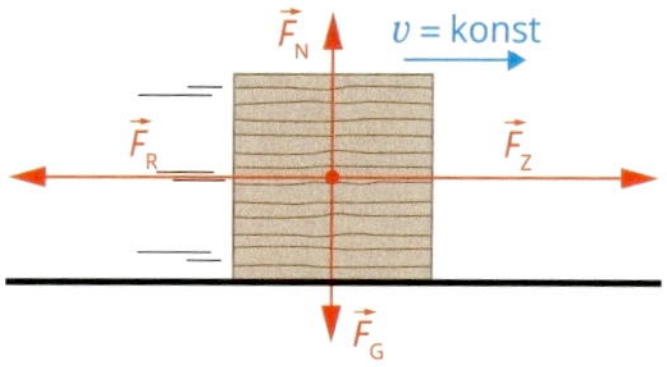

1 Bei konstanter Geschwindigkeit sind Zugkraft $\vec{F}_Z$ und Gleitreibungskraft $\vec{F}_R$ entgegengesetzt gleich groß.

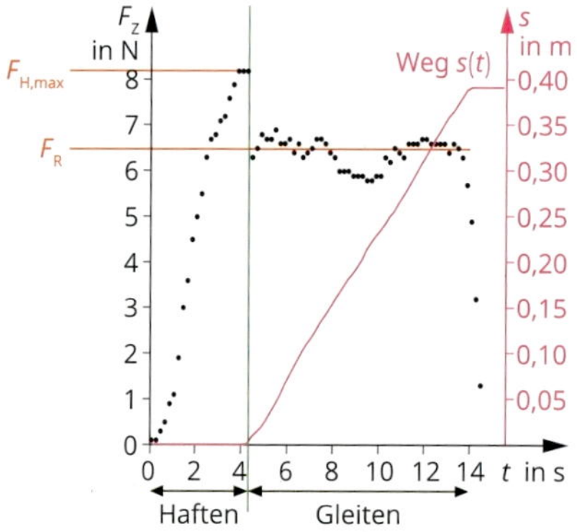

2 Messergebnisse für Zugkraft F_Z und Weg s beim Ziehen eines Holzklotzes über eine ebene Unterlage

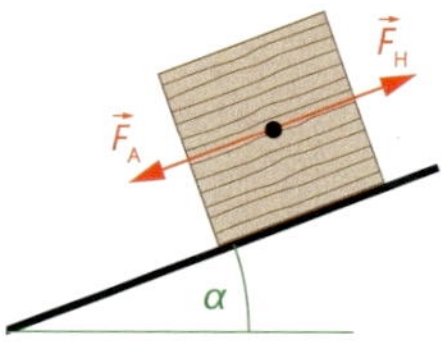

3 Solange der Körper ruht, sind die Beträge von Hangabtriebskraft $\vec{F}_A$ und Haftkraft $\vec{F}_H$ stets gleich groß. Der Körper beginnt zu rutschen, sobald die Hangabtriebskraft $\vec{F}_A$ die maximale Haftkraft $\vec{F}_{H,\,max}$ übersteigt.

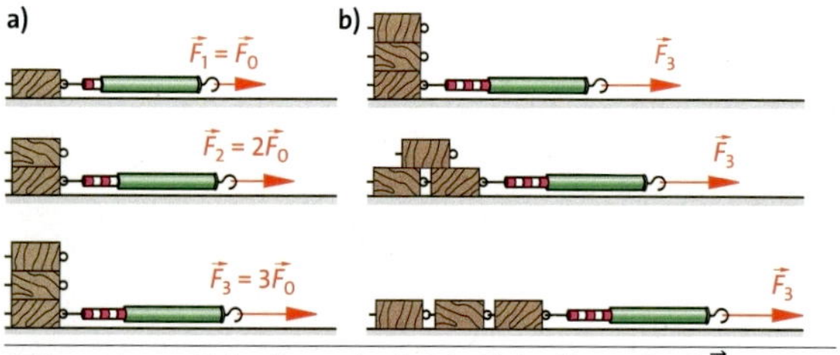

4 Versuch zur Gleitreibungskraft: Die Gleitreibungskraft $\vec{F}_R$ ist **a)** proportional der Normkraft $\vec{F}_N$, aber **b)** unabhängig von der Größe der Berührungsfläche und der Geschwindigkeit

Ein Modell zur Reibung

Zwei Oberflächen berühren sich nicht überall, sondern nur an wenigen Stellen. Die mikroskopisch erkennbare Kontaktfläche $A_{Kontakt}$ ist deutlicher kleiner als die makroskopische Oberfläche, die z. B. mit einem Zentimetermaß ermittelt wird.

Nur dort, wo sich die Körper berühren, können Kräfte von einem Körper auf den anderen wirken. Daher hängen die maximale Haftkraft $F_{H,\,max}$ und die Gleitreibungskraft F_R von der Kontaktfläche $A_{Kontakt}$ ab und es wird angenommen, dass gilt:

$$F_{H,\,max} \sim A_{Kontakt} \text{ und } F_R \sim A_{Kontakt}$$

Eine Erhöhung der Kräfte, mit denen beide Körper aufeinander wirken, erhöht auch die Kontaktfläche (**Abb. 5**). Messungen deuten darauf hin, dass gilt:

$$A_{Kontakt} \sim F_N$$

Daraus folgen die Zusammenhänge, die zuvor experimentell ermittelt wurden, nämlich $F_{H,\,max} \sim F_N$ und $F_R \sim F_N$.

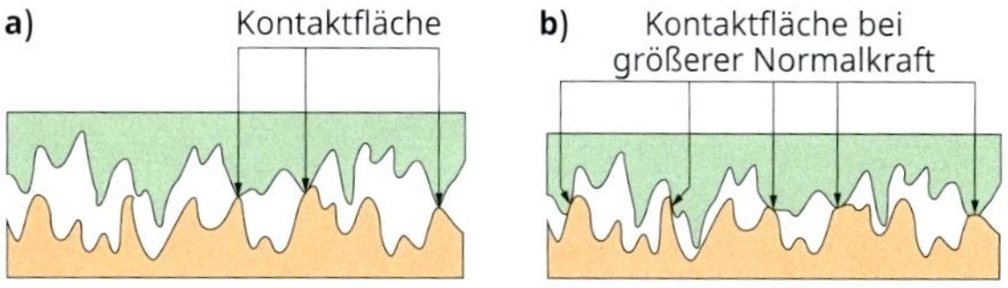

5 Bei größerer Normalkraft vergrößert sich die tatsächliche Kontaktfläche $A_{Kontakt}$.

		f_H	f_G
Stahl auf Stahl	trocken	0,15–0,5	0,1–0,4
	gefettet	0,1	0,01
Stahl auf Teflon		0,04	0,04
Holz auf Holz		0,5	0,3
Ski auf Schnee		0,1–0,3	0,04–0,2
Reifen auf Straße	trocken	0,7–0,9	0,5–0,8
	nass	0,1–0,8	
	vereist	0,1–0,4	

6 Einige Haftreibungszahlen f_H und Gleitreibungszahlen f_G

AUFGABEN

1. Übertragen Sie die Abbildung als Skizze. Zeichnen Sie alle auf die Kiste wirkenden Kräfte ein. Vernachlässigen Sie den Luftwiderstand: **a)** die Kiste ruht, **b)** die Kiste rutscht die Ebene schneller werdend hinab.

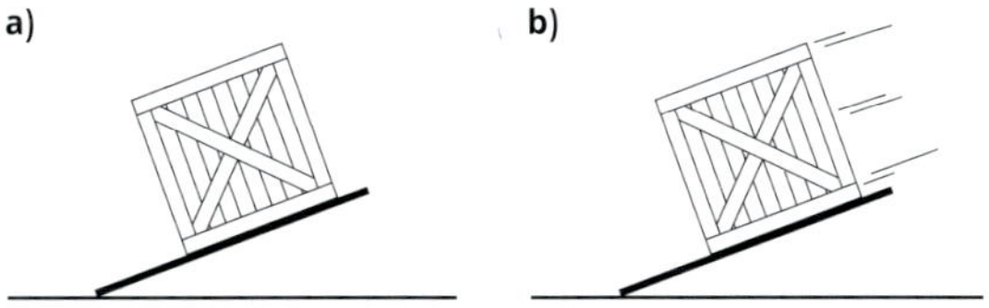

2. Die Kiste ruht auf der schiefen Ebene. Erklären Sie, warum die Darstellung der Kräfte nicht richtig sein kann.

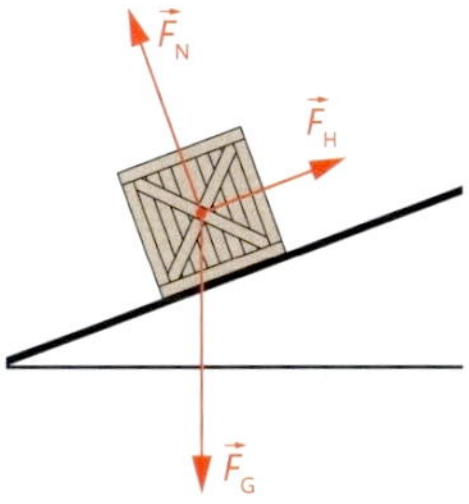

3. Bei einem Auto verteile sich die Masse von m = 1500 kg je zur Hälfte auf Hinter- und Vorderachse. Angetrieben seien nur die Vorderräder.
   a) Bestätigen Sie durch Rechnung, dass die maximale Kraft, mit der der Wagen auf trockener Straße (f_H = 0,7) beschleunigt werden kann, ohne dass die Reifen durchdrehen, etwa 5150 N beträgt.
   b) Das Bremsen des Autos erfolgt mit betragsmäßig doppelt so großer Bremsbeschleunigung von fast 7 m/s². Erklären Sie, warum das Bremsen besser gelingt als das Anfahren.

4. Autos verfügen über sogenannte Anti-Blockier-Systeme (ABS), die verhindern, dass der Fahrer so stark bremsen kann, dass sich die Räder nicht mehr drehen. Begründen Sie den Sinn des ABS mithilfe von Werten aus **Tab. 6**.

5. Auf einer schiefen Ebene aus Holz ruht ein Holzklotz der Masse 204 g. Der Neigungswinkel der Ebene wird auf 30° erhöht. Es gelten f_H = 0,5 und f_G = 0,3.
   a) Übertragen Sie die Abbildung als größere Skizze und ergänzen Sie eine Kräftezerlegung parallel und senkrecht zur Ebene.
   b) Berechnen Sie die Normal- und die Hangabtriebskraft.
   c) Prüfen Sie, ob der Holzklotz liegen bleibt oder die Ebene hinabrutscht.
   d) Ermitteln Sie, bis zu welcher maximalen Neigung der Klotz liegen bleibt.
   e) Auf den Klotz wirkt eine Kraft F parallel zur Ebene nach oben. Bestimmen Sie, wie groß die Kraft F bei α = 30° höchstens sein darf, damit der Klotz auf der Ebene haften bleibt.

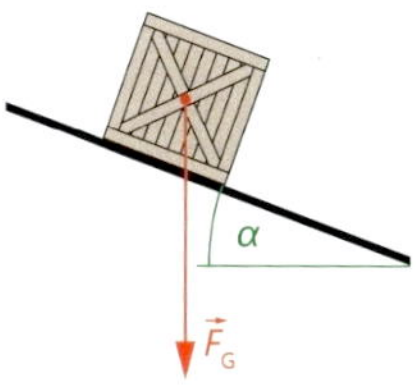

6. Das Diagramm zeigt für ein bestimmtes Fahrzeug mit Benzinmotor, dass bei 100 km/h im 4. Gang eine Antriebskraft von 1435 N abgerufen werden kann. Davon sind Luft-, Roll- und andere Widerstände abzuziehen, insgesamt 597 N an Fahrtwiderstandskraft bei 0 % Straßensteigung. Es stehen also 1435 N – 597 N = 838 N zum Beschleunigen zur Verfügung. Prüfen Sie, ob die Räder bei Beschleunigung aus 25 km/h und 6 % Steigung durchdrehen können, wenn die maximale Haftkraft 4100 N beträgt.

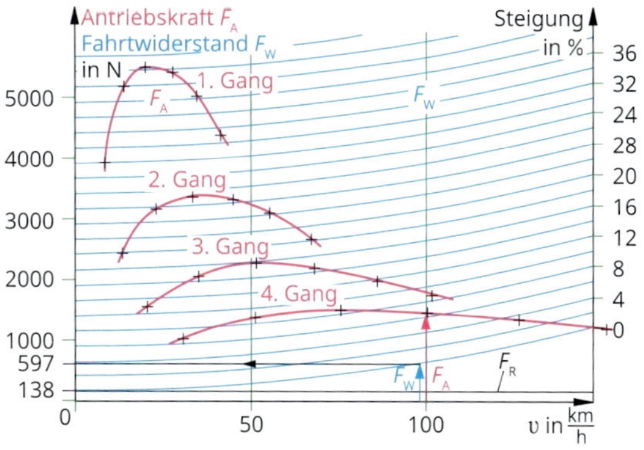

1.2.8 Die gleichförmige Kreisbewegung

Viele Bewegungsabläufe sind Kreisbewegungen: Ein Stein wird an einer Schnur im Kreis herumgeschleudert; ein Jahrmarktsbesucher fährt in einem Riesenrad mit; ein Kind fährt Karussell; ein Satellit umkreist die Erde. All diesen Bewegungen ist gemeinsam, dass sich Körper (zeitweise) mit konstantem Geschwindigkeitsbetrag (näherungsweise) auf einer Kreisbahn bewegen.

Die **Umlaufzeit *T*** einer Kreisbewegung ist der Quotient aus der Zeit t für n Umläufe und der Anzahl n der Umläufe. Der Kehrwert der Umlaufzeit T ist die **Frequenz *f*** der Kreisbewegung:

$$\text{Umlaufzeit } T = \frac{t}{n}; \quad \text{Frequenz } f = \frac{1}{T} = \frac{n}{t}.$$

Die Einheit der Frequenz $[f] = 1\text{ Hertz} = 1\text{ Hz} = 1\text{ s}^{-1}$ ist nach dem Physiker Heinrich HERTZ (1857–1894) benannt. Der Zahlenwert der Frequenz gibt die Anzahl der Umläufe pro Sekunde an.

Bei einer gleichförmigen Kreisbewegung sind Umlaufzeit T und Frequenz f konstant.

▶ **Versuch:** Zwei Lokomotiven einer Modelleisenbahn fahren auf Schienenkreisen unterschiedlicher Radien (**Abb. 1**). Der innere Kreis mit $r_1 = 0{,}30\text{ m}$ hat nach $U = 2\,\pi\,r$ einen Umfang von 1,88 m, der äußere mit $r_2 = 0{,}45\text{ m}$ ist mit 2,83 m anderthalbmal so lang. Die Geschwindigkeiten der Loks werden so eingestellt, dass beide je eine Umlaufzeit von $T = 10\text{ s}$ benötigen.

Auswertung 1: Die *Bahngeschwindigkeiten* der Loks sind unterschiedlich; die grüne Lok (innerer Kreis) hat eine Bahngeschwindigkeit von $v = \frac{\Delta s}{\Delta t} = \frac{1{,}88\text{ m}}{10\text{ s}} = 0{,}19\,\frac{\text{m}}{\text{s}}$, die rote Lok ist mit $v = 0{,}28\text{ m/s}$ unterwegs.

Auswertung 2: Nach einer Zeit von $t = 2\text{ s}$ haben beide Loks einen Kreisbogen von $\frac{1}{5}$ des Kreisumfangs abgefahren und der Drehwinkel in **Abb. 2** beträgt 72°. Die Kreisbewegung beider Lokomotiven erfolgt daher mit der gleichen *Winkelgeschwindigkeit* $\frac{\Delta\varphi}{\Delta t}$.

In Physik und Technik wird der Drehwinkel $\Delta\varphi$ nicht im Gradmaß, sondern im Bogenmaß angegeben.

Auswertung 3: Für die grüne Lok ist der in $t = 2\text{ s}$ zurückgelegte Kreisbogen $\Delta s_1 = 38\text{ cm}$ lang und für die rote Lok $\Delta s_2 = 57\text{ cm}$. Der Quotient aus Kreisbogen Δs und Radius r ergibt für beide Lokomotiven den gleichen Wert $\frac{\Delta s_1}{r_1} = \frac{\Delta s_2}{r_2} = 1{,}26$ und kann daher als Maß für den Drehwinkel genutzt werden. ◀

Ein **Winkel im Bogenmaß $\Delta\varphi$** wird definiert als der Quotient aus der Länge des zum Winkel gehörigen Kreisbogens Δs und dem Radius r: $\Delta\varphi = \frac{\Delta s}{r}$.

Die Winkelangabe im Bogenmaß ist einheitenlos, da $[\Delta\varphi] = [\Delta s]/[r] = \text{m/m} = 1$ ergibt. Zur Umrechnung von Grad- und Bogenmaß gilt die Beziehung

$$\frac{\varphi\text{ (im Bogenmaß)}}{2\pi} = \frac{\varphi\text{ (in Grad)}}{360°}.$$

Die Winkelgeschwindigkeit ω einer Drehung gibt an, wie „schnell" der **Radiusvektor** $\vec{r}$ den Winkel $\Delta\varphi$ überstreicht (**Abb. 2**).

Die **Winkelgeschwindigkeit *ω*** ist der Quotient aus dem vom Radiusvektor überstrichenen Winkel $\Delta\varphi$ und der dabei verstrichenen Zeit Δt:

$$\omega = \frac{\Delta\varphi}{\Delta t} \text{ (}\omega\text{ griech.: „omega", }\varphi\text{ griech.: „phi").}$$

Die Einheit der Winkelgeschwindigkeit ω ist $[\omega] = [\Delta\varphi]/[\Delta t] = 1/\text{s} = 1\text{ s}^{-1}$ und wird zur Unterscheidung von der Frequenz f nicht in Hertz angegeben.

Für eine volle Umdrehung gilt:

$$\omega = \frac{\Delta\varphi}{\Delta t} = \frac{2\pi}{T} = 2\pi f$$

und für den Zusammenhang zwischen Bahn- und Winkelgeschwindigkeit ergibt sich:

$$v = \frac{\Delta s}{\Delta t} = r\,\frac{\Delta\varphi}{\Delta t} = r\,\omega.$$

Der Betrag der **Bahngeschwindigkeit *v*** ist das Produkt aus Winkelgeschwindigkeit ω und Bahnradius r: $v = \omega\,r$

1 Zwei Lokomotiven fahren auf Schienenkreisen unterschiedlicher Radien ($r_1 < r_2$). Ihre unterschiedlichen *Bahngeschwindigkeiten* sind so eingestellt, dass ihre *Umlaufzeiten* identisch sind.

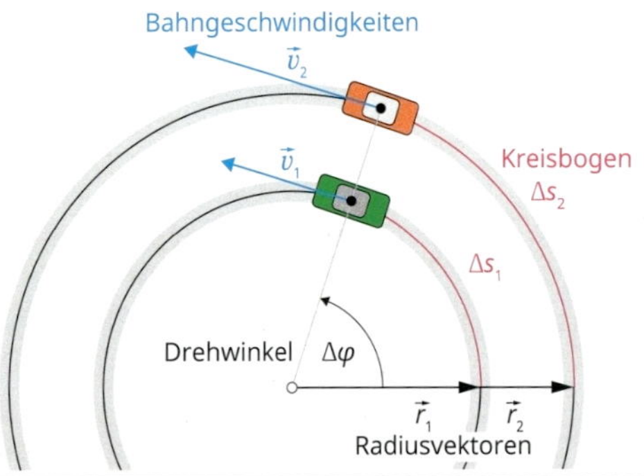

Animation

2 Zwei Lokomotiven auf ihren Schienenkreisen nach $\frac{1}{5}\,T$

Zentripetalbeschleunigung

Obwohl sich bei einer gleichförmigen Kreisbewegung der Betrag der Bahngeschwindigkeit nicht verändert, liegt eine *permanente* Beschleunigung $\vec{a}$ des Körpers vor. Das liegt daran, dass die Geschwindigkeit $\vec{v}(t)$ ständig ihre Richtung ändert und daher eine Geschwindigkeitsänderung $\Delta\vec{v}$ auftritt, die nach

$$\vec{a} = \frac{\Delta\vec{v}}{\Delta t}$$

kennzeichnend für eine Beschleunigung ist (**Abb. 3**).

Über die Richtung der Beschleunigung gibt **Abb. 3b** Auskunft. Die Geschwindigkeitsänderung $\Delta\vec{v}$ und damit auch die Beschleunigung $\vec{a}$ stehen senkrecht auf dem Vektor der Bahngeschwindigkeit $\vec{v}$ und zeigen zum Zentrum des Kreises. Daher trägt die Beschleunigung den Namen *zentripetale Beschleunigung* oder *Zentripetalbeschleunigung* $\vec{a}_Z$ (petere, lat.: streben nach).

Eine Formel für die Zentripetalbeschleunigung a_Z ergibt sich wie folgt: Bei kleinem Winkel $\Delta\varphi$ in **Abb. 3b** gilt näherungsweise

$$\Delta v = v\,\Delta\varphi.$$

Aus $a_Z = \frac{\Delta v}{\Delta t}$ resultiert damit $a_Z = \frac{v\,\Delta\varphi}{\Delta t} = v\,\omega$ und mit $v = \omega\,r$ weiterhin $a_Z = \omega^2\,r = \frac{v^2}{r}$.

Bei einer gleichförmigen Kreisbewegung tritt ständig eine Zentripetalbeschleunigung des Körpers in Richtung des Mittelpunkts der Kreisbahn auf.
Die Zentripetalbeschleunigung hat den Betrag $a_Z = \frac{v^2}{r}$ oder $a_Z = \omega^2 r$.

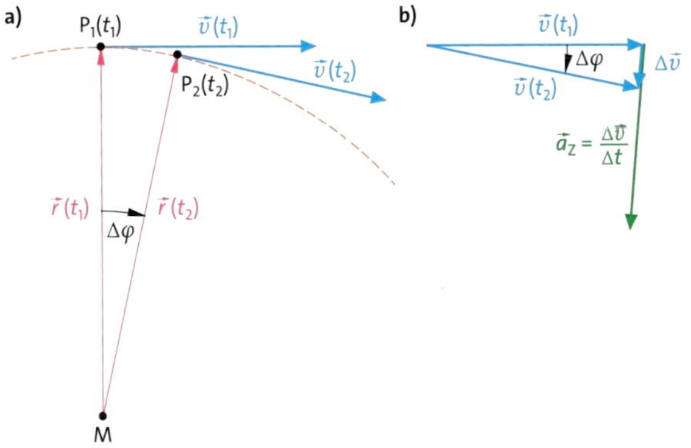

3 a) Die Bahngeschwindigkeit $v(t)$ ändert ständig ihre Richtung. **b)** Um die Geschwindigkeitsänderung $\Delta\vec{v}$ zu ermitteln, wird der zweite Vektor so verschoben, dass die Anfangspunkte der Vektoren zusammenfallen. Der Vektor der Geschwindigkeitsänderung $\Delta\vec{v}$ startet dann an der Spitze des ersten Vektors und endet an der Spitze des zweiten Vektors.

AUFGABEN

1. Berechnen Sie die Winkelgeschwindigkeit des Sekunden-, Minuten- und Stundenzeigers einer Uhr.

2. Berechnen Sie die Zentripetalbeschleunigungen absolut und im Vergleich zur Erdbeschleunigung ($g = 9{,}81\,\text{m/s}^2$)
a) einer Wäschetrommel ($d = 32$ cm, 1600 U/min);
b) einer Astronautentestmaschine (Abstand Drehachse – Kabine 6,5 m, 20 U/min);
c) auf der Erde am Äquator bzw. auf 45° Breite infolge der Drehung der Erde um ihre Achse;
d) des Mondes infolge seines Umlaufs um die Erde.

3. Berechnen Sie Winkelgeschwindigkeit, Bahngeschwindigkeit und Zentripetalbeschleunigung eines Punktes auf dem Radkranz ($d = 875$ mm) eines ICE 3, der mit 330 km/h fährt.

4. Eine Spielzeug-Lokomotive fährt auf einer Kreisbahn. Geben Sie an, ob sich der linke und rechte Scheinwerfer der Lok mit gleichen oder unterschiedlichen Bahn- und Winkelgeschwindigkeiten bewegen.

5. Ein Körper bewegt sich bei konstanter Winkelgeschwindigkeit ω auf einer Kreisbahn.
a) Erläutern Sie, inwiefern eine Beschleunigung des Körpers stattfindet.
b) Erläutern Sie, warum die Aussage, dass sich die Bahngeschwindigkeit des Körpers nicht ändert, genaugenommen nicht richtig ist.

6. Berechnen Sie, mit welcher Umlaufzeit T sich die Erde drehen müsste, damit am Äquator die Fallbeschleunigung g und die Zentripetalbeschleunigung a_Z gleich groß sind.

7. Eine Person sitzt auf einem sich mit konstanter Geschwindigkeit drehenden Karussell weit außen. Eine andere Person sitzt weiter innen.
Geben Sie an, ob die folgenden Aussagen stimmen oder nicht. Begründen Sie, wenn Aussagen falsch sind.
a) Die Kreisbewegung beider Personen erfolgt mit gleicher Winkelgeschwindigkeit.
b) ... mit gleicher Umlaufzeit.
c) Beide bewegen sich mit gleicher Bahngeschwindigkeit.
d) Bei gleicher Masse haben beide Personen den gleichen Impuls.
e) Beide Personen erfahren die gleiche Zentripetalbeschleunigung.
f) Wenn das Karussell anfährt, erfahren beide Personen die gleiche Beschleunigung a in Bewegungsrichtung.

8. Eine Person sitzt auf einem sich mit konstanter Geschwindigkeit drehenden Karussell.
a) Geben Sie jeweils begründet an, ob die Aussage zutrifft oder nicht: Eine Verdopplung der Winkelgeschwindigkeit führt zu einer Verdopplung (i) der Frequenz; (ii) des Betrags der Bahngeschwindigkeit; (iii) der Umlaufzeit; (iv) des Betrags der Zentripetalbeschleunigung.
b) Korrigieren Sie falsche Aussagen aus Teilaufgabe a), indem Sie das korrekte Verhältnis bei der Änderung angeben.

9. Ein Körper durchläuft mit konstanter Winkelgeschwindigkeit ω eine Kreisbahn. Geben Sie Formeln für die Umlaufzeit T, und die Frequenz f an sowie die Anzahl der Umläufe n in einer Minute, die nur die Größe ω und konstante Werte oder Zahlen enthalten.

1.2.9 Zentripetale Kräfte

Eine Kugel wird an einer Schnur im Kreis herumgeschleudert. Dabei ist zu spüren, dass über die Schnur auf die Kugel eine Kraft ausgeübt werden muss, damit sie auf der Kreisbahn bleibt. Die Kraft ist zum Kreisinnern gerichtet (**Abb. 1**).
Die Beobachtung entspricht dem Trägheitsprinzip: Erst eine ständige Kraftwirkung zum Kreisinnern hält die Kugel auf der Kreisbahn. Hört die Wirkung der nach innen gerichteten Kraft auf, so behält die Kugel ihren momentanen Impuls bei und sie bewegt sich auf gerader Linie tangential zur Kreisbahn weiter (**Abb. 2**).

Um einen Körper auf einer Kreisbewegung zu halten, ist das ständige Wirken einer zum Kreismittelpunkt gerichteten Kraft erforderlich.
Die Kraft trägt den Namen *zentripetale Kraft* oder *Zentripetalkraft* F_Z.

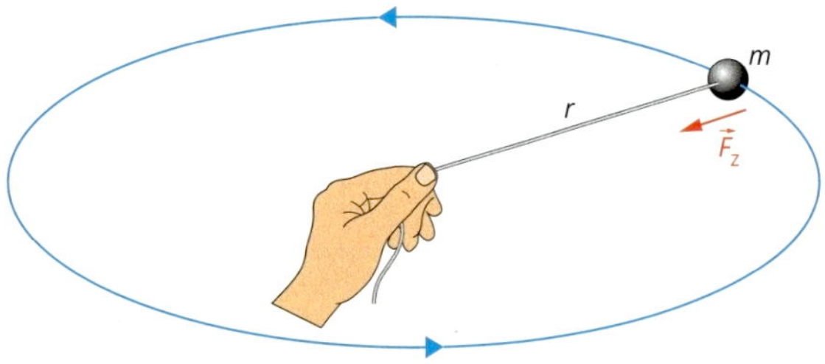

1 Die Kraft auf einen Körper, der eine Kreisbewegung ausführt, ist zum Zentrum des Kreises gerichtet.

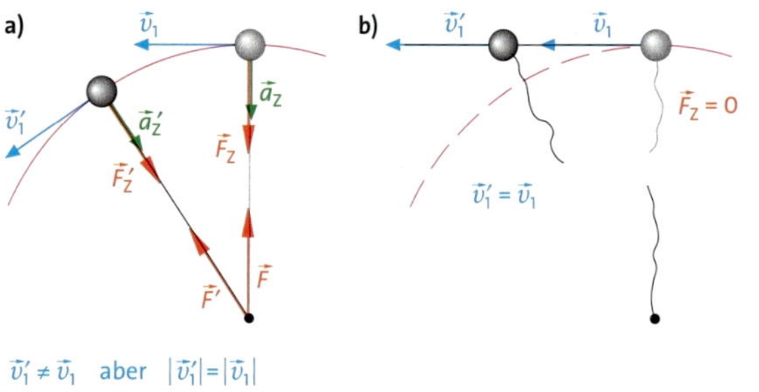

2 a) Die Zentripetalkraft der gleichförmigen Kreisbewegung ist zum Zentrum hin gerichtet. Es gibt eine betragsmäßig gleich große Wechselwirkungskraft $\vec{F}$ auf das Zentrum. **b)** Ist die Zentripetalkraft plötzlich null, so bewegt sich der Körper nach dem Trägheitsgesetz in tangentialer Richtung weiter.

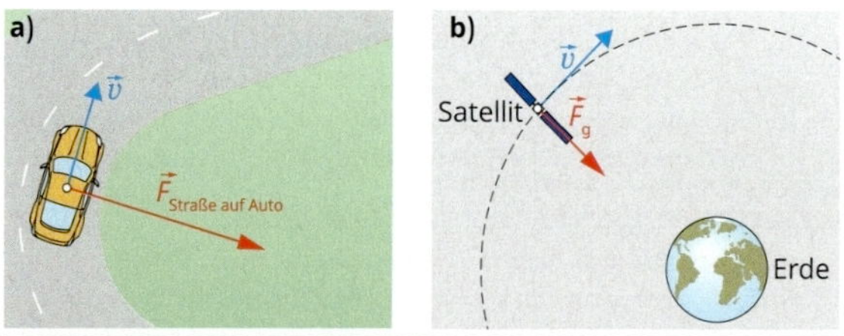

3 a) Kurvenfahrt eines Autos, **b)** Bewegung eines Satelliten um die Erde

Zur Zentripetalkraft, die einen Körper auf der Kreisbahn hält, gibt es immer nach dem 3. Newton'schen Axiom die zugehörige Wechselwirkungskraft in entgegengesetzte Richtung, die an einem anderen Körper angreift. Sie ist eine auf das Zentrum wirkende, radial nach außen gerichtete Kraft $\vec{F}$ (**Abb. 2a**). Die Wechselwirkungskraft zur Zentripetalkraft ist nicht mit der *Zentrifugalkraft* zu verwechseln, die es nur für einen mitbewegten Beobachter gibt.

▶ **Versuch 1:** Es werden Kugeln a) mit unterschiedlichen Massen und b) bei verschiedenen Drehfrequenzen im Kreis herumgeschleudert.
Ergebnis: Mit zunehmender Masse der Kugeln nimmt die aufzubringende zentripetale Kraft zu.
Wird eine Kugel schneller herumgeschleudert, so nimmt die erforderliche Zentripetalkraft zu. ◀

Beispiele

Wie die nachfolgenden Beispiele zeigen, kann jede Kraft die **Funktion einer zentripetalen Kraft** haben.

Kurvenfahrt: Das Auto in **Abb. 3a** kann nur durch die Kurve fahren, wenn die zum Kurveninnern gerichtete Kraft von der Straße auf das Auto groß genug ist. Es handelt sich um die Haftkraft auf die Räder. Fährt ein Zug durch eine Kurve, so üben die Schienen die erforderliche zentripetale Kraft aus.

Satellit: Beim Mond und anderen Satelliten ist die Gravitationskraft die für die Bewegung auf einer (näherungsweisen) Kreisbahn erforderliche Zentripetalkraft (**Abb. 3b**).

Brückenbogen: Ein Auto folgt bei seiner Fahrt einem kreisförmigen Brückenbogen, weil ein Teil der Gewichtskraft auf das Auto als erforderliche zentripetale Kraft $\vec{F}_Z$ genutzt wird (**Abb. 4a**). Mit der Kraftdifferenz $\vec{F}_G - \vec{F}_Z$ drückt das Auto auf die Brücke. Bei Überfahrt mit erhöhter Geschwindigkeit ist eine größere zentripetale Kraft erforderlich. Der Grenzfall in **Abb. 4b** tritt ein, wenn die Gewichtskraft im höchsten Punkt der Brücke vollständig als Zentripetalkraft benötigt wird: $\vec{F}_Z = \vec{F}_G$. Bei noch größerer Geschwindigkeit hebt das Auto ab, da es keine hinreichend große zentripetale Kraft mehr gibt.

Beispiel Achterbahn-Looping: Als die für die Kreisbewegung nötige zentripetale Kraft wirkt im höchsten Punkt des Loopings die Summe aus der Gewichtskraft auf den Wagen und der Kraft des Looping-Gestells auf den Wagen. Der Grenzfall liegt vor, wenn der Wagen mit kleinster Geschwindigkeit in den Looping fährt und während der Durchfahrt nicht abstürzt. Dann ist allein die Gewichtskraft F_G die zentripetale Kraft F_Z und das Looping-Gestell übt keine Kraft auf den Wagen aus.

Simulation: Mondbewegung im Gravitationsfeld der Erde

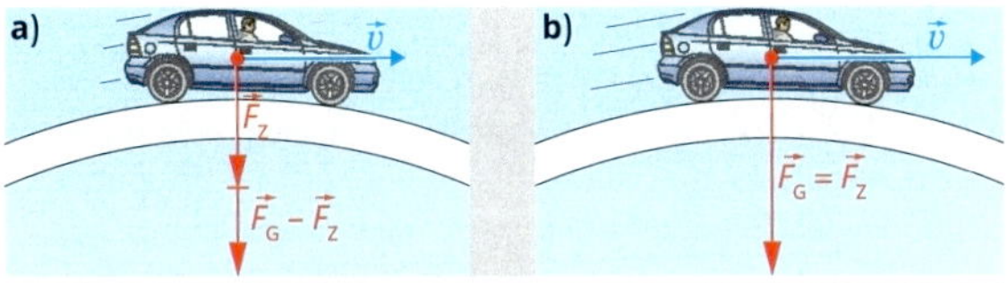

4 a) Bei langsamer Fahrt über den Brückenbogen wird nur ein Teil der Gewichtskraft $\vec{F}_G$ als zentripetale Kraft $\vec{F}_Z$ genutzt.
b) Im *Grenzfall* ist die Gewichtskraft $\vec{F}_G$ die zentripetale Kraft $\vec{F}_Z$ und das Auto drückt nicht mehr auf die Brücke.

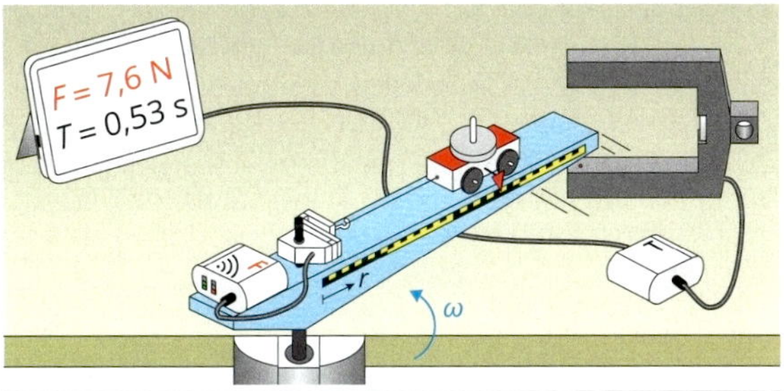

5 Die vom Kraftsensor gemessene Zentripetalkraft wird drahtlos an den Computer übermittelt. Eine Messung der Umlaufzeit T erfolgt dadurch, dass der Dreharm bei jeder Umdrehung einmal den Strahl der Lichtschranke unterbricht.

Eine Formel für die zentripetale Kraft

Aus bereits bekannten Zusammenhängen lässt sich eine Formel für die für eine Kreisbewegung erforderliche zentripetale Kraft ableiten: Mit der Grundgleichung der Mechanik $\vec{F} = m\,\vec{a}$ und der Beziehung für die Zentripetalbeschleunigung $a_Z = \omega^2\, r = \frac{v^2}{r}$ folgt $F_Z = m\,\omega^2\, r = m\,\frac{v^2}{r}$. Die Zentripetalbeschleunigung a_Z zeigt entgegengesetzt dem Radiusvektor $\vec{r}$ zum Kreisinnern, was vektoriell durch ein Minuszeichen in der Formel $\vec{a}_Z = -\omega^2\,\vec{r}$ zum Ausdruck kommt und zur Vektorgleichung $\vec{F}_Z = -m\,\omega^2\,\vec{r}$ führt.

▶ **Versuch 2:** Die Formel für die Zentripetalkraft wird bestätigt, indem die Kraft F_Z in Abhängigkeit vom Bahnradius r, von der Masse m des Wagens und von der Umlaufzeit T gemessen wird (**Abb. 5**). Die Winkelgeschwindigkeit ω errechnet sich aus der Umlaufzeit T nach $\omega = \frac{2\pi}{T}$.
Ergebnis: Der Versuch zeigt:
1. $F_Z \sim m$, falls ω und r konstant bleiben,
2. $F_Z \sim r$, falls ω und m konstant bleiben,
3. $F_Z \sim 1/T^2$ und $F_Z \sim \omega^2$, falls m und r konstant bleiben.

Einsetzen von Messwerten ergibt $\frac{F_Z}{m\, r\, \omega^2} = 1$. ◀

Für die zum Zentrum gerichtete **zentripetale Kraft**, die einen Körper der Masse m bei konstanter Winkelgeschwindigkeit ω bzw. Bahngeschwindigkeit v auf einer Kreisbahn mit dem Radius r hält, gilt

$$F_Z = m\,\omega^2\, r = m\,\frac{v^2}{r} \quad \text{oder} \quad \vec{F}_Z = -m\,\omega^2\,\vec{r}.$$

AUFGABEN

1. Ein Körper (m = 0,4 kg) wird an einer 0,8 m langen Schnur 80-mal in der Minute auf einem Kreis, der in einer waagerechten Ebene liegt, herumgeschleudert. Berechnen Sie
a) die Zentripetalkraft,
b) die Umdrehungszahl, bei der die Schnur reißt, wenn ihre Zugfestigkeit mit 500 N angegeben ist.

2. Ein Körper bewegt sich mit konstanter Geschwindigkeit v auf einer Kreisbahn mit dem Radius r.
a) Erläutern Sie, wie sich die erforderliche Zentripetalkraft ändert, wenn sich v bzw. r verdoppelt.
b) Begründen Sie, dass sich kein Körper, ohne anzuhalten, exakt rechtwinklig um eine Ecke bewegen kann.

3. Berechnen Sie die Geschwindigkeit eines Körpers (m = 1 kg) auf einer Kreisbahn, wenn r = 0,5 m und F_Z = 8 N gelten.

4. Messwerte zu einem Versuch wie in **Abb. 5**:

T in s	0,70	0,80	0,90	1,00	1,20	1,40	1,60
F in N	3,97	3,07	2,41	1,95	1,37	1,01	0,75

a) Zeichnen Sie das *T*-*F*-Diagramm.
b) Nehmen Sie eine Linearisierung vor, um $F \sim 1/T^2$ zu bestätigen.
c) Ermitteln Sie die Masse des Wagens für r = 30 cm.

5. Ein Auto der Masse 1400 kg fährt über eine nach oben gewölbte Brücke (**Abb. 4**) mit Radius r = 52 m.
a) Berechnen Sie die für Kreisbewegung nötige Zentripetalkraft, wenn das Auto so beschleunigt, dass es in der Brückenmitte eine Geschwindigkeit von v = 40 km/h; 80 km/h; 120 km/h hat.
b) Berechnen Sie die Gewichtskraft, die auf das Auto wirkt.
c) Prüfen Sie jeweils, ob das Auto in der Brückenmitte noch Kontakt mit der Fahrbahn haben kann.

6. Ein Achterbahnwagen (m = 300 kg) fährt durch eine ebene Kurve (Radius 18 m). Berechnen Sie die höchste Geschwindigkeit, wenn die Schienen maximal 3400 N aufbringen.

7. Ein Achterbahnwagen (m = 300 kg) hat im höchsten Punkt eines Loopings (r = 10 m) eine Geschwindigkeit von 10 m/s. Prüfen Sie rechnerisch, ob der Wagen dort abstürzen würde, wenn nicht eine Sicherung dies verhinderte.

8. Leiten Sie her, dass im Grenzfall für die Geschwindigkeit am höchsten Punkt des Loopings $v = \sqrt{g\, r}$ gilt.

9. Die Kurve soll von einem Auto mit gleichbleibendem Tempo durchfahren werden. Zeichnen Sie eine Bahn ein, auf der das mit möglichst hoher Geschwindigkeit gelingt. Übertragen Sie dazu den Kartenausschnitt (6 cm × 6 cm) ins Heft.

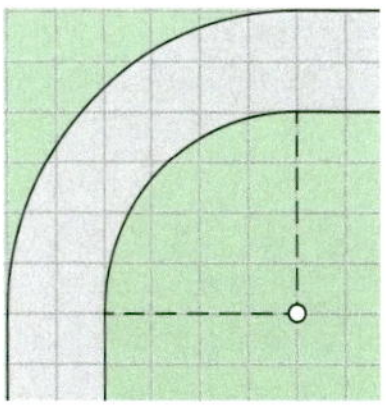

10. Für die Fahrt durch eine ebene Kurve mit Radius r = 50 m ist die Haftkraft auf die Reifen von Bedeutung. Die höchste Geschwindigkeit v, mit der die Kurve durchfahren werden kann, ohne die Kurve nach außen zu verlassen, berechnet sich nach $v = \sqrt{g\, r\, f_H}$ (hier: Haftreibungszahl f_H = 0,50).
a) Berechnen Sie die maximale Geschwindigkeit.
b) Leiten die Formel ausgehend von einem Kraftansatz her.

AUFGABEN

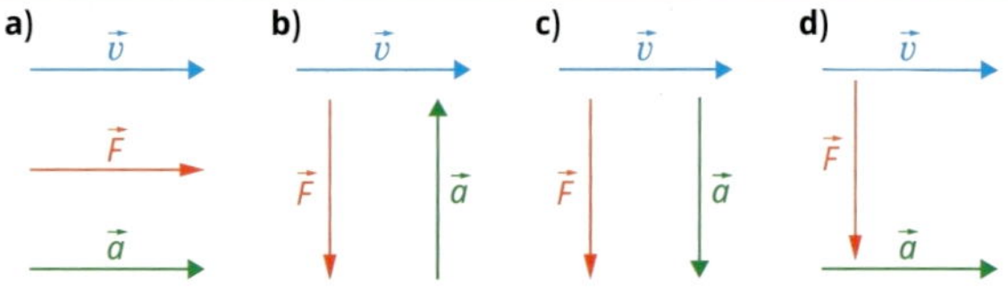

1. Geben Sie begründet an, welcher Satz von Vektoren eine gleichförmige Kreisbewegung beschreibt.

2. Ein an einer Schnur befestigter Ring wird gleichmäßig im Kreis herumgeschleudert. Im Punkt P reißt die Schnur. Erläutern Sie, welche der Kurven die weitere Flugbahn des Rings beschreibt.

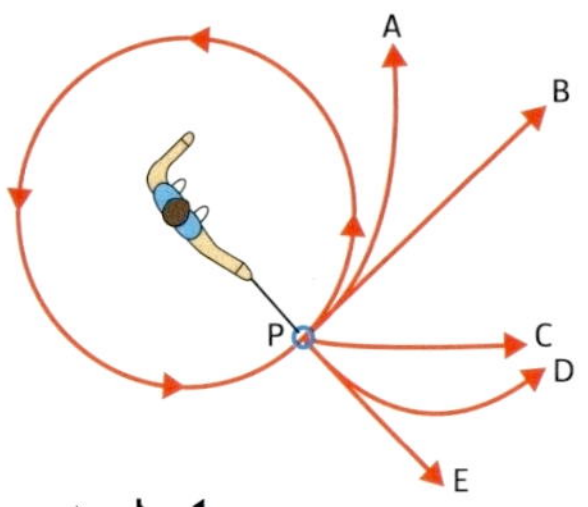

*3. Ein Fadenpendel (Masse m, Pendellänge l) wird so angestoßen, dass es sich um eine zentrale Stange mit der Winkelgeschwindigkeit ω bewegt. Die Gewichtskraft F_G und die Kraft des Fadens auf die Kugel bilden die für die Kreisbewegung erforderlich Zentripetalkraft F_Z. Leiten Sie die Beziehung $\cos(\alpha) = g/(\omega^2 l)$ her.

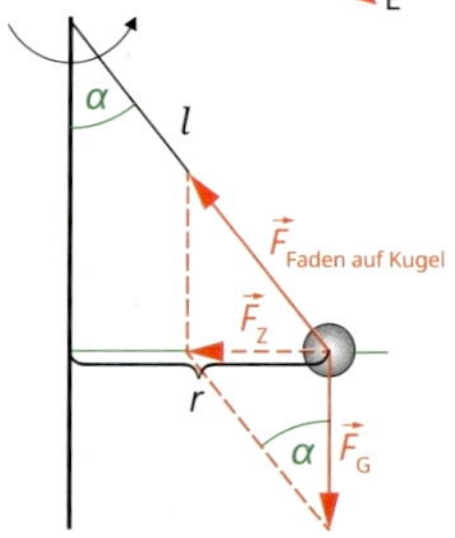

4. Loopings bei Achterbahnen werden heute aus (zwei spiegelsymmetrischen) Teilstücken einer besonderen Kurve, der *Klothoide*, zusammengesetzt (**Abb. a**). Dem gegenüber steht ein Looping in klassischer Kreisform (**Abb. b**). Dargestellt sind die Kräfte vom Loopinggestell auf einen Achterbahnwagen, der jeweils so langsam wie möglich in den Looping einrollt, ohne bei der Durchfahrt abzustürzen.
   a) Erläutern Sie anhand der Kräfte, warum sich bei einer Klothoide das Verletzungsrisiko für Mitfahrende bei Einfahrt in den Looping gegenüber der Kreisform verringert.
   b) Geben Sie an, welcher Körper eine Zentripetalkraft auf den Wagen ausübt, wenn sich dieser auf halber Höhe im Looping b) befindet.
   c) Erläutern Sie, wie sich die zentripetale Kraft im höchsten Punkt eines Loopings zusammensetzt, wenn der Achterbahnwagen mit mehr als der minimalen Geschwindigkeit in den Looping einfährt.

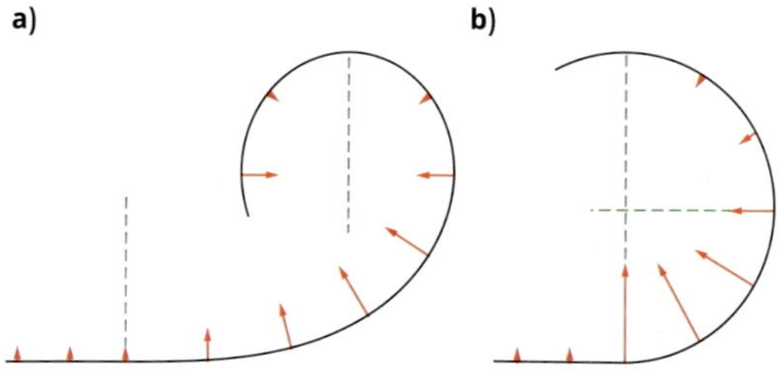

EXKURS

Kurvenfahrt eines Fahrrads

Warum legt sich der Radfahrer in die Kurve, ein Auto aber nicht?

Fährt das Auto in eine Kurve, so wirken Haftkräfte auf alle vier Reifen und sind zusammen eine zentripetale Kraft zum Kurveninnern. Jede Haftkraft F_H greift nicht am Schwerpunkt des Autos an und das Fahrzeug neigt sich zum Kurvenäußeren (**Abb. a**). Es kippt aber – außer bei zu hoher Geschwindigkeit – nicht um, denn das Auto hat in Kraftrichtung zwei Kontaktstellen mit der Fahrbahn.

Der Radfahrer hingegen hat in Kraftrichtung nur eine Kontaktstelle und die am Reifen angreifende Haftkraft würde ein Kippen zum Kurvenäußeren bewirken (**Abb. b**) – wenn sich der Radfahrer nicht in die Kurve legt.

Abb. c zeigt alle auf das System wirkenden Kräfte: Die Gewichtskraft F_G von Rad und Fahrer kann als im Schwerpunkt der beiden angreifend angenommen werden. Auf die Reifen wirken die Normalkraft F_N sowie bei einer Kurvenfahrt die Haftkraft F_H, die addiert die Kraft F ergeben. Um ein

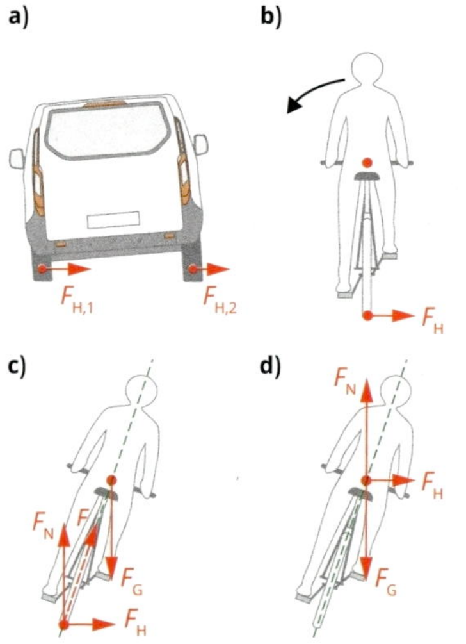

Umfallen zu vermeiden, legt sich der Fahrer so in die Kurve, dass der Schwerpunkt in die *Wirklinie* der Kraft F gelangt. Dann führt die Kraft F nicht mehr zu einem Kippen (fehlendes *Drehmoment*), sondern wirkt wie am Schwerpunkt angreifend.

Normal- und Gewichtskraft addieren sich zu null und die Haftkraft F_H wirkt als zentripetale Kraft für die Kurvenfahrt (**Abb. d**). Die Kraftpfeile von F_N, F_H und F sind Seiten bzw. Diagonale eines Kräfte-Rechtecks, sodass für den Neigungswinkel α von Rad und Fahrer gegenüber der Lotrechten gilt:

$$\tan(\alpha) = \frac{F_H}{F_N}.$$

Die Normalkraft F_N ist gleich der Gewichtskraft $F_G = m\,g$ und die Haftkraft F_H ist die Zentripetalkraft $F_Z = m\,\frac{v^2}{r}$ mit der Masse m von Rad und Fahrer, der Bahngeschwindigkeit v und dem Kurvenradius r. Es folgt:

$$\tan(\alpha) = \frac{m\,\frac{v^2}{r}}{m\,g} = v^2/(gr).$$

Daraus ergibt sich, dass z. B. für eine Fahrt durch eine Kurve mit dem Radius 2 m und der Geschwindigkeit 7,2 km/h ein Neigungswinkel von $\alpha = 11{,}5°$ nötig ist. Die Zentripetalkraft F_Z muss dabei kleiner oder gleich der maximalen Haftkraft sein, also muss $\frac{m v^2}{r} \leq m g f_H$ oder $\frac{v^2}{gr} \leq f_H$ gelten, was für $f_H \geq 0{,}20$ erfüllt ist.

1.2.10 Trägheitskräfte

Ein stehender Fahrgast muss sich bei der Kurvenfahrt gut festhalten, um im Bus auf seinem Platz stehen zu bleiben: Er bringt die zum Kurveninnern gerichtete *Zentripetalkraft* auf. Trotz Kraftwirkung befindet sich der Fahrgast *in Bezug* auf den Bus in Ruhe, denn er kompensiert eine für ihn spürbare, radial nach außen gerichtete Kraft, die sogenannte *Zentrifugalkraft*.

Die Zentrifugalkraft gehört zur den *Trägheitskräften*, die nur in beschleunigten Bezugssystemen auftreten und dort messbar sind.

▶ **Versuch 1:** Auf einem Wagen liegt eine Kugel der Masse m. Der Wagen wird bei konstanter Beschleunigung a nach rechts bewegt. Von den zwei Kameras, die den Vorgang aufzeichnen, befindet sich Kamera A im Inertialsystem und Kamera B auf dem beschleunigten Wagen.
Kamera A: Während der Wagen nach rechts beschleunigt wird, bleibt die Kugel nach dem Trägheitsprinzip relativ zum Physikraum in Ruhe. Es wirkt keine Kraft auf die Kugel, die sie zusammen mit dem Wagen beschleunigen würde. Sie fällt herunter, sobald der Wagen unter ihr weggefahren ist (**Abb. 1a**).
Kamera B: Die Kamera B zeigt eine Kugel, die von ihr weg beschleunigt. Dabei ist keine von einem anderen Körper auf die Kugel ausgeübte Kraft erkennbar (**Abb. 1b**). Legt der Beobachter B das ihm bekannte Trägheitsprinzip zugrunde, so ist zur Beschleunigung eine Kraftwirkung auf die Kugel erforderlich. Er nimmt daher das Wirken einer Trägheitskraft F_T an. ◀

▶ **Versuch 2:** Versuch 1 wird wiederholt, wobei die Kugel der Masse m jedoch mit einem Kraftmesser am Wagen befestigt ist.
Kamera A: Die Kugel beschleunigt zusammen mit dem Wagen von der Kamera weg. Der Kraftmesser übt die dazu nötige Kraft $\vec{F} = m\,\vec{a}$ auf die Kugel aus und zeigt dabei den Betrag der entgegengesetzt gleich großen Wechselwirkungskraft $\vec{F}\,'$ auf ihn an (**Abb. 1c**).
Kamera B: Der Kraftmesser zeigt die Wirkung einer Kraft auf die Kugel an, die aber nicht zu einer Änderung des Bewegungszustands der Kugel führt (**Abb. 1d**). Wieder führt die Annahme einer Trägheitskraft $\vec{F}_T$ – durch ein Kräftegleichgewicht – zu einer Übereinstimmung mit dem Trägheitsprinzip. Der Vorgang lässt sich so erklären: Die Kugel übt eine Kraft $\vec{F}\,'$ auf den Kraftmesser aus. Das liegt daran, dass auf sie selbst die gleich große Trägheitskraft $\vec{F}_T$ wirkt. Der Kraftmesser misst also im üblichen Sinne die Trägheitskraft F_T und übt dabei eine der Kraft $\vec{F}\,'$ entgegengesetzt gleichgroße Wechselwirkungskraft $F = m\,\vec{a}$ auf die Kugel aus. Die auf die Kugel wirkenden Kräfte $\vec{F}_T$ und $\vec{F}$ sind daher entgegengesetzt gleich groß. ◀

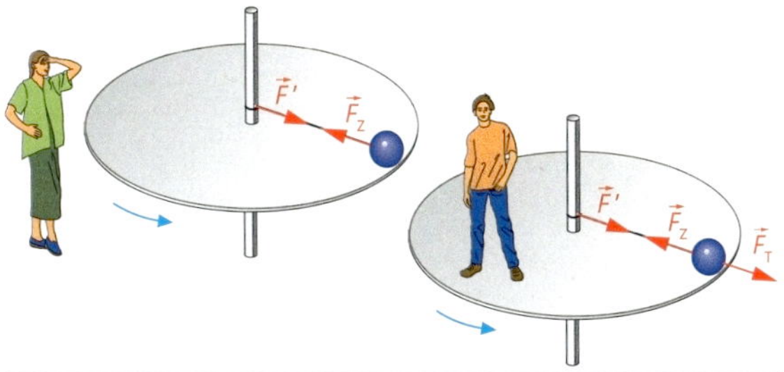

2 a) Die Beobachterin im Inertialsystem erklärt die Kreisbahn der Kugel mithilfe einer Zentripetalkraft $\vec{F}_Z$. **b)** Da die Kugel relativ zu einem mitbewegten Beobachter ruht, schließt dieser auf ein Kräftegleichgewicht aus einer Zentripetalkraft $\vec{F}_Z$ und einer Zentrifugalkraft $\vec{F}_T$.

Bei der Erklärung zur Beobachtung von Kamera B tritt mit drei Kräften eine ungerade Anzahl an Kräften auf. Das liegt daran, dass es zu der Trägheitskraft $\vec{F}_T$ grundsätzlich keine Wechselwirkungskraft nach dem dritten Newton'schen Axiom gibt.

Eine gleichmäßig rotierende Kreisscheibe stellt ebenfalls ein beschleunigtes Bezugssystem dar. Die Beobachterin erklärt die Kreisbahn der an einer Schnur gehaltenen Kugel in **Abb. 2a** mit dem Wirken einer Zentripetalkraft $\vec{F}_Z$. Zu dieser Kraft gibt es eine über die Schnur vermittelte Wechselwirkungskraft $\vec{F}\,'$ auf das Drehzentrum. Der Beobachter auf der Scheibe in **Abb. 2b** kann mit einem Kraftmesser die Kraft $\vec{F}_Z$ auf die relativ zu ihm ruhende Kugel erkennen und schließt nach dem Prinzip des Kräftegleichgewichts auf eine *Zentrifugalkraft* $\vec{F}_T$. Der Beobachter selbst spürt ebenfalls eine – betragsmäßig andere – zentrifugale Kraft nach außen. Für Besucher eines Karussells sind also zentrifugale Kräfte ebenso existent wie für Autofahrer bei der Kurvenfahrt.

Die beiden Versuche und die Situation auf der Kreisscheibe demonstrieren die folgenden Erkenntnisse:

In beschleunigten Bezugssystemen – und nur dort – wirken auf Körper Trägheitskräfte. Die Einführung von Trägheitskräften sorgt dafür, dass in beschleunigten Bezugssystemen das Trägheitsprinzip (erstes Newton'sches Axiom) gilt.
Beschleunigte Bezugssysteme sind keine Inertialsysteme, denn bei der diesbezüglichen Prüfung des Trägheitsprinzips werden nur Kräfte einbezogen, die dem dritten Newton'schen Axiom genügen. Zur Trägheitskraft gibt es jedoch keine Wechselwirkungskraft nach dem dritten Newton'schen Axiom.

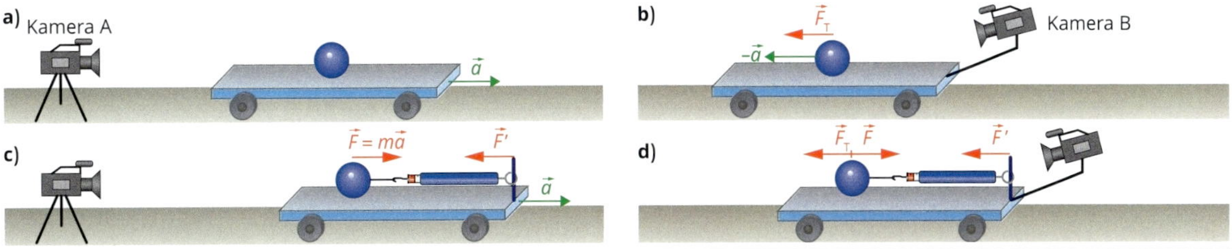

1 a) Kamera A zeigt eine ruhende Kugel, unter der der Wagen wegfährt. **b)** Kamera B zeigt eine beschleunigende Kugel, woraus auf eine Kraft $\vec{F}_T$ auf die Kugel geschlossen wird. **c)** Kamera A zeigt eine beschleunigte Kugel. **d)** Kamera B zeigt eine ruhende Kugel, auf die laut Kraftmesser eine Kraft $\vec{F}$ wirkt. Da die Kugel ruht, wird auf das Wirken einer entgegengesetzt gleich großen Kraft $\vec{F}_T$ geschlossen.

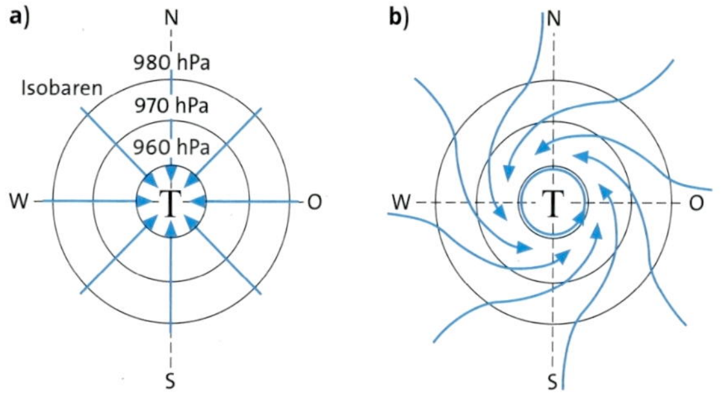

3 a) Ohne Rotation der Erde würden Luftpakete geradlinig in das Zentrum eines Tiefdruckgebiets strömen. **b)** Durch die Rotation der Erde entsteht auf der Nordhalbkugel eine Rechtsablenkung bzw. ein linksdrehender Wirbel.

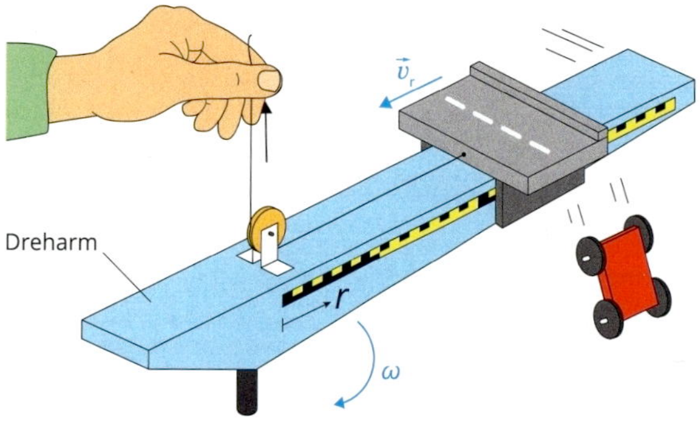

4 Wird das Stück Fahrbahn nach innen gezogen, so setzt sich der Wagen in Drehrichtung in Bewegung und fährt nach vorne über die Kante.

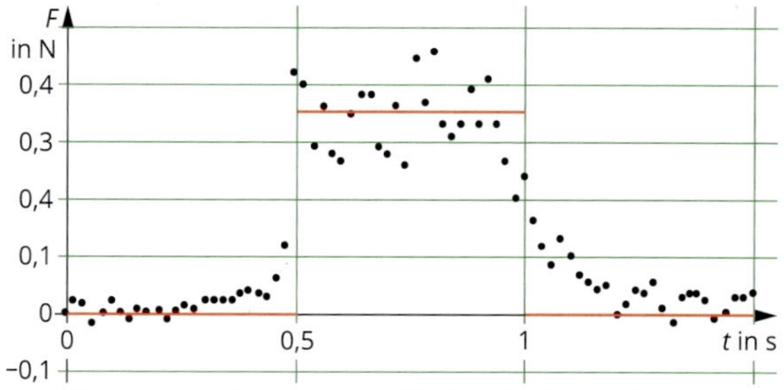

5 Messwerte zur Coriolis-Kraft in Versuch 2. Der rote Graph zeigt einen idealisierten Kurvenverlauf.

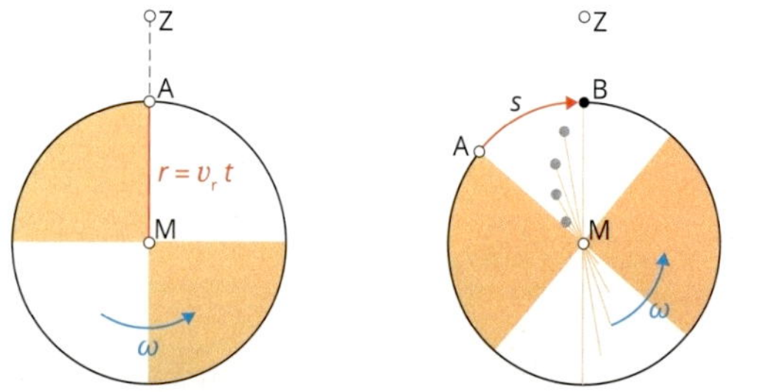

6 Ein Körper bewegt sich mit konstanter Geschwindigkeit v_r über eine mit konstanter Winkelgeschwindigkeit ω rotierende Kreisscheibe vom Punkt M zum Punkt Z. Von außen betrachtet ist das eine geradlinig gleichförmige Bewegung des Körpers. Die markierten Bahnpunkte auf der Kreisscheibe zeigen hingegen einen gekrümmten Verlauf an.

Die Erde als beschleunigtes Bezugssystem

Da sich die Erde dreht, ist sie kein Inertialsystem, sondern ein beschleunigtes Bezugssystem, in dem Trägheitskräfte auftreten – zum einen die *Zentrifugalkraft*, zum anderen die *Corioliskraft*.

Die Wirkung der Corioliskraft zeigt sich auf der Erde in der Ablenkung von Wind- und Wasserströmungen. Auf der Nordhalbkugel wird die in ein Tiefdruckgebiet einströmende Luft durch Rechtsablenkung zum Nordost-Passat (**Abb. 3**). Auf der Südhalbkugel erfährt die zum Äquator strömende Luft in entsprechender Weise eine Linksablenkung (Südost-Passat). Dies erklärt sich in folgender Weise: Die Lufthülle über einem Ort der Breite φ der Erdoberfläche rotiert mit derselben Geschwindigkeit wie der Ort. Die Bahngeschwindigkeit der Orte der Breite φ ist $v = \omega\, r = \omega\, R_E \cos(\varphi)$, wobei ω die Winkelgeschwindigkeit der Erde ist und R_E der Erdradius. Die Bahngeschwindigkeit nimmt also vom Äquator zum Pol hin ab. Luftpakete, die aufgrund eines Druckgefälles auf der Nordhalbkugel von Norden nach Süden strömen, haben eine kleinere Bahngeschwindigkeit als die überströmten Orte. Sie bleiben also hinter diesen zurück, was die Rechtsablenkung ergibt. Für Luftmassen, die von Süden nach Norden strömen, die eine größere Bahngeschwindigkeit als die überströmten Orte haben und daher diesen vorauseilen, ergibt sich ebenfalls eine Rechtsablenkung.

Messung der Corioliskraft

▶ Versuch 1: Ein Wagen ruht auf einem Stück Fahrbahn, die auf einem mit konstanter Winkelgeschwindigkeit ω rotierenden Dreharm platziert ist (**Abb. 4**). Wird das Stück Fahrbahn auf dem Dreharm mit der Geschwindigkeit v_r in Richtung der Drehachse gezogen, so setzt sich der Wagen entlang des Stücks Fahrbahn in Bewegung und fährt nach vorne, also in Richtung seiner Bahngeschwindigkeit, von der Fahrbahn herunter. Der Versuch wird für beide Drehrichtungen durchgeführt und jedes Mal setzt sich der Wagen in Richtung seiner Bahngeschwindigkeit in Bewegung.
Erklärung aus ruhendem Bezugssystem: Der Versuch zeigt ein Trägheitsverhalten des Wagens. Auf einer Position mit geringerem Radius hätte der Wagen eine geringere Bahngeschwindigkeit (genauer: einen geringeren *Drehimpuls*) als auf der Position mit größerem Radius. Mit der zu großen Bahngeschwindigkeit fährt der Wagen nach vorne von der Fahrbahn. (Der *Drehimpuls* des Wagens bleibt erhalten.)
Deutung im bewegten Bezugssystem: Ein auf dem Dreharm mitbewegter Beobachter sieht, dass sich der Wagen in Drehrichtung in Bewegung setzt und auf dem Stück Fahrbahn beschleunigt. Er schließt auf eine beschleunigende Kraft in Drehrichtung. Diese im rotierenden Bezugssystem messbare Trägheitskraft ist nach ihrem Entdecker Gaspard Gustave Coriolis (1792–1843) als *Corioliskraft* benannt. ◀

Analog lässt sich erklären, dass der Wagen entgegen der Drehrichtung von der Fahrbahn fährt, wenn die Fahrbahn von einer inneren auf eine äußere Position gezogen wird.

▶ Versuch 2: Versuch 1 wird erweitert: Ein auf der Fahrbahn montierter Kraftsensor verhindert eine Vorwärtsfahrt des Wagens ($m = 122$ g). Dann wird das Stück Fahrbahn während der Drehung ($T = 2{,}0$ s) mit möglichst konstanter Geschwindigkeit v_r um $\Delta r = 23$ cm in Richtung der Drehachse gezogen.
Beobachtung: Während die Fahrbahn in 0,5 s zur Mitte gezogen wird, wirkt eine Kraft von etwa 0,35 N (**Abb. 5**).

Deutung: Die gemessene Kraft ist diejenige, die den Drehimpuls des Wagens verringert. Sie ist konstant, wenn v_r konstant ist. Die gemessene Kraft ist die Corioliskraft. ◀

Zur Herleitung einer Formel für die Corioliskraft wird entweder die Erhaltung des *Drehimpulses* genutzt oder ein weiteres Experiment wie in **Abb. 7** gezeigt:

▶ **Versuch 3:** Ein Körper bewegt sich geradlinig mit der konstanten Geschwindigkeit v_r von Punkt M zum Punkt Z.
Beobachtung: Ein auf der Kreisscheibe mitbewegter Beobachter erwartet, dass der Körper den Punkt A passiert. Tatsächlich erreicht der Körper den Punkt B, wofür die den Körper beschleunigende Corioliskraft verantwortlich gemacht wird.
Erklärung: Für den Weg s gilt aus Sicht des mitrotierenden Beobachters $s = \frac{1}{2}\, a_C\, t^2$ und in Bezug auf eine Person außerhalb $s/r = \omega\, t$. Dabei ist ω die konstante Winkelgeschwindigkeit der Kreisscheibe. Zusammen mit $r = v_r\, t$ folgt daraus $a_C = 2\, v_r\, \omega$ und mit $F = m\, a$ schließlich die Gleichung für die Corioliskraft: $F_C = 2\, m\, v_r\, \omega$.

Foucault'sches Pendel

Die Drehung der Erde wurde von Michel Foucault im Jahre 1850 im Pariser Pantheon mit einem 67 m langen Pendel und einer 28 kg schweren Kupferkugel, Schwingungsdauer 16,4 s, nachgewiesen. Nach dem Loslassen des Pendels aus seiner Auslenkung wird es auf der Nordhalbkugel ständig nach rechts hin abgelenkt (**Abb. 59.1**).

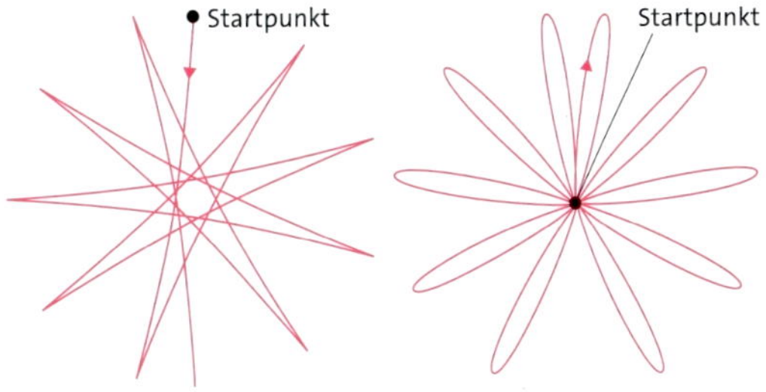

7 Bahnen des Foucault'schen Pendels

AUFGABEN

1. Der im ruhenden Fahrstuhl aufgehängte Kraftsensor zeigt nach Anhängen einer Kugel eine Kraft von 10 N an. Beim Anfahren misst der Kraftsensor eine Kraft von 11 N, bei der Fahrt 10 N und beim Anhalten 8,5 N.

a) ruhende Beobachterin **b)** mitbewegter Beobachter

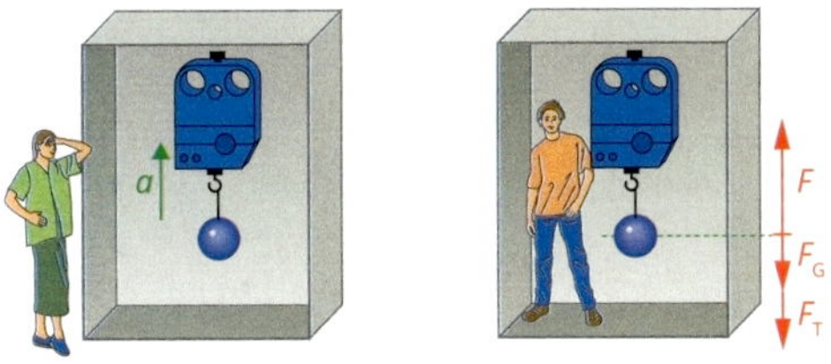

a) Begründen Sie mit den Messergebnissen, dass der Fahrstuhl nach oben anfährt.
b) Erklären Sie die während der Fahrt gemessenen Kräfte von 10 N und 8,5 N aus Sicht einer außerhalb des Fahrstuhls ruhenden Beobachterin A.
c) Im rechten Fahrstuhl sind die Kräfte auf die Kugel beim Anfahren nach oben aus Sicht des mitbewegten Beobachters dargestellt. Erläutern Sie das Kräftegleichgewicht.
d) Zeichnen Sie die Kräfte auf die Kugel beim Anfahren aus Sicht der ruhenden Beobachterin.
e) Berechnen Sie die Beschleunigung beim Anfahren.

2. Geben Sie begründet an, ob der Wolkenwirbel eines Tiefdruckgebiets von einem Satelliten über der Nord- oder der Südhalbkugel fotografiert wurde.

3. Bestätigen Sie rechnerisch die in Versuch 2 gemessene Corioliskraft von 0,35 N.

4. Corioliskraft: Übertragen Sie die folgenden Abbildungen. Dargestellt ist die Drehung einer Kreisscheibe ($r = 2{,}5$ cm) um 12° pro Sekunde. Die Zeit zwischen den Bildern beträgt 1 s. Ein Körper bewegt sich mit $v_r = 0{,}5$ cm/s auf der Strecke $\overline{MZ}$.

a) Ruhender Beobachter: Markieren Sie in jedem Bild die Position des Körpers auf der Strecke $\overline{MZ}$.
b) Markieren Sie zudem in jeder Abbildung die Orte des Körpers, an denen er in den Sekunden vorher auf der rotierenden Scheibe gewesen ist.
c) Ermitteln Sie die Länge des Bogenstücks s zwischen A und dem Punkt, in dem der Körper auf den Rand trifft.
d) Berechnen Sie die Coriolis-Beschleunigung a_C mithilfe von s und $r = v_r$ t.

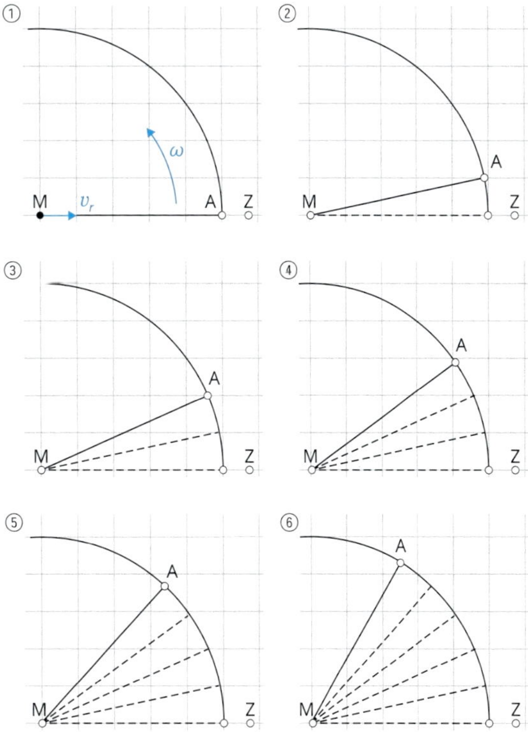

1.2.11 Strömende Medien

Das Verhalten strömender Medien, z. B. Flüssigkeiten oder Gase, lässt sich mithilfe der Größen Geschwindigkeit und Druck beschreiben. Idealisierend wird angenommen:

1. Die Strömung ist in jedem Raumpunkt *gleichmäßig*, d. h., weder der Betrag noch Richtung der Geschwindigkeit sind zeitlich veränderlich.
2. Das Medium ist inkompressibel.
3. Im Medium bestehen keine Reibungskräfte.

Abb. 1 zeigt den Verlauf der Luftströmung über einer Autokarosserie. Unter den obigen Annahmen gibt eine Stromlinie die Bahn von Teilchen des Mediums an. In jedem Punkt der Stromlinie sind Betrag und tangential verlaufende Richtung der Geschwindigkeit zeitlich konstant (**Abb. 2**).

Grundsätzlich kann durch jeden Punkt des strömenden Mediums eine Stromlinie gezeichnet werden. **Abb. 3** zeigt eine sogenannte Flussröhre, die von Stromlinien begrenzt ist. Da Stromlinien einander nicht kreuzen, tritt keine Materie durch die Mantelfläche der Flussröhre. Daraus ergibt sich ein Zusammenhang zwischen dem Röhrenquerschnitt und der Strömungsgeschwindigkeit:
An der Stelle P tritt in der Zeit Δt durch die Querschnittsfläche A_1 das Volumen $\Delta V_1 = A_1 v_1 \Delta t$ mit der Masse $\Delta m_1 = \rho_1 \Delta V_1$ und bei Q durch die Querschnittsfläche A_2 das Volumen $\Delta V_2 = A_2 v_2 \Delta t$ mit der Masse $\Delta m_2 = \rho_2 \Delta V_2$. Da keine Materie durch die Grenzfläche tritt, ist die eintretende Masse gleich der austretenden:

$$\Delta m_1 = \Delta m_2 \text{ bzw. } \rho_1 A_1 v_1 \Delta t = \rho_2 A_2 v_2 \Delta t.$$

Unter der Annahme der Inkompressibilität, d. h. bei konstanter Dichte ρ, folgt daraus die

Kontinuitätsgleichung: In einer idealen Strömung verhalten sich die Geschwindigkeiten an verschiedenen Punkten einer Stromlinie zueinander umgekehrt wie die Querschnittsflächen der Flussröhre:

$$A_1 v_1 = A_2 v_2 \quad \text{bzw.} \quad v_1 : v_2 = A_2 : A_1$$

Diese Gleichung wird durch alltägliche Erfahrungen bestätigt: Um z. B. mit einem Gartenschlauch weiter spritzen zu können, muss die Austrittsgeschwindigkeit des Wassers erhöht werden. Dies geschieht durch Verkleinern der Austrittsöffnung. In einem fließenden Gewässer ist die Fließgeschwindigkeit an einer Engstelle sehr viel größer als im breiten Flussbett.

Aus der Kontinuitätsgleichung ergibt sich eine wichtige Interpretation der Stromlinienbilder:

An Orten mit eng liegenden Stromlinien ist die Fließgeschwindigkeit größer als an Orten mit weit auseinanderliegenden Stromlinien.

In einer Strömung ohne Einfluss der Schwerkraft sind Strömungsgeschwindigkeit und Druck durch das nach dem Schweizer Mathematiker und Physiker Daniel Bernoulli (1700–1782) benannte Gesetz miteinander verknüpft. Der Druck p in einem Medium übt auf eine beliebige Fläche A stets die Kraft F senkrecht zur Fläche aus. Für den Druck p gilt die Definitionsgleichung $p = F/A$.

1 Untersuchung der Strömung um eine Autokarosserie im Windkanal. Der Strömungsverlauf wird durch zugesetzte Rauchteilchen sichtbar gemacht.

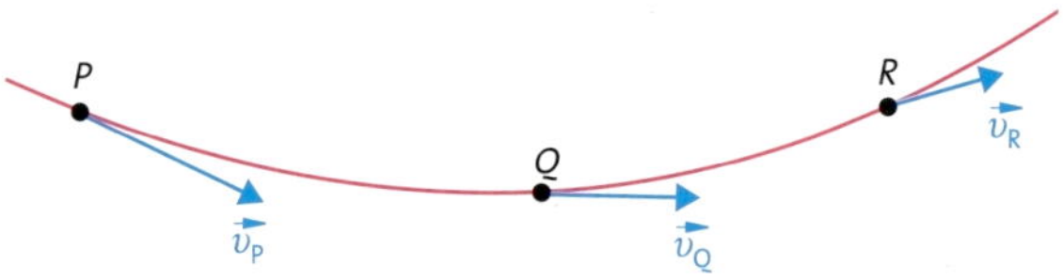

2 Eine Stromlinie kennzeichnet die Bahn eines Teilchens des strömenden Mediums und durch die Tangente die Richtung der Geschwindigkeit.

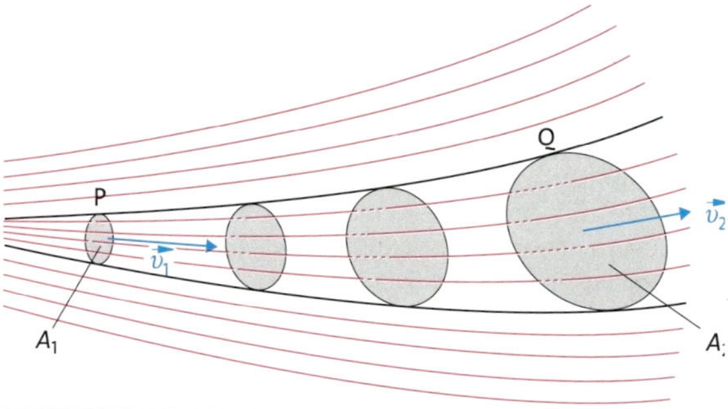

3 Stromlinien begrenzen eine Flussröhre, durch deren Mantelfläche keine Materie tritt. Materie, die an der Stelle P eintritt, tritt an der Stelle Q wieder aus.

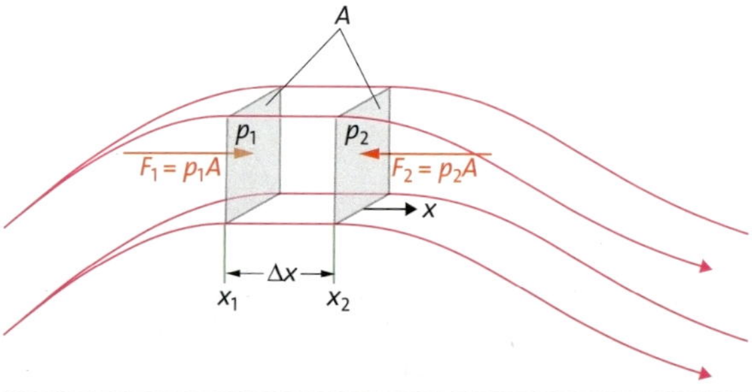

4 In einer idealen Strömung wird das Volumenelement $\Delta V = A\,\Delta x$ mit der Masse $\Delta m = \rho\,\Delta V$ durch die Druckdifferenz an den Stellen x_1 und x_2 in x-Richtung beschleunigt.

Ein Volumenelement $\Delta V = A\,\Delta x$ (→ **Abb. 4**) mit der Masse $\Delta m = \rho A\,\Delta x$ wird in Richtung der Stromlinien beschleunigt, wenn die Kraft $F_1 = p_1 A$ auf die Querschnittsfläche an der Stelle x_1 größer ist als die Kraft $F_2 = p_2 A$ an der Stelle x_2, d. h., wenn in Richtung der Stromlinien ein Druckgefälle besteht. Nach der Grundgleichung der Mechanik $F = m\,a$ ergibt sich damit $\Delta m\,\Delta v/\Delta t = A\,p_1 - A\,p_2$ oder $\Delta m\,\Delta v/\Delta t = -A\,\Delta p$ mit $\Delta p = p_2 - p_1$. Einsetzen für Δm und Umformen führen mit $\Delta x/\Delta t = v$ über $\rho A\,\Delta x\,\Delta v/\Delta t = -A\,\Delta p$ zu $\rho\,v\,\Delta v = -\Delta p$. Für beliebig kleine Zeit- und Wegintervalle werden aus den Differenzenquotienten Differentialquotienten $\rho\,v\,\mathrm{d}v = -\mathrm{d}p$. Diese Gleichung kann von der Stelle 1 nach 2 integriert werden:

$$\int_{v_1}^{v_2} \rho\,v\,\mathrm{d}v = -\int_{p_1}^{p_2} \mathbf{d}p \quad \text{bzw.} \quad \frac{1}{2}\rho\,(v_2^2 - v_1^2) = p_1 - p_2.$$

Eine Umformung ergibt das

Gesetz von Bernoulli:

$$\frac{1}{2}\rho\,v_1^2 + p_1 = \frac{1}{2}\rho\,v_2^2 + p_2$$

Dieses Gesetz sagt aus, dass in einer Strömung ohne Einfluss der Schwerkraft der Druck in Bereichen hoher Strömungsgeschwindigkeit kleiner ist als in Bereichen geringer Strömungsgeschwindigkeit.

AUFGABEN

1. Der Innendurchmesser eines Gartenschlauchs beträgt 1,5 cm. Er ist an einen Sprenger mit 24 Öffnungen von 1 mm Durchmesser angeschlossen. Bestimmen Sie die Geschwindigkeit, mit der das Wasser aus den Öffnungen des Sprengers austritt, wenn es im Schlauch mit 1 m/s fließt.

2. Bei einem Hurrikan strömt die Luft (Dichte ρ = 1,2 kg/m³) mit einer Geschwindigkeit von 90 km/h über ein Hausdach.

a) Berechnen Sie die Druckdifferenz zwischen innen und außen, die dazu führen kann, dass das Dach abgerissen wird.

b) Bestimmen Sie die Kraft, die auf ein Dach von 100 m² Fläche wirkt.

3. Bei einem Flugzeug beträgt die Strömungsgeschwindigkeit der Luft (ρ = 1,2 kg/m³) an der Flügeloberseite 50 m/s, an der Unterseite 40 m/s. Die beiden Tragflächen haben zusammen eine Querschnittsfläche von 25 m².

a) Leiten Sie mithilfe der Bernoulli-Gleichung eine Formel für die Auftriebskraft her.

b) Bestimmen Sie die Masse des Flugzeugs unter der vereinfachenden Annahme, dass der Flugzeugrumpf und das Heckleitwerk nichts zur Auftriebskraft beitragen.

EXKURS

Luftwiderstandsbeiwert

Bei der äußeren Gestaltung von Straßenfahrzeugen, Zügen und anderen Fortbewegungsmitteln ist es – neben anderen Aspekten – wichtig, die beim Fahren auftretende Luftwiderstandskraft auf das Fahrzeug gering zu halten. Je geringer der Luftwiderstand ist, desto geringer ist die für die Fahrt aufzuwendende Menge an Treibstoff oder elektrischer Energie.

Die Luftwiderstandskraft F_L von bewegten oder angeströmten Körpern ist vorwiegend ein Druckwiderstand der Luft. Erst bei Annäherung an die Schallgeschwindigkeit machen sich Kräfte wie die Oberflächenreibungskraft bemerkbar.

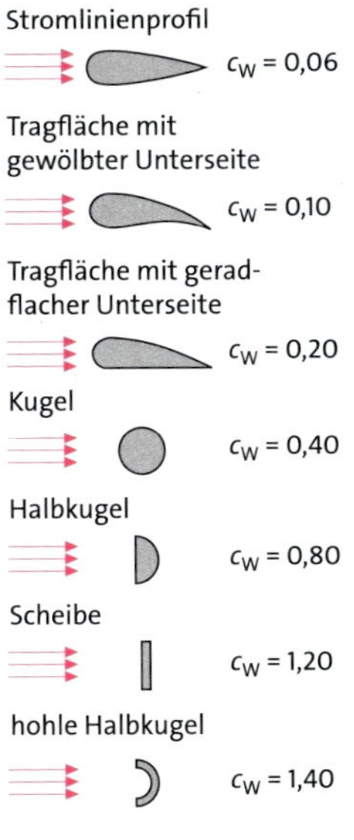

Die Luftwiderstandskraft beträgt

$$F_\mathrm{L} = \frac{1}{2}\,c_\mathrm{W}\,\rho\,A\,v^2.$$

Dabei ist c_W der Luftwiderstandsbeiwert, ρ die Dichte der Luft, v die Anströmgeschwindigkeit der Luft und A die Querschnittsfläche des Profils.

Kräfte auf rotierende Bälle – Magnus-Effekt

Bei Ballspielen, z. B. beim Tennis oder Fußball, bringt die als **Magnus-Effekt** bezeichnete aerodynamische Erscheinung entscheidende Abweichungen von der Bahn. Ein Tennisball kann beim Schlag absichtlich oder unabsichtlich in eine Drehbewegung versetzt werden. Der rotierende Ball nimmt bei seiner Drehung die in einer Grenzschicht an der Balloberfläche haftende Luft mit. Die Abbildung zeigt **(a)** die Luftströmung um einen nicht rotierenden Ball, **(b)** die Strömung um einen rotierenden Ball und **(c)** die Überlagerung beider Strömungen. Dadurch ist die Strömungsgeschwindigkeit in Bezug auf die Bewegungsrichtung nicht mehr symmetrisch, und es tritt eine Kraft zur Seite mit der größeren Strömungsgeschwindigkeit auf. Diese Kraft sorgt je nach Lage der Rotationsachse für eine seitliche oder vertikale Abweichung von der normalen Flugbahn. Fußballer nutzen den Magnus-Effekt für „Bananenflanken“, bei denen sie dem Ball einen Effet mitgeben. Auch Tischtennis- und Tennisspieler setzen ihn bei bestimmten Schlägen ein (Topspin, Slice).

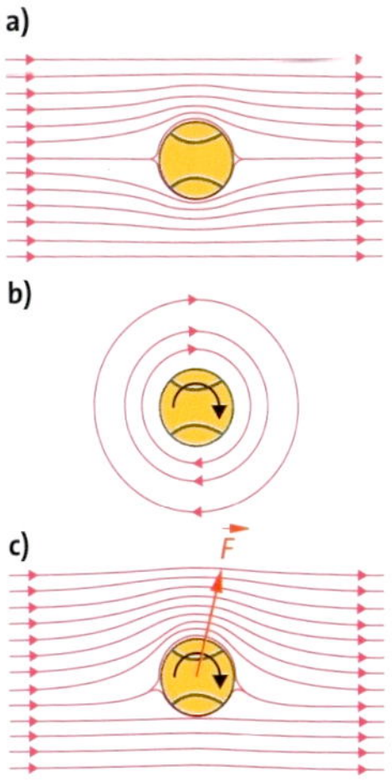

1.3 Energie und Impuls

Die Größen Energie und Impuls sind für viele Teilgebiete der Physik von Bedeutung: Sie sind in der Quantenphysik ebenso etabliert wie bei der Suche nach Elementarteilchen. Die Begriffe haben sich ursprünglich in der Mechanik herausgebildet, weshalb die grundlegenden Konzepte der Größen Energie und Impuls im Folgenden an mechanischen Sachverhalten dargestellt werden.

1.3.1 Mechanische Energie

Mechanische Energie kann in Wasserkraftwerken in elektrische Energie umgewandelt werden. Das aus einem Stausee *herab*fließende Wasser treibt über die Turbine den Generator an, der die elektrische Energie erzeugt. Bei einem entgegengesetzt verlaufenden Vorgang, dem *Anheben* eines Containers durch einen Kran, wird elektrische Energie benötigt, um den Motor des Krans anzutreiben.

Die Kraft zum Anheben eines Körpers, auf den die Gewichtskraft F_G wirkt, um die Höhe h kann durch den Einsatz von Rollen und Flaschenzügen verringert werden. Dies wird aber dadurch erkauft, dass der *Weg s*, in dessen Richtung die Kraft am Seil beim Anheben wirkt, im gleichen Verhältnis wächst, wie die *Kraft F* abnimmt (**Abb. 1**).

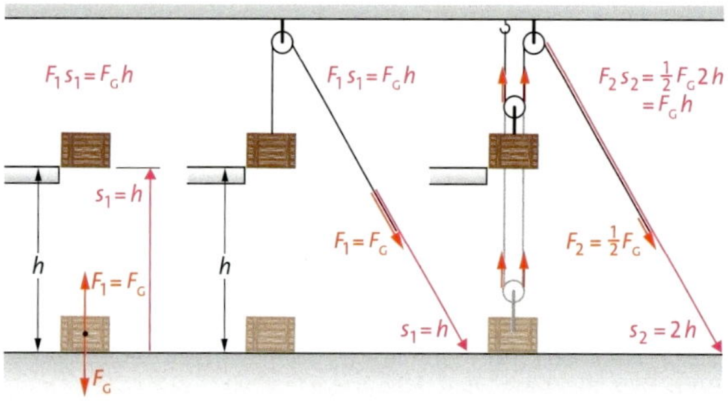

1 Beim Anheben eines Körpers um die Höhe h ist das Produkt aus der wirkenden Kraft F und dem zurückgelegten Weg s konstant.

Wie dieser Vorgang auch ausgeführt wird, stets ist das Produkt aus der *Kraft F* und der Länge des *Weges s* konstant: $Fs = F_G h$. Die Erfahrung, dass für den Vorgang des Anhebens immer derselbe Wert des Produkts Fs kennzeichnend ist, führt u. a. zur *Definition der mechanischen Energie.*

Bewegt eine konstante *Kraft F* einen Körper in Richtung des *Weges s*, so ist das Produkt $E = Fs$ die dafür notwendige **mechanische Energie**.

Das Produkt Fs wird auch als *Arbeit* bezeichnet, eine historische Bezeichnung, die in diesem Buch nicht weiter verwendet werden soll.

Kraft und Weg sind vektorielle Größen. Daher ist der Winkel zwischen der Richtung der Kraft F und der Richtung des Weges s für das Produkt Fs von Bedeutung:
Gleitet ein Körper unter Wirkung der Gewichtskraft $\vec{F}_G$ eine schiefe Ebene hinab, so haben die Kraft $\vec{F}_G$ und der Weg $\vec{s}$ nicht mehr die gleiche Richtung. *In Richtung der Bewegung* wirkt bei diesem Vorgang die Hangabtriebskraft $\vec{F}_A$. Die Hangabtriebskraft $\vec{F}_A$ ist die Komponente der Gewichtskraft $\vec{F}_G$ in Bewegungsrichtung, für die nach **Abb. 2** gilt:

$$\frac{F_A}{F_G} = \cos(\alpha) \quad \text{bzw.} \quad F_A = F_G \cos(\alpha)$$

Damit ergibt sich die mechanische Energie zu

$$E = F_A s = (F_G \cos(\alpha))\, s = F_G s \cos(\alpha).$$

Daraus folgt die die Vektoreigenschaft berücksichtigende

Definition der mechanischen Energie:
Wird ein Körper mit der konstanten Kraft $\vec{F}$ entlang des Weges $\vec{s}$ bewegt, so ist die dafür nötige **mechanische Energie *E*** das Produkt aus der Kraftkomponente F_s parallel zum Weg und dem Weg s:

$$E = F_s s = Fs \cos(\alpha)$$

α ist der Winkel zwischen der Richtung der Kraft $\vec{F}$ und der Richtung des Weges $\vec{s}$.

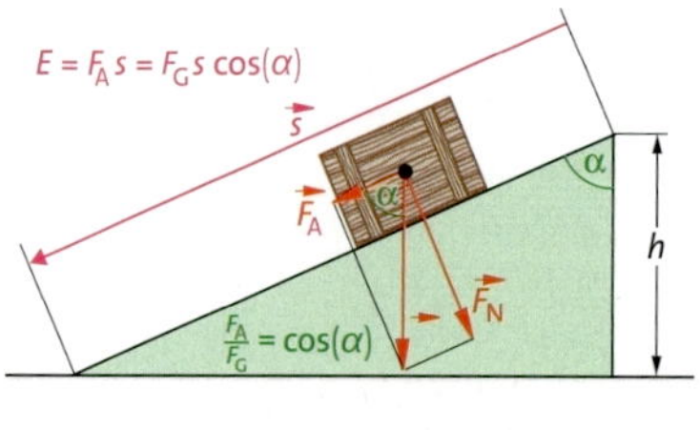

2 Wirksam für die übertragene Energie ist die Komponente F_H der Kraft in Richtung des Weges s. Es gilt $F_A = F_G \cos(\alpha)$.

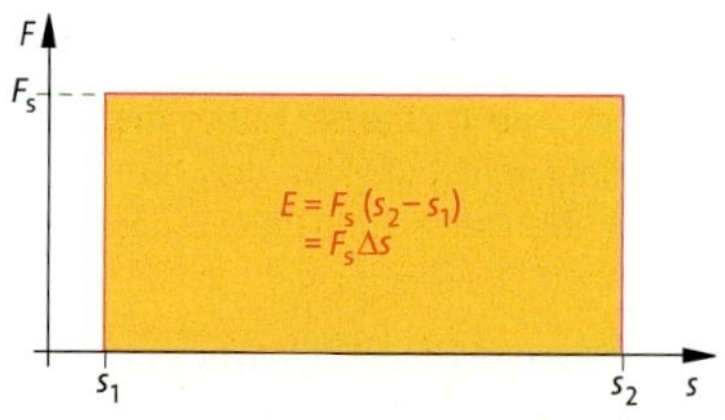

3 Die Fläche $E = F_s(s_2 - s_1) = F_s \Delta s$ stellt grafisch die mechanische Energie dar. (F_s ist die Komponente der Kraft in Richtung des Weges.)

Die Energie ist eine abgeleitete skalare Größe, für die zu Ehren des englischen Physikers James Prescott JOULE (1818–1889) die Einheit Joule (J) eingeführt ist: $[E] = [F]\,[s] = 1\,\text{Nm} = 1\,\text{J}$.

Geometrisch wird die mechanische Energie (bzw. die Arbeit) im Weg-Kraft-Diagramm als Fläche dargestellt (**Abb. 3**).

Die Vektoreigenschaft von Kraft und Weg ist die Ursache dafür, dass die mechanische Energie $E = Fs\cos(\alpha)$ positiv, negativ oder null sein kann.

- Für $0 \le \alpha < 90°$ ist $\cos(\alpha) > 0$. Die Kraftkomponente F_s zeigt in Richtung des Weges (**Abb. 4a**). Also ist $E = Fs\cos(\alpha) > 0$.
- Für $90° < \alpha \le 180°$ ist $\cos(\alpha) < 0$. In **Abb. 4b** ist die Kraft, die den Eimer beim Herablassen hält, nach oben gerichtet, demnach ist $\alpha = 180°$, also $E = Fs\cos(\alpha) < 0$.
- Für $\alpha = 90°$ (**Abb. 4c**) wird $\cos(\alpha) = 0$. Obwohl zum Tragen des Eimers Kraft nötig ist, wird im physikalischen Sinn keine Energie übertragen, also ist $E = Fs\cos(\alpha) = 0$.

Der physikalische Inhalt dieser Aussagen über das Vorzeichen von Energie wird im folgenden Kapitel deutlich werden, wenn gezeigt wird, dass der Term $E = Fs\cos(\alpha)$ eine Energieänderung beschreibt.

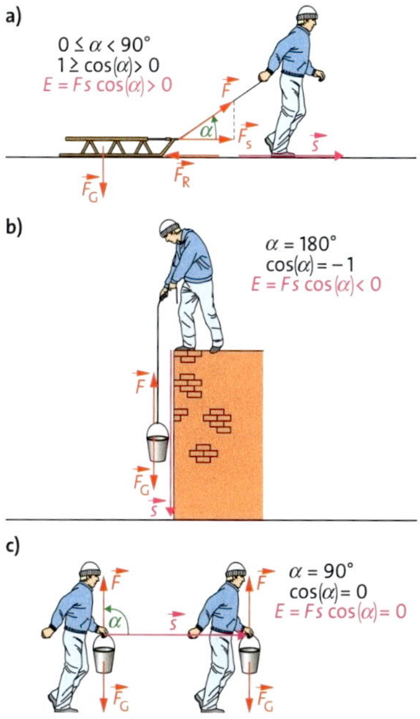

4 a) Zeigt die Kraftkomponente F_s in Richtung des Weges, ist die Energie bzw. die verrichtete Arbeit positiv. **b)** Zeigt die Kraft F in die umgekehrte Richtung wie der Weg s, so ist die Energie bzw. die verrichtete Arbeit negativ. **c)** Steht die Kraft senkrecht zum Weg, ist die Energie bzw. die verrichtete Arbeit null.

Berechnung der mechanischen Energie mit skalarem Produkt und durch Integration

Die Definition der mechanischen Energie E als Produkt aus der Komponente der Kraft $\vec{F}$ in Richtung des Weges und dem Weg $\vec{s}$ entspricht in Vektorschreibweise dem skalaren Produkt aus $\vec{F}$ und $\vec{s}$.

Die mechanische Energie E ist das skalare Produkt aus der äußeren Kraft $\vec{F}$ und dem Weg $\vec{s}$:

$$E = \vec{F}\cdot\vec{s} = Fs\cos\sphericalangle(\vec{F},\vec{s}).$$

F und s sind in dieser Definition die absoluten Beträge von Kraft und Weg, $\sphericalangle(\vec{F},\vec{s})$ ist der Winkel zwischen den Vektoren $\vec{F}$ und $\vec{s}$.

Die Berechnung der mechanischen Energie nach dieser Definition setzt voraus, dass die Kraft $\vec{F}$, die nicht parallel zu $\vec{s}$ gerichtet sein muss, längs des Weges $\vec{s}$ konstant ist. Ändert sich die Kraft längs des Weges (**Abb. 5**), so können näherungsweise auf den Teilstrecken $\Delta\vec{s}_i$ die Teilenergien $\Delta E_i = \vec{F}_i \cdot \Delta\vec{s}_i$ berechnet werden, indem für jede Teilstrecke $\Delta\vec{s}_i$ die Kraft $\vec{F}_i$ als konstant angenommen wird und dann die Teilenergien addiert werden. Der genaue Wert der gesamten Energie ergibt sich durch Integration (**Abb. 6**).

Die mechanische Energie ist das (sogenannte) **Wegintegral der Kraft**

$$E = \lim_{n\to\infty}\sum_{i=1}^{n}\vec{F}(s_i)\cdot\Delta\vec{s}_i = \int_{s_1}^{s_2}\vec{F}(s)\cdot d\vec{s} = \int_{s_1}^{s_2}F_s(s)\,ds,$$

wobei $F_s(s)$ jeweils die Komponente der Kraft $F(s)$ in Richtung des Weges ist.

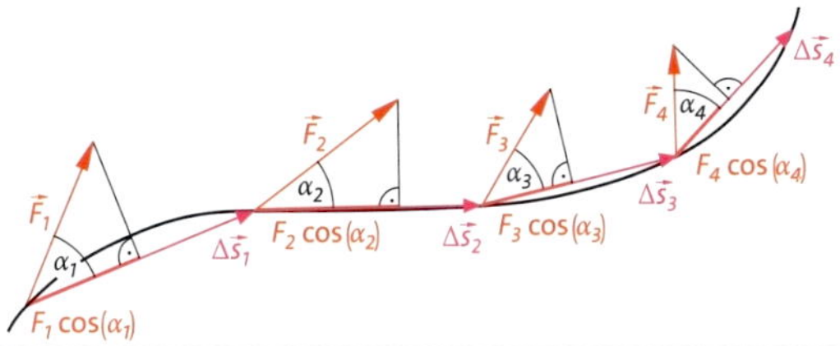

5 Berechnung der mechanischen Energie aus Teilsummen

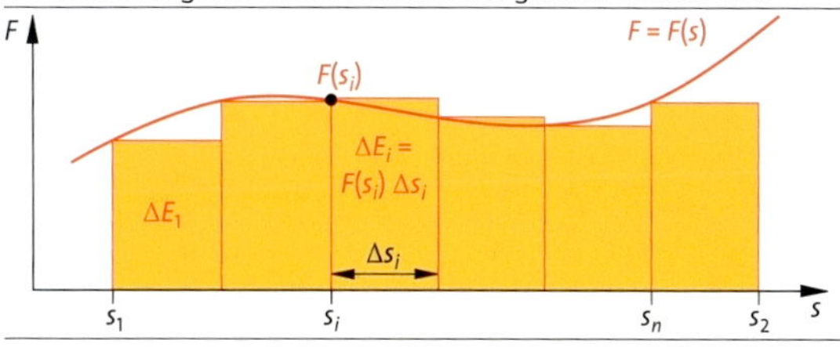

6 Energiediagramm einer nichtlinearen Weg-Kraft-Funktion

AUFGABEN

1. Ein Traktor zieht einen Pflug mit der Kraft $F = 800\,\text{N}$. Berechnen Sie die vom Traktor aufgewandte Energie, wenn ein Feld von 350 m Länge in 25 Bahnen gepflügt wird.
2. Berechnen Sie die Energie, die beim Ziehen einer Kiste aufzubringen ist, wenn die Kraft $F = 550\,\text{N}$ unter $\alpha = 28°$ wirkt und die Kiste 15 m weit bewegt wird.

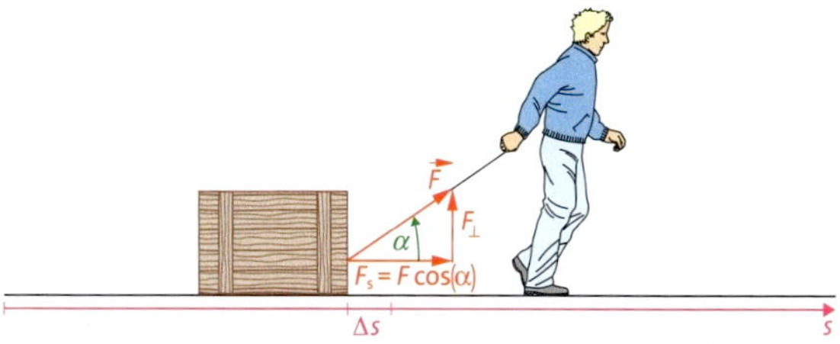

1.3.2 Kinetische und potenzielle Energie

Mechanische Energie wird u. a. zur Beschleunigung eines Körpers benötigt, zum Anheben eines Körpers oder auch zum Spannen einer Feder. In jedem dieser Fälle ist die Energie nach dem Vorgang in einer bestimmten charakteristischen Form gespeichert.

Kinetische Energie

Wir betrachten die Beschleunigung eines Autos (**Abb. 1**) in einfacher idealisierter Form:
Ein Körper der Masse m wird durch eine konstante Kraft F in Richtung des Weges s aus der Ruhe ($v_0 = 0$) auf die Geschwindigkeit $v_e = v$ beschleunigt, wobei von Reibung abgesehen werde. Die für diesen Beschleunigungsvorgang auf waagerechter Strecke benötigte mechanische Energie ist wegen der gleichen Richtung von Kraft und Weg $E = Fs$. Wird die Beschleunigung mit konstanter Kraft durchgeführt, so gelten neben der Grundgleichung der Mechanik $F = ma$ auch die Gesetze der gleichmäßig geradlinig beschleunigten Bewegung: $s = \frac{1}{2}at^2$ und $v = at$. Damit ist die für den Beschleunigungsvorgang nötige mechanische Energie

$$E = Fs = (ma)\left(\frac{1}{2}at^2\right) = \frac{1}{2}m(at)^2 = \frac{1}{2}mv^2.$$

Die bei dem Vorgang zugeführte mechanische Energie ist demnach allein durch die *Endgeschwindigkeit* v und die *Masse* m des beschleunigten Körpers bestimmt. Der Term $E = \frac{1}{2}mv^2$ heißt *kinetische Energie*.
Da die Geschwindigkeit eines Körpers relativ zu einem Bezugssystem angegeben wird, ist auch die kinetische Energie eine Größe relativ zu diesem Bezugssystem.

> Die **kinetische Energie** eines Körpers der Masse m, der sich mit der Geschwindigkeit v bewegt, ist
>
> $$\boldsymbol{E_{kin} = \frac{1}{2}mv^2}.$$
>
> Diese Energie ist im Körper gespeichert.

Dieser Term für die kinetische Energie ergibt sich auch ohne die Voraussetzung, dass die Beschleunigung mit *konstanter* Kraft erfolgt:

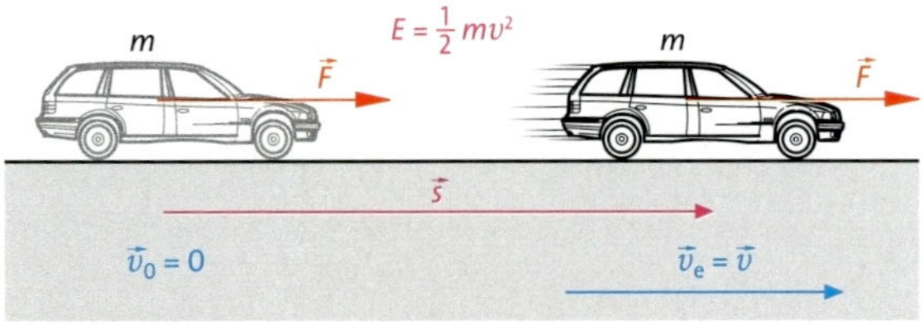

1 Ein Körper der Masse m, der durch die konstante Kraft F in Richtung des Weges s auf die Geschwindigkeit v beschleunigt wird, hat die kinetische Energie $E_{kin} = \frac{1}{2}mv^2$ gespeichert.

Energie und Impuls: Auf einen Körper der Masse m wird die Energie $\Delta E = F\Delta s$ übertragen, wenn die Kraft F in Richtung des kleinen Wegabschnitts Δs wirkt. Ebenso ändert sich nach $F = \Delta p/\Delta t$, also $\Delta p = F\Delta t$, der Impuls des Körpers. Beide Gleichungen kombiniert ergeben $\Delta E = \frac{\Delta p}{\Delta t} \cdot \Delta s = \Delta p \frac{\Delta s}{\Delta t}$ und mit $v = \Delta s/\Delta t$ folgt

$$\Delta E = v\,\Delta p.$$

Die Energieänderung wächst also mit der Geschwindigkeit, bei der die Impulsänderung erfolgt. Weiterhin wird an dieser Gleichung deutlich, dass die Änderung der kinetischen Energie dem Flächeninhalt unter dem Graphen eines p-v-Diagramms entspricht (**Abb. 2**).

Änderung der kinetischen Energie: Es wird untersucht, wie sich die kinetische Energie ändert, wenn sich die Geschwindigkeit eines Körpers nicht von null auf eine Geschwindigkeit v_1 ändert, sondern von $v_0 \neq 0$ auf v_1. Dabei helfen obige Energie-Impuls-Beziehung und die Bedeutung des Flächeninhalts unter dem p-v-Graphen: Der Graph ist wegen $p = mv$, also $v = p/m$, bei konstanter Masse m eine Gerade. Der in **Abb. 2** durch das gelbe Trapez gegebene Flächeninhalt zeigt die Energieänderung ΔE:

$$\Delta E = \frac{1}{2}(v_0 + v_1)\,\Delta p.$$

Bei konstanter Masse m ist $\Delta p = m\Delta v = m\,(v_1 - v_0)$, also:

$$\Delta E = \frac{1}{2}(v_0 + v_1)\,m\,(v_1 - v_0) = \frac{1}{2}m\,(v_1^2 - v_0^2)$$
$$= \frac{1}{2}mv_1^2 - \frac{1}{2}mv_0^2 = E_{kin,\,1} - E_{kin,\,0}$$

Es gilt daher:

> Wird die Geschwindigkeit eines Körpers von v_0 auf v_1 verändert, so ändert sich seine kinetische Energie um $\Delta E = \frac{1}{2}mv_1^2 - \frac{1}{2}mv_0^2$.

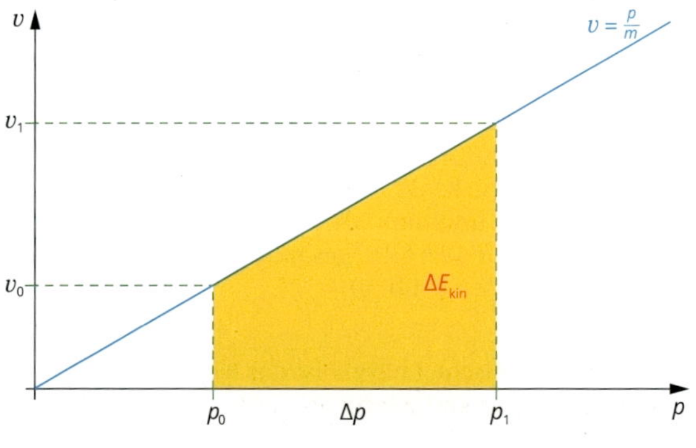

2 In einem p-v-Diagramm ist die Energieänderung ΔE_{kin} durch den Flächeninhalt unter der „$v(p) = p/m$"-Geraden von p_0 bis p_1 gegeben.

Potenzielle Energie im Gravitationsfeld

Um einen Körper der Masse m mit konstanter Geschwindigkeit um die Höhe h anzuheben, ist eine zur Gewichtskraft F_G entgegengesetzt gleich große Kraft $F = mg$ erforderlich. Die aufzuwendende Energie beträgt

$$\Delta E = F\Delta s = Fh = mgh.$$

Diese Energie ist als sogenannte *Lageenergie* oder *potenzielle Energie* gespeichert. Dies ist nur möglich, weil zwischen dem Körper und der Erde die *Gravitationskraft* wirkt. *Erde mit Gravitationsfeld* und *Körper der Masse m* bilden ein *System*. In diesem *System Erde–Körper, nicht aber im Körper*, ist die potenzielle Energie gespeichert.

Abb. 3 zeigt, wie auf drei verschiedenen Wegen ein Körper im Gravitationsfeld um die Höhe h angehoben wird. Die Kraft ist stets $F = mg$.

a) Weg $\vec{s}$ und Kraft $\vec{F}$ haben dieselbe Richtung, also ist

$$E = Fs = mgh.$$

b) Weg und Kraft schließen den konstanten Winkel $\alpha \neq 0^\circ$ ein. Aus $E = Fs\cos\alpha$ folgt mit $s\cos(\alpha) = h$:

$$E = mgh.$$

c) Der Winkel α ist auf dem Weg veränderlich. Wird der gekrümmte Weg durch beliebig kleine gerade Wegstrecken $\Delta\vec{s}_i$ ersetzt, die mit $\vec{F}$ die Winkel α_i einschließen, so gilt $\Delta s_i \cos\alpha_i = \Delta h_i$. Summe der Teilhöhen Δh_i ist aber h. So ergibt sich auch in diesem Fall

$$E = \sum_i \Delta E_i = \sum_i F\Delta s_i \cos(\alpha)_i = F\sum_i \Delta h_i = mgh.$$

Wird ein Körper der Masse m im Gravitationsfeld auf einem *beliebigen* Weg um die Höhe h angehoben, so ist *unabhängig* vom Weg die dazu nötige Energie stets $\boldsymbol{E = mgh}$.

Nur die *Änderung der potenziellen Energie* des Systems *Körper–Erde* hat eine physikalische Bedeutung, denn in dem Term mgh ist das Niveau, gegenüber dem die Höhe h gemessen wird, willkürlich gewählt. Bei einer Veränderung der Höhe des Körpers von h_1 nach h_2 ist die Änderung der potenziellen Energie jedoch unabhängig von der Wahl des Bezugsniveaus:

$$\Delta E = E_{pot}(h_2) - E_{pot}(h_1) = mg(h_2 - h_1) = mg\Delta h.$$

Bezogen auf ein anzugebendes Niveau wird aber auch von *der* potenziellen Energie des Systems gesprochen.

Die **Lageenergie** oder **potenzielle Energie** des *Systems Erde–Körper der Masse m* in Bezug auf ein frei wählbares Bezugsniveau beträgt $\boldsymbol{E_{pot} = mgh}$.

Spannenergie oder potenzielle Federenergie

Die Kraft F beim Spannen einer Feder ist in jedem Augenblick entgegengesetzt gleich der Federkraft F_s, für die das Hooke'sche Gesetz $F_s = -Ds$ gilt. Wird die Feder vom entspannten Zustand ($s_0 = 0$) um die Strecke s gedehnt, so wächst dabei die Kraft F proportional zum Weg s (**Abb. 4**). Die zum Spannen nötige Energie $E = Fs\cos(\alpha)$ ($\alpha = 0^\circ$) wird im Weg-Kraft-Diagramm durch die Fläche des Dreiecks unter der Geraden $F = Ds$ von $s_0 = 0$ bis $s = s_1$ dargestellt:

$$E_{s_1} = \frac{1}{2}Ds_1^2.$$

Die in dem System *Feder–Körper* gespeicherte sogenannte *Spannenergie* ist ebenfalls eine *potenzielle Energie*, da zwischen der Feder und dem Körper die anziehende Federkraft wirkt. Bei einer Veränderung der Lage des Körpers von s_1 nach s_2 ist die Änderung der potenziellen Federenergie:

$$\Delta E = E_{s_2} - E_{s_1} = \frac{1}{2}Ds_2^2 - \frac{1}{2}Ds_1^2.$$

Bezogen auf die entspannte Feder wird von *der* Spannenergie bzw. potenziellen Federenergie gesprochen.

Die **Spannenergie** oder **potenzielle Federenergie** einer Feder mit der Federkonstanten D, die vom entspannten Zustand um die Strecke s gespannt wird, beträgt $\boldsymbol{E_s = \frac{1}{2}Ds^2}$.

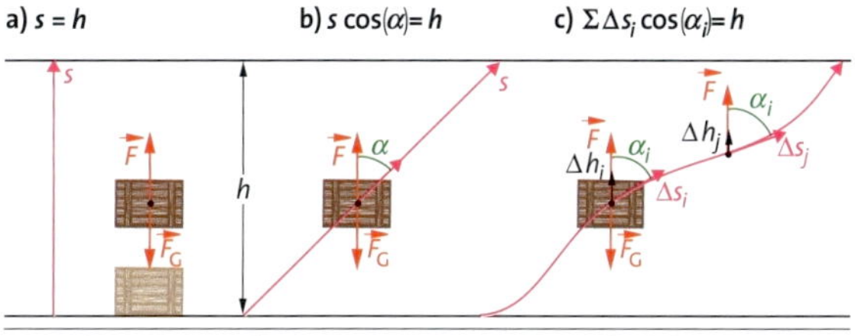

3 Wird ein Körper der Masse m im Gravitationsfeld der Erde um die Höhe h angehoben, so ist die dazu nötige Energie unabhängig vom Weg: $E = mgh$.

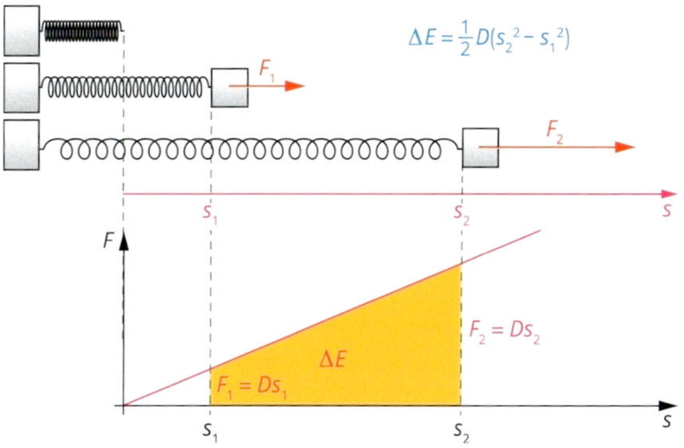

4 Eine um die Strecke von $s = 0$ bis $s = s_1$ durch die Kraft $F = Ds_1$ gedehnte Feder speichert die Energie $E_{s_1} = \frac{1}{2}Ds_1^2$.

AUFGABEN

1. Bei einer Radtour bringt der Radfahrer auf verschiedenen Streckenabschnitten unterschiedliche Antriebskräfte auf.

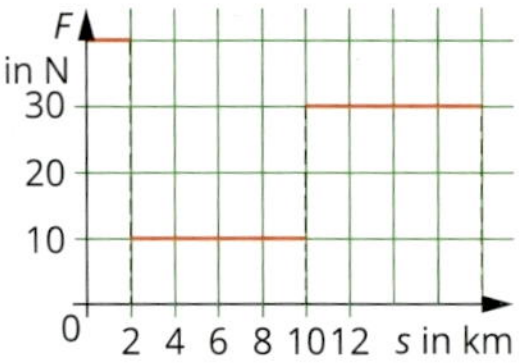

   a) Berechnen Sie abschnittsweise die mechanische Energie.
   b) Erklären Sie, wieso die Flächeninhalte der Rechtecke in der Abbildung die Energiebeträge repräsentieren.

2. a) Eine Radfahrerin beschleunigt aus der Ruhe auf 12 km/h. Berechnen Sie die kinetische Energie, wenn Rad und Fahrerin zusammen eine Masse von 72 kg haben.
   b) Später ist die Radfahrerin 24 km/h schnell. Berechnen Sie den Energiezuwachs bei der Geschwindigkeitszunahme von 12 km/h auf 24 km/h.

3. a) Ein Pkw der Masse $m = 950\,\text{kg}$ wird am Ortsausgang von 50 km/h auf 90 km/h beschleunigt. Berechnen Sie die dazu erforderliche Energie. Bestimmen Sie die Geschwindigkeit, die der Wagen mit der gleichen Energie erreicht hätte, wenn er aus dem Stand beschleunigt worden wäre.
   b) Berechnen Sie die Impulse des Wagens p_1 und p_2 für 50 km/h und 90 km/h. Zeichnen Sie das Impuls-Geschwindigkeit-Diagramm und zeigen Sie, dass der Flächeninhalt unter der Graden von p_1 bis p_2 dem in a) berechneten Energieaufwand entspricht.

4. Ein Ziegel der Masse $m = 5\,\text{kg}$ fällt 20 m tief zu Boden.
   a) Bestimmen Sie die Energie, die dabei vom System Ziegel – Erdgravitationsfeld auf den Ziegel übertragen wird.
   b) Der Ziegel trifft mit einer Geschwindigkeit von 19,8 m/s auf dem Boden auf. Berechnen Sie die kinetische Energie und vergleichen Sie sie mit der potenziellen Energie.

5. Ein Stein ($m = 0{,}20\,\text{kg}$) wird an einer Schnur mit zwei Umdrehungen pro Sekunde auf einer waagerechten Kreisbahn mit dem Radius 0,50 m herumgeschleudert.
   a) Berechnen Sie seine kinetische Energie sowie die erforderliche Zentripetalkraft.
   b) Begründen Sie, warum von der Zentripetalkraft keine Energie auf den Stein übertragen wird.

6. Eine Schraubenfeder wird durch eine Kraft von $F = 0{,}60\,\text{N}$ um $s = 4{,}0\,\text{cm}$ gedehnt.
   a) Bestimmen Sie Federkonstante und Spannenergie.
   b) Ermitteln Sie den Energieaufwand, um die Feder um weitere 4,0 cm zu dehnen.

7. Berechnen Sie die Energie, die erforderlich ist, um eine Schraubenfeder von 0 auf 2,0 cm zu dehnen. Für die Feder gelte, dass ein Körper der Masse 4,0 kg, an die Feder angehängt, diese von 0 auf 1,5 cm verlängert.

8. Eine Schraubenfeder erhält schrittweise durch angehängte Wägestücke der Masse m die Dehnung s.

m in g	50	100	150	200	250	300
s in cm	1,60	3,15	4,80	6,30	7,85	9,35

   a) Ermitteln Sie die Federkonstante D.
   b) Berechnen Sie die benötigte Energie, um die Feder um 9,35 cm zu dehnen.
   c) Begründen Sie, warum die Energie nicht als $E = F\,\Delta s$ mit $F = m\,g = 2{,}94\,\text{N}$ und $\Delta s = 9{,}35\,\text{cm}$ berechnet werden kann.

1.3.3 Energieübertragung bei Reibung

In der Realität laufen die meisten Bewegungen von Körpern nicht ohne Reibung ab. Alle Reibungsvorgänge machen sich durch eine Temperaturerhöhung der beteiligten Körper bemerkbar. Um die Temperatur eines Körpers zu erhöhen, ist Energie nötig, die als sogenannte *thermische Energie* in den an der Reibung beteiligten Körpern enthalten ist.

Wird z. B. ein Körper mit konstanter Geschwindigkeit über eine waagerechte Ebene geschoben, so muss aufgrund der Reibung zwischen dem Körper und der Unterlage auf den Körper eine Kraft F wirken, welche die entgegengesetzt gerichtete Reibungskraft F_R kompensiert: $F = -F_R$ (**Abb. 1**). Dabei wird die Energie $E = F s$ zugeführt, die bei dem Reibungsvorgang in Wärmeenergie umgewandelt wird. Diese Wärmeenergie fließt in die an der Reibung beteiligten Körper.

Wird ein Körper mit der Kraft F mit konstanter Geschwindigkeit entlang des Weges s gegen die Reibungskraft F_R bewegt, so ist die dazu nötige Energie

$$E = F s = F_R s.$$

Diese Energie wird in Wärmeenergie umgewandelt und fließt in die am Reibungsvorgang beteiligten Körper.

1 Wird ein Körper mit der Kraft F gegen die Reibungskraft F_R um den Weg s bewegt, so ist dazu die Energie $E = Fs = F_R s$ notwendig.

AUFGABEN

1. Ein Körper ($m = 40\,\text{kg}$) werde auf horizontaler Fläche (Gleitreibungszahl $f_G = 0{,}25$) über eine Strecke von 5 m mit konstanter Geschwindigkeit durch eine Kraft bewegt, die mit der Horizontalen einen Winkel von 30° einschließt. Bestimmen Sie die Kraft und die durch sie übertragene Energie.

2. Ein Güterzug ($m = 500\,\text{t}$) erhöht auf einer Strecke von 1,8 km Länge und 8 % Steigung die Geschwindigkeit von 30 km/h auf 55 km/h (Rollreibungszahl 0,005). Berechnen Sie die Reibungsenergie, den Zuwachs an Lageenergie und an kinetischer Energie sowie die gesamte übertragene Energie.

1.3.4 Energieerhaltung

Eine grundlegende Erkenntnis der Physik lautet: Energie kann weder erzeugt noch vernichtet werden. Gleichwertig mit dieser Aussage ist der Satz von der *Erhaltung der Energie*, der in sogenannten *abgeschlossenen Systemen* gilt.

Abgeschlossene Systeme sind Anordnungen von Körpern, auf die keine Kräfte von Körpern außerhalb dieser Anordnung wirken.

Energieumwandlung im Gravitationsfeld

Beim freien Fall bilden die *Erde* und der *Körper der Masse m* ein abgeschlossenes System. In diesem System gibt es *potenzielle* und *kinetische* Energie. Während des Fallens aus der Höhe h wird potenzielle Energie in kinetische Energie umgewandelt. Solange der Körper in der Höhe h ruht, ist die kinetische Energie null und die Gesamtenergie des Systems, Körper in der Höhe h, ist

$$E = E_{pot} = mgh.$$

Ist der Körper um die Strecke $s < h$ gefallen, so ist zu diesem Zeitpunkt die potenzielle Energie auf den Wert

$$E'_{pot} = mg(h - s) = mgh - mgs$$

gesunken, dafür aber die kinetische Energie auf

$$E'_{kin} = \frac{1}{2} m v_s^2$$

angewachsen. Aus den Gesetzen für die gleichmäßig beschleunigte Bewegung $s = \frac{1}{2} g t_s^2$ und $v_s = g t_s$ ergibt sich die Geschwindigkeit v_s zu diesem Zeitpunkt zu $v_s = \sqrt{2gs}$, sodass für die kinetische Energie gilt:

$$E'_{kin} = \frac{1}{2} m v_s^2 = \frac{1}{2} m 2gs = mgs.$$

Um denselben Wert hat die potenzielle Energie abgenommen. Die Gesamtenergie des Systems zu diesem Zeitpunkt ist

$$E' = E'_{pot} + E'_{kin} = mg(h - s) + mgs = mgh = E.$$

Dies gilt für alle Werte s mit $0 < s < h$.

Ergebnis: Im System *Erde–Körper* wird während des Fallvorgangs potenzielle in kinetische Energie umgewandelt. Zu jedem Zeitpunkt ist die Summe aus potenzieller und kinetischer Energie konstant.

Energieumwandlung am Federpendel

Ein senkrecht hängendes Federpendel bildet ein abgeschlossenes System, das aus der *Feder mit der Federkonstanten D*, dem *Pendelkörper der Masse m* und der Erde besteht (**Abb. 1**).

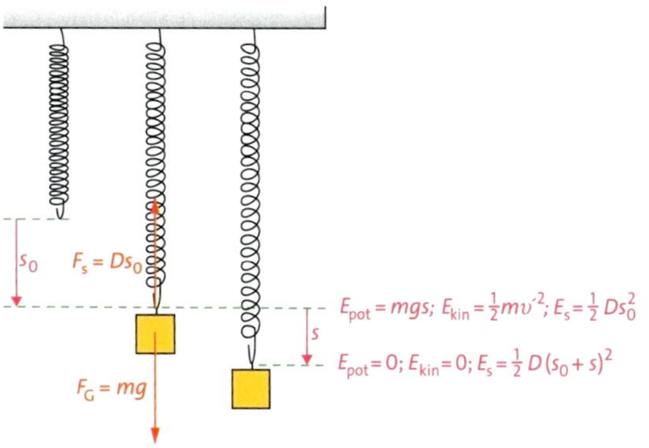

1 In der Ruhelage stehen die Federkraft $F_s = D s_0$ und die Gewichtskraft $F_G = mg$ im Gleichgewicht. Die Feder wird aus der Ruhelage um die Strecke s ausgelenkt und dann losgelassen.

Wird das Pendel aus der Gleichgewichtslage um die Strecke s nach unten ausgelenkt und losgelassen, so werden während der Pendelbewegung ständig potenzielle Energie im Gravitationsfeld, Spannenergie und kinetische Energie ineinander umgewandelt.
Im ausgelenkten Zustand wird die potenzielle Energie im Gravitationsfeld null gesetzt, die kinetische Energie ist ebenfalls null, die Energie des Systems besteht nur aus Spannenergie

$$E = E_s = \frac{1}{2} D (s_0 + s)^2.$$

Beim Durchgang durch die Gleichgewichtslage ist die Energie des Systems

$$E' = E'_{pot} + E'_s + E'_{kin} \quad \text{bzw.}$$

$$E' = mgs + \frac{1}{2} D s_0^2 + \frac{1}{2} m v'^2.$$

Unter der Annahme, dass die Energie während des ganzen Vorgangs erhalten bleibt, $E = E'$, folgt

$$\frac{1}{2} D (s_0 + s)^2 = mgs + \frac{1}{2} D s_0^2 + \frac{1}{2} m v'^2.$$

Mit der Gleichung für die Kräfte in der Gleichgewichtslage $mg = D s_0$ ergibt sich nach dem Ausmultiplizieren und Umformen

$$\frac{1}{2} D s^2 = \frac{1}{2} m v'^2, \quad \text{also} \quad v' = \sqrt{\frac{D}{m}}\, s = \sqrt{\frac{g}{s_0}}\, s.$$

Versuch 1: Die entspannte Feder wird durch die Gewichtskraft auf einen Körper der Masse $m = 0{,}050\,\text{kg}$ um $s_0 = 0{,}138\,\text{m}$ in die Gleichgewichtslage ausgelenkt (**Abb. 2**). Nach einem weiteren Auslenken aus der Gleichgewichtslage um $s = 0{,}057\,\text{m}$ schwingt das Federpendel nach oben, wobei beim Durchgang durch die Gleichgewichtslage mit einer Lichtschranke für einen Pappstreifen der Breite $\Delta s = 0{,}015\,\text{m}$ die Dunkelzeit $\Delta t = 0{,}0304\,\text{s}$ gemessen wird. Aus der Messung der Dunkelzeit ergibt sich die Geschwindigkeit zu
$v = \Delta s / \Delta t = 0{,}015\,\text{m} / 0{,}0304\,\text{s} = 0{,}493\,\text{m/s}$.

MECHANIK

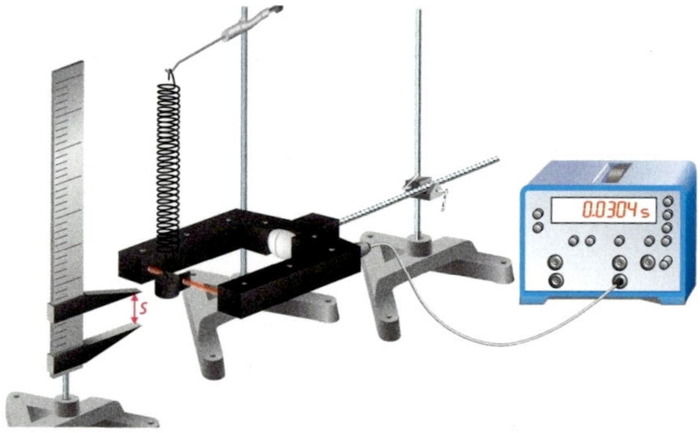

2 Die Geschwindigkeit eines Pendelkörpers wird beim Durchgang durch die Gleichgewichtslage mit einer Lichtschranke aus der Dunkelzeit Δt bestimmt.

Unter der Annahme, dass die Energie erhalten bleibt, folgt:

$$v' = \sqrt{\frac{g}{s_0}}\, s = \sqrt{\frac{9{,}81\,\text{m/s}^2}{0{,}138\,\text{m}}} \cdot 0{,}057\,\text{m} = 0{,}481\,\text{m/s}.$$

Ergebnis: Die beiden Werte der Geschwindigkeit stimmen im Rahmen der Messgenauigkeit überein, sodass die Annahme, dass die Energie erhalten bleibt, als bestätigt angesehen werden kann. ◀

Der Energieerhaltungssatz

Die Untersuchungen der Energieumwandlung beim freien Fall und am Federpendel führen zu folgenden Verallgemeinerungen:

1. Die Energie eines mechanischen Systems tritt in den einzelnen Zuständen in wechselnden Größen als kinetische Energie und als potenzielle Energie, also als Lageenergie bzw. als Spannenergie, auf.

> Mechanische Energie tritt in Form von potenzieller und kinetischer Energie auf und kann von einer Form in eine andere umgewandelt werden.

2. Wird von Energieverlusten durch Reibungsvorgänge abgesehen, so ist bei Vorgängen in abgeschlossenen Systemen die Summe aus kinetischer Energie und potenzieller Energie konstant. Anders formuliert: Die Summe der mechanischen Energien bleibt erhalten.

> **Energieerhaltungssatz der Mechanik:** In einem abgeschlossenen System ist zu jedem Zeitpunkt die Summe der mechanischen Energien, d. h. die Summe aus kinetischer und potenzieller Energie, konstant, solange die Vorgänge im System *reibungsfrei* ablaufen:
>
> $$E_{kin}(t) + E_{pot}(t) = E(t) = \text{konstant}.$$

Nach diesem Satz ist die mechanische Energie für ein *abgeschlossenes System* ohne Reibung eine **Erhaltungsgröße**. Energie geht weder verloren noch entsteht sie neu, sie tritt nur in unterschiedlichen Anteilen von potenzieller und kinetischer Energie auf.
Der **verallgemeinerte Energieerhaltungssatz** umfasst zusätzlich alle nicht-mechanischen Energieformen.

Bilanzgleichung

Mit dem Energieerhaltungssatz lassen sich zahlreiche Probleme der Mechanik lösen und Vorhersagen treffen, ohne dabei Bewegungsgesetze oder die Newton'schen Axiome anzuwenden. Das gelingt, indem die bei einem Vorgang auftretenden Energien nur zu zwei (oder wenigen) Zeitpunkten *bilanziert* werden, die für eine Problemlösung besonders geeignet sind. Genaue Kenntnisse über den Vorgang zwischen den ausgewählten Zeitpunkten sind nicht erforderlich. Besonders geeignet sind Zeitpunkte, zu denen die Beiträge aller Energieformen bekannt sind oder zu denen nur der Beitrag der Energieform fehlt, der eine gesuchte Größe enthält. Der Energieerhaltungssatz wird dann in Form einer Gleichung (**Bilanzgleichung**) zu zwei ausgewählten Zeiten notiert:

$$E(t_1) = E(t_2), \text{ d. h. } E_{\text{kin}}(t_1) + E_{\text{pot}}(t_1) = E_{\text{kin}}(t_2) + E_{\text{pot}}(t_2).$$

Die Gleichung wird nach der gesuchten Größe aufgelöst.

Beispiel: Gesucht ist beim waagerechten Wurf die Geschwindigkeit v, mit der ein Körper der Masse m (zur Zeit t_2) auf dem Boden auftrifft (**Abb. 3**). Seine Abwurfgeschwindigkeit zur Zeit t_1 aus der Höhe h beträgt v_0. Die Bilanzgleichung verkürzt sich wegen der nicht mehr vorhandenen potenziellen Energie zur Zeit t_2 zu

$$E_{\text{kin}}(t_1) + E_{\text{pot}}(t_1) = E_{\text{kin}}(t_2), \text{ d. h. } \frac{1}{2} m v_0^2 + m g h = \frac{1}{2} m v^2.$$

Daraus folgt

$$v = \sqrt{v_0^2 + 2gh}.$$

Dieselbe Gleichung wird in der Kinematik mithilfe von Bewegungsgesetzten hergeleitet (S. 34).

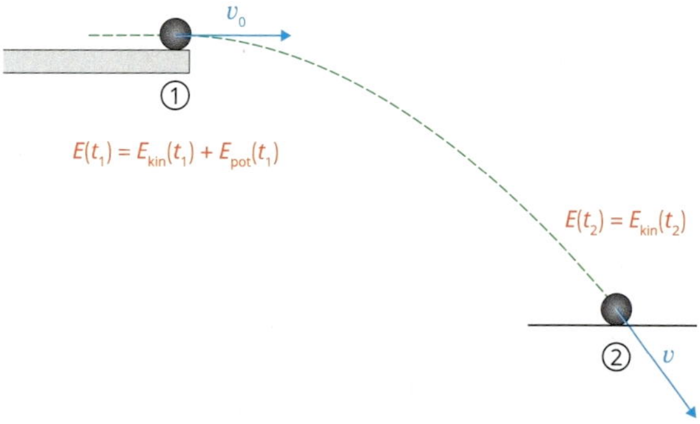

3 Waagerechter Wurf: Ausgehend vom Energieerhaltungssatz $E_1 = E_2$ bzw. $E(t_1) = E(t_2)$ lautet die Gleichung der Energiebilanzen $E_{\text{kin}}(t_1) + E_{\text{pot}}(t_1) = E_{\text{kin}}(t_2)$.

AUFGABEN

1. Ein Auto ($m = 1500\,\text{kg}$) prallt bei einem Crash-Test mit der Geschwindigkeit $v = 60{,}0\,\text{km/h}$ gegen ein Hindernis.

a) Berechnen Sie seine kinetische Energie.

b) Schätzen Sie zunächst und berechnen Sie dann, aus welcher Höhe das Auto frei fallen müsste, um beim Auftreffen auf dem Boden die gleiche kinetische Energie zu besitzen.

2. Ein Körper ($m = 0{,}20\,\text{kg}$) wird aus 4,0 m Höhe fallen gelassen.

a) Berechnen Sie die Fallzeit.

b) Berechnen Sie die Auftreffgeschwindigkeit auf dem Boden einmal mit Gesetzen des freien Falls und einmal über die Erhaltung der Energie.

3. Ein Körper ($m = 100\,\text{g}$) erreicht nach einer Fallstrecke von 12,0 m die Geschwindigkeit $v = 10{,}0\,\text{m/s}$. Berechnen Sie die Energie, die an die Luft übertragen worden ist.

4. Eine Person springt vom 10-m-Brett. Ermitteln Sie die Fallstrecke bis zum Erreichen der halben Endgeschwindigkeit.

5. Ein Pendel (Fadenlänge 1,2 m) wird so ausgelenkt, dass die Pendelkugel ($d = 2{,}4\,\text{cm}$, $m = 300\,\text{g}$) um $h = 20\,\text{cm}$ angehoben wird. Im tiefsten Punkt der Pendelbewegung braucht die Kugel zum Durchlaufen einer Lichtschranke die Zeit $\Delta t = 0{,}011\,\text{s}$. Vergleichen Sie die daraus ermittelte Geschwindigkeit mit der nach der Energieerhaltung berechneten.

6. Ein Schlitten ($m = 60\,\text{kg}$) startet aus der Ruhe von einem Hügel ($h = 20\,\text{m}$) und erreicht den Fuß des Hügels mit einer Geschwindigkeit von 16 m/s.
Bestimmen Sie die Energie, die der Schlitten durch Reibung verloren hat.

7. Ein antriebsloser Achterbahnwagen ($m = 800\,\text{kg}$) hat an der gezeigten Stelle die Geschwindigkeit $v_2 = 16\,\text{m/s}$.

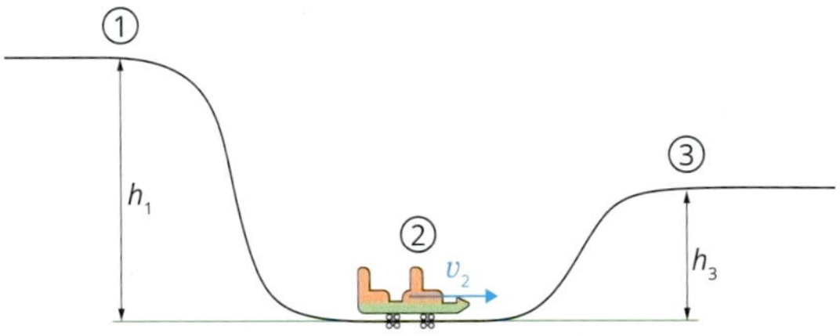

a) Berechnen Sie, aus welcher Höhe h_1 der Wagen aus der Ruhe gestartet ist. Bestimmen Sie die Geschwindigkeit v_3 auf der rechten Anhöhe ($h_3 = 6{,}5\,\text{m}$).

b) Ermitteln Sie h_3, sodass $v_3 = \frac{1}{2}\,v_2 = 8\,\text{m/s}$ gilt.

c) Ermitteln Sie v_2 für $h_1 = 20\,\text{m}$ und $v_1 = 2\,\text{m/s}$.

8. Ein Bungeeseil der Federkonstante D hat im entspannten Zustand eine Länge l und dehnt sich beim Sprung um die Strecke s.

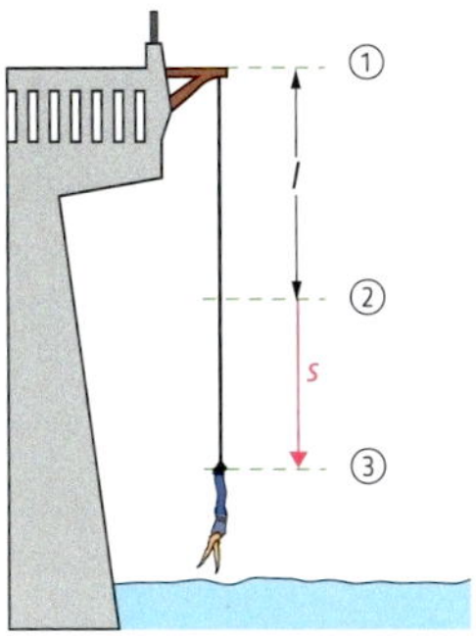

a) Stellen Sie die Bilanzgleichung $E(t_1) = E(t_2) = E(t_3)$ für eine Bungeespringerin der Masse m auf.

***b)** Nutzen Sie die Gleichung, um s für die Werte $m = 60\,\text{kg}$, $l = 25\,\text{m}$ und $D = 160\,\text{N/m}$ zu bestimmen.

9. Eine Snowboardfahrerin fährt einen Hügel hinunter und dann eine 2,0 m hohe Schanze hinauf. Für den Sprung ist eine Absprunggeschwindigkeit von $v = 5{,}0\,\text{m/s}$ erforderlich.

a) Berechnen Sie, welche Höhe h der Hügel mindestens haben muss.

b) Bestimmen Sie die Geschwindigkeit der Snowboarderin im tiefsten Punkt der Fahrt.

10. Ein Achterbahnwagen ($m = 800\,\text{kg}$) hat an der gezeigten Stelle die Geschwindigkeit $v = 18{,}0\,\text{m/s}$ ($r = 6{,}0\,\text{m}$).

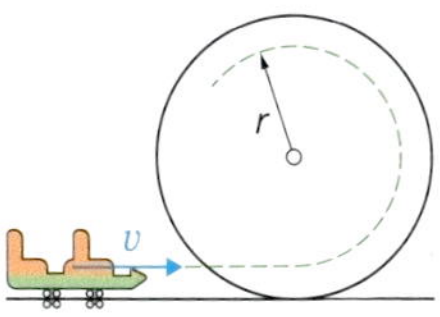

a) Berechnen Sie die Geschwindigkeit v' des Wagens im höchsten Punkt des Loopings.

b) Prüfen Sie, ob der Wagen im Looping abstürzen würde, wenn die Führungsschienen das nicht verhinderten.

11. a) Ein Achterbahnwagen stürzt im Looping nicht ab, wenn seine Geschwindigkeit im höchsten Punkt $v = \sqrt{g\,r}$ oder mehr beträgt. Leiten Sie die Beziehung für v aus einem Kraftansatz her.

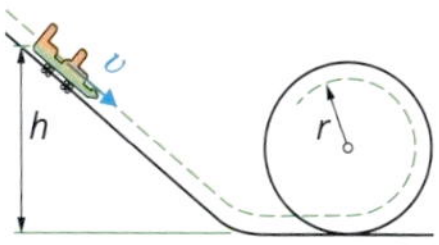

b) Nutzen Sie eine Energiebilanzgleichung, um herzuleiten, dass der antriebslose Wagen mindestens aus der Höhe $h = 2{,}5\,r$ herabrollen müsste, um $v = \sqrt{g\,r}$ zu erreichen.

c) Leiten Sie her: Im Fall von $v = \sqrt{g\,r}$ beträgt die zentripetale Kraft auf den Wagen im tiefsten Punkt des Loopings das Fünffache der Gewichtskraft auf den Wagen.

12. Eine Kugel der Masse m wird lotrecht nach oben geworfen. Leiten Sie eine Formel für die Steighöhe h_{max} in Abhängigkeit von der Abwurfgeschwindigkeit v_0 her.

13. Ermittlung der Sprungkraft: Ein Schüler ($m = 75\,\text{kg}$) geht um 35 cm in die Hocke, beschleunigt nach oben und springt dann 80 cm hoch. Bestätigen Sie mithilfe der Gleichung $E = F\,s$ rechnerisch, dass die auf den 35 cm aufgebrachte durchschnittliche Sprungkraft etwa 2,4 kN beträgt.

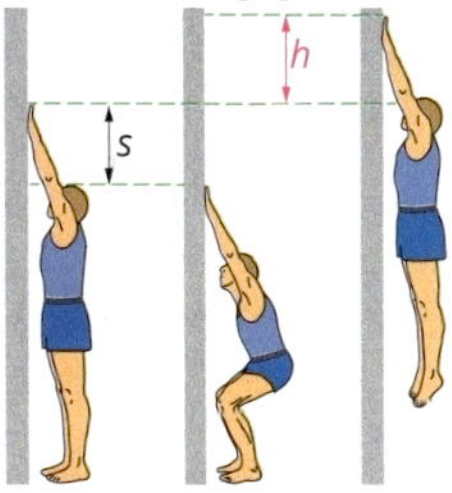

14. Ein Wagen ($m = 25\,\text{kg}$) wird reibungsfrei eine 5,0 m lange schiefe Ebene, die mit der Waagerechten einen Winkel von $\alpha = 30°$ bildet, hinaufgezogen.

a) Bestimmen Sie die parallel zur Ebene wirkende Zugkraft.

b) Berechnen Sie die Änderung der potenziellen Energie.

c) Berechnen Sie die Endgeschwindigkeit, die der Wagen beim reibungsfreien Herabrollen aus der Ruhe erreicht.

15. Auf einer Luftkissenfahrbahn, die auf ihrer Länge von 1,00 m (horizontal) einen Höhenunterschied von 5,0 cm besitzt, bewegt sich ein Gleiter der Masse $m = 200\,\text{g}$.

a) Bestimmen Sie die Hangabtriebskraft.

b) Berechnen Sie die Beschleunigung des Gleiters und damit die Geschwindigkeit nach 1 m bei Start aus der Ruhe.

c) Berechnen Sie die Geschwindigkeit mithilfe einer Energiebilanzgleichung.

AUFGABEN

1. Das Pumpspeicherwerk am Hengsteysee fördert mit gerade nicht benötigter Energie Wasser in ein höher gelegenes Becken. Bei Nachfrage kann Energie mithilfe von Turbine und Generator schnell zur Verfügung gestellt werden.

a) Berechnen Sie die im Becken ($V = 1{,}5 \cdot 10^6\ \text{m}^3$) gespeicherte Energie, wenn die mittlere Fallhöhe 155 m beträgt.

b) Ermitteln Sie, wie lange das Werk Energie liefern kann, wenn der Wirkungsgrad des Kraftwerks 80 % und die elektrische Leistung dann 153 MW betragen.

2. Bei Hochsprung-Wettkämpfen nutzen inzwischen alle Sportler den Flopsprung. Erklären Sie, warum das so ist.

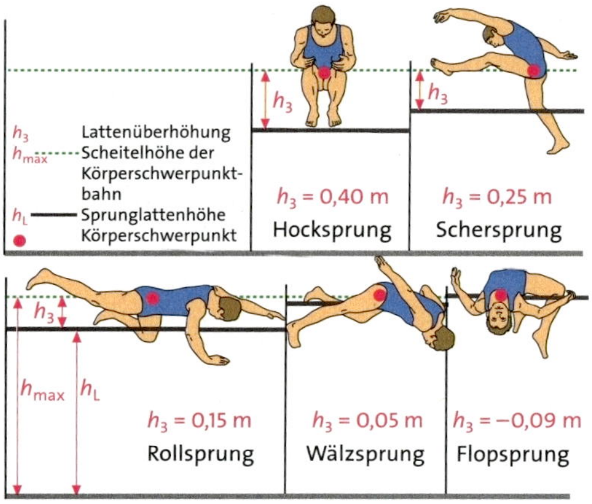

3. Beschreiben Sie die Bedeutung der drei Energiesäulen unterhalb der dargestellten Snowboardfahrt. Zeichnen Sie die vierte, noch fehlende Säule.

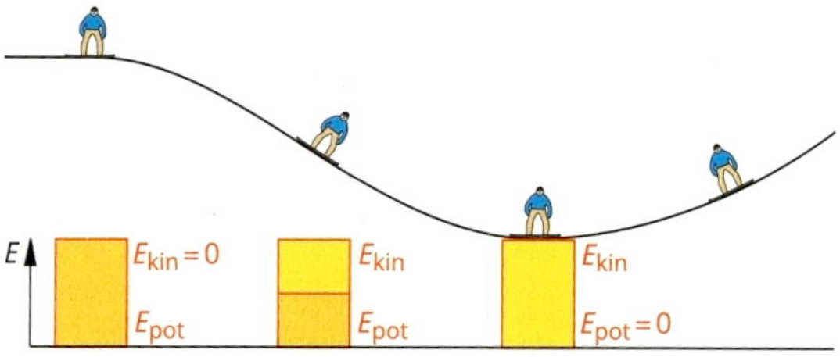

4. Eine hängende Schraubenfeder wird durch ein angehängtes Wägestück (m = 50 g) um s = 12,2 cm verlängert..

a) Bestätigen Sie rechnerisch, dass die Änderung der potenziellen Energie des Körpers und der Zuwachs an Spannenergie der Feder nicht gleich sind.

b) Die Messung der Dehnung s der Feder erfolgt zweimal: (I) das angehängte Wägestück wird mit der Hand herabgelassen, (II) das Wägestück wird nach dem Anhängen losgelassen. Erklären Sie die unterschiedlichen Ergebnisse aus Aufgabe a) mithilfe der folgenden Graphen.

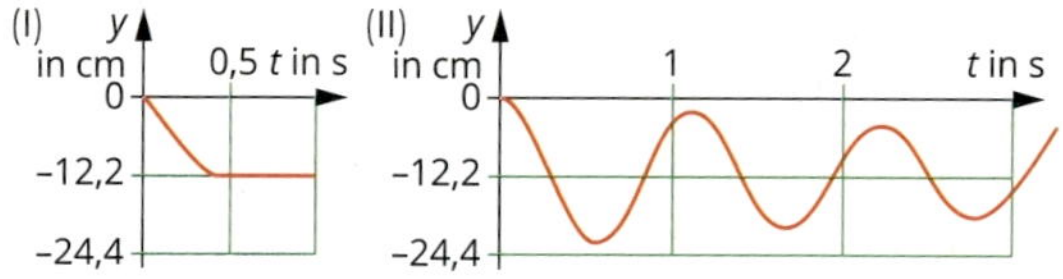

METHODE

Rechnen mit Einheiten

Beim Rechnen mit den *Werten* physikalischer Größen sind deren *Maßeinheiten* zu beachten. Die nachfolgende, allgemeingültige Schrittfolge zeigt die Beachtung der Einheiten bei einer nummerischen Rechnung.

Beispiel: Die Gleichung für die kinetische Energie wurde nach der gesuchten Masse m aufgelöst: $m = \frac{2E}{v^2}$.

1. Mit gegebenen Werten (E = 0,60 kJ, v = 20 m/s) lautet die **numerische Rechnung**

$$m = \frac{2 \cdot 0{,}60\,\text{kJ}}{(20\,\text{m/s})^2}.$$

2. Das Auflösen von Einheitenvorsätzen (hier: k = kilo = 1000) führt zu

$$m = \frac{2 \cdot 0{,}60 \cdot 1000\,\text{J}}{400\,\frac{\text{m}^2}{\text{s}^2}}.$$

3. Alle Einheiten lassen sich in der Regel auf einen einzigen Bruchstrich schreiben. In Bezug auf den Bruch m²/s² wird genutzt, dass eine Division durch den Bruch gleich der Multiplikation mit dem Kehrwert des Bruchs, also der Multiplikation mit s²/m², ist:

$$m = \frac{2 \cdot 0{,}60 \cdot 1000}{400} \cdot \frac{\text{J}\,\text{s}^2}{\text{m}^2}$$

4. Abgeleitete Einheiten werden in Basiseinheiten ausgedrückt. Mit J = kg m²/s² folgt in diesem Beispiel

$$m = \frac{2 \cdot 0{,}60 \cdot 1000}{400} \cdot \frac{\text{kg}\,\cancel{\text{m}^2}\,\cancel{\text{s}^2}}{\cancel{\text{s}^2}\,\cancel{\text{m}^2}}.$$

5. Es bleibt, die Maßzahlen zu verrechnen und die Einheiten zu kürzen, was zum gesuchten Wert von m = 3,0 kg mit passender Maßeinheit führt.

6. Stehen am Ende mehrere Basiseinheiten, so kann es sein, dass sich einige davon wieder zu abgeleiteten Einheiten zusammenfassen lassen.
Die Basiseinheiten lauten Meter (m), Sekunde (s), Kilogramm (kg), Ampere (A), Kelvin (K), Mol (mol) und Candela (cd).

AUFGABEN

1. Schreiben Sie in Basiseinheiten, vereinfachen Sie und fassen Sie ggf. zusammen:

a) $1{,}1\,\frac{\text{N}}{\text{kg}}$ $22\,\frac{\text{N}}{\text{t}}$ $3{,}3\,\frac{\text{m}^3\,\text{kg}\,\text{kg}}{\text{kg}\,\text{s}^2\,\text{m}^2}$ $4\,\frac{\text{t}\,\text{cm}}{\text{s}^2}$ $5\,\frac{\text{g}}{\text{s}^2}\,\text{m}$

b) $0{,}6\,\frac{\text{N}}{\text{g}}$ $7\sqrt{\frac{\text{kg}\,\text{m}}{\text{N}}}$ $8\,\frac{\text{g}\,\mu\text{m}}{\text{s}^2}$ $90\,\frac{\text{kg}\,\text{m}}{\text{min}^2}$ $10\,\frac{\text{kg}\,\text{m}}{\text{h}^2}$

c) $1{,}3\,\frac{\text{J}}{\text{m}}$ $2{,}7\,\frac{\text{kg}\,\text{m}^2}{\text{s}^2}$ $3{,}00\,\frac{\text{Wh}}{\text{s}}$ $4\,\frac{\text{J}}{\text{W}}$ $5\,\frac{\text{J}}{\text{W}\,\text{min}}$

d) $1\,\frac{\text{m}^2\,\text{kg}^2}{\text{kg}\,\text{s}^2\,\text{m}}$ $2\,\frac{\text{m}^3\,\text{g}\,\text{g}}{\text{kg}\,\text{s}^2\,\text{cm}^2}$ $3\,\frac{\text{kg}\,\text{cm}^2}{\text{s}^2}$ $4{,}0\,\frac{\text{kg}\,\text{km}^2}{\text{h}^2}$ $5{,}2\,\frac{\text{kg}\,\text{m}\,\text{cm}}{\text{h}^2}$

1.3.5 Energiestrom – Leistung

Bei vielen Anwendungen und Vorgängen ist es wichtig zu wissen, welcher Energiebetrag ΔE in einer bestimmten Zeit Δt einem System zugeführt bzw. entzogen wird. Wird z. B. beim Heben einer Last mit einem Kran vom Motor eine Kraft F ausgeübt und der Hubvorgang über die Strecke Δs in der Zeit Δt durchgeführt, so ist der Quotient $P = \Delta E/\Delta t$ ein Maß für die durchschnittliche in der Zeiteinheit zugeführte Energie. Bei diesem Vorgang fließt also Energie von dem System *Elektromotor des Krans* in das System *Last–Erde*.

Der **Energiestrom** oder die **Leistung *P*** ist der Quotient aus der zugeführten Energie ΔE und der Zeit Δt, in der dies geschieht: $P = \Delta E/\Delta t$.

Die Einheit des Energiestroms bzw. der Leistung ist $[P] = [\Delta E]/[\Delta t] = 1\,\text{Nm/s} = 1\,\text{J/s}$ und wird als Watt bezeichnet: $[P] = 1\,\text{J/s} = 1\,\text{W}$. Die Einheit Watt ist aus dem Umgang mit elektrischen Geräten vertraut. Insbesondere wird die elektrische Energie aufgrund der Beziehung $\Delta E = P\,\Delta t$ in den Einheiten Ws bzw. kWh angegeben:

$$1\,\text{kWh} = 10^3\,\text{W} \cdot 3600\,\text{s} = 3{,}6 \cdot 10^6\,\text{J}.$$

Wie im obigen Beispiel des Krans werden Motoren in zahlreichen Anwendungen eingesetzt, bei denen Kräfte ausgeübt werden: Lokomotiven ziehen Güterzüge, Fräsen bearbeiten Holz oder Metall usw. Der Zusammenhang der Leistung mit der Kraft wird erkennbar, wenn ΔE in der Definitionsgleichung $P = \Delta E/\Delta t$ durch $F\Delta s$ und der Term $\Delta s/\Delta t$ durch die Geschwindigkeit v ersetzt wird:

$$P = F\,\Delta s/\Delta t = F v.$$

Wird ein Körper unter Einwirkung einer konstanten Kraft F mit der Geschwindigkeit v bewegt, so ist bei diesem Vorgang die Leistung durch $P = F v$ gegeben.

Wird z. B. ein Fahrzeug von seinem Motor mit konstanter Leistung P beschleunigt, so nimmt die Geschwindigkeit v fortlaufend zu und aufgrund der Gleichung $P = F v$ die beschleunigende Kraft entsprechend ab. Dass trotz geringer werdender, aber immer noch vorhandener, beschleunigender Kraft die Geschwindigkeit einen endlichen Wert hat, liegt an der Reibungskraft. **Abb. 1** zeigt den iterativ berechneten Abfall der Beschleunigung sowie den Verlauf der Geschwindigkeit, die gegen einen Grenzwert strebt. Bei der Berechnung der beschleunigenden Kraft wird vereinfachend nur die Luftwiderstandskraft $F_L = \frac{1}{2} c_W \rho A v^2$ berücksichtigt, die mit dem Quadrat der Geschwindigkeit wächst, sodass sich für die beschleunigende Kraft ergibt:

$$F = P/v - F_L.$$

Diese Gleichung beschreibt zwei sich in gleicher Richtung auswirkende Effekte: die Verringerung der Motorkraft P/v aufgrund der zunehmenden Geschwindigkeit und die mit dem Geschwindigkeitsquadrat zunehmende Gegenkraft der Luftreibung.

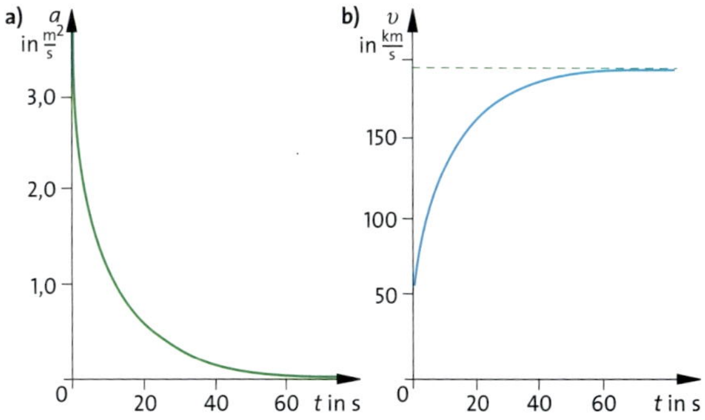

1 Unter der (idealisierten) Annahme einer von der Motordrehzahl unabhängigen Leistung von 100 kW werden für ein Auto der Masse 1600 kg iterativ **a)** die Beschleunigung und **b)** die Geschwindigkeit berechnet. Es gelten die Gleichungen $F(t) = P/v(t) - \frac{1}{2} c_W \rho A\, v^2(t)$, $a(t) = F(t)/m$ und $v(t + \Delta t) = v(t) + a(t)\,\Delta t$. Die Beschleunigung beginnt bei einer Anfangsgeschwindigkeit von 54 km/h.

AUFGABEN

1. Eine Diesellokomotive zieht mit der Kraft 60 000 N einen Güterzug auf ebener Strecke mit der konstanten Geschwindigkeit 50 km/h. Berechnen Sie die Energie, die die Maschine auf 1 km Länge aufbringt, und ihre Leistung (ohne Berücksichtigung der Reibung usw.).

2. Ein vollbeladener Lastenaufzug hat eine Masse von 1600 kg. Das Gegengewicht der Kabine hat eine Masse von nur 900 kg. Berechnen Sie die durchschnittliche Leistung des Motors, wenn der Aufzug aus der Ruhe in 3 Minuten auf eine Höhe von 54 m gebracht werden soll.

3. Ein Mann ($m = 80\,\text{kg}$) geht mit einer Geschwindigkeit $v = 6\,\text{km/h}$ auf einer Straße mit der Steigung $\alpha = 10°$ bergan. Berechnen Sie seine Leistung.

4. Ein Bootsmotor besitzt die Leistung 3000 W. Er treibt das Boot mit einer (konstanten) Geschwindigkeit von $v = 9\,\text{km/h}$ an. Berechnen Sie die Kraft (Wasserwiderstandskraft), die der Bewegung entgegenwirkt.

5. Ein Auto ($m = 1{,}2\,\text{t}$) wird vom Stand aus in 12 s auf 100 km/h beschleunigt. Berechnen Sie die mittlere beschleunigende Kraft, den Weg, auf dem die Endgeschwindigkeit erreicht wird, und die mittlere Leistung des Motors sowie die kinetische Energie des Autos nach 12 s.

6. Ein Lastwagen ($m = 3{,}5\,\text{t}$) fährt 4,8 km auf einer Straße mit 8 % Steigung mit 40 km/h bergauf.
   a) Berechnen Sie die Änderung der potenziellen Energie.
   b) Bestimmen Sie die mittlere Leistung des Motors, wenn man davon ausgeht, dass $\frac{1}{3}$ für die potenzielle Energie und $\frac{2}{3}$ für Reibungsenergie (Rollreibung, Luftwiderstand) zu veranschlagen sind.

MECHANIK

1.3.6 Impuls und Impulserhaltung

Zwei auf einer Luftkissenbahn zusammenstoßende Gleiter bilden ein abgeschlossenes System, an dem die Erhaltung der Größe *Impuls* untersucht werden soll.
Dabei werden die Stöße zwischen Körpern mit der folgenden Definition unterschieden:

- Ein Stoß heißt **elastisch**, wenn sich die Stoßpartner nach dem Stoß wieder trennen.
- Ein Stoß heißt **unelastisch**, wenn die Körper nach dem Zusammentreffen verbunden bleiben.
- Ein Stoß heißt **zentral**, wenn sich die stoßenden Körper (mit ihren Schwerpunkten) entlang einer gemeinsamen Geraden bewegen.

Bei zentralen Stößen werden entgegengesetzte Geschwindigkeiten und Impulse in Rechnungen durch unterschiedliche Vorzeichen berücksichtigt.

▶ **Versuch 1:** Auf einer Luftkissenfahrbahn starten zwei Gleiter, von denen einer an der Frontseite mit einem Federbügel versehen ist, mit verschiedenen und entgegengesetzt gerichteten Geschwindigkeiten (**Abb. 1**). Die Geschwindigkeiten v_1 und v_2 vor sowie v_1' und v_2' nach dem Stoß und die Massen der Gleiter werden bestimmt und die Impulse p_1 und p_2 vor sowie p_1' und p_2' nach dem Stoß berechnet.
Ergebnis: Die Summe der Impulse vor dem Stoß ist gleich der Summe der Impulse nach dem Stoß:

$$m_1 v_1 + m_2 v_2 = m_1 v_1' + m_2 v_2' \quad \text{oder}$$

$$p_1 + p_2 = p_1' + p_2'$$ ◀

Beim **zentralen elastischen Stoß** ist die Summe der Impulse vor dem Stoß gleich der Summe der Impulse nach dem Stoß: $p_1 + p_2 = p_1' + p_2'$.

▶ **Versuch 2** Beide Gleiter tragen an der Frontseite eine plastische Masse, sodass sie nach dem Stoß aneinandergekoppelt bleiben (**Abb. 2**). Bei verschiedenen Geschwindigkeiten und Massen werden die Impulse vor und nach dem Stoß bestimmt. Nach dem Stoß gilt für den Impuls der gekoppelten Gleiter $p' = (m_1 + m_2)\, v'$, wenn mit v' die gemeinsame Geschwindigkeit der beiden Gleiter bezeichnet wird.
Ergebnis: $m_1 v_1 + m_2 v_2 = (m_1 + m_2)\, v'$. ◀

Für die Geschwindigkeit v' folgt durch Umformung der Gleichung

$$v' = \frac{m_1 v_1 + m_2 v_2}{m_1 + m_2}\,.$$

Beim **zentralen unelastischen Stoß** ist die Summe der beiden Impulse vor dem Stoß gleich dem Impuls des Gesamtkörpers nach dem Stoß: $p_1 + p_2 = p'$.

Der Impuls ist eine Erhaltungsgröße

Beide Versuche, die sich allerdings auf Wechselwirkungen zwischen zwei Körpern längs einer Geraden beschränken, zeigen, dass der Impuls eine **Erhaltungsgröße** ist. Voraussetzung dafür ist, dass die Impulse *aller* an der Wechselwirkung beteiligten Körper berücksichtigt werden.

Impulserhaltungssatz:
In einem abgeschlossenen System ist die Summe der Impulse vor dem Stoß gleich der Summe der Impulse nach dem Stoß:

$$p_1 + p_2 = p_1' + p_2'$$

Eine räumlich begrenzte Anordnung von Körpern, die nur untereinander in Wechselwirkung stehen, wird als abgeschlossenes System bezeichnet.

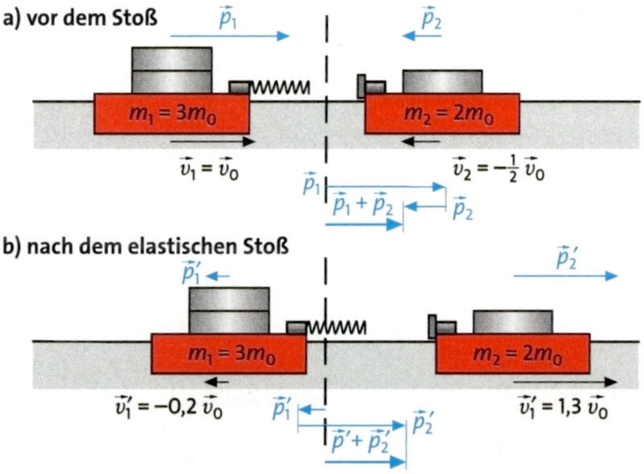

Simulation

1 Impulssumme beim zentralen elastischen Stoß:
a) vor dem Stoß: $3\,m_0 v_0 + 2\,m_0(-0{,}5\,v_0) = 2\,m_0 v_0$
b) nach dem Stoß: $3\,m_0(-0{,}2\,v_0) + 2\,m_0\,1{,}3\,v_0 = 2\,m_0 v_0$

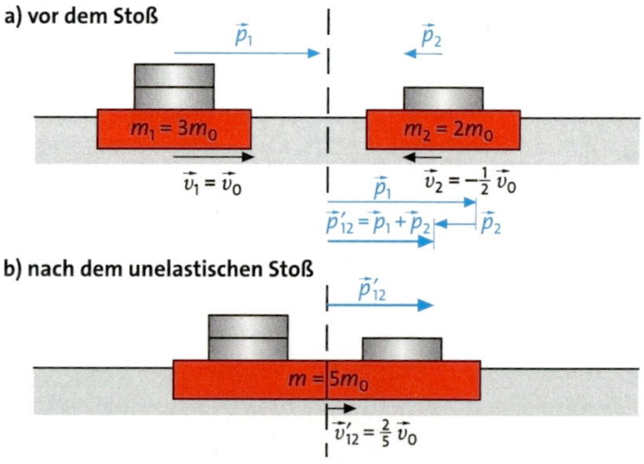

2 Impulssumme beim zentralen unelastischen Stoß:
a) vor dem Stoß: $3\,m_0 v_0 + 2\,m_0(-0{,}5\,v_0) = 2\,m_0 v_0$
b) nach dem Stoß: $5\,m_0(0{,}4\,v_0) = 2\,m_0 v_0$

Impuls und Energie

Der Impulserhaltungssatz und der zuvor schon erkannte Energieerhaltungssatz beschreiben die Erhaltung zweier unterschiedlicher Größen. Nachfolgend wird aufgezeigt, inwiefern bei den zuvor betrachteten Stoßprozessen auch die Energie erhalten bleibt.

Vor dem Stoß beträgt die Summe der kinetischen Energien der beiden Gleiter beim elastischen Stoß (Versuch 1, **Abb. 1**) und beim unelastischen Stoß (Versuch 2, **Abb. 2**) jeweils

$$E_{\text{kin}} = \frac{1}{2} m_1 v_1^2 + \frac{1}{2} m_2 v_2^2$$
$$= \frac{1}{2} \cdot 3\,m_0 \cdot v_0^2 + \frac{1}{2} \cdot 2\,m_0 \cdot \left(\frac{1}{2} v_0\right)^2 = 1{,}75\,m_0 v_0^2.$$

Beim zentralen **elastischen Stoß** ergibt sich *nach* dem Stoß eine kinetische Energie von

$$E'_{\text{kin}} = \frac{1}{2} m_1 v_1'^2 + \frac{1}{2} m_2 v_2'^2$$
$$= \frac{1}{2} \cdot 3\,m_0 (0{,}2\,v_0)^2 + \frac{1}{2} \cdot 2\,m_0 (1{,}3\,v_0)^2$$
$$= 1{,}75\,m_0 v_0^2,$$

die kinetische Energie bleibt also erhalten.

Anders lautet das Resultat beim zentralen **unelastischen Stoß**, bei dem die kinetische Energie *nach* dem Stoß nur

$$E'_{\text{kin}} = \frac{1}{2} (m_1 + m_2)\, v'^2$$
$$= \frac{1}{2} (3\,m_0 + 2\,m_0) \left(\frac{2}{5} v_0\right)^2 = 0{,}4\,m_0 v_0^2$$

beträgt.

Beim unelastischen Stoß bleibt die *mechanische Energie*, in diesem Fall die *kinetische Energie*, nicht erhalten. Es gilt jedoch weiterhin der *allgemeine Energieerhaltungssatz*, denn ein Teil der ursprünglichen kinetischen Energie wird in thermische Energie der beteiligten Körper umgewandelt.

Beim **zentralen elastischen Stoß** bleibt im Idealfall (*idealer elastischer Stoß*) die kinetische Energie erhalten:

$$E_{\text{kin}\,1} + E_{\text{kin}\,2} = E'_{\text{kin}\,1} + E'_{\text{kin}\,2}.$$

Diese Erkenntnis lässt sich zur Bestimmung der Geschwindigkeiten v_1' und v_2' nach einem elastischen Stoß nutzen. Es gelten Impuls- und Energieerhaltung, also:

$$m_1 v_1 + m_2 v_2 = m_1 v_1' + m_2 v_2' \quad \text{und}$$
$$\frac{1}{2} m_1 v_1^2 + \frac{1}{2} m_2 v_2^2 = \frac{1}{2} m_1 v_1'^2 + \frac{1}{2} m_2 v_2'^2.$$

Umformungen beider Gleichungen führen zu

$$m_1 (v_1 - v_1') = m_2 (v_2' - v_2) \quad \text{und}$$
$$m_1 (v_1^2 - v_1'^2) = m_2 (v_2'^2 - v_2^2).$$

Zur Auflösung dieses Gleichungssystems werden beide Seiten der zweiten Gleichung durch die Terme auf beiden Seiten der ersten Gleichung dividiert (Voraussetzung $v_1 \neq v_1'$):

$$v_1 + v_1' = v_2' + v_2, \text{ d. h. } v_2' = v_1 + v_1' - v_2 \text{ und } v_1' = v_2 + v_2' - v_1.$$

Eingesetzt in $m_1 (v_1 - v_1') = m_2 (v_2' - v_2)$ folgen

$$v_1' = \frac{m_1 v_1 + m_2 (2 v_2 - v_1)}{m_1 + m_2}, \quad v_2' = \frac{m_2 v_2 + m_1 (2 v_1 - v_2)}{m_1 + m_2}.$$

AUFGABEN

1. Ein stehender Güterwaggon ($m_1 = 20\,\text{t}$) wird von einem anderen ($m_2 = 30\,\text{t}$) mit einer Geschwindigkeit von $v_2 = 5\,\text{km/h}$ gerammt. Berechnen Sie die Geschwindigkeit der Waggons, die beim Zusammenstoß zusammenkoppeln.

2. Zwei Gleiter ($m_1 = 200\,\text{g}$, $m_2 = 500\,\text{g}$) bewegen sich mit $v_1 = 32\,\text{cm/s}$ und $v_2 = -21\,\text{cm/s}$ aufeinander zu. Bestimmen Sie die Geschwindigkeiten nach einem unelastischen Stoß.

3. Vater ($m_1 = 70\,\text{kg}$) und Tochter ($m_2 = 30\,\text{kg}$) stehen zusammen auf Schlittschuhen auf dem Eis und stoßen sich voneinander ab. Berechnen Sie den Abstand der beiden nach 5 s, wenn sich der Vater mit $v_1' = 0{,}3\,\text{m/s}$ wegbewegt.

4. **a)** Berechnen Sie die fehlenden Werte zu den Stoßvorgängen zweier Gleiter (elastische Stöße).
b) Beschreiben Sie das Geschehen beim 1. und beim 3. Stoßvorgang mit Bezug auf Bewegungsrichtungen.
c) Prüfen Sie, ob es sich um *ideal* elastische Stöße handelt.

m_1	1,5 kg	200 g	0,25 kg	1,5 kg
m_2	4,5 kg		0,45 kg	0,5 kg
v_1	2 m/s	1 m/s	120 cm/s	v_0
v_2	0 m/s	−4 m/s	15 cm/s	$-2\,v_0$
v_1'		−2 m/s		$-0{,}2\,v_0$
v_2'	1 m/s	2 m/s	90 cm/s	

5. Beurteilen Sie die Aussage, dass beim unelastischen Stoß der Energieerhaltungssatz nicht gelte.

6. Ein Körper der Masse $m_1 = 100\,\text{g}$ stößt zentral elastisch auf einen zweiten Körper unbekannter Masse m_2. Schätzen Sie anhand der in der Tabelle genannten Geschwindigkeiten jeweils, ob die Masse m_2 größer oder kleiner als m_1 ist.

	a)		b)		c)	
	v in m/s	**v' in m/s**	**v in m/s**	**v' in m/s**	**v in m/s**	**v' in m/s**
Körper 1	0,3	−0,3	0,5	−0,2	0,80	−0,79
Körper 2	−0,1	0,1	−0,2	0,5	0,00	0,01

7. Ein Wagen ($m_1 = 200\,\text{g}$) stößt elastisch mit der Geschwindigkeit v_1 auf einen ruhenden Wagen ($m_2 = 300\,\text{g}$).
a) Berechnen Sie, wie hoch der zweite Wagen nach einem elastischen Stoß mit $v_1 = 2\,\text{m/s}$ die Rampe hinauffährt.
b) Ermitteln Sie die mindestens erforderliche Geschwindigkeit v_1, damit die beiden Wagen nach einem unelastischen Stoß die komplette Rampe hinauffahren.

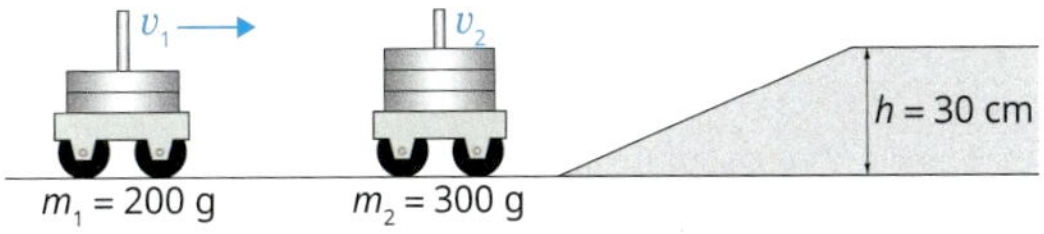

Stöße im Schwerpunktsystem

Da der Impulserhaltungssatz für Stöße bezüglich eines beliebigen Bezugssystems formuliert wurde, gilt er auch im *Schwerpunktsystem* der beiden Körper – und er hat dort eine besonders einfache Form.

Für den gemeinsamen Schwerpunkt S zweier Körper der Massen m_1 und m_2 gilt, dass er die Verbindungsstrecke l der Körper im umgekehrten Verhältnis der Massen teilt: $\frac{m_2}{m_1} = \frac{l_1}{l_2}$ (**Abb. 3**). Die Gleichung resultiert aus dem *Hebelgesetz* $m_1 l_1 = m_2 l_2$, welches die Größen bei einer im Gleichgewicht befindlichen Balkenwaage zueinander in Beziehung setzt.

Das genannte Verhältnis bleibt auch bei sich bewegenden Körpern stets erhalten, weshalb ebenso gilt, dass die Massen und die Geschwindigkeitsbeträge der Körper im Schwerpunktsystem im umgekehrten Verhältnis zueinander stehen:

$$\frac{m_2}{m_1} = \frac{|u_1|}{|u_2|}, \quad \text{d.h.} \quad m_1 |u_1| = m_2 |u_2|.$$

Im Schwerpunktsystem sind die Impulse zweier Körper also ständig betragsmäßig gleich groß – bei entgegengesetzten Richtungen.

Im Schwerpunktsystem sind die Impulse zweier Körper stets entgegengesetzt gleich groß. Es gilt zu jeder Zeit
$m_1 u_1 = -m_2 u_2$ und $p_1 = -p_2$ bzw. $p_1 + p_2 = 0$.

Für einen **zentralen elastischen Stoß** folgt wegen der Erhaltung der kinetischen Energie, dass sich bei einem Stoß bezüglich des Schwerpunktsystems einfach die Richtungen der Körper umkehren und die Geschwindigkeitsbeträge gleich bleiben: $u_1' = -u_1$ und $u_2' = -u_2$.

Die Erkenntnis ist hilfreich bei der Betrachtung des elastischen Stoßes aus einem beliebigen anderen System. Die Geschwindigkeit v eines Körpers in einem System, zu dem sich das Schwerpunktsystem mit der Geschwindigkeit v_S bewegt, beträgt $v = u + v_S$ bzw. $u = v - v_S$. Für die Geschwindigkeit v_1' eines Körpers nach einem elastischen Stoß gilt dann

$$v_1' = u_1' + v_S = -u_1 + v_S = -(v_1 - v_S) + v_S = -v_1 + 2\,v_S.$$

Auf gleiche Weise ergibt sich $v_2' = -v_2 + 2\,v_S$.

Beim **zentralen elastischen Stoß** zweier Körper (Massen m_1, m_2) mit den Geschwindigkeiten v_1 und v_2 gelten für die Geschwindigkeiten der Körper nach dem Stoß $v_1' = -v_1 + 2\,v_S$ und $v_2' = -v_2 + 2\,v_S$.
v_S ist die Geschwindigkeit des gemeinsamen Schwerpunkts der beiden Körper.

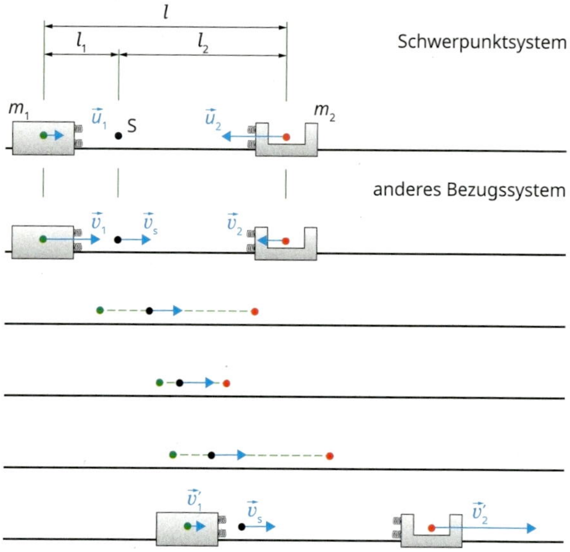

3 Der gemeinsame Schwerpunkt S zweier Gleiter teilt die Verbindungsstrecke zwischen beiden stets im umgekehrten Verhältnis der Gleitermassen ($m_2 : m_1 = l_1 : l_2$). Bezüglich eines anderen Bezugssystems bewegt sich der Schwerpunkt S mit konstanter Geschwindigkeit v_S.

Schwerpunktsatz: Aus $p_1 = -p_2$ im Schwerpunktsystem bzw. $m_1 u_1 = -m_2 u_2$ folgt $m_1\,(v_1 - v_S) = -m_2\,(v_2 - v_S)$ und nach ein paar Umformungen $v_S = \frac{m_1 v_1 + m_2 v_2}{m_1 + m_2}$.

Wegen der Impulserhaltung $m_1 v_1 + m_2 v_2 = m_1 v_1' + m_2 v_2'$ ist die Geschwindigkeit v_S nach einem Stoß genauso groß wie vor dem Stoß (**Abb. 3**) und es gilt allgemein:

Schwerpunktsatz: Die Geschwindigkeit v_S des Schwerpunkts eines abgeschlossenen Systems ist konstant und ändert sich durch innere Wechselwirkung nicht. Vor und nach dem Stoß zweier Körper bewegt sich der Schwerpunkt S mit der konstanten Geschwindigkeit $v_S = \frac{m_1 v_1 + m_2 v_2}{m_1 + m_2}$.

Beispiel: Zwei Gleiter ($m_1 = 600\,\text{g}$, $m_2 = 200\,\text{g}$) bewegen sich aus einem Abstand von $l = 24{,}0\,\text{cm}$ mit den Geschwindigkeiten $v_1 = 0{,}40\,\text{m/s}$ und $v_2 = -0{,}20\,\text{m/s}$ aufeinander zu (**Abb. 3**). Der Schwerpunkt S teilt die Strecke l nach dem Verhältnis der Massen $m_2 : m_1 = 3 : 1$ im Verhältnis $l_1 : l_2 = 1 : 3$. Entsprechend gelten $l_1 = \frac{1}{1+3} l = \frac{1}{4} l = 6\,\text{cm}$ und $l_2 = \frac{3}{4} l = 18\,\text{cm}$. Der gemeinsame Schwerpunkt bewegt sich vor und nach Stoß mit konstant $v_S = 0{,}25\,\text{m/s}$. Der Zusammenstoß erfolgt elastisch und führt zu $v_1' = 0{,}1\,\text{m/s}$ und $v_2' = 0{,}7\,\text{m/s}$. Im Schwerpunktsystem betragen die Geschwindigkeiten $u_1 = 0{,}15\,\text{m/s}$, $u_2 = -0{,}45\,\text{m/s}$ sowie $u_1' = -0{,}15\,\text{m/s}$, $u_2' = 0{,}45\,\text{m/s}$.

Real elastische Stöße

Zwischen den Grenzfällen des *idealen elastischen Stoßes* und des *unelastischen Stoßes* gibt es infolge von Reibung

real elastische Stöße, die von der Elastizität der Stoßpartner gekennzeichnet sind. Bei einem real elastischen Stoß gilt der Impulserhaltungssatz, die Summen der kinetischen Energien vor und nach dem Stoß sind jedoch nicht gleich. Bezüglich des Schwerpunktsystems zweier Stoßpartner werden beide Geschwindigkeiten nach dem Stoß um den gleichen Faktor e kleiner:

$$e = |u_1'|/|u_1| = \frac{|u_2'|}{|u_2|}.$$

Elastischer Stoß senkrecht auf eine Wand

Wenn ein Gummiball der Masse m_1 senkrecht auf eine Wand geworfen wird (Geschwindigkeit v_1), dann prallt er in entgegengesetzter Richtung mit betragsmäßig (annähernd) gleicher Geschwindigkeit zurück: $v_1' = -v_1$ (**Abb. 4**). Die Beobachtung lässt sich mithilfe des Impulserhaltungssatzes begründen. Die Gleichungen für die Geschwindigkeiten v_1' und v_2' beim zentralen elastischen Stoß beschreiben auch den elastischen Stoß eines Körpers mit einer Wand. Die Wand ruht ($v_2 = 0\,\text{m/s}$), womit folgt:

$$v_1' = \frac{m_1 v_1 + m_2(-v_1)}{m_1 + m_2} \text{ und } v_2' = \frac{m_1(2v_1)}{m_1 + m_2}.$$

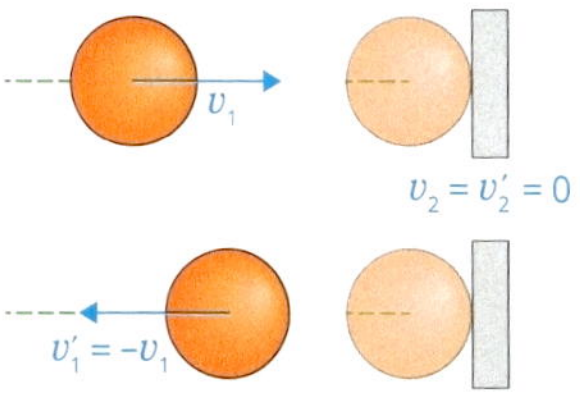

4 Ein senkrecht auf eine Wand geworfener Gummiball fliegt mit entgegengesetzt gleichgroßer Geschwindigkeit fort.

Division von Zähler und Nenner durch m_2 ergeben:

$$v_1' = \frac{\frac{m_1}{m_2} v_1 - v_1}{\frac{m_1}{m_2} + 1} \text{ und } v_2' = \frac{\frac{m_1}{m_2}(2v_1)}{\frac{m_1}{m_2} + 1}.$$

In beiden Gleichungen findet sich der Quotient $\frac{m_1}{m_2}$. Die Masse des Gummiballs m_1 ist vergleichen mit der Masse der Wand m_2, die zudem noch mit der Erde verbunden ist (System Wand – Erde), sehr gering, sodass der Quotient $\frac{m_1}{m_2}$ annähernd null ist. Damit folgen aus den Gleichungen die mit der Erfahrung übereinstimmenden Ergebnisse, dass der Körper mit entgegengesetzter Geschwindigkeit von der Wand reflektiert wird ($v_1' = -v_1$) und dass sich die Wand nicht bewegt ($v_2' = v_2 = 0\,\text{m/s}$).

AUFGABEN

1. Zwei Gleiter auf der Luftkissenbahn ($m_1 = 100\,\text{g}$, $m_2 = 300\,\text{g}$) haben vor dem Stoß die Geschwindigkeiten $v_1 = 80\,\text{cm/s}$ und $v_2 = -20\,\text{cm/s}$. Berechnen Sie die Geschwindigkeit(en)
a) der beiden Gleiter nach einem unelastischen Stoß,
b) des Schwerpunkts v_S,
c) der beiden Gleiter nach einem elastischen Stoß mittels v_S,
d) u_1, u_2, u_1' und u_2' im Schwerpunktsystem der beiden Gleiter. Beschreiben Sie eine Auffälligkeit.

2. Ermitteln Sie den Abstand des gemeinsamen Schwerpunkts S vom Schwerpunkt des Körpers größerer Masse.
a) $m_1 = 1\,\text{kg}$, $m_2 = 2\,\text{kg}$, Abstand $l = 1\,\text{m}$,
b) $m_1 = 1\,\text{kg}$, $m_2 = 3\,\text{kg}$, Abstand $l = 1\,\text{m}$,
c) Erde – Mond; vergleichen Sie mit dem Erdradius.

3. **Zwei** Luftkissengleiter ($m_1 = 300\,\text{g}$, $m_2 = 700\,\text{g}$) sind per Bindfaden verbunden. Eine Feder ($D = 100\,\text{N/m}$) wird um 2 cm zusammengedrückt und zwischen die beiden gespannt. Der Faden wird durchgeschnitten. Berechnen Sie die Geschwindigkeiten der Gleiter nach dem vollständigen Entspannen der Feder.

4. *Ballistisches Pendel:* Vor der Entwicklung elektronischer Zeitmessung wurde die Geschwindigkeit von Geschossen z. B. mit einem solchen Pendel ermittelt: Ein Geschoss ($m = 9{,}5\,\text{g}$) trifft auf einen Pendelkörper ($M = 5{,}4\,\text{kg}$) und bleibt dort stecken. Pendelkörper und Geschoss schwingen gemeinsam um $h = 6{,}3\,\text{cm}$ in die Höhe. Aus den Angaben soll die Geschwindigkeit des Geschosses v ermittelt werden.
a) Stellen Sie dazu die Impulsbilanzgleichung für den Stoß des Geschosses mit dem Pendelkörper auf,
b) sowie die Energiebilanz für die Pendelschwingung.
c) Kombinieren Sie beide Gleichungen zur Ermittlung von v und berechnen sie v.
d) Beurteilen Sie den Gesamtvorgang im Hinblick auf die Erhaltung mechanischer Energie.

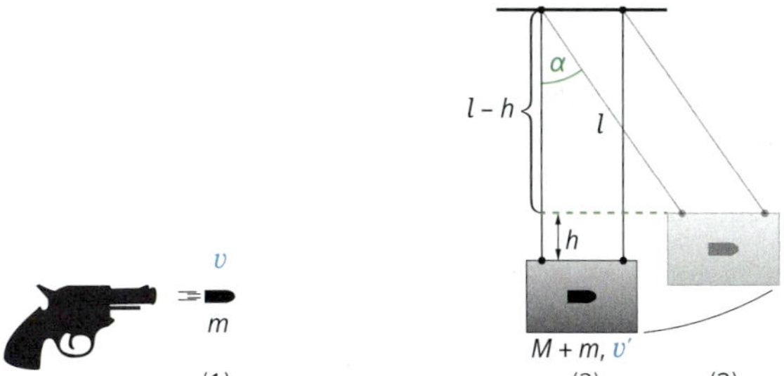

(1) (2) (3)

e) Anstelle von h wird der Auslenkwinkel α gemessen. Leiten Sie bei gegebener Fadenlänge l einen Zusammenhang zwischen h und α her.

5. Ermitteln Sie anhand der stroboskopischen Aufnahme einer springenden Stahlkugel die Stoßzahl $e = v'/v$. Nutzen Sie, dass zwischen Fallhöhe h und Auftreffgeschwindigkeit v die Beziehung $v = \sqrt{2gh}$ gilt.

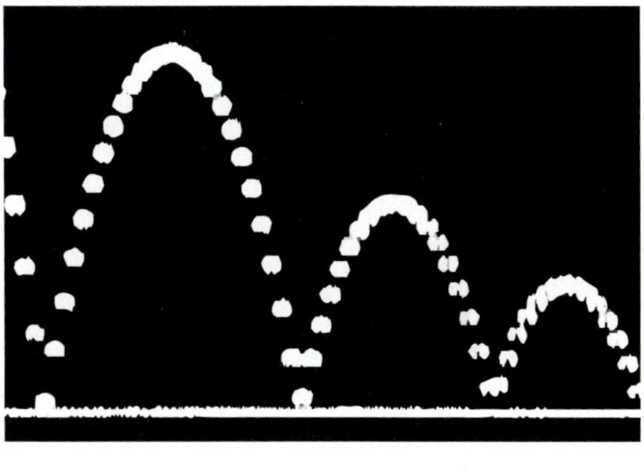

1.3.7 Impulserhaltung in der Ebene

Wenn eine Billardkugel eine andere Kugel streift, ein Handball vom Torpfosten abprallt oder ein Tennisball aufgeschlagen wird, dann finden die Bewegungen und die Wechselwirkung von Körpern nicht längs einer gemeinsamen Geraden statt. Vielmehr wird die Vektoreigenschaft der Größe Impuls deutlich, nach der Impulse und Impulsänderungen eine Richtung in der Ebene oder im Raum haben.

▶ **Versuch:** Der Stoß zwischen zwei Kugeln unterschiedlicher Masse und Geschwindigkeit in der Ebene wird als stroboskopische Aufnahme festgehalten (**Abb. 1a**).
Auswertung 1: Mithilfe eines Maßstabs und der Blitzfrequenz $30\,s^{-1}$ ergeben sich die Beträge der Geschwindigkeiten und mit $p = m\,v$ die Beträge der Impulse (**Abb. 1b**). Die Richtung eines Impulses $\vec{p}$ ist nach $\vec{p} = m\,\vec{v}$ gleich der Richtung der Geschwindigkeit $\vec{v}$. Die vektorielle Addition der beiden Kugelimpulse vor dem Stoß, $\vec{p}_1 + \vec{p}_2$, ergibt den gleichen Vektor wie die vektorielle Addition der beiden Impulse nach dem Stoß, $\vec{p}\,'_1 + \vec{p}\,'_2$.
Es gilt also $\vec{p}_1 + \vec{p}_2 = \vec{p} = \vec{p}\,' = \vec{p}\,'_1 + \vec{p}\,'_2$.

Auswertung 2: Auf den Verbindungsstrecken der Kugeln von gleichzeitigen Aufnahmen wird jeweils der gemeinsame Schwerpunkt eingetragen. Der geradlinige Verlauf der Schwerpunktbahn mit Punkten in gleichen Abständen vor und nach dem Stoß zeigt, dass sich der Schwerpunkt entsprechend dem Schwerpunktsatz auch in der Ebene gleichförmig bewegt (**Abb. 1c**). ◀

Die am Stoß zweier Kugeln gewonnene Erkenntnis, dass der Impulserhaltungssatz auch in der Ebene gilt, lässt sich verallgemeinern auf n Körper und Vektoren, die auch im Raum liegen können:

Allgemeiner Impulserhaltungssatz: In einem abgeschlossenen System aus n Körpern ist die (vektorielle) Summe der Impulse zeitlich konstant:

$$\vec{p}_1 + \vec{p}_2 + \vec{p}_3 + \ldots + \vec{p}_n = \text{konstant}.$$

Aus der vektoriellen Formulierung des Impulserhaltungssatzes ergibt sich, dass der Impuls auch komponentenweise erhalten bleibt. In einem räumlichen Koordinatensystem ist also jeweils die Summe der x-Komponenten, der y-Komponenten und der z-Komponenten zeitlich konstant und es gilt:

$$p_x = p'_x, \;\; p_y = p'_y, \;\; p_z = p'_z.$$

Beispiel Reflexion an einer Wand

Mithilfe des Impulserhaltungssatzes lässt sich zeigen, dass der Einfallswinkel α beim schiefen elastischen Stoß eines Körpers mit einer Wand gleich dem Reflexionswinkel β ist. Dazu wird der Impulsvektor in eine Komponente parallel und eine Komponente senkrecht zur Wand zerlegt. Durch diese beiden Vektoren ist eine Ebene, die sogenannte Einfallsebene, definiert, die senkrecht zur Wand steht (**Abb. 2**). Aus dem Impulserhaltungssatz folgt, dass die Komponente des Impulses parallel zur Wand beim Stoß unverändert bleibt: $\vec{p}_{par} = \vec{p}\,'_{par}$. Für die senkrechte Impulskomponente gilt $\vec{p}_{senk} = -\vec{p}\,'_{senk}$, was auf der gegenüber der Masse des stoßenden Körpers sehr viel größeren Masse der Wand beruht.

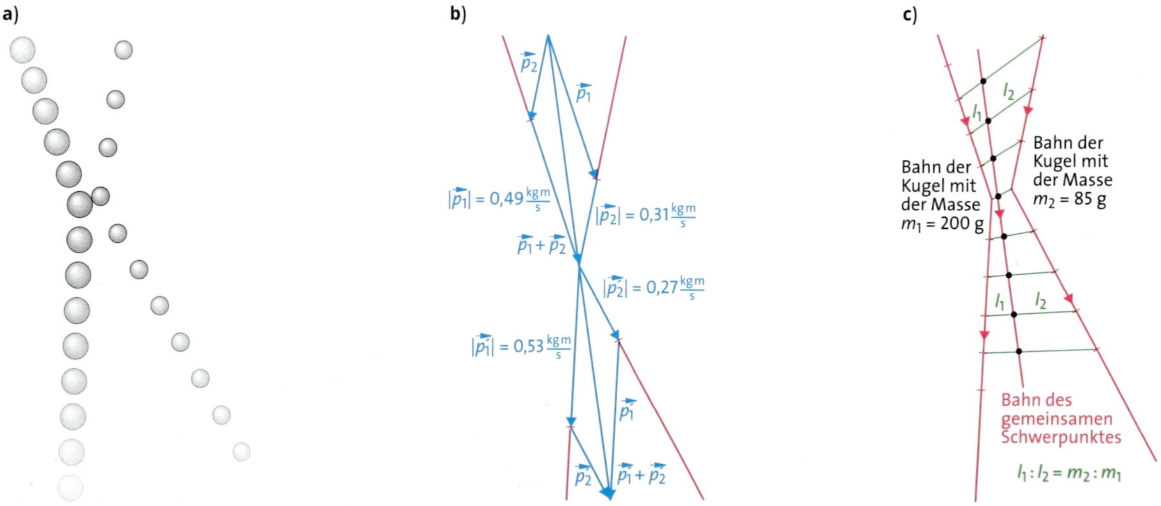

1 a) Stroboskopische Aufnahme des elastischen Stoßes zweier Kugeln, die von oben ins Bild eintreten.
b) Das Vektordiagramm der Impulse zeigt die Impulserhaltung in der Ebene, da die Vektoren $\vec{p}_1 + \vec{p}_2$ und $\vec{p}\,'_1 + \vec{p}\,'_2$ gleich sind.
c) Der gemeinsame Schwerpunkt der Kugeln S bewegt sich geradlinig und mit konstanter Geschwindigkeit.

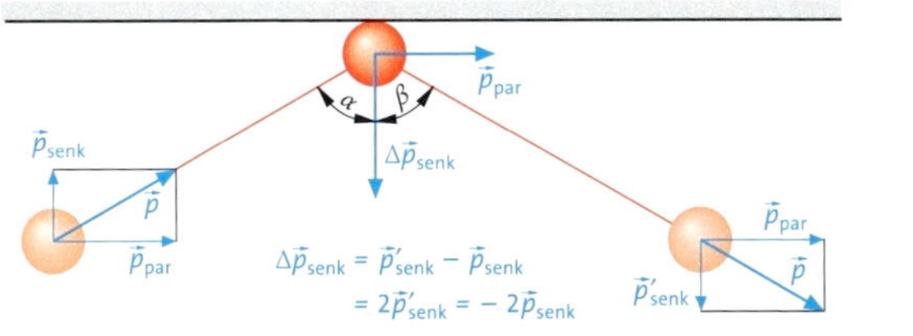

2 Schiefer elastischer Stoß mit einer Wand. Es gilt das Reflexionsgesetz Einfallswinkel α = Reflexionswinkel β, da $\tan\alpha = p_{par}/p_{senk}$ und $\tan\beta = p'_{par}/p'_{senk}$ mit $\vec p_{par} = \vec p'_{par}$ und $\vec p_{senk} = -\vec p'_{senk}$.

Das bedeutet, dass auch nach der Reflexion der Vektor des Impulses p' bzw. der Geschwindigkeit v' in der Einfallsebene liegt. Für den Winkel α gilt $\tan(\alpha) = p_{par}/p_{senk}$, für den Reflexionswinkel $\tan(\beta) = p'_{par}/p'_{senk}$. Wegen der Beziehungen zwischen den Impulskomponenten folgt $\alpha = \beta$, was dem Reflexionsgesetz der Optik entspricht.

Beispiel: Elastischer Stoß kleiner Teilchen

Elastische Stöße lassen sich auch in der Atom- und Elementarteilchenphysik, also bei Versuchen mit Neutronen, Protonen oder kleineren Objekten beobachten. Experimentelle Befunde stimmen dabei mit Vorhersagen der Erhaltungssätze überein. Für den elastischen Stoß eines schnellen Protons mit einem ruhenden Proton (Wasserstoffkern) beispielweise gilt:

$$\vec p_1 = \vec p\,'_1 + \vec p\,'_2 \quad \text{und} \quad E_{kin\,1} = E'_{kin\,1} + E'_{kin\,2}$$

Da die Masse der beteiligten Teilchen gleich ist, folgt nach Division beider Gleichungen durch m:

$$\vec v_1 = \vec v\,'_1 + \vec v\,'_2 \quad \text{und} \quad (v_1)^2 = (v'_1)^2 + (v'_2)^2.$$

Die zweite Gleichung stellt den Satz des Pythagoras dar, weshalb der Winkel zwischen den Teilchenbahnen nach dem Stoß 90° beträgt (**Abb. 3**). Die (näherungsweise) rechten Winkel finden sich in der Aufnahme aus einer Blasenkammer wieder (**Abb. 4**).

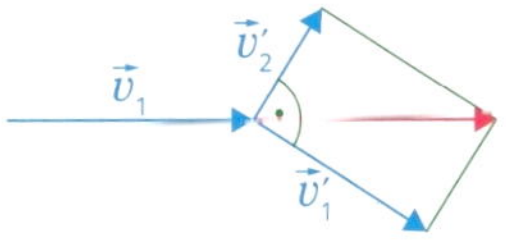

3 Ein Proton stößt auf ein anderes, ruhendes Proton. Der Winkel zwischen den Bahnen nach dem Stoß beträgt 90°.

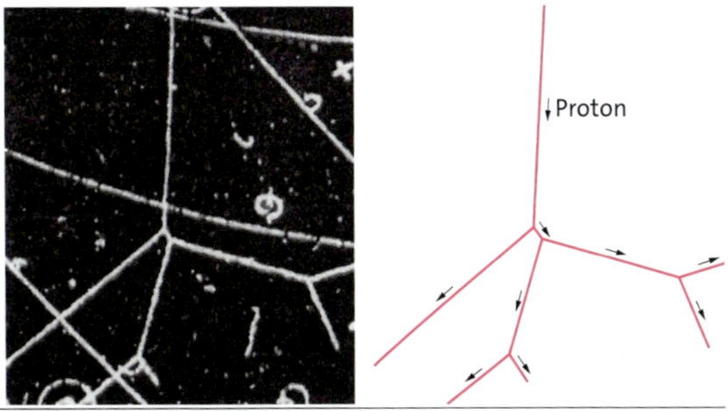

4 In einer Blasenkammer stößt ein vom oberen Bildrand einfallendes Proton elastisch auf ruhende Protonen. Die Winkel zwischen den Bahnen nach einem Stoß betragen alle etwa 90°.

Beispiel: Kollision zweier Autos als unelastischer Stoß in der Ebene

Auf einer Kreuzung prallen bei eisglatter Fahrbahn ein Transporter (m_1 = 2,20 t, v_1 = 45 km/h) und ein Kleinwagen (m_2 = 0,90 t, v_2 = 62 km/h) zusammen (**Abb. 5a**). Dabei verkeilen sie sich ineinander und rutschen gemeinsam weiter. Die beiden Impulse $\vec p_1$ und $\vec p_2$ mit den Beträgen $p_1 = m_1 v_1 = 27{,}5 \cdot 10^3\,\text{kg m/s}$ und $p_2 = m_2 v_2 = 15{,}5 \cdot 10^3\,\text{kg m/s}$ stehen senkrecht aufeinander und addieren sich vektoriell (**Abb. 5b**). Daraus folgt für den Winkel α, gemessen gegen die ursprüngliche Fahrtrichtung des Transporters:

$$\tan\alpha = \frac{p_2}{p_1} = 0{,}564, \quad \text{also} \quad \alpha = \arctan(0{,}564) = 29{,}4°.$$

Der Betrag des Impulses ist nach dem Satz des Pythagoras $p' = \sqrt{p_1^2 + p_2^2} = 31{,}6 \cdot 10^3 \frac{\text{kg m}}{\text{s}}$.
Damit ergibt sich für die gemeinsame Geschwindigkeit

$$v' = \frac{p}{m_1 + m_2} = 37\,\frac{\text{km}}{\text{h}}.$$

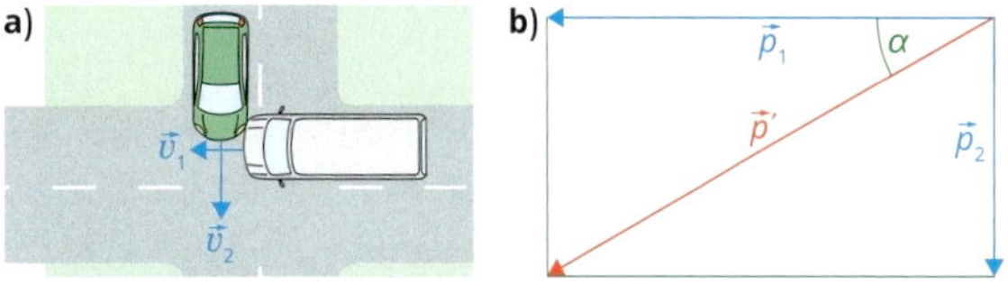

5 a) Kollision auf einer Kreuzung
b) Die Impulse $\vec p_1$ und $\vec p_2$ addieren sich vektoriell zum Impuls $\vec p\,'$.

AUFGABEN

1. Eine Explosion zersprengt einen Stein. Zwei Stücke fliegen rechtwinklig zueinander fort, das erste (m_1 = 1,0 kg) mit v_1 = 12 m/s, das zweite (m_2 = 2,0 kg) mit v_2 = 8,0 m/s.
a) Ermitteln Sie mithilfe eines Diagramms der Impulsvektoren die Geschwindigkeit des dritten Stücks (m_3 = 0,5 kg).
b) Ermitteln Sie die Winkel zwischen den Flugbahnen.

2. Die im Lehrtext beschriebene Kollision zweier Autos geschehe mit einem Pkw (1,5 t) und einem Lkw (38 t) bei $v_1 = v_2$ = 50 km/h. Bestimmen Sie die gemeinsame Geschwindigkeit nach der Kollision sowie den Winkel α.

3. Das Vektordiagramm der Impulse zeigt den Stoß einer Billardkugel gegen eine andere Billardkugel gleicher Masse.
a) Beschreiben Sie den Stoßvorgang qualitativ mit Bezug auf die Bewegungsrichtungen und die Geschwindigkeitsbeträge der beiden Kugeln.
b) Stellen Sie eine Gleichung mit den Impulsen $\vec p, \vec p\,', \vec p\,'_1$ und $\vec p\,'_2$ auf: $\vec p$ = ...
c) Berechnen Sie p'_1 für β = 60° und p = 8 kg m/s.
d) Geben Sie für jede Kugel an, in welche Richtung eine Kraft beim Zusammenstoß auf sie wirkt.

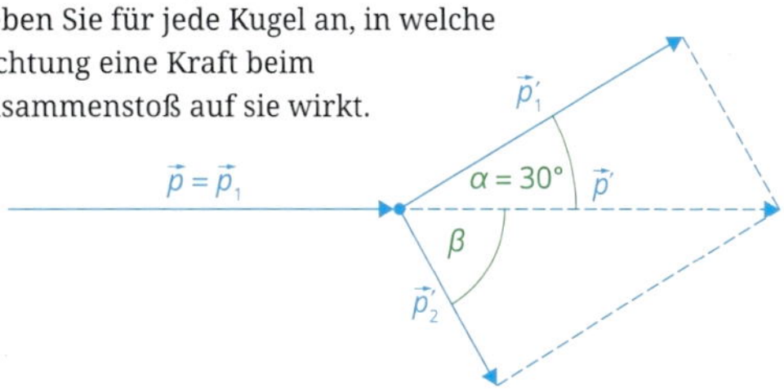

1.3.8 Rückstoßprinzip

Tintenfische können sich ruckartig durch das Wasser bewegen mithilfe eines aus einer Muskeldüse nach hinten ausgestoßenen Wasserstrahls. Das gleiche Antriebsprinzip kommt bei Strahltriebwerken von Düsenflugzeugen und bei Raketenmotoren zur Anwendung; dort werden heiße Gase mit sehr hoher Geschwindigkeit ausgestoßen.

Raketenantrieb

Es wird der von einer Rakete erreichte Zuwachs an Geschwindigkeit Δv durch das Ausströmen von Gasen der Masse Δm in einer kurzen Zeit Δt ermittelt. Die Gase strömen mit der Geschwindigkeit w ($w > 0$) *relativ* zur Rakete aus (**Abb. 1**). Die Rakete der Masse m bewegt sich mit der Geschwindigkeit v und hat entsprechend einen Impuls $p = mv$. Nach der Zeit Δt hat die Rakete eine kleinere Masse ($m - \Delta m$) und eine größere Geschwindigkeit ($v + \Delta v$). Der Gesamtimpuls p bleibt bei diesem Vorgang erhalten:

$$mv = (m - \Delta m)(v + \Delta v) + \Delta m\,(v - w)$$
$$= mv + m\Delta v - \Delta m v - \Delta m \Delta v + \Delta m v - \Delta m w, \text{ also}$$
$$0 = m\Delta v - \Delta m w - \Delta m \Delta v.$$

Das Produkt $\Delta m \Delta v$ aus geringer Masse der Gase und geringer Geschwindigkeitsänderung der Rakete ist vernachlässigbar, sodass folgt:

$$0 = m\Delta v - \Delta m w, \text{ d. h.:}$$
$$\Delta v = \frac{\Delta m w}{m} \quad (\Delta v > 0, \text{ da } w > 0).$$

Auffällig an dieser Gleichung ist, dass der Geschwindigkeitszuwachs Δv nicht von der ursprünglichen Geschwindigkeit v abhängt, sondern lediglich von der momentanen Masse m der Rakete. Die Änderung Δv ist also eine Funktion von m. Wird der Vorgang im Schwerpunktsystem aller Bestandteile einer Rakete beschrieben, so ergibt sich die Gleichung für den Geschwindigkeitszuwachs Δv direkt. Zunächst bewegen sich Rakete und Treibstoff gemeinsam, sie ruhen also bezogen auf ihren gemeinsamen Schwerpunkt und es gilt entsprechend $p = 0$. Nach Ausstoß der Gase haben diese einen Impuls von $\Delta m\,(-w)$ und der Raketenimpuls hat sich zu $m\Delta v$ verändert, was als Impulsbilanz $0 = m\Delta v - \Delta m w$ ergibt.

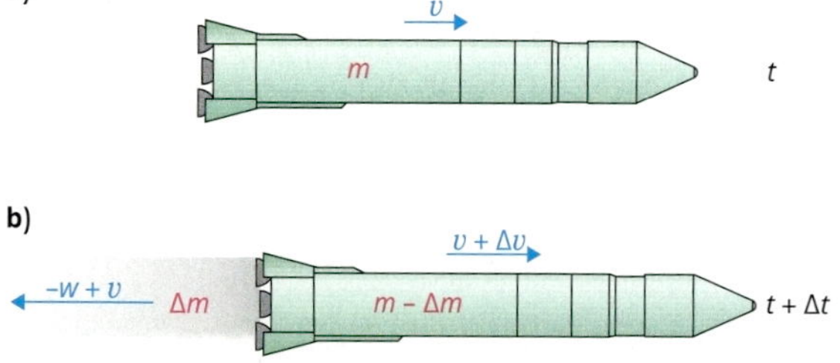

1 Raketenantrieb: Die Verbrennungsgase werden mit der Geschwindigkeit w ausgestoßen, wodurch sich die Geschwindigkeit der Rakete um Δv erhöht.
Die Masse der Rakete nimmt in der Zeit Δt um die Masse Δm der ausgestoßenen Gase ab.

Schubkraft und Beschleunigung: Die Division obiger Gleichung durch die für den Massenausstoß benötigte kurze Zeit Δt ergibt eine massenabhängige, momentane Beschleunigung a von

$$a(m) = \frac{\Delta v}{\Delta t} = \frac{\Delta m w}{m \Delta t}.$$

Die Beziehung $F = ma$ liefert dazu die (massenunabhängige) Schubkraft

$$F = ma = w\,\frac{\Delta m}{\Delta t}.$$

Raketenstart von der Erde: Beim Start einer Rakete von der Erdoberfläche ist die – mit zunehmender Flughöhe abnehmende – Erdanziehung in Form der Gewichtskraft $F_G = mg$ auf die Rakete bzw. in Form des Ortsfaktors g zu berücksichtigen. Die Startbeschleunigung beträgt zunächst

$$a(m) = \frac{\Delta m w}{m \Delta t} - g.$$

Beispiel: Im Juli 1969 startete die 111 m hohe und zunächst 2900 t schwere Saturn-V-Rakete zur ersten Landung auf dem Mond. Der Massenfluss $\frac{\Delta m}{\Delta t}$ betrug 15 t/s und die Verbrennungsgase strömten mit der Geschwindigkeit $w = 2{,}8$ km/s aus.
Die beschleunigende Kraft beim Start ergibt sich dann zu
$F = 2{,}8 \cdot 10^3\,\frac{\mathrm{m}}{\mathrm{s}} \cdot 15 \cdot 10^3\,\frac{\mathrm{kg}}{\mathrm{s}} - 2{,}9 \cdot 10^6\,\mathrm{kg} \cdot 9{,}81\,\frac{\mathrm{m}}{\mathrm{s}^2} = 13{,}5 \cdot 10^6\,\mathrm{N}$
und die Startbeschleunigung betrug

$$a(2900\,\mathrm{t}) = \frac{2{,}8 \cdot 10^3\,\frac{\mathrm{m}}{\mathrm{s}} \cdot 15 \cdot 10^3\,\frac{\mathrm{kg}}{\mathrm{s}}}{2{,}9 \cdot 10^6\,\mathrm{kg}} - 9{,}81\,\frac{\mathrm{m}}{\mathrm{s}^2} = 4{,}7\,\frac{\mathrm{m}}{\mathrm{s}^2}.$$

Raketengleichung: Die gesamte Geschwindigkeitsänderung beim Beschleunigen von einer Geschwindigkeit v_0 auf eine neue Geschwindigkeit v lässt sich näherungsweise aus der Summation von n Änderungen $\Delta v_i = \Delta v(m_i)$ berechnen ($i = 1, 2, 3, \ldots, n$):

$$\Delta v = v - v_0 = \sum_{i=1}^{n} \Delta v(m_i) = \sum_{i=1}^{n} \frac{\Delta m w}{m_0 - i \cdot \Delta m}$$

Dabei ist m_0 die Raketenmasse zu Beginn des Vorgangs. Der Übergang zur Integralrechnung ergibt:

$$\Delta v = v - v_0 = \int_{v_0}^{v} \mathrm{d}v = w \int_{m}^{m_0} \frac{1}{m}\,\mathrm{d}m$$
$$= w\,(\ln m_0 - \ln m) = w \ln\left(\frac{m_0}{m}\right).$$

Diese *Raketengleichung* gibt an, um wie viel die Geschwindigkeit der Rakete zunimmt (Δv), wenn die Masse der Rakete durch den Ausstoß der Verbrennungsgase von m_0 auf m abnimmt.

Relativgeschwindigkeit: Bereits ein Versuch zur Einführung des Impulses, bei dem zwei Gleiter auf der Luftkissenbahn durch eine Feder auseinandergedrückt werden, ist ein Beispiel für das Rückstoßprinzip. Die Beschleunigung eines jeden Gleiters geschieht unter Abstoßung am jeweils anderen. Im Unterschied zum Raketenantrieb, bei dem die in einer kurzen Zeit ausgestoßenen Gase eine geringe Masse im Verhältnis zur Raketenmasse haben, stoßen sich mit den beiden Gleitern zwei Körper voneinander ab, deren Massen in der gleichen Größenordnung liegen. Das führt dazu, dass sich die Relativgeschwindigkeit v_R, mit der sich ein Körper vom anderen Körper nach Abschluss der Wechselwirkung entfernt, deutlich von den beiden Geschwindigkeiten v_1' und v_2' der Körper bezüglich ihres gemeinsamen Schwerpunkts unterscheidet.

2 Die Person springt mit der Geschwindigkeit v_R relativ zum Boot ab.

Eine solche Situation liegt etwa vor, wenn eine Person der Masse $m_1 = m_0$ von einem ruhenden Boot der Masse $m_2 = 2\,m_0$ mit der Geschwindigkeit v_R relativ zum Boot abspringt (**Abb. 2**). Schon während die Person auf dem Boot beschleunigt, wird das Boot schneller. In der Impulsbilanz $0 = m_1 v_2' + m_2 v_2'$ kommt die Absprung- bzw. Relativgeschwindigkeit v_R nicht vor. Für v_R gilt $v_R = v_1' - v_2'$ (oder $v_R = v_2' - v_1'$). Daraus folgt für dieses Beispiel $v_1' = \frac{2}{3}\,v_R$ und $v_2' = -\frac{1}{3}\,v_R$.

AUFGABEN

1. Ein Motorboot der Masse $m = 2{,}0\,\text{t}$ wird nach dem Rückstoßprinzip angetrieben, indem sein Motor Wasser mit einer Geschwindigkeit von $w = 25\,\text{m/s}$ nach hinten ausstößt. Berechnen Sie die pro Sekunde ausgestoßene Wassermasse, wenn das Boot mit $a = 1{,}5\,\text{m/s}^2$ beschleunigt.

2. Eine Rakete ($m = 800\,\text{t}$) stößt pro Sekunde 10 t Verbrennungsgase mit einer Geschwindigkeit von 2,7 km/s aus. Berechnen Sie die Schubkraft sowie die Startbeschleunigung.

3. Ein Raumgleiter der Masse 900 t wird bei einem Massenfluss von $\Delta m/\Delta t = 2\,\text{t/s}$ mit einer Schubkraft von $F = 4000\,\text{kN}$ angetrieben. Berechnen Sie die Beschleunigung a in diesem Moment sowie nach 100 s Betrieb. Berechnen Sie die Geschwindigkeit w der Verbrennungsgase.

4. Eine Person (60 kg) steht auf einem im Wasser ruhenden Boot (150 kg). Sie geht dann, vom Wasser aus gesehen, auf dem Boot mit 1,0 m/s nach rechts. Bestimmen Sie die Geschwindigkeit des Bootes und die Relativgeschwindigkeit der Person zum Boot.

5. Ein Satellit ($M = 400\,\text{kg}$) samt Ladung ($m = 50\,\text{kg}$) fliegt mit einer Geschwindigkeit $v = 8\,\text{km/s}$ über die Erdoberfläche hinweg. Die Ladung soll so nach hinten ausgestoßen werden, dass sie senkrecht zur Erde fällt. Berechnen Sie die Geschwindigkeit, mit der die Ladung relativ zum Satelliten ausgestoßen werden muss.

***6.** Eine Ruderin (60 kg) bringt ihr Boot (140 kg) auf eine Geschwindigkeit von 1,6 m/s. Sie springt dann, vom Boot aus gemessen, mit 4 m/s nach hinten vom Boot ab. Ermitteln Sie die Geschwindigkeit des Bootes nach dem Absprung.

7. Eine Rakete ($m = 200\,\text{t}$) ruht bezüglich eines Beobachters in Schwerelosigkeit. Die Triebwerke stoßen pro Sek. 1,5 t Verbrennungsgase mit einer Geschwindigkeit $w = 3\,\text{km/s}$ aus.

a) Die Triebwerke werden für 1 s eingeschaltet. Berechnen Sie den Impuls der ausgestoßenen Verbrennungsgase, die Änderung der Raketengeschwindigkeit sowie die Masse der Rakete nach der einen Sekunde.

b) Berechnen Sie die Geschwindigkeitszunahme Δv für die 2. und 3. Sekunde sowie die Endgeschwindigkeit.

c) Berechnen Sie die Geschwindigkeit nach 3 s mithilfe der Raketengleichung und vergleichen Sie.

***d)** Nutzen Sie ein elektronisches Tabellenblatt, um die Entwicklung der Geschwindigkeit v für die ersten 40 s zu simulieren. Legen Sie dazu Spalten für die Größen m, v und ggf. Δv an (*Methode der kleinen Schritte*). Vergleichen Sie die so ermittelte Endgeschwindigkeit mit dem Ergebnis der Raketengleichung von $v(40\,\text{s}) = 1070\,\text{m/s}$.

8. Zwei Gleiter bewegen sich vor einem unelastischen Stoß mit den Geschwindigkeiten $v_1 = 12\,\text{cm/s}$ und $v_2 = 4\,\text{cm/s}$ und nach dem Stoß mit $v' = 7\,\text{cm/s}$. Ermitteln Sie das Verhältnis der Massen m_1/m_2. Dividieren Sie dazu die Gleichung zur Impulserhaltung durch m_2.

9. a) Eine Kugel ($m_1 = 0{,}5\,\text{kg}$, $v_1 = 10\,\text{m/s}$) trifft so auf eine ruhende Kugel ($m_2 = 1{,}0\,\text{kg}$), dass die erste Kugel um $\alpha = 40°$ aus ihrer Richtung abgelenkt wird ($v_1' = 4{,}0\,\text{m/s}$). Zeichnen Sie im Maßstab $1\,\text{kg m/s} \mathrel{\hat{=}} 1\,\text{cm}$ das vollständige Impulsdiagramm und ermitteln Sie damit die Bewegungsrichtung und die Geschwindigkeit der zweiten Kugel. Prüfen Sie, ob ein ideal elastischer Stoß vorliegt.

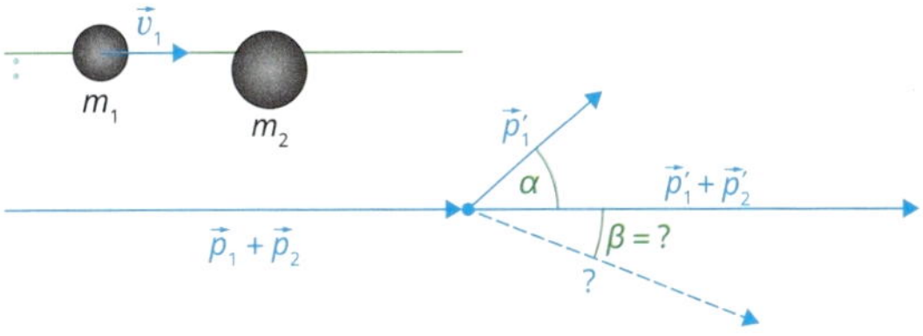

b) Nutzen Sie z. B. den *Kosinussatz*, um Impuls und Winkel bei der zweiten Kugel rechnerisch zu ermitteln.

c) Die Kugel ($m_1 = 0{,}5\,\text{kg}$, $v_1 = 10\,\text{m/s}$) trifft die ruhende Kugel ($m_2 = 1{,}0\,\text{kg}$) so, dass $\alpha = 40°$ und $\beta = 60°$ ist. Ermitteln Sie mithilfe eines Impulsdiagramms v_1' und v_2'. Prüfen Sie, ob ein ideal elastischer Stoß vorliegt.

1.4 Rotation starrer Körper

Die Bewegung eines realen Körpers ist erst dann vollständig beschrieben, wenn nicht nur seine Translationsbewegung, sondern auch seine Rotation berücksichtigt wird. Für den Konstrukteur eines Fahrzeuges ist die „Geradeausfahrt" nur ein Teilproblem. Viel schwieriger sind die anderen Bewegungen des Fahrzeugs wie Drehungen um Längs- und Querachsen und Schwingungen zu beherrschen.

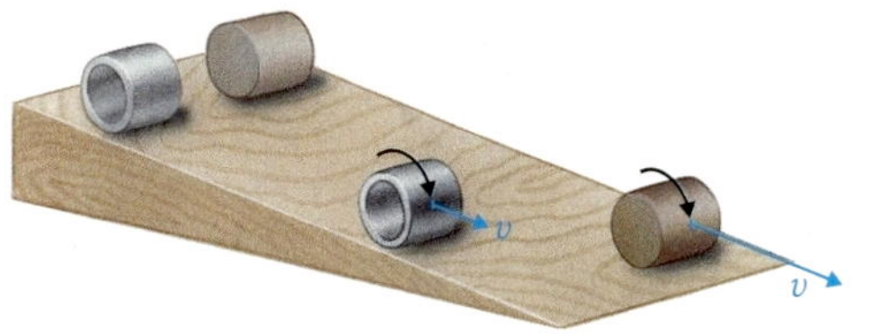

1 Ein Hohlzylinder und ein Vollzylinder mit gleicher Masse und gleichem Radius rollen eine schiefe Ebene hinab.

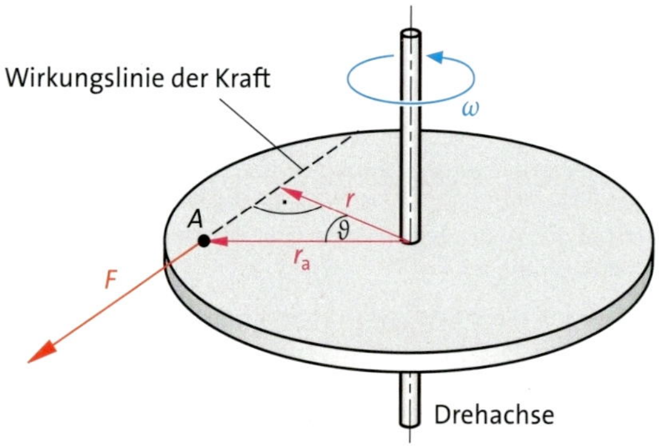

2 Drehmoment $M = rF$ oder $M = r_a F \cos\vartheta$

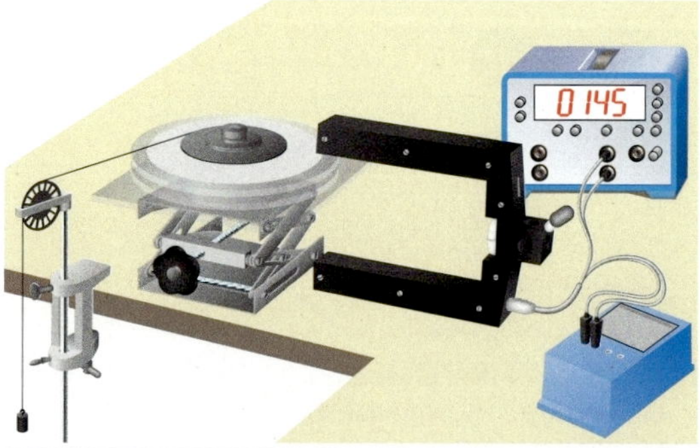

3 Beschleunigte Drehbewegung unter Einfluss eines Drehmomentes. Die Winkelbeschleunigung α ist dem Drehmoment M direkt proportional: $\alpha \sim M$.

1.4.1 Die gleichmäßig beschleunigte Drehbewegung

Bei der Rotation ausgedehnter Körper sind die Form des Körpers und die Verteilung seiner Masse von entscheidender Bedeutung: Rollen z. B. ein Hohl- und ein Vollzylinder von gleicher Masse und sonst gleichen Maßen eine schiefe Ebene herunter, so kommt der Vollzylinder als Erster unten an (**Abb. 1**).
Ausgedehnte Körper stellen wir uns als sogenannte *starre Körper* vor, die (auch bei Belastung und schnellen Drehungen) keinen Formveränderungen unterliegen.

Das Drehmoment

Um einen starren Körper, der um eine feste Achse drehbar ist, in Rotation zu versetzen, muss eine Kraft in einem Punkt außerhalb der Drehachse auf den Körper wirken. Für das Drehmoment ist nach dem Hebelgesetz außer der Kraft der Abstand der Wirkungslinie der Kraft von der Achse entscheidend (**Abb. 2**).

Das **Drehmoment *M*** ist das Produkt aus der Kraft F und dem Abstand r ihrer Wirkungslinie von der Drehachse:

$$M = r\,F \quad \text{mit der Einheit} \quad [M] = 1\,\text{Nm}.$$

Das Drehmoment M spielt für die Rotation eines starren Körpers dieselbe Rolle wie die Kraft F für die Translation.

Bei der Rotation eines starren Körpers um eine feststehende Achse bewegen sich alle seine Teile mit der gleichen Winkelgeschwindigkeit ω. Für die Änderung der Winkelgeschwindigkeit mit der Zeit ist analog zur Bahnbeschleunigung a die Winkelbeschleunigung α der Rotationsbewegung definiert.

Die **Winkelbeschleunigung α** der Rotation ist der Quotient aus der Änderung der Winkelgeschwindigkeit $\Delta\omega$ und der dabei verflossenen Zeit Δt:

$$\alpha = \Delta\omega / \Delta t \quad \text{mit der Einheit} \quad [\alpha] = 1/\text{s}^2.$$

Versuch 1: Mithilfe einer drehbaren Kreisscheibe werden die Gesetze der Drehbewegung untersucht (**Abb. 3**). Dabei erzeugt die Gewichtskraft $F = mg$ auf ein kleines Massenstück mit einem Faden, der über eine sehr leichte Rolle läuft, im Abstand r von der Drehachse ein konstantes Drehmoment $M = rF$. Vom Start an werden die Zeiten t_n für die Drehwinkel $\varphi_n = n\,2\,\pi$ bei n Umdrehungen und die Dunkelzeiten Δt einer Fahne der Breite Δs im Abstand R von der Drehachse gemessen. Aus $\Delta s = R\,\Delta\varphi$ und $\omega = \Delta\varphi / \Delta t$ ergibt sich die Winkelgeschwindigkeit ω.
Ergebnis: Bei konstantem Drehmoment ist die Winkelgeschwindigkeit ω proportional zur Zeit t und der Drehwinkel φ proportional zum Quadrat der Zeit t^2. Die Drehscheibe vollführt eine gleichmäßig beschleunigte Drehbewegung. Die konstante Winkelbeschleunigung ergibt sich aus $\alpha = \Delta\omega / \Delta t$ bzw. $\alpha = \omega / t$ und wird mit dem Quotienten $\alpha = 2\,\varphi / t^2$ bestätigt. ◂

Ein konstantes Drehmoment $M = r\,F$ erzeugt eine gleichmäßig beschleunigte Drehbewegung.

Die **Bewegungsgesetze** der gleichmäßig beschleunigten Drehbewegung lauten:

$$\varphi = \frac{1}{2}\alpha\,t^2, \quad \omega = \alpha\,t, \quad \alpha = \text{konstant}.$$

Das Trägheitsmoment

Messungen mit dem Aufbau von Versuch 1 mit unterschiedlichen Drehmomenten M ergeben, dass die Winkelbeschleunigung α zum Drehmoment M proportional ist: $\alpha \sim M$. Diese Proportionalität ist analog zu der für die Translationsbewegung geltenden $a \sim F$. An die Stelle der trägen Masse $m = F/a$ tritt bei der beschleunigten Drehbewegung das Trägheitsmoment $J = M/\alpha$. Das Trägheitsmoment hängt von der jeweiligen Drehachse ab.

Das **Trägheitsmoment** J eines starren Körpers in Bezug auf eine bestimmte Drehachse ist der Quotient aus dem wirkenden Drehmoment M und der dadurch erzeugten Winkelbeschleunigung α:

$$J = M/\alpha \quad \text{mit der Einheit} \quad [J] = 1\,\text{Nm}\,\text{s}^2 = 1\,\text{kg}\,\text{m}^2$$

Mit dem Trägheitsmoment J ergibt sich das sogenannte zweite Newton'sche Axiom der Drehbewegung, das der Grundgleichung der Mechanik für die Translation $F = m\,a$ entspricht:

Grundgesetz der Rotation: Wirkt auf einen starren Körper das Drehmoment M, so erfährt der Körper eine Winkelbeschleunigung α, die dem Trägheitsmoment J umgekehrt proportional ist: $M = J\alpha$.

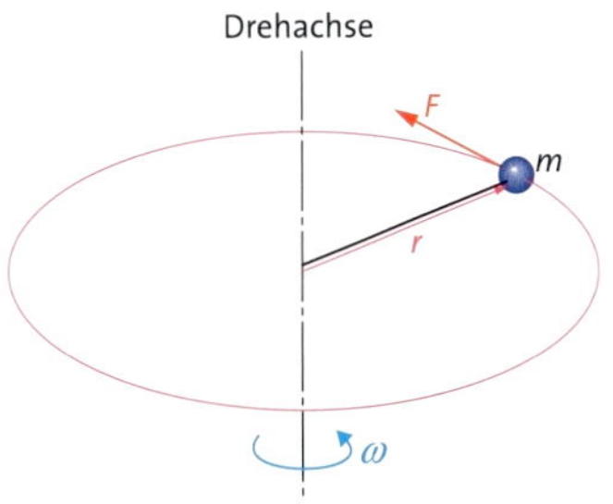

4 Die tangential wirkende Kraft F erzeugt das Drehmoment $M = r\,F$. Das Trägheitsmoment des Körpers der Masse m auf der Kreisbahn ist $J = m\,r^2$.

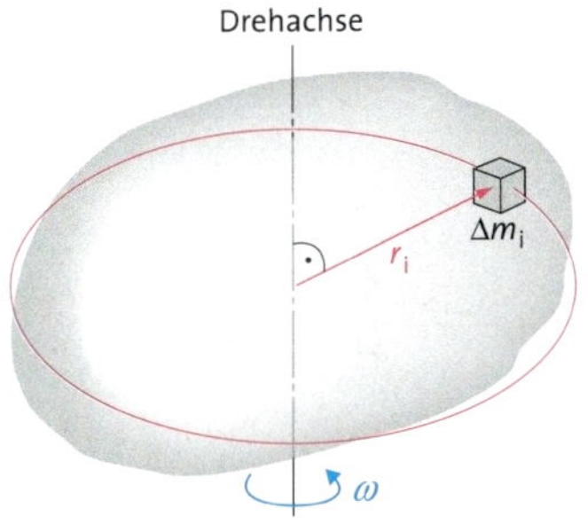

5 Das Trägheitsmoment eines starren Körpers ist gleich der Summe der Trägheitsmomente der Teilmassen. r_i ist der Abstand der Teilmasse Δm_i von der Drehachse.

Die kinetische Energie der Rotation

Für einen nahezu punktförmigen Körper der Masse m, der auf einer Kreisbahn unter Wirkung einer tangentialen Kraft F beschleunigt umläuft (**Abb. 4**), gilt $F = m\,a$. Auf den Körper wirkt das Drehmoment $M = r\,F = r\,(m\,a)$. Aus $a = \Delta v/\Delta t$ mit $\Delta v = \Delta\omega\,r$ folgt $a = r\,\Delta\omega/\Delta t = r\,\alpha$. Damit ergibt sich $M = r\,(m\,r\,\alpha) = m\,r^2\alpha = J\alpha$ mit $J = m\,r^2$. Die kinetische Energie ist $E_{\text{kin}} = \frac{1}{2}m\,v^2 = \frac{1}{2}m\,(\omega\,r)^2 = \frac{1}{2}J\,\omega^2$.

Das Trägheitsmoment eines punktförmigen Körpers der Masse m, der auf einer Kreisbahn vom Radius r umläuft, ist $J = m\,r^2$, seine Rotationsenergie beträgt

$$E_{\text{kin}} = \tfrac{1}{2}J\,\omega^2.$$

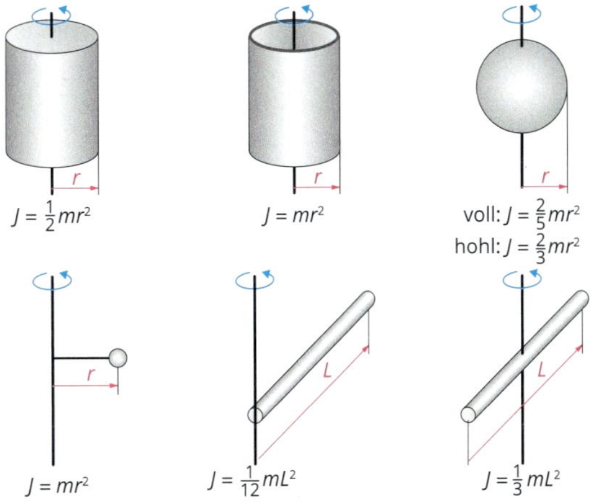

6 Trägheitsmomente von: Vollzylinder, dünnwandiger Hohlzylinder, Kugel, Massepunkt sowie 2x dünner Stab

Nach **Abb. 5** kann die kinetische Energie eines starren Körpers, der um eine Achse rotiert, als Summe der kinetischen Energien der Teilmassen Δm_i bestimmt werden:

$$E_{\text{kin}} = \tfrac{1}{2}\Delta m_1 v_1^2 + \tfrac{1}{2}\Delta m_2 v_2^2 + \ldots + \tfrac{1}{2}\Delta m_n v_n^2$$

Mit $v_i = r_i\,\omega$ ergibt sich

$$E_{\text{kin}} = \tfrac{1}{2}\Delta m_1 r_1^2\omega^2 + \tfrac{1}{2}\Delta m_2 r_2^2\omega^2 + \ldots + \tfrac{1}{2}\Delta m_n r_n^2\omega^2$$

$$\text{oder} \quad E_{\text{kin}} = \tfrac{1}{2}\left(\sum_{i=1}^{n}\Delta m_i r_i^2\right)\omega^2.$$

Der Term $J = \sum_{i=1}^{n}\Delta m_i r_i^2$ ist das Trägheitsmoment des starren Körpers in Bezug auf diese Rotationsachse. Exakt lässt sich das Trägheitsmoment mithilfe der Integralrechnung angeben:

$$J = \int_0^m r^2\,\text{d}m.$$

Für einige Körper konstanter Dichte und symmetrischer Formen ergeben sich die Trägheitsmomente in **Abb. 6**.

AUFGABEN

1. Eine Radfahrerin tritt auf die waagerecht stehende Pedale (r = 18 cm) und übt dabei eine Kraft von 480 N aus. Berechnen Sie das Drehmoment.
2. Erklären Sie mithilfe von **Abb. 6,** warum sich das Trägheitsmoment nur mit Kenntnis der Drehachse bestimmen lässt.
3. Ein Vollzylinder (r = 10 cm, m = 1 kg) rotiert 100 mal pro Sek. um die Zylinderachse. Berechnen Sie die Rotationsenergie.
4. Erläutern Sie, inwiefern bei der Fahrt des Wagens neben der kinetischen Energie der Translation ($E = \frac{1}{2}\,m\,v^2$) auch die kinetische Energie der Rotation von Bedeutung ist.

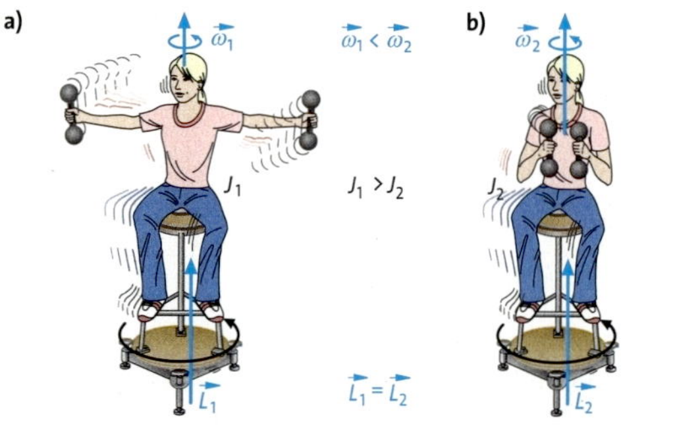

7 Drehimpulserhaltung: Ist das Trägheitsmoment groß (**a**), so ist die Winkelgeschwindigkeit klein und umgekehrt (**b**).

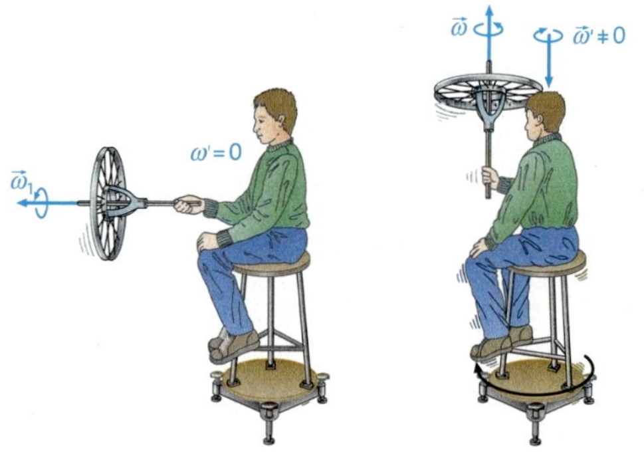

8 Wird der rotierende Kreisel aus der zur Drehachse des Schemels senkrechten Stellung in die parallele Stellung gedreht, so dreht sich der Schemel mit der Person entgegengesetzt, sodass die Summe der beiden Drehimpulse weiterhin null ist.

1.4.2 Drehimpuls und Drehimpulserhaltung

Der *Drehimpuls* L charakterisiert die Rotationsbewegung in ähnlicher Form wie der Impuls p die Translationsbewegung. In der Gleichung $p = mv$ werden die Masse m durch das Trägheitsmoment J und die Geschwindigkeit v durch die Winkelgeschwindigkeit ω als analoge Größen ersetzt.

Der **Drehimpuls** L eines um eine feste Achse rotierenden Körpers ist das Produkt aus seinem Trägheitsmoment J (bezüglich dieser Achse) und seiner Winkelgeschwindigkeit ω:

$$L = J\omega \quad \text{mit der Einheit} \quad [L] = 1\,\text{Nms} = 1\,\text{kg}\,\text{m}^2/\text{s}.$$

Analog zur Definition der Kraft als zeitliche Änderung des Impulses $F = \Delta p/\Delta t$ ergibt sich als Zusammenhang zwischen Drehimpuls L und Drehmoment M:

Das an einem Körper wirkende Drehmoment M ist gleich dem Quotienten aus der Änderung ΔL des Drehimpulses und der dazu benötigten Zeit Δt: $M = \Delta L/\Delta t$.

Beweis für folgenden Sonderfall: Ein Körper der Masse m im Abstand r wird durch die Kraft F senkrecht zum Radiusvektor r auf einer Kreisbahn mit der Winkelgeschwindigkeit ω in Bewegung gesetzt. Die Formel für den Drehimpuls vereinfacht sich über $L = J\omega = (mr^2)\omega = r[m(r\omega)]$ zu $L = r(mv)$ oder $L = rp$ mit p senkrecht zu r. Damit wird

$$\frac{\Delta L}{\Delta t} = \frac{\Delta(pr)}{\Delta t} = \frac{r\,\Delta p}{\Delta t} = r\frac{\Delta p}{\Delta t} = rF = M.$$

Aus dieser Beziehung ergibt sich: Wirkt auf einen starren Körper kein Drehmoment, ist die Änderung ΔL des Drehimpulses in der Zeit Δt null. Das ist der

Drehimpulserhaltungssatz: Der Drehimpuls eines starren Körpers bezüglich einer festen Achse ist konstant, solange kein äußeres Drehmoment auf ihn wirkt:

$$L = J\omega = \text{konstant}.$$

Die Gleichung kann auch als **Trägheitsgesetz der Rotation** aufgefasst werden, analog dem Trägheitssatz $p = mv = konstant$ der Translation. Das bedeutet für einen Körper von konstantem Trägheitsmoment J, dass Betrag und Richtung seiner Winkelgeschwindigkeit ω erhalten bleiben. Der Drehimpulserhaltungssatz gilt allgemein. Er gilt auch für ein System mehrerer sich drehender Körper, solange das System nicht in Wechselwirkung mit der Außenwelt tritt.

Drehimpulserhaltungssatz: In einem abgeschlossenen System bleibt der Gesamtdrehimpuls konstant, wenn keine äußeren Drehmomente wirken.

Folgende Beispiele bestätigen den Drehimpulserhaltungssatz qualitativ: Ein Schwungrad behält seine Drehung bei. Der Teller eines Jongleurs, der Kinderspielreifen, das Fahrrad und die Diskusscheibe behalten die Richtung ihrer Rotationsachse im Raum bei, wenn sie rotieren. Die Richtung der Erdachse zeigt aufgrund der täglichen Drehung der Erde unverändert auf den Polarstern. Das Mädchen auf dem Drehschemel (**Abb. 7**) erhöht seine Winkelgeschwindigkeit, wenn es die Hanteln zu sich heranzieht und so sein Trägheitsmoment verringert.

Dass der Drehimpuls Vektoreigenschaften besitzt, zeigt der Versuch nach **Abb. 8**: Der Junge auf dem Drehschemel hält ein rotierendes Rad, dessen Achse senkrecht zur Drehachse des Schemels steht. Bringt er die Radachse nun in eine parallele Stellung zur Schemelachse, so drehen sich beide in entgegengesetzter Richtung.

AUFGABEN

1. Ein Vollzylinder ($m = 350\,\text{g}$, $r = 2{,}7\,\text{cm}$) rollt mit einer konstanten Geschwindigkeit $v = 0{,}9\,\text{m/s}$ auf der Tischfläche. Berechnen Sie seinen Drehimpuls.

2. Wenn die Eiskunstläuferin die Arme eng an den Körper legt, halbiere sie dadurch ihr Trägheitsmoment. Geben Sie qualitativ und quantitativ an, welche Auswirkungen der Vorgang auf ihre Winkelgeschwindigkeit ω hat.

Beispiel: Balancierstange

Der Gesamtschwerpunkt der Artistin auf dem Hochseil befindet sich oberhalb der auf dem Drahtseil liegenden Drehachse, sodass jede seitliche Verschiebung zu einem Drehmoment M führt, welches die Artistin vom Seil kippt (**Abb. 9**). Die Balancierstange der Hochseilartistin bewirkt zweierlei: Durch seitliche Verschiebung der Stange kann sie den Gesamtschwerpunkt wieder in die Lage über die Drehachse bringen. Ferner erhöht die Balancierstange das Gesamtträgheitsmoment J, denn Teile der Stangenmasse haben einen großen Abstand von der Drehachse. Das große Trägheitsmoment macht die Winkelbeschleunigung $\alpha = M/J$ klein, sodass die Artistin die Möglichkeit hat, die Lage des Schwerpunktes zu korrigieren.

9 Hochseilartistin mit Balancierstange

Beispiel: Pirouetten und Salti

Die Veränderung des Trägheitsmoments J ist für viele Sportdisziplinen wie Kunstturnen, Turmspringen oder Eislaufen von Bedeutung. Die Erhaltung des Drehimpulses $L = J\omega$ ist der physikalische Grund dafür, eindrucksvolle Bewegungsabläufe ausführen zu können.

Sehr schnelle Drehungen mit großer Winkelgeschwindigkeit ω werden erzeugt, indem eine Sportlerin oder ein Sportler am Anfang der Bewegung in gestreckter Haltung eine Drehung herbeiführt und dann das Trägheitsmoment J durch Anziehen der Arme und Beine und ggf. durch Einnehmen einer Hockstellung so klein wie möglich macht. Es gilt: kleines Trägheitsmoment J und große Winkelgeschwindigkeit ω – und umgekehrt. **Abb. 11** zeigt, wie sich das Trägheitsmoment eines Köpers verändern lässt. Die relativen Trägheitsmomente sind bezogen auf eine durch den Körperschwerpunkt verlaufende Körperdrehung um eine Breitenachse mit $J_{rel} = 1$.

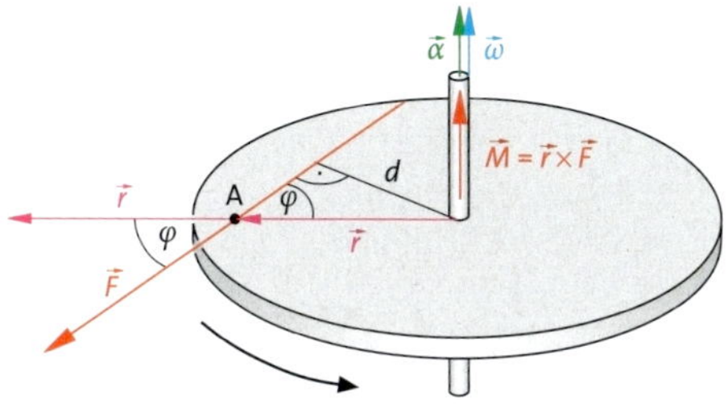

10 Das Drehmoment $\vec{M}$ ist das Vektorprodukt aus dem Vektor $\vec{r}$ und der Kraft F: $\vec{M} = \vec{r} \times \vec{F}$ mit dem Betrag $|\vec{M}| = |\vec{r}||\vec{F}| \sin(\varphi)$

Vektorielle Größen der Drehbewegung

Das Drehmoment M ist definiert als das Produkt aus der Kraft F und dem Abstand d ihrer Wirkungslinie von der Drehachse: $M = dF$. Greift die Kraft F im Punkt A in der Entfernung r von der Drehachse an (**Abb. 10**), so gilt mit $d = r \sin(\varphi)$: $M = rF \sin(\varphi)$. Dies ist der Betrag des Vektorproduktes $\vec{M} = \vec{r} \times \vec{F}$. Der Vektor $\vec{M}$ zeigt senkrecht zu $\vec{r}$ und $\vec{F}$ in Richtung der Drehachse.

Die **Winkelgeschwindigkeit** $\vec{\omega}$ gibt neben dem Betrag ω die Richtung der Drehachse und den Drehsinn an (**Abb. 9**). Wegen $\Delta\vec{\omega}/\Delta t = \vec{\alpha}$ ist auch die Winkelbeschleunigung ein Vektor, woraus aber zugleich folgt, dass eine **Winkelbeschleunigung** $\vec{\alpha}$ neben dem Betrag auch die Richtung des Vektors der Winkelgeschwindigkeit ändern kann.

Für den Drehimpuls gilt $\vec{L} = J\vec{\omega}$ und wegen $\vec{M} = \Delta\vec{L}/\Delta t = \Delta(J\vec{\omega})/\Delta t = J\Delta\vec{\omega}/\Delta t$ auch $\vec{M} = J\vec{\alpha}$.

Der Drehimpulserhaltungssatz in vektorieller Fassung sagt, dass auch die Richtung der Drehachse unverändert bleibt, solange kein Drehmoment wirkt. Auf der Gültigkeit des Drehimpulserhaltungssatzes beruht die Stabilität in Rotation befindlicher starrer Körper. Zum Beispiel behält ein Diskus beim Flug seine für Auftrieb sorgende Schräglage bei, da er beim Abwurf in Rotation versetzt wurde.

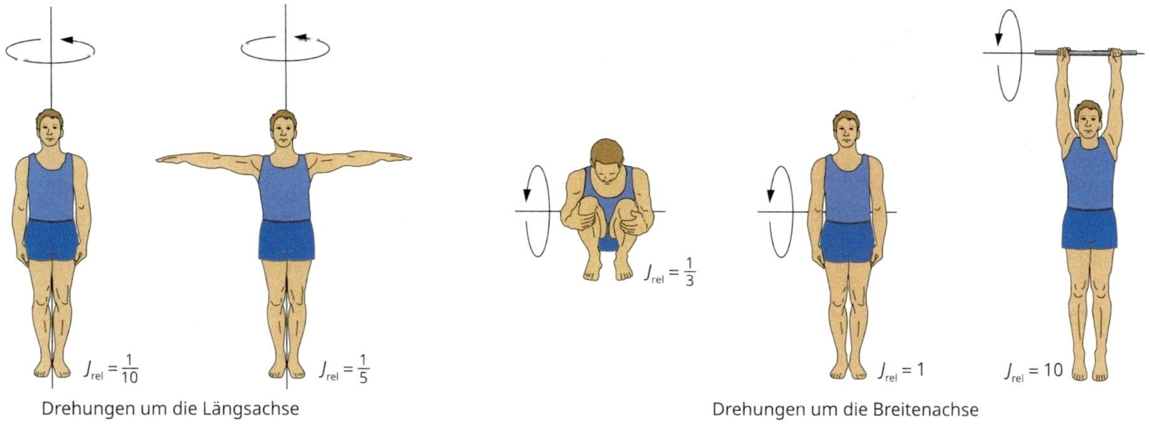

11 Pirouettendrehungen um die Längsachse und Salti um die Breitenachse

Kinematik

Gleichförmige Bewegung: v = konstant

Zeit-Weg-Funktion $\quad s = s_0 + v\,t$

Gleichmäßig beschleunigte Bewegung: a = konstant

Zeit-Weg-Funktion $\quad s = s_0 + v_0 t + \frac{1}{2} a t^2$

Zeit-Geschwindigkeit-Funktion $\quad v = v_0 + a t$

Weg-Geschwindigkeit-Funktion $\quad v = \sqrt{2 a s}$

a) gleichförmige Bewegung

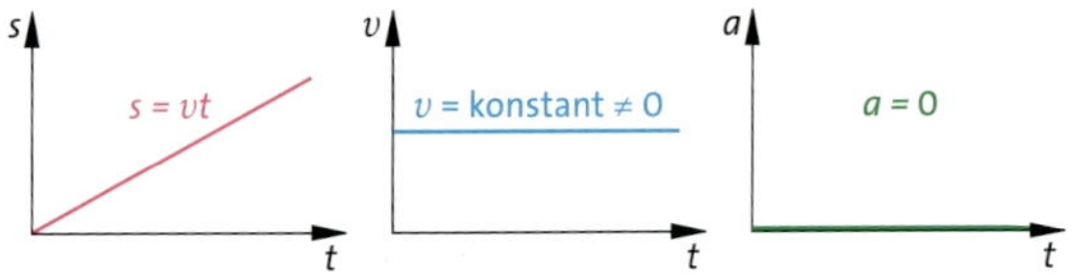

b) gleichmäßig beschleunigte Bewegung

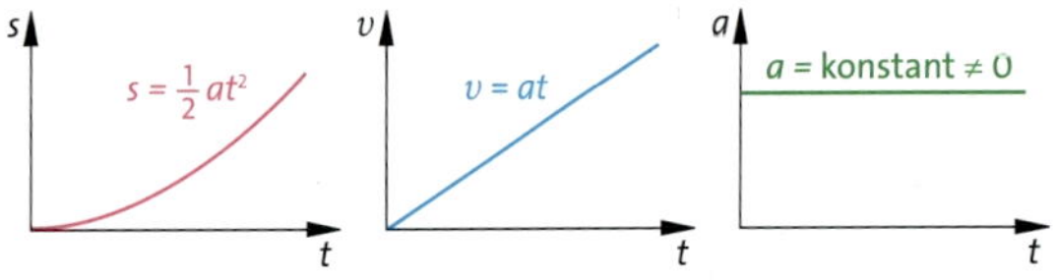

Freier Fall: $s = \frac{1}{2} g t^2,\; v = g t,\; g = 9{,}81\ \text{m/s}^2$

Gleichförmige Kreisbewegung: ω = konstant

$v = \omega r, \quad a_Z = \frac{v^2}{r}$ oder $a_Z = \omega^2 r.$

Zusammenhang der Bewegungsgrößen

$$v(t) = \frac{\mathrm{d}s(t)}{\mathrm{d}t},\quad a(t) = \frac{\mathrm{d}v(t)}{\mathrm{d}t},$$

$$v(t) = v_0 + \int_0^t a(t)\,\mathrm{d}t,\quad s(t) = s_0 + \int_0^t v(t)\,\mathrm{d}t \text{ bzw.}$$

$$v(t + \Delta t) = v(t) + a(t)\Delta t,\quad s(t + \Delta t) = s(t) + v(t)\Delta t$$

Dynamik

Der **Impuls** eines Körpers ist das Produkt aus seiner Masse m und seiner Geschwindigkeit v:

$p = m v$ oder vektoriell $\vec{p} = m\vec{v}$

Impulserhaltungssatz

In einem abgeschlossenen System ist die (vektorielle) Summe der Impulse zeitlich konstant:

$$m_1\vec{v}_1 + m_2\vec{v}_2 + m_3\vec{v}_3 + \ldots + m_n\vec{v}_n = \text{konstant}$$

$$\vec{p}_1 + \vec{p}_2 + \ldots + \vec{p}_n = \text{konstant}$$

Ein *abgeschlossenes System* ist eine räumlich begrenzte Anordnung von Körpern, die nur untereinander in Wechselwirkung stehen, von außerhalb des Systems aber nicht beeinflusst werden.

Erstes Newton'sches Axiom (Trägheitsprinzip)

Ein Körper verharrt im Zustand der Ruhe oder der gleichförmig geradlinigen Bewegung, solange keine äußeren Kräfte auf ihn wirken: $\vec{p}$ = konstant.

Zweites Newton'sches Axiom (Aktionsprinzip)

Die *zeitlich konstante* Kraft $\vec{F}$ ist der Quotient aus der Impulsänderung $\Delta\vec{p}$ und der Zeit Δt, in der diese Änderung erfolgt:

$F = \frac{\Delta p}{\Delta t}$ oder vektoriell $\vec{F} = \frac{\Delta\vec{p}}{\Delta t}.$

Allgemein, also auch für eine *zeitlich veränderliche* Kraft, gilt: Die Kraft $\vec{F}$ ist gleich der ersten Ableitung des Impulses $\vec{p}$ nach der Zeit t:

$$\vec{F} = \lim_{\Delta t \to 0} \frac{\Delta\vec{p}}{\Delta t} = \frac{\mathrm{d}\vec{p}}{\mathrm{d}t} = \dot{\vec{p}}.$$

Bei konstanter Masse des Körpers, m = konstant, folgt:

$$\vec{F} = \frac{\mathrm{d}(m\vec{v})}{\mathrm{d}t} = m\frac{\mathrm{d}\vec{v}}{\mathrm{d}t} = m\vec{a}.$$

Grundgleichung der Mechanik

Die Kraft F, die einem Körper der Masse m die Beschleunigung a erteilt, ist das Produkt aus Masse und Beschleunigung:

$F = m a.$

Im Gravitationsfeld der Erde ist die Gewichtskraft auf einen Körper der Masse m: $F_G = m g$.

Drittes Newton'sches Axiom (Reaktionsprinzip)

Übt der Körper A die Kraft $\vec{F}_A$ auf den Körper B aus (actio), so übt B auf A die Gegenkraft $\vec{F}_B$ aus (reactio), die entgegengesetzt gleich der ersten Kraft ist:

$\vec{F}_A = -\vec{F}_B.$

Kräfte bei der Kreisbewegung

Die zum Drehzentrum Z gerichtete **Zentripetalkraft F_Z**, die einen Körper der Masse m bei konstanter Winkelgeschwindigkeit ω bzw. Bahngeschwindigkeit v auf einem Kreis mit dem Radius r hält, ist

$F_Z = m\omega^2 r = m v^2/r$

oder vektoriell

$\vec{F}_Z = -m\omega^2\vec{r}.$

Trägheitskräfte treten nur in beschleunigten Bezugssystemen, nicht in Inertialsystemen auf. Für Trägheitskräfte gibt es keine Wechselwirkungskräfte wie sonst nach dem dritten Newton'schen Axiom. Im beschleunigten System der Kreisbewegung ist die **Zentrifugalkraft $\vec{F}'_Z$** als Trägheitskraft die Kompensationskraft zur Zentripetalkraft $\vec{F}_Z = -m\omega^2\vec{r}$, sodass für die Zentrifugalkraft gilt: $\vec{F}'_Z = m\omega^2\vec{r}.$

Energie

Die **mechanische Energie E**, die erforderlich ist, um einen Körper mit der konstanten äußeren Kraft $\vec{F}$ entlang dem Weg $\vec{s}$ zu verschieben, ist das Produkt aus der Komponente F_s der Kraft parallel zum Weg und dem Betrag des Weges s:

$$E = F_s s = F_s \cos(\alpha).$$

Energie als skalares Produkt: Die mechanische Energie E ist das skalare Produkt aus der äußeren Kraft $\vec{F}$ und dem Weg $\vec{s}$:

$$E = \vec{F} \cdot \vec{s} = Fs \cos\sphericalangle(\vec{F}, \vec{s})$$

Bei mit dem Weg s veränderlicher Kraft F berechnet sich die mechanische Energie als Integral der Kraft über dem Weg: Die mechanische Energie ist das (sogenannte) **Wegintegral der Kraft:**

$$E = \lim_{n\to\infty} \sum_{i=1}^{n} \vec{F}(s_i) \cdot \Delta\vec{s}_i = \int_{s_1}^{s_2} \vec{F}(s) \cdot d\vec{s} = \int_{s_1}^{s_2} F_s(s)\, ds.$$

Energieformen

Kinetische Energie: Ein Körper der Masse m hat in dem Bezugssystem, gegenüber dem seine Geschwindigkeit v beträgt, die kinetische Energie $\boldsymbol{E_{kin} = \frac{1}{2} m v^2}$.

Lageenergie oder **potenzielle Energie:** Befindet sich ein Körper im Gravitationsfeld der Erde gegenüber einem Niveau in der Höhe h, so ist in dem System *Erde–Körper* die Lageenergie oder potenzielle Energie $\boldsymbol{E_{pot} = mgh}$ gespeichert.

Spannenergie oder **potenzielle Federenergie:** In einer Feder mit der Federkonstanten D, die vom entspannten Zustand um die Strecke s gedehnt ist, ist die Spannenergie oder potenzielle Federenergie $\boldsymbol{E_s = \frac{1}{2} D s^2}$ gespeichert.

Reibungsenergie: Wird ein Körper mit der konstanten (äußeren) Kraft F entlang dem Weg s gegen die Reibungskraft F_R bewegt, so wird die *Reibungsenergie* $\boldsymbol{E_R = F_R s}$ in *Wärmeenergie* umgewandelt.

Energieerhaltungssatz der Mechanik: In einem abgeschlossenen System, in dem keine Reibung auftritt, ist zu jedem Zeitpunkt t die Summe der mechanischen Energien, d.h. die Summe aus kinetischer und potenzieller Energie, konstant:

$$E_{kin}(t) + E_{pot}(t) = E(t) = \text{konstant}.$$

Die **Leistung** bzw. der **Energiestrom P** ist der Quotient aus der Energie ΔE, die auf ein System übertragen wird, und der Zeit Δt, in der dies geschieht:

$$P = \frac{\Delta E}{\Delta t}.$$

Stoßvorgänge

Beim **zentralen unelastischen Stoß** zweier Körper der Massen m_1 und m_2 ist die Geschwindigkeit nach dem Stoß

$$v'_{12} = \frac{m_1 v_1 + m_2 v_2}{m_1 + m_2}.$$

Ein Teil der kinetischen Energie vor dem Stoß zweier Körper wird in Wärmeenergie umgesetzt.

Beim vollkommen **zentralen elastischen Stoß** zweier Körper der Massen m_1 und m_2 sind die Geschwindigkeiten nach dem Stoß

$$v'_1 = \frac{m_1 v_1 + m_2(2v_2 - v_1)}{m_1 + m_2}, \quad v'_2 = \frac{m_2 v_2 + m_1(2v_1 - v_2)}{m_1 + m_2}.$$

Die Summe der kinetischen Energien vor und nach dem vollkommen elastischen Stoß ist konstant.

Vergleich von Translationsbewegung und Rotationsbewegung

Translation		Rotation	
Weg	$\vec{s}$	Winkel	φ
Geschwindigkeit	$\vec{v} = \frac{d\vec{s}}{dt} = \dot{\vec{s}}$	Winkelgeschwindigkeit	$\omega = \frac{d\varphi}{dt} = \dot{\varphi}$
Beschleunigung	$\vec{a} = \frac{d\vec{v}}{dt} = \frac{d^2\vec{s}}{dt^2} = \ddot{\vec{s}}$	Winkelbeschleunigung	$\alpha = \frac{d\omega}{dt} = \frac{d^2\varphi}{dt^2} = \ddot{\varphi}$
Masse	m	Trägheitsmoment	$J = \int_0^m r^2\, dm$
Impuls	$\vec{p} = m\vec{v}$	Drehimpuls	$\vec{L} = J\vec{\omega}$
Kraft	$\vec{F} = \frac{d\vec{p}}{dt} = \dot{\vec{p}}$	Drehmoment	$\vec{M} = \frac{d\vec{L}}{dt} = \dot{\vec{L}}$
(im Sonderfall m = konstant)	$\vec{F} = m\vec{a}$	(im Sonderfall J = konstant)	$\vec{M} = J\vec{\alpha}$
kinetische Energie	$E_{kin} = \frac{1}{2} m v^2$	Rotationsenergie	$E_{rot} = \frac{1}{2} J \omega^2$

EXKURS

Simulation des Falls mit Luftwiderstand

Fällt ein Körper in Luft, so wächst der Luftwiderstand mit zunehmender Geschwindigkeit und der Körper erreicht bei genügend langer Fallstrecke irgendwann eine Endgeschwindigkeit. Dieser Vorgang wird mit einem elektronischen Tabellenblatt simuliert.

Methode der kleinen Schritte

Der Verlauf der Geschwindigkeit lässt sich nach der *Methode der kleinen Schritte simulieren* (**Abb. 1**). Die Idee dabei ist, sich ändernde Größen – hier den sich erhöhenden Luftwiderstand und damit die geringer werdende Beschleunigung a sowie die zunehmende Geschwindigkeit v des Körpers – für ein kurzes Zeitintervall Δt als konstant anzunehmen. Erst beim Übergang zum nächsten Intervall werden die veränderten Werte berücksichtigt. Die gesamte Bewegung des Körpers wird dann aus vielen kleinen Intervallen zusammengesetzt. Die wiederkehrenden Rechenschritte werden auch als *Iteration* bezeichnet (*iterare*, lat. wiederholen).

Physikalische Grundlagen des Problems: Die bremsende Kraft des Luftwiderstands steigt quadratisch mit der Geschwindigkeit, die ein Körper erreicht: $F_L \sim v^2$. Deshalb beschleunigt der Körper nicht mehr mit $g = 9{,}81\,\text{m/s}^2$, sondern nur noch mit der geringer werdenden Beschleunigung $a = g\,(1 - k\,v^2)$. k ist eine körper- und luftabhängige Konstante, die hier zu $0{,}15\,\text{s}^2/\text{m}^2$ angenommen wird.

Iterationsschritte

In ein elektronisches Tabellenblatt werden die Startwerte für das erste Intervall eingetragen (**Tab. 2**). Δv gibt den Geschwindigkeitszuwachs infolge der Beschleunigung a an. Die Wahl des Zeitintervalls zu $\Delta t = 0{,}05\,\text{s}$ führt zu einem Geschwindigkeitszuwachs von $\Delta v = a\,\Delta t = 9{,}81\,\text{m/s}^2 \cdot 0{,}05\,\text{s} = 0{,}4905\,\text{m/s}$.

Im *zweiten Intervall* kommen die im ersten Intervall berechneten Veränderungen zur Anwendung (**Tab. 3**). Die Geschwindigkeit v (am Ende des vorherigen und zu Beginn des neuen Intervalls) erhöht sich um die in Zelle D2 berechnete Änderung Δv auf nun $v = 0{,}4905\,\text{m/s}$. Aufgrund der gestiegenen Geschwindigkeit v fällt die Beschleunigung mit $a = g\,(1 - k\,v^2) = 9{,}456\,\text{m/s}^2$ geringer aus. Daher reduziert sich auch der Geschwindigkeitszuwachs Δv in diesem Intervall auf $\Delta v = a\,\Delta t = 9{,}456\,\text{m/s}^2 \cdot 0{,}05\,\text{s} = 0{,}4728\,\text{m/s}$ (Zelle D3).
Im dritten und in weiteren Intervallen setzt sich das Verfahren fort. Die Werte aus dem vorherigen Intervall werden jeweils zur Berechnung neuer Werte genutzt.

Einsatz eines Rechners

Die wiederkehrenden Rechenschritte aus der dritten Zeile lassen sich in einem elektronischen Tabellenblatt automatisiert ausführen. Dazu werden die Rechnungen einmalig als Formeln in die dritte Zeile eingetragen und dann in die vierte, fünfte und alle noch folgenden Zeilen kopiert. (**Tab. 4**).
Die in den Formeln der **Tab. 4** enthaltenen Konstanten wie z. B. $\Delta t = 0{,}05$ (s) können alternativ in eigenen Zellen Platz finden. Beim absoluten Verweis aus einer Formel auf die Zellen mit Konstanten muss der Bezug besonders ausgezeichnet werden, da er sich beim Übertrag der Formel auf anderen Zellen nicht ändern soll. Das geschieht durch die Verwendung von $-Zeichen, sodass die Formel in Zelle A3 schließlich lautet: =A2+F1, wenn die Konstante $\Delta t = 0{,}05$ (s) in Zelle F1 eingetragen ist.

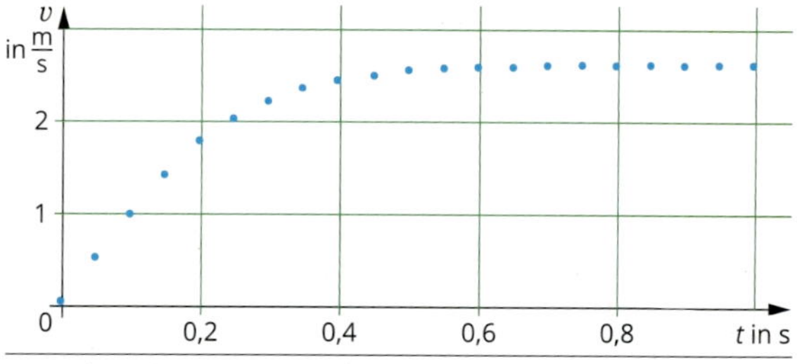

1 Ergebnis der Simulation des zeitlichen Verlaufs der Geschwindigkeit beim Fall eines Körpers in Luft

	A	B	C	D
1	t in s	v in m/s	a in m/s²	Δv in m/s
2	0	0	9,81	0,4905

2 Startwerte: Δv gibt den Geschwindigkeitszuwachs infolge der Beschleunigung a an.

	A	B	C	D
1	t in s	v in m/s	a in m/s²	Δv in m/s
2	0	0	9,81	0,4905
3	0,05	0,4905	9,456	0,4728
4	0,10	0,9633	8,445	0,4222

3 Der in einem Intervall berechnete Wert Δv wird im nächsten Intervall wirksam und erhöht dort die Geschwindigkeit v.

	A	B	C	D
1	t in s	v in m/s	a in m/s²	Δv in m/s
2	0	0	9,81	= C2 · 0,05
3	= A2+ 0,05	= B2 + D2	= 9,81 · (1–0,15 · B3^2)	= C3 · 0,05
4	= A3 + 0,05	= B3 + D3	= 9,81 · (1–0,15 · B4^2)	= C4 · 0,05

4 Die Formeln können, ohne sie neu einzugeben, in weitere Zeilen unterhalb übertragen werden.

AUFGABEN

1. Die Formeln in **Tab. 4** beinhalten die Werte für Δt, g und k als feste Werte (0,05; 9,81; 0,15). Begründen Sie, warum es sinnvoll ist, die Werte in eigenen Zellen zu notieren und in den Formeln auf diese Zellen zu verweisen.
2. Ergänzen Sie **Tab. 4** um eine Spalte, in der die zurückgelegte Fallstrecke berechnet wird.
3. Die *Methode der kleinen Schritte* eignet sich auch, um den Fall eines Körpers *im Vakuum* zu simulieren, ohne den bekannten Zusammenhang $s = \frac{1}{2}\,g\,t^2$ zu nutzen. Verändern Sie die **Tab. 4** so, dass t-v-Datenpaare für den freien Fall im Vakuum berechnet werden.

VERSTEHEN & VERNETZEN

Verkehrsphysik: Brems- und Anhalteweg

Einige Meter vor einem Auto rollt ein Ball auf die Straße. Kommt das sich bewegende Fahrzeug rechtzeitig vor dem Ball zum Stehen?

Der Anhalteweg des Autos setzt sich aus zwei Strecken zusammen: Die Fahrerin des Autos oder der Fahrer benötigen eine gewissen Reaktionszeit, die vom Auftreten eines Hindernisses (Ball) bis zum Betätigen der Bremse vergeht. In dieser Zeit, die üblicherweise als **1 Sekunde** angenommen, legt das Auto den **Reaktionsweg** zurück. Daran schließt sich der **Bremsweg** an. Reaktionsweg und Bremsweg ergeben zusammen den **Anhalteweg.**

Für beide Wege gibt es Faustregeln zur Berechnung (Weg in m, Geschwindigkeit in km/h):

$$\text{Reaktionsweg } s_R = 3 \cdot \frac{\text{Geschwindigkeit in km/h}}{10}$$

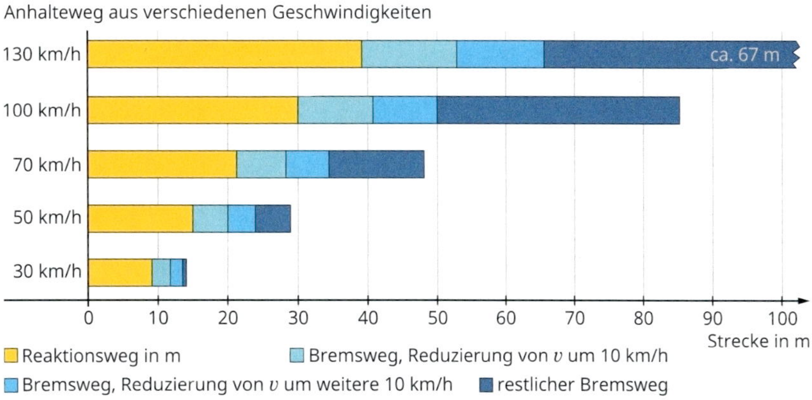

$$\text{Bremsweg } s_B = \left(\frac{\text{Geschwindigkeit in km/h}}{10}\right)^2$$

Pkw erreichen auf trockener Straße eine Bremsbeschleunigung von rund 10 m/s². Bei Regen halbiert sich dieser Wert und auf Schnee und Eis sinkt er auf z. B. 1 m/s². Die obigen Faustformeln nutzen eine Bremsbeschleunigung von ca. 4 m/s². Schwere Lkw bremsen unter guten Bedingungen mit ca. 6 m/s².

AUFGABEN

1. Die Abbildung zeigt die Anhaltewege aus verschiedenen Geschwindigkeiten für ein bestimmtes Auto.

a) Bremsung aus 100 km/h. Geben Sie an: Reaktionsweg; Bremsweg; Anhalteweg; Wege, nach denen die Geschwindigkeit auf 90 bzw. 80 km/h gesunken ist.

b) Geben Sie an, ob die Aussagen stimmen. Korrigieren Sie falsche Aussagen.

i) Hindernis 20 m voraus: Bei Anhalten aus 30 km/h kommt das Auto rechtzeitig zum Stehen.

ii) Hindernis 20 m voraus: Aus 70 km/h trifft das Auto ungebremst auf das Hindernis.

iii) Hindernis 20 m voraus: Aus 50 km/h trifft das Fahrzeug mit 40 km/h auf das Hindernis

iv) Aus 130 km/h beträgt der reine Bremsweg ca. 67 m.

v) Aus 100 km/h ist der Anhalteweg doppelt so lang wie aus 50 km/h.

vi) Der Anhalteweg aus 30 km/h ist länger als der Reaktionsweg aus 50 km/h.

c) Erstellen Sie selber drei Aussagen und lassen Sie sie von einer Mitschülerin oder einem Mitschüler überprüfen.

2. Ermitteln Sie mithilfe der Tabelle, welche Bremsbeschleunigung in der Faustformel für den Bremsweg genutzt wird.

v_0 in km/h	30	50	100	160
Bremsweg (Faustformel) in m	9	25	100	256
Bremsweg in m (2 m/s²)	17,4	48,2	192,9	493,8
Bremsweg in m (4 m/s²)	8,7	24,1	96,5	246,9
Bremsweg in m (8 m/s²)	4,3	12,1	48,2	123,5

3. Das t-v-Diagramm zeigt die Bremsung aus $v_0 = 28\,\frac{\text{m}}{\text{s}}$ mit einer Beschleunigung von $-7\,\frac{\text{m}}{\text{s}^2}$.

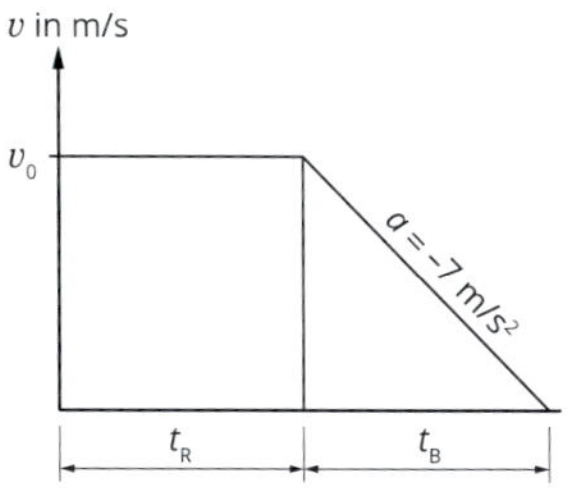

a) Bestätigen Sie durch Rechnung oder argumentativ, dass die Bremszeit 4 s beträgt.

b) Ermitteln Sie Reaktionsweg und Bremsweg. Sie können nutzen, dass der Flächeninhalt unter dem t-v-Graphen der Weg ist. Zur Kontrolle: Bremsweg: 56 m

c) Leiten Sie her, dass für die Bremszeit $t_B = -v_0/a$ gilt. Sie können nutzen, dass für die Geschwindigkeit v ab Bremsstart gilt $v = v_0 + a\,t$. Tipp: Wie groß ist v nach der Bremsung?

4. Ben bremst sein Kettcar bis zum Stillstand ab. Mittels Mobiltelefon hat er dabei Beschleunigungswerte aufgezeichnet.

a) Geben Sie die maximale Bremsbeschleunigung an.

b) Ermitteln Sie die Geschwindigkeit vor der Bremsung. Tipp/Erinnerung: Flächeninhalt nutzen.

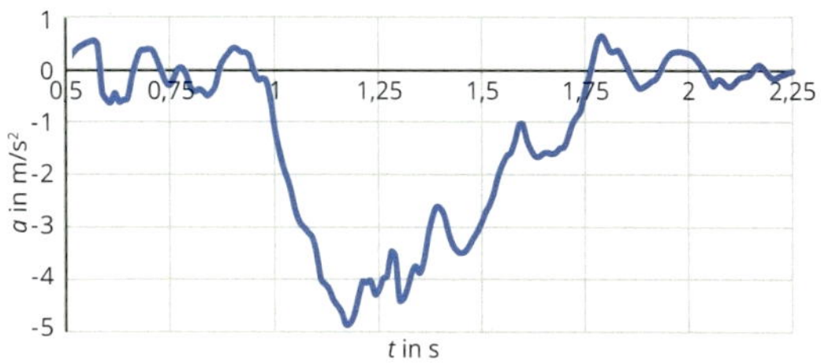

VERSTEHEN & VERNETZEN

Kinematik

1. Zu einer geradlinigen Bewegung gehört das folgende Zeit-Weg-Diagramm.

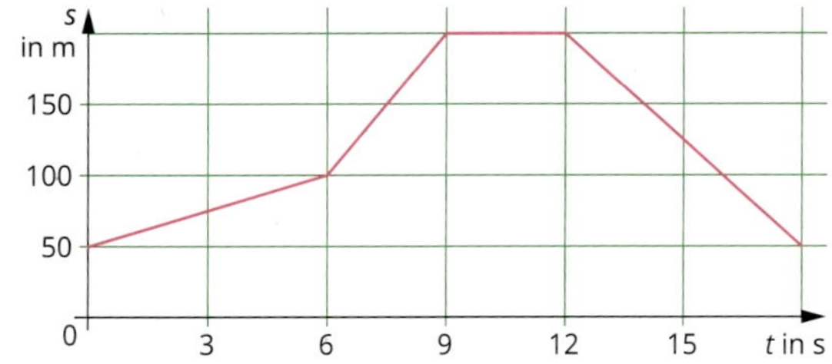

a) Berechnen Sie die Intervallgeschwindigkeiten.
b) Zeichnen Sie das Zeit-Geschwindigkeit-Diagramm.

2. Ein Körper bewegt sich auf gerader Strecke für 60 s mit einer Geschwindigkeit von 20 km/h. Anschließend bewegt er sich mit 30 km/h zum Startpunkt zurück. Ermitteln Sie die Dauer der Fahrt.

3. Zeit-Geschwindigkeit-Diagramm einer Autofahrt
a) Berechnen Sie die Intervallbeschleunigungen: [0,5 min; 0,75 min], [0,25 min; 0,5 min], [0 min bis 1,5 min].
b) Ermitteln Sie die in 1,5 min zurückgelegte Strecke.

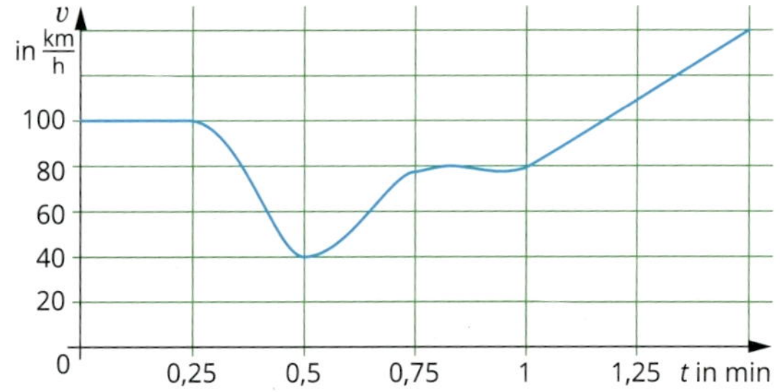

4. Ein Stein fällt in einen Brunnen und trifft nach $t_0 = 2{,}6$ s auf der Wasseroberfläche auf. Berechnen Sie ...
a) die Länge des Fallweges.
b) die Zeit t_H für die erste Hälfte des Fallweges.
c) die Zeit t' für das letzte Viertel des Fallweges.

5. Berechnen Sie, aus welcher Höhe s ein Körper frei fallen muss, um mit $v = 100$ km/h auf dem Boden aufzutreffen. Leiten Sie, sofern noch nicht geschehen, eine Formel zur Berechnung her, die nur die Größen s, v und g enthält.

6. Eine Drohne wird mittels Katapult auf einer Strecke von 14,0 m auf 100 km/h beschleunigt. Berechnen Sie die Dauer des Startvorgangs und die mittlere Beschleunigung.

7. Erläutern Sie, welche Aussagen richtig und welche falsch sind.

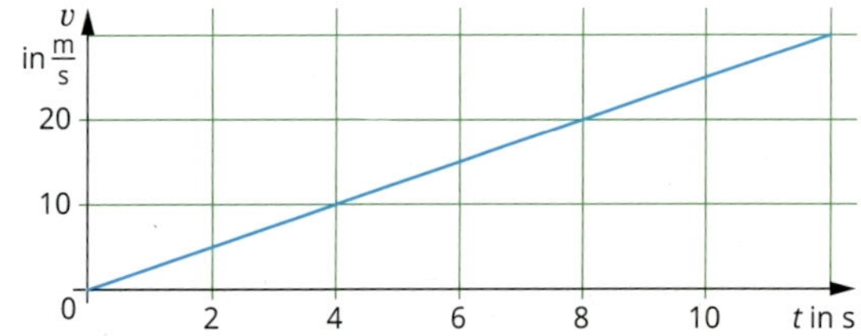

a) Die Beschleunigung beträgt konstant 3 m/s².
b) In den ersten 6 s legt der Körper 90 m zurück.
c) Von der 8. bis zur 12. Sekunde legt der Körper 100 m zurück.

Lösungen ab S. 138

8. Ein Auto fährt mit 50 km/h, als 25 m vor dem Wagen ein Ball auf die Straße rollt. Ermitteln Sie, ob das Auto mit einer Vollbremsung rechtzeitig zum Stehen kommt, wenn die Reaktionszeit der Fahrerin 0,8 s beträgt und $a = -8{,}0$ m/s² gilt.

9. Waagerechter Wurf: Eine Kugel wird mit $v_0 = 20$ m/s horizontal aus der Höhe h_0 abgeworfen. Sie fliegt 40 m weit.
a) Berechnen Sie die Flugdauer (Lösung: 2 s).
b) Berechnen Sie Abwurfhöhe h_0.
c) Bestimmen Sie, mit welcher Geschwindigkeit und unter welchem Winkel die Kugel auf den Boden trifft.

10. Während seiner Geradeausfahrt lässt ein Radfahrer einen Ball zu Boden fallen. Erläutern Sie, welche Bahnkurve ein Beobachter am Wegesrand bzw. der Radfahrer selbst sieht.

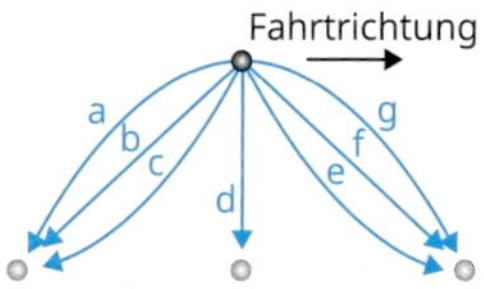

11. Ein Körper wird mit $v_0 = 20$ m/s vertikal nach oben geworfen.
a) Bestimmen Sie die maximale Flughöhe.
b) Berechnen Sie, nach welcher Flugzeit der Körper wieder am Startpunkt ankommt bzw. sich in 5 m Höhe befindet.

***12.** Ein Mädchen lässt einen Stein vom Turm fallen. Nach 3,2 s hört es den Stein auftreffen. Bestimmen Sie Länge der Fallstrecke. (Schallgeschwindigkeit 337,5 m/s).

Dynamik

13. Erläutern Sie am dargestellten Versuch das Trägheitsprinzip. Geben Sie an, auf welche Körper in welche Richtung Kräfte wirken.

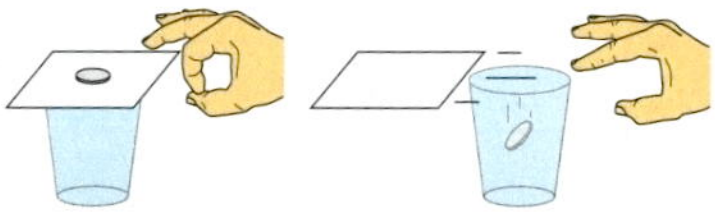

14. Auf einen zunächst ruhenden Körper der Masse $m = 2{,}5$ kg wirkt für 10 s eine konstante Kraft $F = 6$ N.
a) Berechnen Sie die dadurch verursachte Geschwindigkeitsänderung sowie die Beschleunigung.
b) Berechnen Sie den Impuls des Körpers nach 10 s.

15. Ein Elektroauto ($m = 1{,}28$ t) beschleunigt aus der Ruhe nahezu gleichmäßig auf einer Strecke der Länge 75 m. Die (resultierende) Kraft zum Antrieb auf das Auto beträgt $F = 4{,}2$ kN.
a) Berechnen Sie die Dauer des Beschleunigungsvorgangs.
b) Berechnen Sie die am Ende des Vorgangs erreichte Geschwindigkeit. Leiten Sie, sofern noch nicht geschehen, eine Formel zur Berechnung von v her, die nur je ein Mal die Größen F, m und s enthält.

16. Ermitteln Sie im Diagramm zu Aufg. 3 die auf ein Fahrzeug der Masse $m = 1{,}8$ t jeweils wirkende Kraft in den Intervallen von 0,5 min bis 0,75 min und von 0,25 min bis 0,5 min.

17. Auf jedes Wägestück der Masse m wirkt eine Gewichtskraft von 1 N. Erläutern Sie, welche Kraft der Kraftmesser jeweils anzeigt.

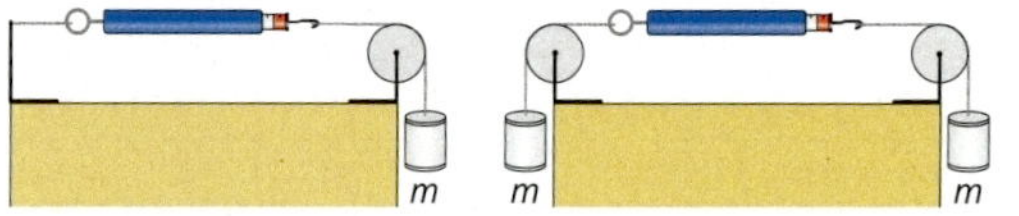

18. Eine Kreisscheibe dreht sich mit 4,0 Umdrehungen pro Minute. Ermitteln Sie: Frequenz f, Umlaufzeit T, Winkelgeschwindigkeit ω.

VERSTEHEN & VERNETZEN

19. Berechnen Sie die Anzahl der Umdrehungen pro Minute eines Fahrradreifens (Durchmesser 711 mm = 28 Zoll) bei einer Fahrtgeschwindigkeit von $v = 18\,\text{km/h}$.

20. Aus der Gleichung $F_Z = \frac{m\,v^2}{r}$ folgt, dass bei größerem Radius r eine kleinere Zentripetalkraft F_Z erforderlich ist. Ein Kind muss sich auf einem Karussell weiter außen aber stärker festhalten, als wenn es weiter innen sitzt. Erklären Sie den scheinbaren Widerspruch.

21. Bei einem Hammerwurf beträgt die Masse des Hammers 4,0 kg und die Abwurfgeschwindigkeit aus der Kreisbewegung heraus etwa $v = 28\,\text{m/s}$. Die Armlänge der Werferin und der Draht am Hammer addieren sich zu einem Radius von 2,1 m.
a) Geben Sie an, welcher Körper die für die Kreisbewegung erforderliche Kraft auf den Hammer ausübt.
b) Berechnen Sie die zentripetale Kraft F_Z.
c) Beurteilen Sie, ob es schwierig ist, den Hammer auf der Kreisbahn zu halten. Ermitteln Sie dazu die Masse eines Körpers, auf den eine Gewichtskraft mit dem Betrag von F_Z wirkt.

22. Ein Auto ($m = 1300\,\text{kg}$) fährt mit der Geschwindigkeit $v = 40\,\text{km/h}$ über eine noch oben gewölbte Brücke. Der Radius des Brückenbogens beträgt $r = 50\,\text{m}$. Bestimmen Sie die Gewichtskraft auf das Auto und die Geschwindigkeit, bei der der Wagen in der Brückenmitte abheben würde.

23. Ermitteln Sie die Beschleunigung des Wagens für die Werte $m_0 = 80\,\text{g}$, $m_1 = 10\,\text{g}$ und $m_2 = 30\,\text{g}$.

24. a) Der Affe ($m_A = 10\,\text{kg}$) hält sich am Seil fest, die Kiste hat eine größere Masse ($m_K = 11\,\text{kg}$) und zieht den Affen mit dem Seil nach oben. Berechnen Sie die Beschleunigung a der Kiste / des Affen.
***b)** Die ruhende Kiste soll angehoben werden. Wenn der Affe schneller werdend das Seil hinaufklettert, so übt er dadurch eine Kraft auf das Seil aus. Bestimmen Sie die Beschleunigung, mit der der Affe mindestens klettern muss, damit die Kiste angehoben wird.

Energie und Impuls

25. Ein Stein wird von einem 30 m hohen Turm mit der Anfangsgeschwindigkeit $v_0 = 1\,\text{m/s}$ vertikal nach unten geworfen.
a) Berechnen Sie die Auftreffgeschwindigkeit v.
b) Erläutern Sie, wie sich die Auftreffgeschwindigkeiten qualitativ ändern, wenn der Stein mit v_0 vertikal nach oben / waagerecht / in einem Winkel von 45° abgeworfen wird.

26. Der Wagen rollt aus der Höhe h hinab und durchfährt anschließend einen Looping ($r = 0{,}45\,\text{m}$).
a) Berechnen Sie die Geschwindigkeit v_0, die der Wagen im obersten Punkt der Loopingbahn mindestens haben muss, um nicht herabzufallen. (Kraftansatz, Lösung $v_0 = 2{,}1\,\text{m/s}$)

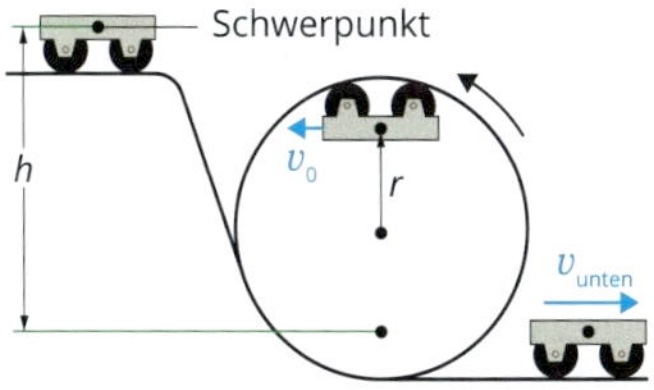

b) Berechnen Sie die Höhe h, in der der Wagen aus der Ruhe starten muss, um v_0 zu erreichen. (Energiebilanz)
***c)** Ermitteln Sie die Kraft F, die die Fahrbahn im tiefsten Punkt der Kreisbahn auf den Wagen ausübt. Geben Sie die Kraft als Vielfaches der Gewichtskraft auf den Wagen an.

27. Stoßversuche:
a) Berechnen Sie die Impulse und die kinetischen Energien vor und nach den Stößen ① und ②.
b) Deuten Sie die Rechenergebnisse im Sachzusammenhang.

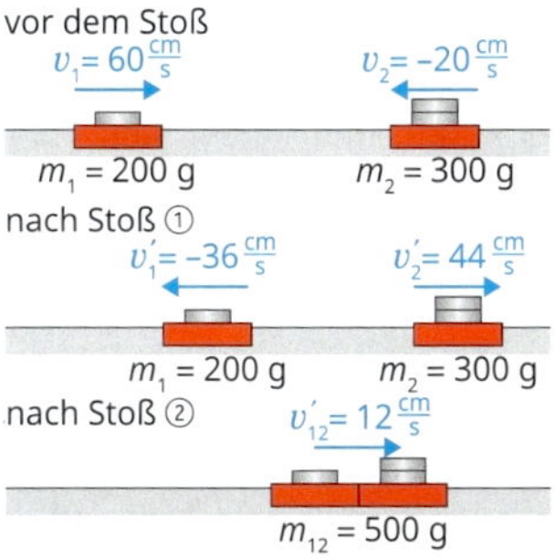

28. Ein Boot der Masse 30 kg treibt auf einem See. Ein Junge (45 kg) springt mit 3 m/s in das Boot. Bestimmen Sie die Geschwindigkeit des Bootes nach dem Sprung.

29. Beim Start hat ein Spaceshuttle etwa eine Masse von 2000 t und die Schubkraft der Raketen beträgt ca. 30 000 kN.
a) Berechnen Sie die Beschleunigung beim Start. (Beachten Sie den Ortsfaktor g.)
b) Erklären Sie, warum die Beschleunigung nicht konstant ist.

30. Die beiden Wagen starten aus der Ruhe und rollen reibungsfrei.

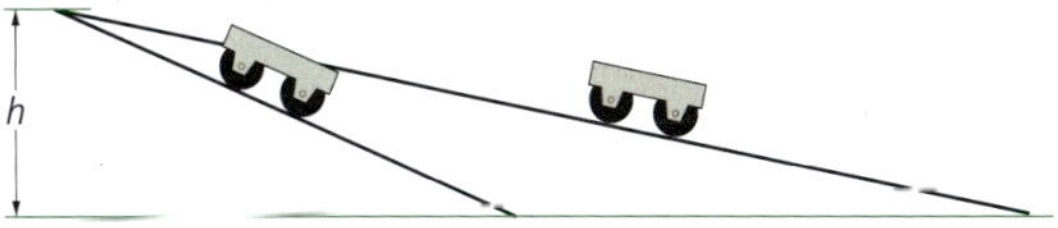

a) Vergleichen Sie die Bewegungen bis zu den Enden der schiefen Ebenen qualitativ hinsichtlich ihrer Dauer t, der Endgeschwindigkeit v_e, der Kraft in Bewegungsrichtung auf einen Wagen und bezüglich der Energie.
***b)** Vergleichen Sie die Durchschnittsgeschwindigkeiten.

31. Erklären Sie die Beobachtung, dass die Wagen die Enden der Rampen unterschiedlich schnell erreichen – aber mit gleichen Geschwindigkeitsbeträgen.

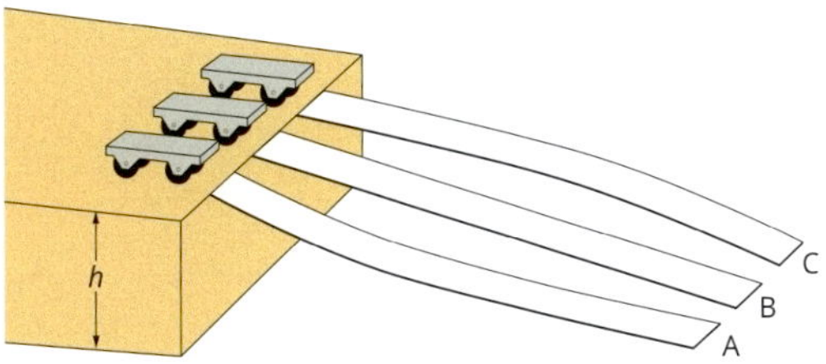

Lösungen ab S. 139

2 GRAVITATION

Als Gravitation wird die gegenseitige Anziehung von Körpern allein aufgrund ihrer Masse bezeichnet. Die Gewichtskraft auf die Körper und die Fallgesetze finden durch sie ihre Erklärung. Für Satelliten und Himmelskörper im Sonnensystem wie für Sterne und Galaxien im Weltraum stellt die Gravitation die entscheidende Wechselwirkung dar. Die Gravitationskraft wirkt zwischen allen Körpern unabhängig von ihrer Größe. Die Übertragung der Gravitationswirkung eines Körpers auf andere Körper wird mit der Vorstellung des Gravitationsfeldes verständlich gemacht.

2.1 Die Gravitationskraft

Die Entdeckung des Gravitationsgesetzes durch NEWTON steht am Ende einer langen historischen Entwicklung, in der die Menschen sich eine Vorstellung von ihrem Heimatplaneten Erde und seiner engeren Umgebung, dem Sonnensystem, gemacht haben.

2.1.1 Das Sonnensystem

Die Erde läuft in einem *siderischen Jahr* (bis die Sonne wieder vor demselben Sternbild steht) auf elliptischer Bahn um die Sonne. In einem der beiden Brennpunkte der Ellipse steht die Sonne, die allein 99,86 % der Gesamtmasse unseres Sonnensystems ausmacht (**Abb. 1**). Der Sonne am nächsten bewegen sich die *inneren erdähnlichen Planeten* Merkur, Venus, Erde und Mars mit Umlaufzeiten von einem Viertel bis zu fast zwei Mal der Erdumlaufszeit. Weiter von der Sonne entfernt umkreisen die größeren *äußeren Planeten* wie die Gasriesen Jupiter und Saturn und die Eisriesen Uranus und Neptun mit dem 10- bis 170-Fachen der Erdumlaufzeit die Sonne ebenfalls auf elliptischen Bahnen.

Außer den acht *großen Planeten* bewegen sich mehrere Tausend *Asteroiden* auf elliptischen Bahnen um die Sonne – vorwiegend zwischen den Bahnen von Mars und Jupiter im *Asteroidengürtel* –, ferner die über 3700 *Kometen* (Stand 2022) auf lang gestreckten Ellipsen mit Umlaufzeiten von bis zu mehreren Tausend Jahren. Schließlich zählen die *Meteore* oder *Sternschnuppen* zum Sonnensystem, die jeweils an bestimmten Tagen des Jahres die Bahn der Erde als Bruchstücke von Kometen kreuzen und dann zu beobachten sind.

Dazu kommen noch die *Monde* der Planeten (außer für Merkur und Venus, die keine Monde haben), angefangen von der Erde mit einem, über Jupiter mit 79 bis Saturn mit 82 Monden (Stand 2022), die als *Satelliten* ihre Planeten auf elliptischen Bahnen umkreisen.

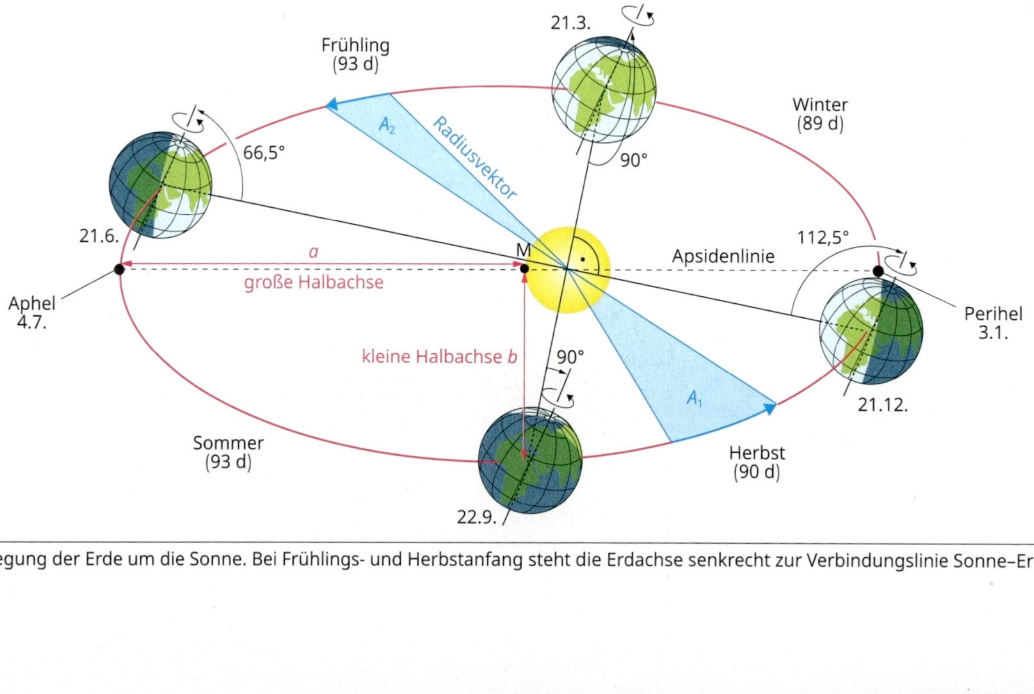

1 Bewegung der Erde um die Sonne. Bei Frühlings- und Herbstanfang steht die Erdachse senkrecht zur Verbindungslinie Sonne–Erde.

Warum fällt der Mond nicht auf die Erde?

ERKUNDEN & EINSTEIGEN

1. In einer Simulation wird die Bewegung eines Planeten um die Sonne dargestellt (nicht maßstäblich). In festen zeitlichen Abständen sind die Orte des Planeten als schwarze Punkte eingetragen.

a) Im Bereich ① ist der Planet langsamer unterwegs als im Bereich ②. Begründen Sie diesen Sachverhalt kurz anhand der Abbildung.

b) Vergleichen Sie die Flächeninhalte A_1, A_2 und A_3 und beschreiben Sie eine Auffälligkeit.

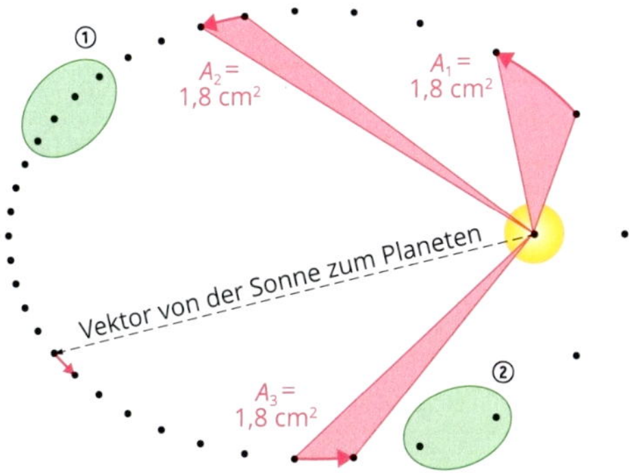

c) Johannes KEPLER erkannte nach jahreslanger Forschung um 1600: Der Vektor von der Sonne zu einem Planeten überstreicht in [...] Zeiten [...] Flächen. Notieren Sie den Satz ins Heft und ergänzen Sie die beiden Lücken: gleich große – farbige – dreieckige – kleine/kleinen – geringe – gleichen – größere/größeren – kreisförmige.

2. Zeigen Sie, dass N/kg und m/s² identische Einheiten sind.

3. Ein Körper der Masse M ist von einem Gravitationsfeld umgeben. Ein anderer Körper der Masse m erfährt in dem Gravitationsfeld eine Kraft F_G (Gewichtskraft oder Gravitationskraft). Anna, Ben und Can befinden sich jeweils auf der Oberfläche eines Himmelskörpers (z. B. eines Planeten). Alle drei messen jeweils die Kraft auf einen Probekörper der Masse m, den sie mitgebracht haben. Auf welcher Oberfläche ist das Gravitationsfeld am stärksten? Kann sich einer von ihnen auf der Erde befinden? Oder auf dem Mond (ca. 1/6 der Erd-Feldstärke von ca. 9,81 N/kg). Tipp: Bilden Sie Quotienten „Kraft pro Masse“.

	Anna	Ben	Can
m	5,49 kg	0,42 kg	0,64 kg
F_G	8,90 N	10,40 N	6,28 N

EXKURS

Ein schwarzes Loch im Zentrum der Milchstraße und der Physik-Nobelpreis

Das Zentrum der Milchstraße liegt etwa 24 000 Lichtjahre von der Erde entfernt im Sternbild Schütze (Sagittarius, abgekürzt Sgr). Mit optischen Teleskopen ist diese Region nicht zugänglich, da sie von großen Dunkelwolken verdeckt wird. Details werden aber durch Radio-, Infrarot- und Röntgenstrahlung sichtbar.

Sgr A* (sprich: A Stern) ist eine Quelle von Radio- und Röntgenstrahlung, die zu einem Kandidaten für ein supermassives schwarzes Loch wurde. Die Masse des schwarzen Lochs, die in dem kleinen Bereich um Sgr A* konzentriert ist, konnte mithilfe des dritten Kepler'schen Gesetzes bestimmt werden. Sie beträgt 4,1 Mio. Sonnenmassen. Wissenschaftler vom Max-Planck-Institut für extraterrestrische Physik in Garching verfolgten die Bewegung des Sterns S2, der sich in einem Abstand von nur wenigen Lichttagen um das galaktische Zentrum bewegt, über mehrere Jahre (**Abb. a**).

Sgr A* befindet sich in einem der Brennpunkte der Ellipse, erscheint aufgrund der relativ komplexen geometrischen Verhältnisse jedoch in der Abbildung etwas aus der Achse verschoben. Es wurden und werden etwa 30 Sterne beobachtet, die das schwarze Loch umkreisen. Einige Bahnkurven sind in **Abb. b** gezeigt.

a)

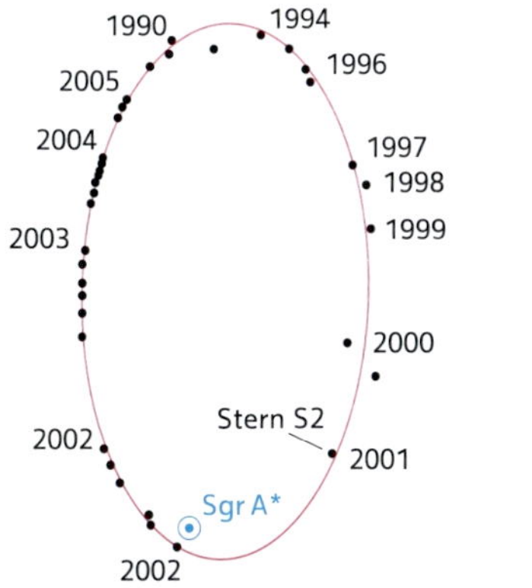

b)

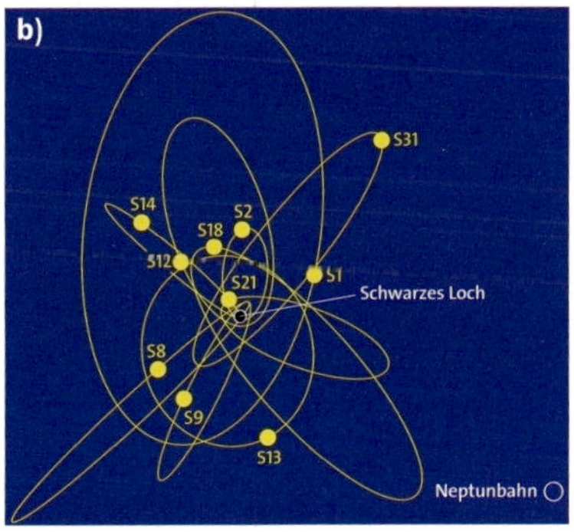

Im Jahr 2020 erhielten Roger PENROSE, Andrea GHEZ und Reinhard GENZEL den Nobelpreis für Physik für ihre jeweiligen Arbeiten zu Schwarzen Löchern. Sowohl das Team um GENZEL (MPI Garching) wie auch das Team um GHEZ verfolgten die Umlaufbahn des Sterns S2.

Nach Einsteins Allgemeiner Relativitätstheorie entsteht ein schwarzes Loch, wenn eine bestimmte Materiemenge auf ein sehr kleines Volumen konzentriert wird. Mit menschlichen Mitteln ist ein schwarzes Loch allerdings nicht herstellbar. Von außen betrachtet macht sich ein schwarzes Loch nur durch seine Gravitationswirkung bemerkbar. Kommen Objekte dem schwarzen Loch zu nahe, gibt es keine Möglichkeit, jemals wieder nach außen zu kommen. Selbst das Licht kann nicht aus dem Inneren eines schwarzen Lochs entweichen. Deshalb lassen sich schwarze Löcher auch nicht direkt beobachten.

Beruhend auf den genauen Beobachtungsdaten Tycho Brahes (1546–1601) konnte Johannes Kepler (1571–1630) die Gesetzmäßigkeiten für die Bewegung der Planeten um die Sonne formulieren. Es war die große Leistung von Isaac Newton (1642–1727), die Gesetze der Planetenbewegung mit seiner neu entwickelten Mechanik und des von ihm gefundenen Gravitationsgesetzes theoretisch herzuleiten und sie damit zu verstehen.

2.1.2 Die Kepler'schen Gesetze

Die drei Kepler'schen Gesetze erlauben eine genaue Vorhersage der Planetenbewegung:

1. Die Planeten bewegen sich auf Ellipsen, in deren einem Brennpunkt die Sonne steht (**Abb. 1**).
2. Der Vektor von der Sonne zum Planeten überstreicht in gleichen Zeiten gleich große Flächen.
3. Das Verhältnis aus den dritten Potenzen der großen Bahnhalbachsen (a) und den Quadraten der Umlaufszeiten (T) ist für alle Planeten konstant:

$$\frac{a_1^3}{T_1^2} = \frac{a_2^3}{T_2^2} = \ldots = \text{konstant} \quad \text{oder} \quad \frac{a^3}{T^2} = C.$$

Die Kepler'schen Gesetze gelten für alle Bewegungen im Gravitationsfeld eines Zentralkörpers, also auch der Monde um ihre Planeten und der Satelliten um die Erde. Der **Flächensatz** (das zweite Kepler'sche Gesetz) macht eine Aussage über die Bahngeschwindigkeit der Planeten (**Abb. 2**): In der Nähe der Sonne ist die Geschwindigkeit größer als in der Ferne. Sie ist im *Perihel*, dem sonnennächsten Punkt (*perihel*, griech.: zur Sonne hin), am größten, im Aphel, dem sonnenfernsten Punkt (*aphel*, griech.: von der Sonne weg), am kleinsten.

2.1.3 Das Gravitationsgesetz

Newtons entscheidender Schritt bei der Herleitung der Kepler'schen Gesetze lag in der Erkenntnis, dass für die Bewegung der Himmelskörper die gleichen Gesetze gelten wie auf der Erde – eine damals revolutionäre Einsicht. In seiner berühmten „Mondrechnung" von 1666, auf die er durch einen herabfallenden Apfel gebracht worden sein soll, kam er zum Gravitationsgesetz. Er überprüfte dabei eine Vermutung von Robert Hooke (1635–1703), nach der die Gravitationsanziehung zwischen zwei Körpern umgekehrt zum Quadrat ihrer Entfernung abnimmt.
Newton argumentierte: Wie der Apfel, so „fällt" auch der Mond ständig zur Erde. Ohne die Gravitationskraft würde seine Bahn geradlinig verlaufen. Die als Zentripetalkraft wirkende Gravitationskraft der Erde führt zu einer Abweichung von der geradlinigen Bahn (**Abb.3**). Nach Newton rühren die Zentripetalbeschleunigung des Mondes und die Fallbeschleunigung des Apfels von der gleichen Anziehungskraft her; beide nehmen mit dem Quadrat der Entfernung vom Schwerpunkt der Erde ab, was in der folgenden Rechnung gezeigt wird:
Der Mond umläuft die Erde in 27,32 Tagen, bis er wieder die gleiche Stellung vor den Sternen einnimmt (*siderischer Monat*). Die Zentripetalbeschleunigung des Mondes ergibt sich aus dem Radius der Mondbahn $r = 3{,}84 \cdot 10^8$ m (rund 60 Erdradien) und seiner Umlaufzeit zu $a_\mathrm{M} = v^2/r = 2{,}72 \cdot 10^{-3}$ m/s². Die Fallbeschleunigung des Apfels ist $a_\mathrm{A} = g = 9{,}81$ m/s². Damit stimmt das Verhältnis $a_\mathrm{A} : a_\mathrm{M} = 9{,}81 \text{ m/s}^2 : 2{,}72 \cdot 10^{-3} \text{ m/s}^2 = 3600 = 60^2$ umgekehrt mit dem Quadrat der Strecken Erdschwerpunkt–Erdoberfläche und Erde–Mond, nämlich $R^2 : (60\,R)^2 = 1 : 60^2$, überein. Newton schloss aus seiner „Mondrechnung":

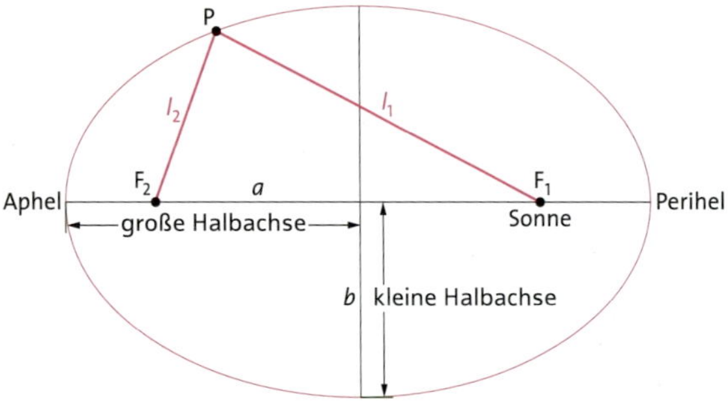

1 Ellipse mit großer Halbachse a und kleiner Halbachse b. Für jeden Punkt P der Ellipse gilt: Die Summe der Abstände zu den beiden Brennpunkten F_1 und F_2 ist konstant: $l_1 + l_2 = \text{konstant} = 2a$.

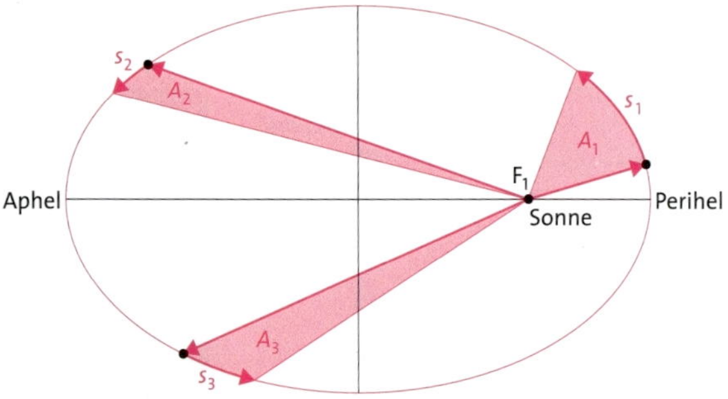

2 Die Flächen, die in gleichen Zeiten vom Vektor Sonne–Planet überstrichen werden, sind inhaltsgleich: $A_1 = A_2 = A_3$. Daher werden die Ellipsenbögen, für die $s_1 > s_3 > s_2$ gilt, in unterschiedlichen Geschwindigkeiten durchlaufen.

Die Kraft, die das Herabfallen eines Körpers auf der Erdoberfläche verursacht, und die Kraft, die den Mond auf seiner Bahn um die Erde hält, sind gleichen physikalischen Ursprungs – die von der Erde auf den fallenden Körper und den Mond ausgeübte **Gravitationskraft**.

1686, zwanzig Jahre nach seiner Mondrechnung, legte Newton in seinem Hauptwerk „*Philosophiae naturalis principia mathematica*" seine Gravitationstheorie vor. Er konnte zeigen, dass sich für die Bahnkurve der Planeten eine Ellipse ergibt, wenn angenommen wird, dass die Gravitationskraft zwischen Sonne und Planet quadratisch mit dem Abstand abnimmt. Damit hatte er das erste Kepler'sche Gesetz mithilfe seiner neu geschaffenen Mechanik begründet.

Nach Newton existiert Gravitation nicht nur zwischen der Sonne und den Planeten. Die Gravitationskraft wirkt vielmehr als universelle Kraft zwischen allen Körpern. Sie greift am Schwerpunkt der Körper an und hängt nur von deren Gesamtmasse ab (**Abb. 4**).

Gravitationsgesetz: Zwei Körper der Masse m_1 und m_2 ziehen sich gegenseitig mit der Gravitationskraft F in Richtung der Verbindungslinie ihrer Schwerpunkte an. Die Gravitationskraft ist proportional zum Produkt der Massen m_1 und m_2 und umgekehrt proportional zum Quadrat des Abstands r ihrer Schwerpunkte (**Abb. 4**):

$$F = \gamma \frac{m_1 m_2}{r^2}.$$

Die **Gravitationskonstante** γ hat den Wert $\gamma = 6{,}673 \cdot 10^{-11}\,\mathrm{Nm^2/kg^2}$.

Auch das dritte Kepler'sche Gesetz lässt sich für den Sonderfall, dass die Bahn ein Kreis ist (also ein spezieller Fall einer Ellipse mit $a = b = r$), in einfacher Weise aus dem Gravitationsgesetz herleiten; die Argumentation ist ähnlich wie bei der Mondrechung: Die Gravitationskraft stellt die Zentripetalkraft dar, die für eine Kreisbewegung erforderlich ist:

$$m\frac{v^2}{r} = \gamma \frac{mM}{r^2}$$

Werden die Bahngeschwindigkeit $v = 2\pi r/T$ sowie der Bahnradius $r = a$ eingesetzt, ergibt sich nach einer Umformung das dritte Kepler'sche Gesetz:

$$\frac{a^3}{T^2} = \frac{\gamma M}{4\pi^2}$$

Die Konstante $\gamma M/(4\pi^2)$ hängt nur von der Masse M des Zentralkörpers (und der Gravitationskonstante) ab. Sie ist für alle Körper, die sich um denselben Zentralkörper mit der Masse M bewegen, gleich groß.

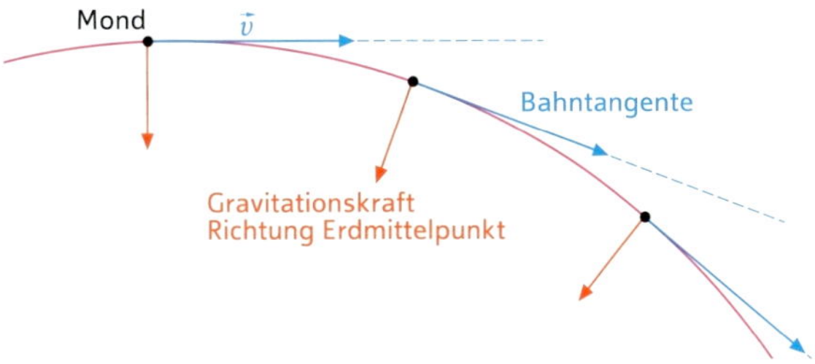

3 Bei der Bewegung des Mondes um die Erde verursacht die Gravitationskraft der Erde eine ständige Fallbeschleunigung in Richtung Erdmittelpunkt. Sie führt zur Abweichung von der geradlinigen Bewegung.

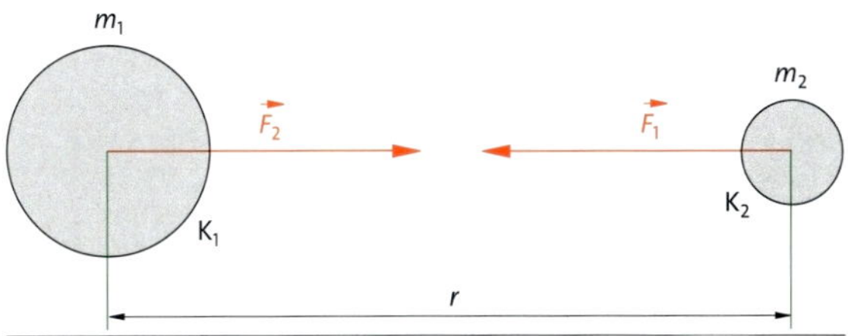

4 Gravitationsgesetz. Der Körper K_1 zieht den Körper K_2 mit der Kraft $\vec{F}_1$ an, die gleich groß, aber der Kraft $\vec{F}_2$ entgegengesetzt gerichtet ist, mit der K_2 seinerseits K_1 anzieht.

AUFGABEN

1. Bestimmen Sie die Umlaufzeit des Uranus aus der mittleren Entfernung der Erde von der Sonne $r_1 = 149{,}6 \cdot 10^9$ m und der mittleren Entfernung des Uranus von der Sonne $r_2 = 2{,}873 \cdot 10^{12}$ m.

2. Ermitteln Sie, welche Jahreszeit in Deutschland herrscht, wenn die Bahngeschwindigkeit der Erde am größten ist. Recherchieren Sie die zur Begründung nötigen Informationen im Internet.

3. Das 2. Kepler'sche Gesetz kann auch folgendermaßen formuliert werden: Für einen um die Sonne kreisenden Himmelskörper ist das Produkt aus Abstand zur Sonne und Bahngeschwindigkeit des Himmelskörpers konstant ($r v = C$ = konstant).

a) Berechnen Sie aus der bekannten Umlaufzeit der Erde um die Sonne und dem mittleren Abstand Erde–Sonne ($r = 149{,}6 \cdot 10^9$ m) die mittlere Bahngeschwindigkeit der Erde. Bestimmen Sie daraus die Konstante C.

b) Recherchieren Sie die Entfernungen Erde–Sonne im Aphel und im Perihel (r_A und r_P) und berechnen Sie daraus – mithilfe der in a) bestimmten Konstante C – die Bahngeschwindigkeiten der Erde im Aphel v_A und im Perihel v_P.

4. Bestimmen Sie, wie genau die Umlaufbahn der Erde um die Sonne der Kreisform nahekommt, indem Sie den Abstand zwischen dem Mittelpunkt der Sonne und dem Mittelpunkt der „Erdbahn-Ellipse" berechnen. Abstand Erde–Sonne im Perihel = 147 098 290 km, im Aphel = 152 098 232 km.

a) Fertigen Sie eine Skizze an.

b) Berechnen Sie den gesuchten Abstand und vergleichen Sie ihn mit dem äquatorialen Radius der Sonne.

Messung der Gravitationskonstanten

Die Gravitationskonstante γ kann grundsätzlich nicht aus astronomischen Messungen gewonnen werden, denn sie tritt in astronomischen Rechnungen nur in Verbindung mit der Masse des anziehenden Himmelskörpers auf, die zur Bestimmung von γ bekannt sein müsste. In einem terrestrischen Experiment bestimmte erstmalig 1798 Cavendish die Gravitationskonstante. Ihm gelang die Messung der äußerst geringen Anziehungskraft zweier Körper mithilfe einer von ihm entwickelten Drehwaage. Sie enthält im Wesentlichen eine Querstange mit zwei kleinen Bleikugeln der Masse m im Abstand $2d$, die an einem Torsionsfaden aufgehängt ist (**Abb. 1 und 2**).

▶ **Versuch:** Zuerst werden die großen Kugeln der Masse M in Stellung I in den Abstand r der Kugelschwerpunkte gebracht. Wenn der Lichtzeiger zur Ruhe gekommen ist, werden (vorsichtig) die großen Kugeln in Stellung II herumgeschwenkt, sodass die Kugelmittelpunkte wieder (ungefähr) den Abstand r besitzen.
Beobachtung: In Stellung I (**Abb. 2**, blau) wirken auf die beiden kleinen Kugeln der Masse m die Gravitationskräfte $2F_G = 2\gamma mM/r^2$. Ihnen hält die Kraft $2F_D = 2F_G$ (rot) durch die Verdrillung des Fadens das Gleichgewicht.
Werden nun vorsichtig die großen Kugeln in die Stellung II (rot) gedreht, so werden die kleinen Kugeln an der Querstange sowohl von den beiden frei werdenden Drillkräften $2F_D = 2F_G$ (rot) als auch von den beiden nun in der anderen Richtung auftretenden Gravitationskräften $2F_G$ (rot), mit der die großen Kugeln in ihrer neuen Stellung auf die kleinen Kugeln einwirken, beschleunigt.
Insgesamt erzeugt die Kraft $4F_G = 4\gamma mM/r^2$ eine anfangs gleichmäßig beschleunigte Bewegung der Kugeln. Sie lässt sich wie folgt messen. r ist dabei ein mittlerer Abstand zwischen kleiner und großer Kugel, der vereinfacht als konstant angenommen wird. Der direkt nicht zu messende Weg s, den die kleinen Kugeln beschleunigt zurücklegen (für die rechte Kugel ist er in **Abb. 2** eingezeichnet), ergibt sich aus dem Weg x des Lichtzeigers an der Wand mithilfe der Beziehung $s/(\frac{x}{2}) = d/e$ oder $s = dx/(2e)$ (**Abb. 2**). Aus der Beschleunigung $a = 2s/t^2$ und der Gleichung $(2m)a = 4\gamma mM/r^2$ folgt die Gravitationskonstante. ◀

Die *Gravitationskonstante* ist auch heute wegen der geringen Größe der Kräfte nur schwer zu bestimmen. Nach wie vor ist sie nur im Labor zu messen. Genauer bekannt ist das Produkt γm_E (m_E Masse der Erde), mit dem grundsätzlich in der Astronomie gearbeitet wird.

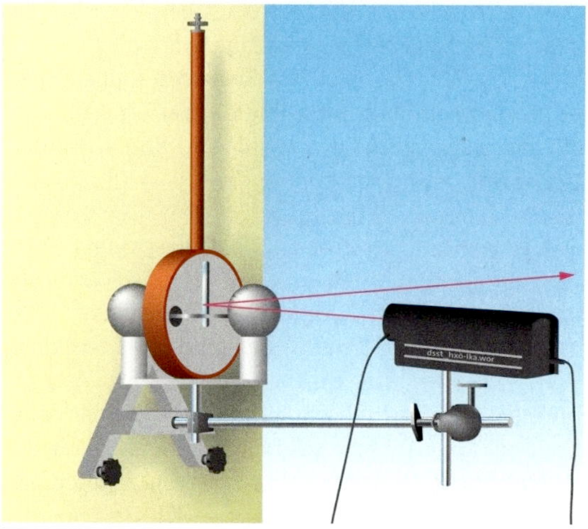

1 Gravitationsdrehwaage. Im Gehäuse hängt an einem Faden, der oben im Rohr befestigt ist, eine Querstange mit zwei kleinen Bleikugeln, die frei um die Achse des Fadens beweglich ist.

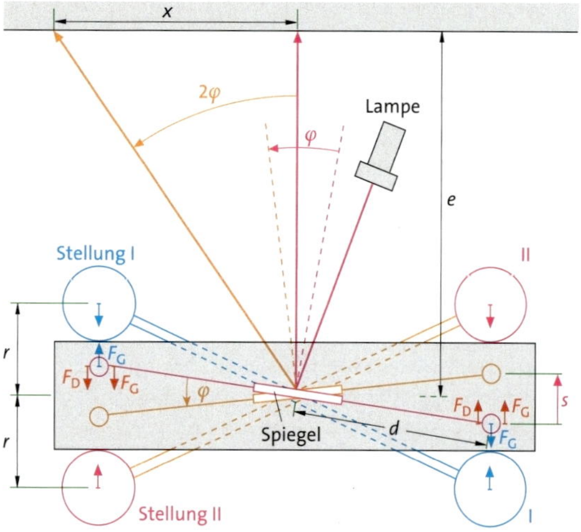

2 Zur Funktionsweise der Gravitationsdrehwaage: In Stellung I (blau) halten sich Drill- und Gravitationskräfte das Gleichgewicht. In Stellung II (rot) beschleunigen sie Bleikugeln an der Querstange.

AUFGABEN

1. Berechnen Sie die Gravitationskraft zwischen
   a) zwei Schiffen von je 100 000 t, die sich mit dem Schwerpunktabstand $d = 200$ m begegnen;
   b) zwei Autos von je 900 kg, die im Schwerpunktabstand von 5 m aneinander vorbeifahren;
   c) zwei Wasserstoffatomen ($m_H = 1{,}6734 \cdot 10^{-27}$ kg) im Abstand von $d = 10^{-8}$ cm.

2. Bestimmen Sie die Kraft, mit der sich die kleine ($m_1 = 20$ g) und die große ($m_2 = 1{,}46$ kg) Bleikugel der Gravitationsdrehwaage im Abstand $r = 4{,}5$ cm anziehen.

3. Berechnen Sie, welche Gravitationskraft auf einen Körper der Masse $m = 1$ kg, der sich auf der Erdoberfläche befindet, wirkt:
   a) von der Erde,
   b) vom Mond und
   c) von der Sonne (Daten im Anhang).

4. Mit der Gravitationsdrehwaage werden der Weg x, den der Lichtzeiger auf der $e = 8{,}90$ m entfernten Skala zurücklegt, und die Zeit t gemessen. Die halbe Länge des Querarms ist $d = 5{,}0$ cm, der mittlere Abstand zwischen großer und kleiner Kugel $r = 4{,}5$ cm; jede große Kugel hat die Masse $M = 1{,}46$ kg. Werten Sie die Messreihe aus und vergleichen Sie mit dem Literaturwert.

x in cm	0	1,3	2,8	4,9	7,4	11,3	15,0	19,2
t in s	0	30	45	60	75	90	105	120

Anwendungen des Gravitationsgesetzes – Astronomische Massenbestimmung

Zur Berechnung der Sonnenmasse M betrachtet man das System Sonne (Zentralkörper) - Erde (Satellit). Die Radialkraft $F_R = m\,\omega^2\,r$, die die Erde (Masse m) – vereinfacht – auf ihrer Kreisbahn hält, ist durch die Gravitationskraft $F = \gamma\, m\, M/r^2$ der Sonne gegeben. Gleichsetzen beider Terme – die Erdmasse m kürzt sich heraus – ergibt die Masse M der Sonne zu

$$M = \frac{\omega^2 r^3}{\gamma} = \frac{4\,\pi\, r^3}{\gamma\, T^2}$$

Aus der Erdumlaufzeit T, dem *siderischen Jahr,* und der mittleren Entfernung r der Erde von der Sonne, der *astronomischen Einheit,* folgt für die **Masse der Sonne** $M_0 = 1{,}989 \cdot 10^{30}$ kg. Dieses Verfahren zur Massenbestimmung lässt sich immer dann anwenden, wenn zu einem Zentralkörper Bahnradius und Umlaufzeit eines Satelliten bekannt sind – so auch bei den äußeren Planeten, die einen Mond besitzen.

Während die *Verhältnisse der Radien* der Planetenbahnen (ihrer großen Halbachsen) über das dritte Kepler'sche Gesetz schon früh sehr genau bekannt waren, wurde die (mittlere) Entfernung Erde-Sonne erstmals durch Halley 1761 und 1769 mithilfe der Venusdurchgänge angegeben: Von zwei Orten der Erde aus bestimmte er vor dem Hintergrund der Sonnenscheibe die Venusparallaxe und über das dritte Kepler'sche Gesetz die Entfernung zur Sonne. Die heutigen Werte stammen aus Radarmessungen.

Die Berechnung der **Masse der Erde** durch Gleichsetzen der Terme von Gewichtskraft $F_G = m\,g$ auf einen beliebigen Körper (Masse m) im Abstand R vom Erdmittelpunkt (R Erdradius) und Gravitationskraft $F = \gamma\, m\, M/R^2$ liefert nur den groben Näherungswert $M = 5{,}966 \cdot 10^{24}$ kg. Er weicht vom Tabellenwert $M_E = 5{,}976 \cdot 10^{24}$ kg nicht unbeträchtlich ab, weil u. a. die Erde keine Kugel mit homogener Massenverteilung ist. Aus Masse und Volumen ergibt sich die **mittlere Dichte der Erde** zu $\rho = 5{,}52 \cdot 10^3$ kg/m³.

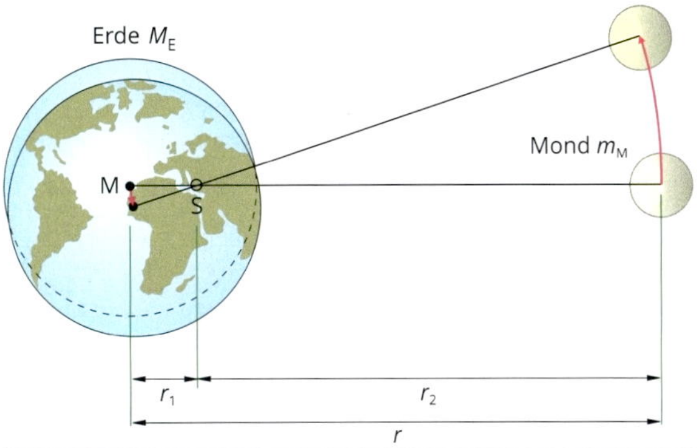

3 Erde und Mond drehen sich um den gemeinsamen Schwerpunkt S im Erdinneren. Nach dem Schwerpunktsatz $M_E\, r_1 = m_M\, r_2$ mit $r_1 + r_2 = r$ erhält man für den Schwerpunktabstand $r_2 = M_E\; r/(m_M + M_E)$.

Bei der Ermittlung der **Masse des Mondes** berücksichtigt man, dass sich Erde und Mond um einen gemeinsamen, innerhalb der Erde liegenden Schwerpunkt drehen. Die Gravitationskraft $F = \gamma\, m_M\, M_E/r^2$ ist die Radialkraft $F = m_M\, \omega^2\, r^2$, die den Mond auf seiner Bahn hält. Die einzusetzenden Entfernungen zeigt **Abb. 3**. Durch Gleichsetzen erhält man die Summe der Massen zu $M_E + m_M = \omega^2\; r^3/\gamma$ und aus der Differenz $(m_M + M_E) - M_E$ die Mondmasse $m_M = 6{,}50 \cdot 10^{22}$ kg als Näherung statt des aus Satellitenbeobachtungen bekannten, genaueren Wertes $m_M = 7{,}35 \cdot 10^{22}$ kg. Die Ungenauigkeit kommt daher, dass das System Erde-Mond eines der schwierigsten himmelsmechanischen Probleme ist.

AUFGABEN

1. Berechnen Sie aus den Daten der vier von Galilei entdeckten Jupitermonde die Masse des Jupiters.

Name	mittlerer Abstand	siderische Umlaufzeit
Io	412000 km	1,769 d
Europa	670900 km	3,551 d
Ganymed	1070000 km	7,155 d
Callisto	1880000 km	16,689 d

2. Diskutieren Sie, wie groß die siderische Umlaufzeit des Mondes wäre,

a) wenn der Mond die doppelte Masse besäße und sich auf der gleichen Umlaufbahn bewegte;

b) wenn sich seine Bahngeschwindigkeit verdoppelte.

3. Berechnen Sie die Lage des gemeinsamen Schwerpunktes von Erde und Mond.

4. Aus einem Raumschiff sieht Ben die kreisförmige Bewegung des Mondes um die Erde. Geben Sie an, welche Abb. die dabei auftretenden Kräfte richtig zeigt. Begründen Sie für die anderen Abb., warum sie nicht stimmen

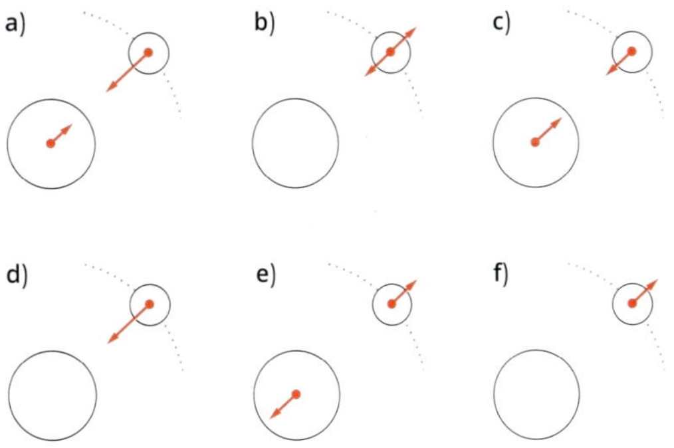

EXKURS

Schweremessungen und Gravimetrie

Schweremessungen auf der Erdoberfläche offenbaren die Feinstrukturen von Anomalien, d.h. Unregelmäßigkeiten in der Schwere des Untergrundes. Sie sind für Geologie und Geophysik und ebenso im Anwendungsbereich z. B. für die Lagerstättenforschung – so das Aufspüren von Erdölfeldern – von großer Bedeutung.

Absolut misst man die Schwerebeschleunigung mit Geräten nach dem Prinzip des freien Falls durch äußerst präzise Messungen mit einer Genauigkeit von 10^{-7} m/s² bis 10^{-8} m/s² über quarzgesteuerte elektronische Zeitzählungen und interferometrische Längenbestimmungen.

Die Gravimeter für die Relativmessungen sind im Prinzip hoch empfindliche Waagen. Das Gravimeter wird durch einen kleinen Körper bestimmter Masse realisiert, der entweder an einer Feder hängt wie beim *La Coste-Gravimeter* (Abb.) oder von einem Magnetfeld in der Schwebe gehalten wird. Die Ablesegenauigkeit beträgt bei den empfindlichsten Geräten (Einheit 1 gal = 10^{-2} m/s²) 10^{-8} m/s². Sie sind so empfindlich, dass sich die zwischen Norwegen und Schottland in die Nordsee eindringende Flutwelle 1000 km entfernt in Deutschland leicht nachweisen lässt.

Die Ergebnisse der Messungen werden in Schwerekarten dargestellt, die ständig ergänzt und überprüft interessierten Anwendern und der Wissenschaft zur Verfügung stehen.

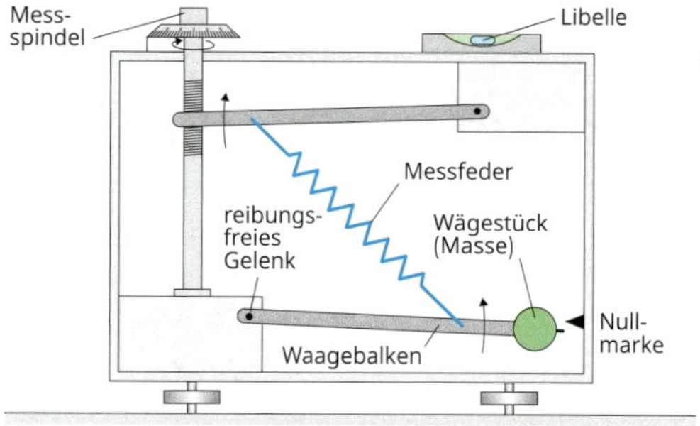

EXKURS

1969 – die ersten Menschen auf dem Mond

Der Flug von Apollo XI vom 16. 7. 1969 bis 24. 7. 1969 zum Mond und die Landung der Amerikaner Armstrong und Aldrin am 20. 7. 1969 auf dem Mond ist eine der spektakulärsten Weltraumunternehmungen des 20. Jahrhunderts. Das Bild unten zeigt den Ablauf des Manövers:

Aus der Parkbahn um die Erde in 197 km Höhe, die die 111 m hohe Saturnrakete mit 2904 t Startgewicht 12 min nach dem Start am 16. 7. um 14:32 MEZ erreicht, begibt sich Apollo durch das „Mondfenster" mit der Fluchtgeschwindigkeit von 10,8 km/s auf den Weg zum Mond und erreicht fast ohne weiteren Antrieb am 18. 7. um 18:26 nach kurzer Zündung seines Triebwerkes die Mondumlaufbahn in 111 km Höhe über dem Mond. Am 20. 7. um 18:47 trennt sich die 13,5 t schwere Mondfähre vom Apollo-Schiff und geht auf eine elliptische Bahn, von deren mondnächstem Punkt in 15 km Höhe die Landung der „Eagle" beginnt. Am 21. 7. um 03:56 betritt der erste Mensch, Armstrong, wenig später Aldrin den Mond. Um 6:06 Uhr kehren sie zur Mondfähre mit dem dort wartenden Piloten Collins zurück und zünden die Triebwerke der 4,8 t schweren Fähre. Um 23:33 koppelt die Mondfähre am 5,5 t schweren Apollo-Schiff an und am 22. 7 um 05:56 geht Apollo nach Abstoßen der Mondfähre auf Erdkurs. Am 24. 7. um 17:24 trennt sich die Kommandokapsel vom Versorgungsteil und taucht mit dem Schutzschild voran mit 10,9 km/s in die Erdatmosphäre ein. Am 24. 7. um 17:51 prallt die Kapsel mit 8,3 m/s auf die Meeresoberfläche auf.

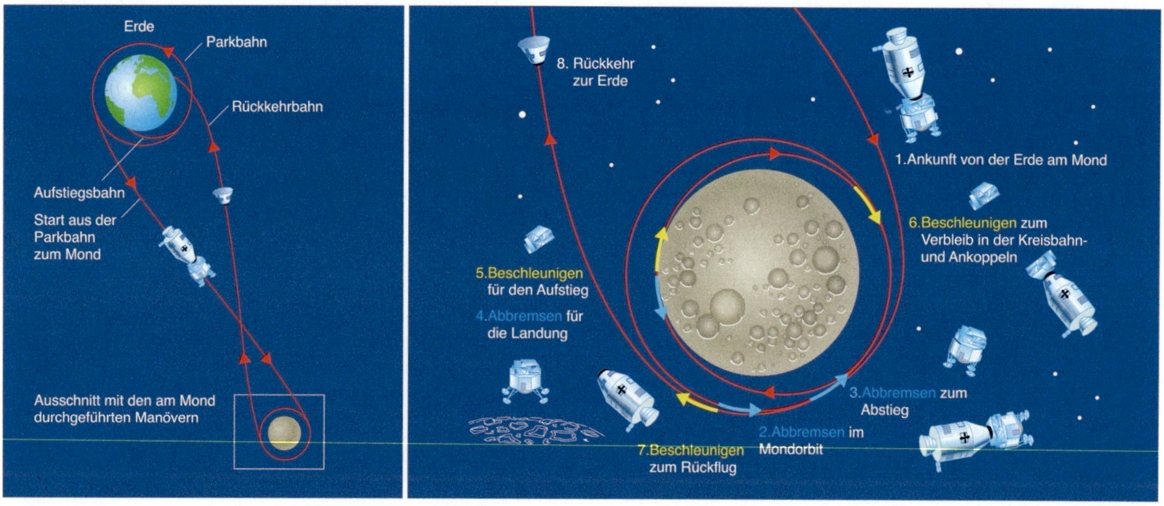

2.2 Bewegungen im Gravitationsfeld

Newton hatte ursprünglich angenommen, dass die Gravitationskräfte den Raum zwischen den Körpern gleichsam „überspringen". Er hatte aber schon die logische Schwierigkeit erkannt, dass sie sich dann unendlich schnell ausbreiten müssten. Die Einführung des **Gravitationsfeldes**, das von der Sonne (und allen anderen Körpern, die eine Gravitationswirkung ausüben) erzeugt wird, und in dem sich die anderen Körper bewegen, behebt diese Schwierigkeit.

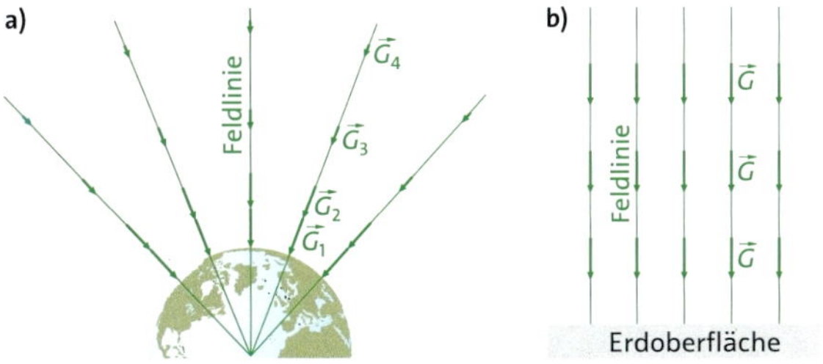

1 Feldstärkevektoren (dicke grüne Pfeile) und Feldlinien (dünne grüne Linien) kennzeichnen die Kräfte nach Richtung und Stärke. **a**) Radialfeld; **b**) homogenes Feld

2.2.1 Die Gravitationsfeldstärke

Die Gravitationskraft eines Körpers der Masse M auf einen anderen Körper der Masse m ist nach dem Gravitationsgesetz durch $F_G = \gamma m M / r^2$ gegeben. An einer bestimmten Stelle im Raum ist der Quotient $F_G/m = \gamma M/r^2$ für alle Körper konstant – unabhängig von ihrer Masse m. Der Quotient $F_G/m = G$ charakterisiert die Anziehungskraft im Raum um den Körper der Masse M; er wird als Gravitationsfeldstärke bezeichnet.

Die **Gravitationsfeldstärke** G an einer bestimmten Stelle des Raumes ist der Quotient aus der Gravitationskraft F_G, die ein Körper der Masse m an dieser Stelle erfährt, und dieser Masse m: $G = F_G/m$.

Die Gravitationsfeldstärke an der Erdoberfläche ist ungefähr gleich der Fall- oder Erdbeschleunigung g, die im Mittel 9,81 m/s² beträgt. Denn wegen der täglichen Rotation der Erde wirkt auf jeden Körper eine senkrecht zur Rotationsachse gerichtete und vom Ort auf der Erdoberfläche abhängige Zentrifugalkraft. Die radiale Komponente dieser Zentrifugalkraft wirkt der Gravitationskraft entgegen. Am Äquator beträgt der Unterschied zwischen Gravitationsfeldstärke und Erdbeschleunigung 0,034 m/s² oder 0,3 %; an den Polen sind beide gleich groß.

An der Erdoberfläche ist die Gravitationsfeldstärke der Erde ungefähr gleich der Fall- oder Erdbeschleunigung: $G \approx g$.

Das **Feldlinienbild** ist eine anschauliche Darstellung des Feldes. Die Feldlinien sind so in das Feld einzuzeichnen, dass in jedem Punkt des Feldes die Tangente an die Feldlinie in Richtung des dortigen Feldstärkevektors zeigt. Der *Betrag der Feldstärke* in der Umgebung eines Punktes wird durch die Anzahldichte der Feldlinien veranschaulicht. Je größer die Feldstärke an der betrachteten Stelle eines Feldes ist, desto dichter (enger aneinander) sind die Feldlinien gezeichnet.

Feldlinienbilder stellen eine Veranschaulichung des Feldes dar. Feldlinien sind gedankliche, keine realen physikalischen Gebilde.

Die Kraft eines Feldes auf einen Probekörper wirkt entlang der Tangente an eine Feldlinie, die durch den Ort des Körpers verläuft.

Im *Radialfeld* der Erde oder jedes anderen kugelförmigen Körpers sind die Feldstärkevektoren überall auf den Massenmittelpunkt des Körpers gerichtet, die Feldlinien laufen *radial* auf ihn zu (**Abb. 1 a**). In einem genügend kleinen Bereich eines Gravitationsfeldes hat die Feldstärke näherungsweise jeweils gleichen Betrag und gleiche Richtung. Es liegt ein *homogenes Feld* vor (**Abb. 1 b**).

AUFGABEN

1. An einem Ort wirkt auf einen Körper (m = 5,0 kg) die Kraft des Gravitationsfeldes (F_G = 8,3 N).
- **a)** Berechnen Sie die Stärke des Gravitationsfeldes G.
- **b)** Bestimmen Sie, wie groß die Kraft auf den Körper an der Erdoberfläche wäre.
- c) An seiner Oberfläche beträgt die Stärke des Gravitationsfelds des Monds ungefähr 1/6 von Gravitationsfeldstärke der Erde. Geben sie an, ob sich der Körper auf dem Mond befinden kann.

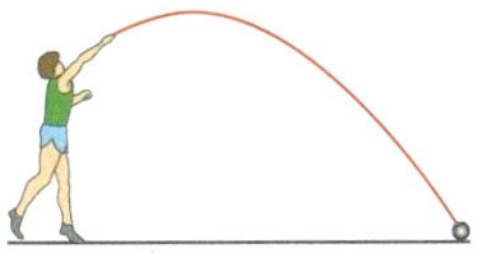

2. Ein Körper bewegt sich unter Einfluss eines Gravitationsfeldes. Nutzen Sie Ihre Erfahrungen mit freiem Fall, waagerechtem Wurf und schrägem Wurf, um zu beurteilen, ob die Bewegung entlang einer Feldlinie verläuft.

3. Prüfen Sie, ob die Aussagen zum Gravitationsfeld immer, nie oder unter bestimmten Umständen zutreffen:
- **a)** Je dichter die Feldlinien, desto größer die Feldstärke.
- **b)** In einem homogenen Feld verlaufen die Feldlinien parallel.
- **c)** Eine Feldlinie ist gerade.
- **d)** Es gilt N/kg = m/s².
- **e)** Erdoberfläche: Die Stärke des Gravitationsfeldes G und die Erdbeschleunigung g sind gleich groß (g = 9,81 m/s², G = 9,81 N/kg).

2.2.2 Ebbe und Flut

Ursache von Ebbe und Flut sind die Gravitationskräfte von Mond und Sonne auf das weitgehend frei bewegliche Wasser der Meere. Wegen seiner Nähe zur Erde ist die Wirkung des Monds trotz kleinerer Masse etwa doppelt so groß wie die der Sonne. Die Betrachtungen beschränken sich deshalb auf das System Erde–Mond.

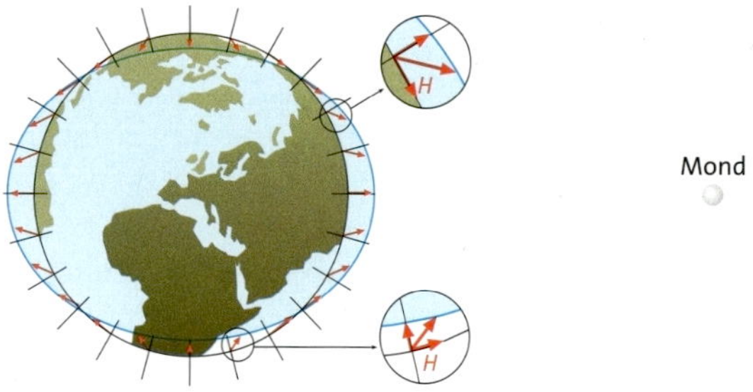

1 Die Horizontalkomponenten der Gezeitenkräfte sorgen für Flut

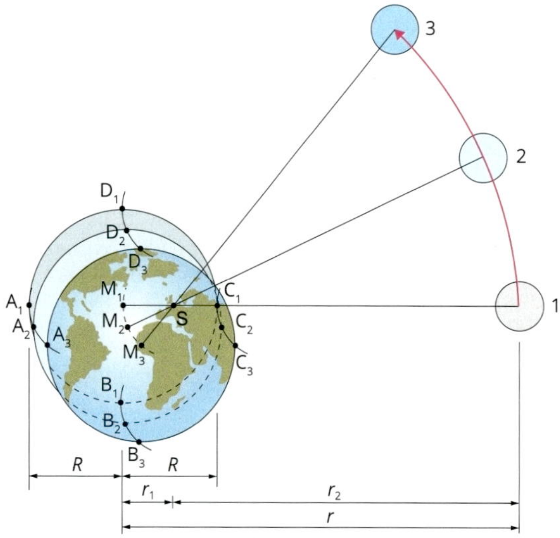

2 Erde und Mond drehen sich um einen gemeinsamen Schwerpunkt S, der im Innern der Erde liegt.

Jeden Tag wandern zwei Flutberge um die Erde (**Abb. 1**), einer auf der mondzugewandten Seite, einer auf der mondabgewandten Seite der Erde. Punkt C auf der Erdoberfläche befindet sich näher am Mond als andere Teile der Erde (**Abb. 3**), sodass dort die Gravitationskraft des Mondes auf das Wasser größer ist als anderswo. Folglich fließt das Wasser von anderen Orten zu Punkt C und es entsteht ein Flutberg. Aber wie kommt der zweite Flutberg in Punkt A zustande? Erde und Mond kreisen um einen gemeinsamen Schwerpunkt S, der noch innerhalb der Erde liegt (**Abb. 2**). Die für die Kreisbewegung erforderliche zentripetale Kraft ist die Gravitationskraft, die jeder der beiden Himmelskörper im Gravitationsfeld des jeweils anderen erfährt: $\vec{F}_{ZP} = \vec{F}_G$. Ein mitbewegter Beobachter erkennt entsprechend eine zentrifugale Kraft $|\vec{F}_{ZF}| = |\vec{F}_G|$. In Punkt A ist diese Gleichheit der Kräfte nicht gegeben, denn aufgrund des größeren Abstands ist die Gravitationskraft des Mondes auf das Wasser geringer als an allen anderen Orten der Erde. Die resultierende **Gezeitenkraft** $F_A = F_{ZF} - F_G$ zeigt in Punkt A von der Erdoberfläche weg und sorgt für den zweiten Flutberg.
In den Punkten B und D zeigen die Gezeitenkräfte $\vec{F}_B$ und $\vec{F}_D$ ins Innere der Erde.

Für eine genaue Betrachtung ist zu beachten: Der Mond dreht sich so um die Erde, dass immer die gleiche Seite zur Erde zeigt. Die Erde jedoch behält ihre Lage im Raum bei (**Abb. 2**). Letzteres führt dazu, dass alle Punkte der Erde die Bewegung um den gemeinsamen Schwerpunkt S mit dem gleichen Radius $r_1 = 0{,}74\,R$ ausführen und dass die zentrifugale Kraft $\vec{F}_{ZF}$ (bei gleicher Masse m) in allen Punkten der Erde die gleiche Richtung und den gleichen Betrag hat: $\vec{F}_{ZF,A} = \vec{F}_{ZF,B} = \vec{F}_{ZF,C} = \vec{F}_{ZF,D}$. In Punkt A gilt dann für die Gezeitenbeschleunigung:

$$a_A = \frac{F_A}{m} = \frac{F_{ZF} - F_G}{m} = \omega^2\, r_1 - \gamma\, \frac{m_{Mond}}{(r+R)^2}.$$

Im Mittelpunkt der Erde ist $\omega^2\, r_1 = \gamma\, m_{Mond}/r^2$, womit $a_A = \gamma \cdot m_{Mond} \cdot \frac{2\,r R + R^2}{r^2\,(r+R)^2}$ folgt. Wird im Zähler R^2 gegen $r R$ vernachlässigt und im Nenner R gegen r, so ergibt sich mit $a_A \approx 2\,\gamma\, m_{Mond}\, R/r^3$ die betragsmäßig gleiche Gezeitenbeschleunigung wie für Punkt C ($a_A = a_C$).

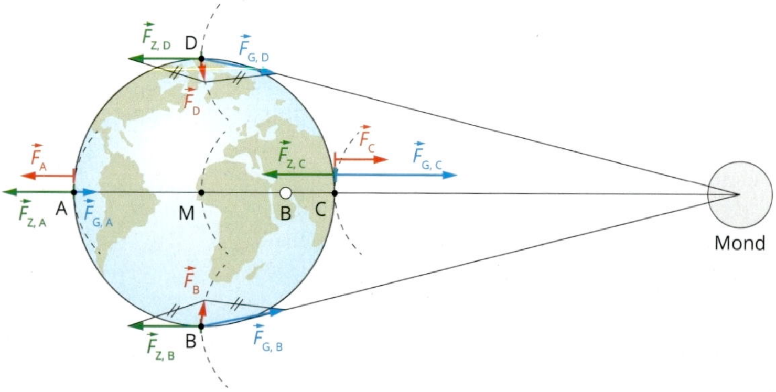

3 Eine Gezeitenkraft (F_A, F_B, F_C, F_D) entsteht jeweils aus der Gravitationskraft des Mondes ($F_{G,A}$, $F_{G,B}$, $F_{G,C}$, $F_{G,D}$) und der Zentrifugalkraft ($F_{ZF,A}$, $F_{ZF,B}$, $F_{ZF,C}$, $F_{ZF,D}$).

2.2.3 Energie im Gravitationsfeld

Wenn ein Satellit aus einer kreisförmigen Umlaufbahn um die Erde auf eine höher gelegene Bahn gebracht werden soll, müssen seine Triebwerke gezündet werden. Dadurch erfährt er den erforderlichen Geschwindigkeitsschub, der ihn auf die höhere Bahn hebt. Es ist möglich, solche Vorgänge durch Kräfte und die dadurch verursachten Beschleunigungen zu beschreiben. Oft ist es aber einfacher, mit dem Energiesatz zu argumentieren. Durch den Wechsel in eine höhere Umlaufbahn *ändert* sich die Lage des Satelliten im Gravitationsfeld und damit auch die **Lageenergie** bzw. die **Gravitationsenergie** im System Erde–Satellit.

Um eine Formel für die Gravitationsenergie zu erhalten, wird die Energie ermittelt, die zugeführt werden muss, um einen Körper von einem niedrigeren Punkt P_1 gegen die anziehende Kraft zu einen höher gelegenen Punkt P_2 zu bringen (**Abb. 1**). Für den Spezialfall des homogenen Gravitationsfeldes nahe der Erdoberfläche ist das Ergebnis bekannt: Bei konstanter Gravitationskraft $F_G = mg$ wird die Änderung der potentiellen Energie mithilfe der Höhendifferenz $(h_2 - h_1)$ zwischen Ausgangspunkt und Endpunkt der Bewegung berechnet:

$$\Delta E_{pot} = mg(h_2 - h_1) = mg\Delta h$$

Im *inhomogenen Gravitationsfeld* der Erde oder allgemein eines (kugelförmigen) Zentralkörpers ändert sich die *Gravitationsfeldstärke* und damit die Kraft F längs des gewählten Weges ständig (**Abb. 1**). Die aufzubringende Energie wird mit Hilfe einer komplizierteren Überlegung berechnet (s. rechts). Das Ergebnis lautet:

Die **Änderung der potentiellen Energie** eines Körpers der Masse m, der im Gravitationsfeld der Erde oder eines Zentralkörpers mit der Masse M vom Punkt $P_1(r_1)$ zum Punkt $P_2(r_2)$ bewegt wird, beträgt

$$\Delta E_{pot} = \gamma m M\left(\frac{1}{r_1} - \frac{1}{r_2}\right).$$

Liegt der Punkt $P_1(r_1)$ auf der Erdoberfläche, so ist r_1 gleich dem Radius R der Erde. Energieänderungen gegenüber diesem Bezugspunkt sind positiv. Liegt der Punkt $P_1(r_1)$ im Unendlichen, dann wird mit $r_1 \to \infty$ der Bruch $1/r_1 = 0$. Die Änderung der potentiellen Energie gegenüber dem Bezugspunkt im Unendlichen wird negativ; sie wird als *potentielle Energie* bezeichnet.

Die **potentielle Energie** eines Körpers der Masse m im radialen Feld eines Zentralkörpers der Masse M ist im Punkt P(r) gegenüber dem Unendlichen

$$E_{pot}(r) = -\gamma \frac{mM}{r}.$$

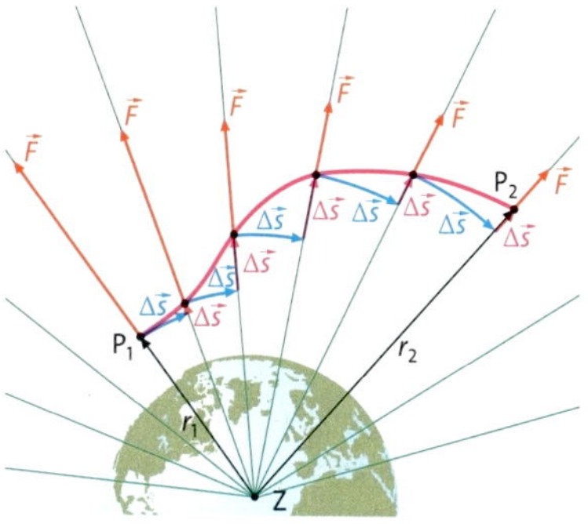

1 Der Weg s von $P_1(r_1)$ nach $P_2(r_2)$ wird durch Teilwege Δs parallel (rot) und senkrecht (blau) zu den Feldlinien ersetzt.

Berechnung der potentiellen Energie

Für die Berechnung der Änderung der potentiellen Energie ist es gleichgültig, auf welchem Weg der Körper von $P_1(r_1)$ zu $P_2(r_2)$ gelangt. Wird der Weg in Teilstrecken parallel und senkrecht zu den Feldlinien zerlegt (**Abb. 1**), ist senkrecht zu den Feldlinien keine Energie aufzubringen, weil Kraft $\vec{F}$ und Weg $\Delta\vec{s}$ rechtwinklig aufeinander stehen.

Die Energie ΔE, die aufgebracht werden muss, um den Körper entlang einer kleinen radialen Teilstrecke $\Delta\vec{s}$, auf der sich die Gravitationskraft F kaum ändert, von r_A nach r_B zu transportieren, ist

$$\Delta E_{(A \to B)} \approx \gamma \frac{mM}{r^2}(r_B - r_A).$$

Da der Faktor r^2 im Nenner zwischen ${r_B}^2$ und ${r_A}^2$ variiert, kann er näherungsweise durch $(r_A r_B)$ ersetzt werden:

$$\Delta E_{(A \to B)} \approx \gamma \frac{mM}{r_A r_B}(r_B - r_A) = \gamma m M\left(\frac{1}{r_A} - \frac{1}{r_B}\right)$$

Alle anderen radialen Intervalle auf dem Weg von P_1 nach P_2 liefern gleichartige Beiträge. Die Näherung wird umso genauer, in je kleinere Teilstrecken der Weg zerlegt wird. Beim Aufsummieren der Beiträge aller radialen Teilstrecken, die zwischen P_1 und P_2 liegen, heben sich fast alle Terme auf und nur die „Randterme" bleiben übrig:

$$\Delta E_{(P_1 \to P_2)} = \gamma m M\left(\frac{1}{r_1} - \frac{1}{r_2}\right)$$

Dieses Ergebnis entspricht der im Merksatz angegebenen Formel für die Änderung der potentiellen Energie ΔE_{pot}.

AUFGABEN

1. Begründen Sie, warum es nicht sinnvoll ist, den Bezugspunkt für die potentielle Energie in die Mitte des Zentralkörpers zu legen.

2. Ein Satellit (m = 1,5 t) wird von der Erdoberfläche aus auf die Höhe 25 000 km gebracht. Ermitteln Sie die erforderliche Energie
   a) mit der Näherung, dass die Gravitationsfeldstärke konstant ist (wie auf der Erdoberfläche);
   b) im radialen Gravitationsfeld der Erde.

3. Berechnen Sie die potentielle Energie der Sonnensonde Helios (m = 370,5 kg) bezüglich der Sonnenoberfläche für den sonnenfernsten Punkt der Bahn (Entfernung zum Sonnenmittelpunkt 147,5 Mio km) und den sonnennächsten Punkt (Entfernung 46,5 Mio km).

2.2.4 Satelliten und Raumfahrt

Geostationäre Satelliten

Die Kepler'schen Gesetze gelten nicht nur für natürliche Himmelskörper (Planeten, Monde und Asteroiden). Auch die Satelliten, die von Raketen in eine Umlaufbahn um die Erde gebracht werden, gehorchen ihnen. Ihre Umlaufzeiten können mit dem dritten Kepler'schen Gesetz berechnet werden, wobei für M die Masse der Erde eingesetzt werden muss. Einen Sonderfall bilden die geostationären Satelliten, die auf Kreisbahnen über dem Äquator in 24 Stunden einmal die Erde umrunden. Vom Erdboden aus gesehen scheinen sie daher immer an der gleichen Stelle zu stehen. Das ist z. B. bei fest ausgerichteten „Satellitenschüsseln" für den Fernsehempfang von entscheidender Bedeutung.

Beispiel Bahnradius geostationärer Satelliten

Geostationäre Satelliten umkreisen die Erde in einer ganz bestimmten Höhe. Der Abstand zum Erdmittelpunkt ergibt sich aus dem dritten Kepler'schen Gesetz:

$$\frac{r^3}{T^2} = \gamma \frac{M_{\text{Erde}}}{4\pi^2}$$

Auflösen nach dem Bahnradius r führt auf:

$$r = \sqrt[3]{\gamma \frac{M_{\text{Erde}} T^2}{4\pi^2}}$$

Das Einsetzen der Zahlenwerte ergibt 42 200 km. Der Erdradius beträgt 6370 km, sodass sich ein geostationärer Satellit in einer Höhe von 35 830 km über der Erdoberfläche befinden muss.

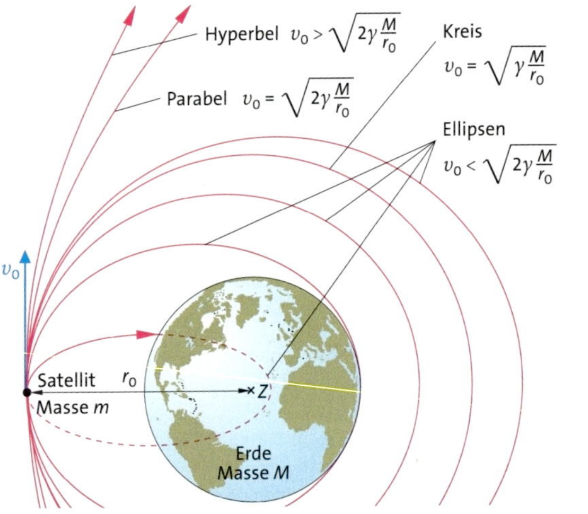

1 Bahnformen in Abhängigkeit von der Startgeschwindigkeit. Eingezeichnet sind die Bahnen, die sich ergeben, wenn der Satellit im Abstand r_0 senkrecht zur Verbindungslinie Erde–Satellit auf die Geschwindigkeit v_0 gebracht wird.

Formen von Satellitenbahnen

Nach dem Energiesatz ist die Summe aus kinetischer und potentieller Energie für jeden Punkt einer elliptischen Satellitenbahn gleich der konstanten Gesamtenergie E_G:

$$E_G = E_{\text{kin}} + E_{\text{pot}} = \frac{1}{2} m v^2 - \gamma \frac{mM}{r} = \text{konstant}$$

Speziell für die *Kreisbahn* lässt sich die Gesamtenergie wie folgt berechnen: Die Gravitationskraft wirkt als Zentripetalkraft: $m v^2/r = \gamma m M/r^2$. Aus dieser Gleichung ergibt sich einmal die Bahngeschwindigkeit auf dem Kreis $v = \sqrt{\gamma M/r}$, zum anderen, wenn die Gleichung mit $r/2$ multipliziert wird, die kinetische Energie im Abstand r vom Erdmittelpunkt:

$$E_{\text{kin}} = \frac{1}{2} m v^2 = \frac{1}{2} \gamma \frac{mM}{r} = -\frac{1}{2} E_{\text{pot}}$$

Sie ist betragsmäßig gleich der halben potentiellen Energie. Die Gesamtenergie auf der Kreisbahn ist damit

$$E_G = E_{\text{kin}} + E_{\text{pot}} = -\frac{1}{2} E_{\text{pot}} + E_{\text{pot}} = \frac{1}{2} E_{\text{pot}}\,.$$

Dieses Ergebnis gilt auch für die *Ellipsenbahnen*.

Die Gesamtenergie eines Satelliten, der auf einer Ellipsenbahn mit der großen Halbachse a um die Erde (Masse M) läuft, ist

$$E_G = -\frac{1}{2} \gamma \frac{mM}{a}.$$

Nur Satelliten, die an den Zentralkörper gebunden sind, laufen auf Ellipsenbahnen. Startet ein Satellit mit höherer Energie, kann er der Anziehung des Zentralkörpers entkommen. Es ergeben sich dann **Parabel- oder Hyperbelbahnen**. Ob ein Satellit im Einflussbereich eines Zentralkörpers verbleibt, hängt davon ab, ob die Gesamtenergie größer oder kleiner als null ist. Wenn $E_G > 0$, dann ist die kinetische Energie des Satelliten so groß, dass sie auch für $r \to \infty$ (wo $E_{\text{pot}} = 0$ ist) noch größer als null ist. Der Satellit kann mit der entsprechenden Geschwindigkeit ins Unendliche entkommen. Entscheidend dafür ist die Grenzgeschwindigkeit $v_0^2 = 2\gamma M/r_0$, die sich aus der Energiegleichung durch Nullsetzen der Gesamtenergie ergibt:

$$E_G = E_{\text{kin}} + E_{\text{pot}} = \frac{1}{2} m v_0^2 - \gamma \frac{mM}{r} = 0$$

Daraus lässt sich herleiten: Wird ein Satellit im Abstand r_0 zur Erde mit der Geschwindigkeit v_0 gestartet, so beschreibt er je nach Geschwindigkeit v_0 bzw. Gesamtenergie E_G folgende Bahnform (**Abb. 1**):

- für $v_0^2 > 2\gamma \frac{M}{r_0}$ eine Hyperbel ($E_G > 0$),
- für $v_0^2 = 2\gamma \frac{M}{r_0}$ eine Parabel ($E_G = 0$),
- für $v_0^2 < 2\gamma \frac{M}{r_0}$ eine Ellipse ($E_G < 0$),
- für $v_0^2 = \gamma \frac{M}{r_0}$ einen Kreis ($E_G < 0$).

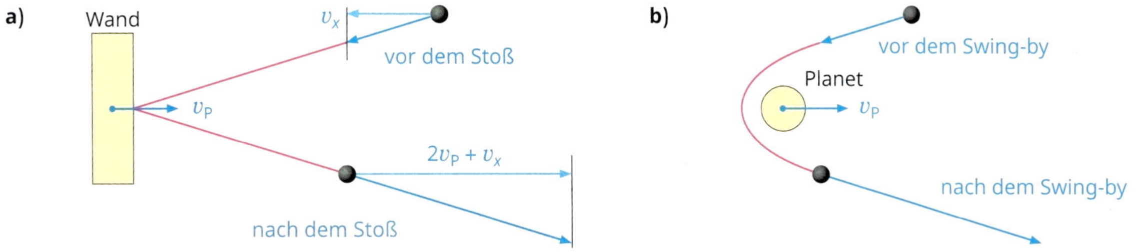

2 a) Modellierung des Swing-by-Manövers als elastischer Stoß; **b)** Realisierung des „Stoßes" durch Gravitationsanziehung

„Swing-by" – das Gravitationsmanöver

Fliegt eine Raumsonde nahe an einem Planeten vorbei, so kann sie mit dem sogenannten *Swing-by-Manöver* abgelenkt und beschleunigt werden, ohne dass dafür Treibstoff verbraucht wird. Der Planet gibt einen geringen Teil seiner kinetischen Energie an die Raumsonde ab, bewegt sich selbst aber wegen seiner ungleich größeren Masse ungestört weiter. In einem einfachen Modell kann das Swing-by-Manöver als schräger elastischer Stoß des Satelliten auf eine unendlich schwere bewegliche „Wand" (den Planeten) beschrieben werden, deren Geschwindigkeit $\vec{v}_P$ beträgt (**Abb. 2a**). Während die Geschwindigkeitskomponente der Raumsonde parallel zur Wand unverändert bleibt, ergibt sich aus dem Impulserhaltungssatz für die Komponente der Geschwindigkeit senkrecht zur Wand:

$$v_x' = 2\,v_P + v_x$$

In diesem Modell hat die Geschwindigkeitszunahme der Raumsonde die gleiche Ursache wie diejenige eines Tennisballs nach der Reflexion an einem Tennisschläger, der sich auf den Ball zu bewegt. Im Unterschied zum Tennisschläger erfolgt aber die Ablenkung beim Swing-by-Manöver nicht durch eine abstoßende, sondern durch eine anziehende Kraft: die Gravitation des Planeten. Die Raumsonde muss daher *hinter* dem Planeten vorbeifliegen, um „reflektiert" zu werden und dadurch Energie zu gewinnen (**Abb. 2b**).

Ein Beispiel für eine interplanetare Mission, die ohne Swing-by-Manöver nicht hätte stattfinden können, war der **Flug der Galileo-Sonde zum Jupiter**. Die Sonde, gestartet 1989, umkreiste seit 1995 den Planeten Jupiter zur Erforschung seiner Monde Europa und Io (**Tab. 4**).

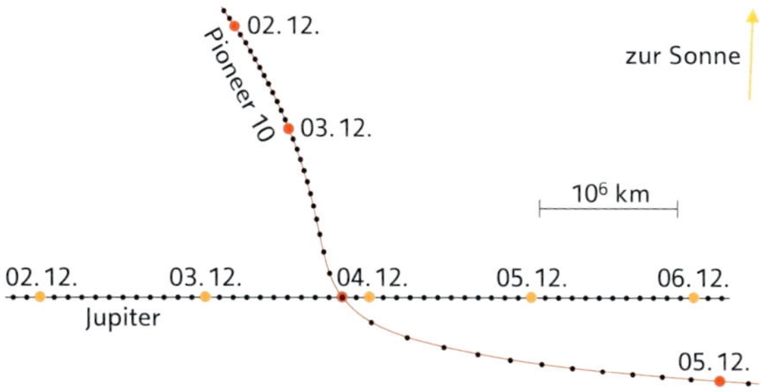

3 Bahndaten des Swing-by-Manövers der Raumsonde Pioneer 10 an Jupiter 1973. Die Punkte geben die Positionen von Planet und Raumsonde im Abstand von 2 Stunden an.

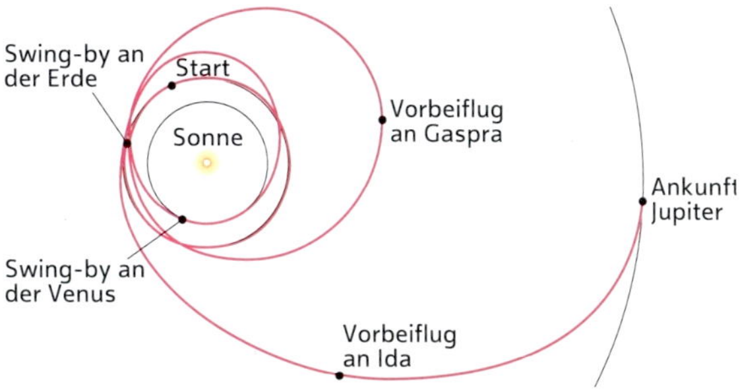

Manöver	v_{vor}	v_{nach}
Abflug von Erde 18.10.89	30,0 km/s	26,7 km/s
Swing-by an Venus 10.02.90	37,4 km/s	39,7 km/s
1. Swing-by an Erde 08.12.90	30,1 km/s	35,3 km/s
2. Swing-by an Erde 08.12.92	35,3 km/s	38,9 km/s
Ankunft Jupiter 07.12.95	7,2 km/s	12,8 km/s

4 Galileo-Mission zum Jupiter

AUFGABEN

1. Erklären Sie, warum zum Empfang eines Fernsehsignals per Satellit geostationäre Satelliten erforderlich sind.

2. Ein Satellit startet seine Bewegung im Abstand r_0 vom Erdmittelpunkt und senkrecht zur Verbindungslinie Erde-Satellit mit der Geschwindigkeit $v = \sqrt{2\,\gamma\, M/r_0}$. Geben Sie an, ob der Satellit diesen Punkt jemals wieder erreicht. Begründen Sie Ihre Angabe.

3. Wenn ein Satellit eine Kreisbewegung um die Erde ausführt, dann ist Gravitationskraft die für die Kreisbahn erforderliche zentripetale Kraft. Es gilt also: $F_G = F_{ZP}$. Leiten Sie ausgehend von diesem Kraftansatz die Formel für den Radius r der Kreisbahn her:

$$r = \sqrt[3]{\gamma\,\frac{M_{Erde}\,T^2}{4\pi^2}}$$

2.3 Weltbilder

Die Frage nach dem Aufbau der Welt hat die Menschen von jeher beschäftigt. Die Entwicklung der physikalischen Theorien und die zunehmende Verfeinerung der Beobachtungsmethoden führten zu einer immer detaillierteren Beschreibung des Universums – sie warfen aber auch immer neue Fragen auf.

2.3.1 Von der Antike zu KEPLER und NEWTON

Die griechische Mythologie übernahm das Weltbild der Ägypter und Babylonier. Die Erde wurde als flache Scheibe beschrieben, im Mittelpunkt der Olymp, ringsherum umgeben vom Okeanos, darüber das Himmelsgewölbe. Doch schon die Pythagoräer (um 500 v. Chr.) waren von der Kugelgestalt der Erde überzeugt. ARISTOTELES (384–322 v. Chr.) nennt als Beweis: Ein Beobachter an Land sieht von einem ankommenden Schiff zuerst die Masten über der Kimm; bei Mondfinsternis zeichnet sich der Erdschatten auf dem Mond kreisförmig ab. In dieser Zeit begann auch die wissenschaftliche Beschäftigung mit astronomischen Fragestellungen. Wie groß ist die Erde? Wie weit ist die Sonne entfernt? Das sind Fragen, die sich nicht durch direkte Messung beantworten lassen, die aber mit intelligenten Überlegungen und Beobachtungen auch von der Erde aus zu beantworten sind.

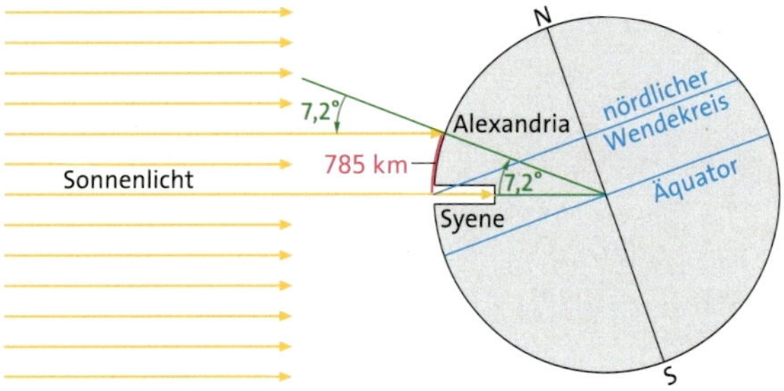

1 Messung des Erdumfangs durch Eratosthenes

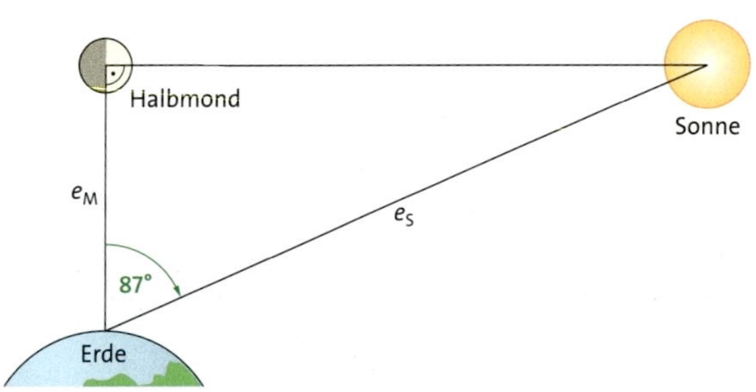

2 Bestimmung der relativen Entfernung von Mond und Sonne nach ARISTARCH

Den **Erdumfang** bestimmte zuerst ERATOSTHENES (um 275–195 v. Chr.). Wenn zur Zeit der Sommersonnenwende die Sonne in Syene (Assuan) genau senkrecht über dem Beobachter steht (**Abb. 1**), beträgt die Mittagshöhe im nördlich davon gelegenen Alexandria 82,8°. Dem Winkel von 7,2°, den die nach Syene und Alexandria weisenden Erdradien einschließen, entspricht auf der Erdoberfläche die Entfernung zwischen beiden Städten, die ERATOSTHENES mit umgerechnet 785 km angab (**Abb. 1**). Damit erhielt er für den Erdumfang 39 375 km, was dem heute bekannten Wert von 40 076 km schon sehr nahe kommt. Die Kugelgestalt der Erde war damit nachgewiesen.

Den relativen **Abstand der Erde zu Sonne und Mond** ermittelte ARISTARCH von Samos (um 320–250 v. Chr.) mithilfe des rechtwinkligen Dreiecks, das der Mond im ersten oder letzten Viertel mit Erde und Sonne bildet (**Abb. 2**). Aus dem gemessenen Winkel von 87°, unter dem ihm Mond und Sonne bei Halbmond erschienen, schloss er auf ein Entfernungsverhältnis Erde–Mond zu Erde–Sonne von 1 : 19. Heute wird das Entfernungsverhältnis zwischen Sonne und Mond mit 1 : 382 angeben. Die Diskrepanz zu ARISTARCHS Ergebnis – das auf einer korrekten Argumentation beruht – geht auf die Ungenauigkeit der Winkelmessung zurück. Der genaue Wert liegt bei 89° 51'.

ARISTARCH wurde damit zum Vorläufer von KOPERNIKUS. Entgegen der allgemeinen Lehrmeinung hielt er nicht die Erde, sondern die nach seinen Berechnungen wesentlich größere und weiter als alle Planeten entfernte Sonne für den Mittelpunkt der Welt. Aber seine heliozentrische Theorie (*helios*, griech.: Sonne) setzte sich nicht durch. Denn – so die Gegenargumente – die Wolken müssten bei einer täglichen Drehung der Erde um ihre Achse zurückbleiben und ständig nach Westen wandern, und die erdnächsten Sterne müssten sich bei der jährlichen Bewegung der Erde um die Sonne vor dem Hintergrund des fernen Himmels verschieben, also eine *Parallaxe* aufweisen. Die wegen der großen Entfernung selbst der nächsten Sterne schwierig zu messende Sternparallaxe konnte erst 1838 von Bessel nachgewiesen werden.

Die größte Leistung der griechischen Astronomie war eine vollständige Beschreibung der Planetenbewegung. Die Griechen suchten nicht nach einer physikalischen Erklärung; sie versuchten, sich den Mechanismus der Planetenbewegung nur rein kinematisch-geometrisch mit Hilfe von Kreisen vorzustellen, denn die Kreise sahen sie als die vollkommenste aller Bahnformen an.

PTOLEMÄUS (um 100–178 n. Chr.) brachte mit seiner **Epizykeltheorie** in seinem Werk „Almagest“ das **geozentrische Weltbild** auf die für das Mittelalter maßgebende Form (*ge*, griech.: Erde):

- Die Erde steht im Mittelpunkt der Welt.
- Die Planeten, zu denen im Altertum Sonne, Mond und die (eigentlichen) Planeten Merkur, Venus, Mars, Jupiter und Saturn zählten, bewegen sich auf (sieben) Kristallkugeln um die Erde.
- Umschlossen ist das Weltall von einer (achten) Kugel, die die Fixsterne trägt.

Die Epizykeltheorie beruht auf komplizierten geometrischen Konstruktionen. Sonne und Mond bewegen sich direkt auf Kreisen um die Erde als Mittelpunkt, während die (anderen) Planeten sich jeweils auf einem Beikreis (Epizykel) bewegen, dessen immaterieller Mittelpunkt seinerseits auf einem Trägerkreis (Deferent) abrollt. Mit weiteren Zusätzen benötigte PTOLEMÄUS schließlich 80 Kreise, konnte aber die Planetenbewegungen zuverlässig beschreiben. Sogar die zeitweise auftretende scheinbar schleifenförmige Bewegung der Planeten am Himmel konnte beschrieben werden (**Abb. 3**). Das ptolemäische Weltbild galt unangefochten bis ins 15. Jahrhundert.

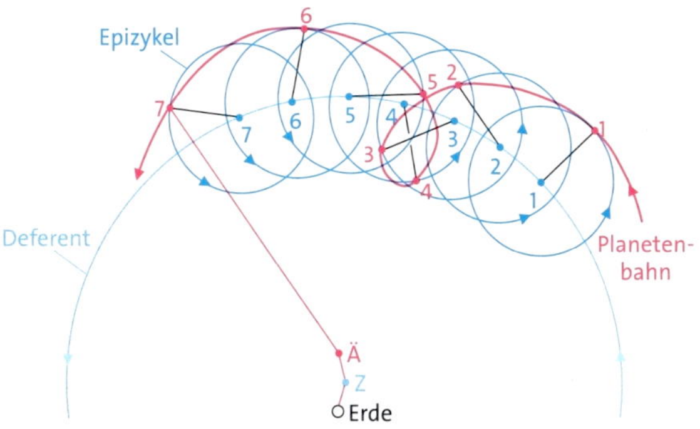

3 Ptolemäus' Erklärung für die rückläufige Schleifenbahn eines Planeten: Der Planet bewegt sich auf einem kleinen Kreis, dem Epizykel, dessen Mittelpunkt M auf einem großen Kreis, dem Deferenten, umläuft. Kompliziert wird die Epizykeltheorie durch die Annahme, dass die Erde nicht im Mittelpunkt Z des Deferenten steht und der Planet sich nicht gleichmäßig um ihn dreht.

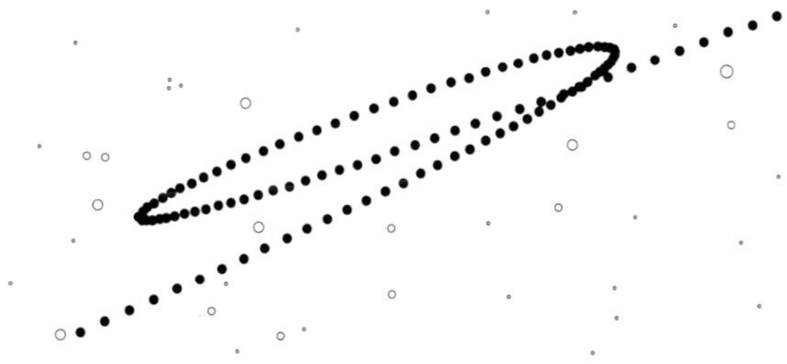

4 Scheinbare Schleifenbewegung des Planeten Mars am Nachthimmel. Die Punkte geben die Position des Planeten vor den Fixsternen im Hintergrund im Abstand von je zwei Tagen wieder.

Ein verändertes Denken, demzufolge nicht mehr versucht wurde, die Natur aus den Schriften der „Alten“ zu erforschen, sowie bessere Beobachtungsmethoden leiteten den Umbruch ein. Nikolaus KOPERNIKUS (1473–1543) begründete mit dem in seinem Todesjahr erschienenen Werk „De revolutionibus orbium coelestium“ das **heliozentrische Weltbild** mit der Sonne im Mittelpunkt der Welt:

- Die Erde dreht sich täglich einmal um ihre Achse.
- Die Erde bewegt sich einmal im Jahr um die Sonne.
- Die Planeten bewegen sich auf Kreisen um die Sonne.

KOPERNIKUS ging es in erster Linie um eine einfachere Theorie, die die Bewegung der Planeten und den Kalender hinreichend genau vorauszuberechnen gestattete. Er fand sie durch einen Standortwechsel des Beobachters von der Erde zur Sonne. An der Kreisbewegung als der natürlichsten Bewegungsform hielt er fest. Durch die Annahme, dass sich die Erde um die Sonne bewegt, konnte er die scheinbare Schleifenbewegung der Planeten (**Abb. 4**) und die scheinbare Ungleichheit ihrer Umlaufzeiten ohne Zuhilfenahme von Epizykeln und Deferenten erklären.

Tycho BRAHE (1546–1601) bestimmte mithilfe neuer Beobachtungsmethoden (ohne Fernrohr!) Planeten- und Sternorte mit einer bis dahin nicht gekannten Genauigkeit von bis zu einer Bogenminute. In jahrzehntelanger Arbeit wertete Johannes KEPLER (1571–1630) das Beobachtungsmaterial von BRAHE aus. In den *„Astronomia nova“* 1609 und in den *„Harmonices mundi“* 1619 legte er die nach ihm benannten Kepler'schen Gesetze vor. NEWTON gelang schließlich mit der von ihm entwickelten Mechanik und dem Gravitationsgesetz der Übergang von einer reinen Beschreibung zu einer physikalischen Erklärung der Planetenbewegung.

AUFGABEN

1. Bestimmen Sie den Erdumfang, indem Sie die Argumentation von ERATOSTHENES nachvollziehen.
2. Diskutieren Sie, warum ARISTARCHS relativ kleiner Messfehler von nur 2,5° zu einem drastisch falschen Ergebnis für den relativen Abstand von Sonne und Mond führt.
3. Vergleichen Sie die verschiedenen Auffassungen von der Arbeitsweise der Naturwissenschaften in Antike und Neuzeit und ihre Auswirkungen auf das jeweilige Weltbild.

2.3.2 Das heutige kosmologische Weltbild

Das Universum ist vor 13,8 Milliarden Jahren im sogenannten **Urknall** entstanden und hat sich seither entwickelt. Diese Entwicklung lässt sich an den heute beobachteten Galaxien verfolgen. Da sie Entfernungen von einigen Millionen bis zu mehreren Milliarden Lichtjahren haben, war das Licht von ihnen entsprechend lange unterwegs. Wir sehen sie heute so, wie sie erschienen, als das Licht ausgesandt wurde. Mit unseren Beobachtungen sehen wir also nicht nur in die Tiefen des Weltalls, sondern auch in seine Vergangenheit.

Weit entfernte Galaxien, die in einem frühen Entwicklungszustand des Universums zu sehen sind, unterscheiden sich deutlich von nahe gelegenen Galaxien. Auffällig sind „aktive" Galaxien, die mit der millionenfachen Intensität des Milchstraßensystems strahlen. Alle beobachteten aktiven Galaxien sind älter als 9 Milliarden Jahre. Mit fortschreitender Zeit werden die aktiven Galaxien seltener. Die entfernteste normale Galaxie ist 9 Milliarden Jahre alt. Dies zeigt, dass das Universum sich verändert und nicht stationär ist.

Die Entwicklung des Universums nach dem Urknall wird mit dem **kosmologischen Standardmodell** beschrieben. Es stützt sich auf astrophysikalische Beobachtungen und Erkenntnisse der Elementarteilchenphysik. Danach expandiert das Universum nach einem Anfangszustand extrem hoher Energiedichte großräumig homogen. Die Ausbreitung erfolgt dabei nicht in einen bereits vorhandenen Raum, denn nach der **Allgemeinen Relativitätstheorie** dehnt sich nicht die Materie in den Raum hinein aus, sondern es ist der Raum selbst, der sich ausdehnt und die Materie mitführt. Durch die Expansion des Raumes wird auch die Wellenlänge des Lichts gedehnt, das von den Galaxien zu uns gelangt (**Abb. 1**). Die Farbe des ausgesandten Lichtes ändert sich dadurch: Z. B. rückt ursprünglich gelbes Licht in den roten oder infraroten Spektralbereich. Je weiter entfernt die Lichtquelle ist, umso größer ist diese Rotverschiebung. Daher lässt sich aus der Verschiebung auf den Abstand weit entfernter Galaxien schließen.

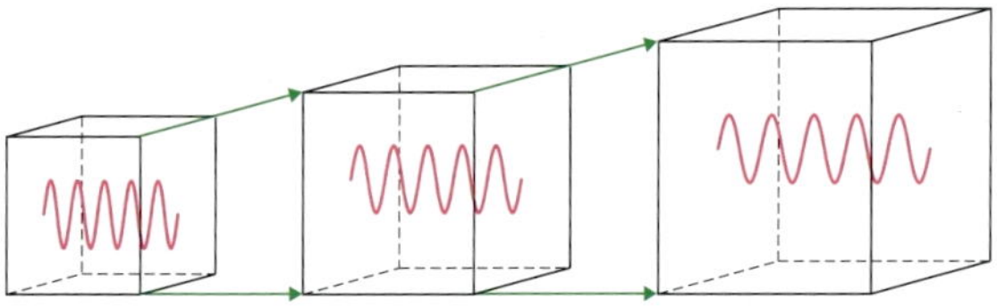

1 Die Expansion des Raumes führt zu einer Vergrößerung der Wellenlänge, also einer Rotverschiebung.

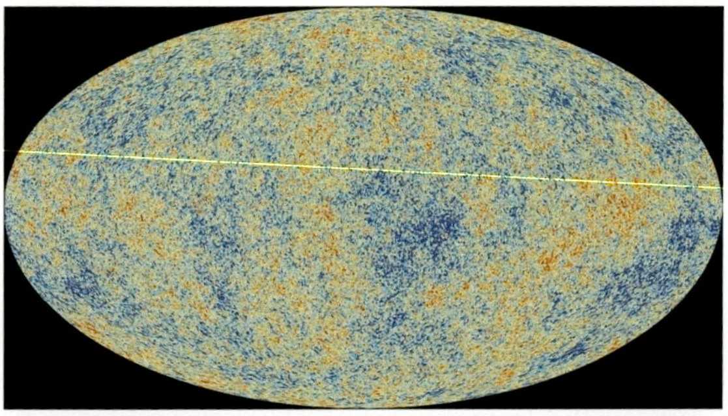

2 Die Temperaturschwankungen der kosmischen Hintergrundstrahlung, die 380 000 Jahre nach dem Urknall entstand, wurden seit 2009 von dem Satelliten Planck aufgezeichnet.

Kosmische Hintergrundstrahlung

Detaillierte Erkenntnisse über die Frühzeit des Universums liefert auch die Beobachtung der **kosmischen Hintergrundstrahlung**. Sie wurde 1965 von Arno Penzias (*1933) und Robert Wilson (*1936) zufällig entdeckt, als sie sich zur Verbesserung der Kommunikation mit Satelliten mit Rauschquellen bei Mikrowellenstrahlung befassten. Mit ihrer sechs Meter großen Hornantenne entdeckten sie eine Strahlung von 7,35 cm Wellenlänge, deren Intensität auf ein Promille genau gleich stark aus allen Richtungen des Alls kam.
George Gamow (1904–1968) hatte bereits vor dieser Entdeckung der kosmischen Hintergrundstrahlung aufgrund theoretischer Überlegungen vorausgesagt, dass beim Urknall Strahlung entstanden sein müsse, die noch heute nachweisbar sein müsste.

Der 1989 gestartete Satellit COBE (Cosmic Background Explorer) bestätigte mit seinen Messungen, dass die kosmische Hintergrundstrahlung den für Wärmestrahlung mit einer Temperatur von $T = 2{,}725$ K charakteristischen Verlauf besitzt. Es wurden auch räumliche Unregelmäßigkeiten in der kosmischen Hintergrundstrahlung entdeckt: sehr kleine Variationen der Temperatur je nach Blickrichtung. Dies war zu erwarten, denn aus einer homogenen Materieverteilung im frühen Universum hätten keine Galaxien und Sterne entstehen können. Der 2001 gestartete Satellit WMAP (Wilkinson Microwave Anisotropy Probe) lieferte nach zwölfmonatiger Beobachtungszeit ein Bild mit großräumigen Strukturen und erstaunlichem Detailreichtum. Die 2013 vorgestellten Ergebnisse des Satelliten Planck konnten die Genauigkeit noch einmal verbessern (**Abb. 2**). Die Bedeutung solcher Messungen besteht darin, dass an ihnen Modellrechnungen des Universums auf der Grundlage der Allgemeinen Relativitätstheorie getestet werden können. Als ein Ergebnis folgt das Alter des Universums zu 13,8 Milliarden Jahre mit einer Genauigkeit von 0,2 %!

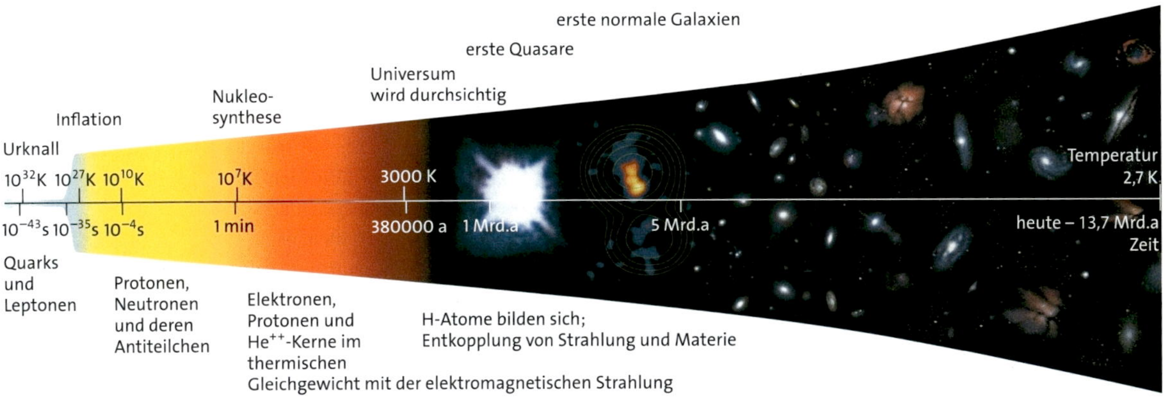

3 Die Entwicklung des Universums nach dem kosmologischen Standardmodell. Die Zeit ist unten nach rechts, die Temperatur oben nach links aufgetragen. Die trichterförmige Verbreiterung weist auf die zunehmende Expansionsrate des Universums hin.

Die Entwicklung des Universums

Nach dem heutigen Standardmodell, das bis zurück zu einer Minute nach dem Urknall durch Beobachtungen (Häufigkeit des Elements Helium im Universum) quantitativ getestet werden kann, stellt sich die Entwicklung des Kosmos wie folgt dar:

Der **Urknall** steht für den Beginn des Raumes und der Zeit. Ein Vorher gibt es nicht, und nach der Allgemeinen Relativitätstheorie besitzt auch die Frage, was „vor dem Entstehen der Zeit" war, keinen Sinn.

$t \approx 10^{-43}$ **s**: Vor diesem Zeitpunkt (der sogenannten „Planck-Zeit") waren gravitative Quanteneffekte wirksam. Weil es trotz vieler Bemühungen noch nicht gelungen ist, eine zufriedenstellende Theorie der Quantengravitation aufzustellen, sind keine physikalischen Aussagen darüber möglich. Erst danach bilden sich Raum und Zeit nach unserer heutigen Vorstellung und die uns bekannten Naturgesetze erlangen ihre Gültigkeit. Das Universum ist kleiner als ein Proton und seine Temperatur beträgt 10^{32} K. Es bildet sich – aus noch nicht geklärten Gründen – ein geringfügiger Unterschied von Materie gegenüber Antimaterie: (1 Milliarde + 1) Materieteilchen zu 1 Milliarde Antimaterieteilchen. Die geringe Differenz konnte im Folgenden nicht zerstrahlen und bildet die heutige Materie.

$t \approx 10^{-35}$ **s**: Das Universum erfährt eine rapide **Inflation**, d.h. es dehnt sich sehr schnell um den Faktor 10^{30} aus, wodurch es auf 10^{27} K abkühlt. Es ist erfüllt mit einem Gemisch aus Photonen und Elementarteilchen.

$t \approx 10^{-4}$ **s**: Die weitere, inzwischen wesentlich langsamere Ausdehnung lässt das Universum auf 10^{10} K abkühlen. Es bilden sich Protonen und Neutronen sowie deren Antiteilchen, da die thermische Energie nicht mehr ausreicht, um die neu gebildeten Teilchen aufzubrechen. Materie und Antimaterie stoßen zusammen und vernichten sich gegenseitig. Aufgrund der erwähnten Differenz bleibt die heutige Materie übrig.

$t \approx$ **1 min:** Die Temperatur ist auf 10^7 K gesunken, so dass die Fusion von Protonen und Neutronen zu Kernen von Deuterium, Helium und in geringeren Mengen Lithium möglich ist, ohne dass energiereiche Strahlung diese Kerne sofort wieder auseinanderbricht. Diese Phase der Nukleosynthese dauert nur wenige Minuten, da die Expansion die Temperatur schnell auf Werte sinken lässt, die für eine Fusion nicht mehr ausreichen.

In diesem Universum gibt es sehr viel elektromagnetische Strahlung, die sich aufgrund der intensiven Wechselwirkung mit den elektrischen Ladungen der Elektronen und der Atomkerne nicht weit ausbreiten kann. Daher ist das Universum praktisch lichtundurchlässig.

$t \approx$ **380 000 Jahre:** Die Temperatur ist auf 3000 K gefallen und das Universum hat ein Tausendstel seiner heutigen Größe erreicht. Die kinetische Energie der Materie ist nun geringer als die Ionisierungsenergie leichter Atome, sodass sich Elektronen und Kerne zu Atomen vereinen können. Es gibt nur noch wenige freie Elektronen und Protonen und da die Wechselwirkung der Strahlung mit den Atomen gering ist, können sich Photonen über große Entfernung ausbreiten. Das Universum wird durchsichtig und die fortan ungestörte Strahlung bildet heute die kosmische Hintergrundstrahlung. Ihre Beobachtung gibt also Aufschluss über den Zustand des Universums zu diesem Zeitpunkt.

$t >$ **200 Mio Jahre:** Die Materie beginnt, sich unter dem Einfluss der Gravitation zusammenzuziehen. Nach einer Milliarde Jahren entstehen die ersten aktiven Galaxien, nach etwa zwei Milliarden Jahren die ersten normalen Galaxien. Auch unsere Galaxis, die Milchstraße, entstand vor etwa 11,5 Milliarden Jahren. Innerhalb eines Durchmessers von 60 000 Lichtjahren enthält sie ungefähr 100 Milliarden Sterne. Die Erde entstand zusammen mit der Sonne und den übrigen Planeten vor 4,6 Milliarden Jahren.

Dunkle Materie

Schon seit etwa 1930 gibt es Hinweise darauf, dass es mehr Materie in den Galaxien geben muss, als die Beobachtungen mit Teleskopen zeigen. Die nichtleuchtende **dunkle Materie** verrät sich nur durch ihre Gravitationswirkung. Sie führt zum Beispiel dazu, dass die äußeren Bereiche von Galaxien viel schneller um das Zentrum der Galaxie rotieren als erwartet. Auch die Modelle für die kosmischen Elementhäufigkeiten und für die Entstehung von Galaxien kommen ohne dunkle Materie nicht aus. Der gewichtigste Hinweis kommt aus der Beobachtung der kosmischen Hintergrundstrahlung. Die Verteilung ihrer in **Abb. 4** dargestellten Temperaturschwankungen ist nur unter der Annahme der Existenz dunkler Materie mit theoretischen Modellen in Einklang zu bringen. Aus den WMAP- und Planck-Daten lässt sich sogar schließen, dass die Gesamtmasse der dunklen Materie diejenige der gewöhnlichen leuchtenden Materie um mehr als das Fünffache übersteigen muss. Der Großteil der Masse in den Galaxien ist also in den Teleskopen nicht sichtbar; es ist unklar, um welche Form von Materie es sich handelt.

4 Verteilung von leuchtender Materie (rot) und gravitativ wirksamer Masse (blau) im sogenannten „Bullet-Cluster" 1E 0657-556, der aus zwei kollidierenden Galaxienhaufen besteht. Der Unterschied zwischen beiden Verteilungen ist ein Anzeichen für dunkle Materie, die sich nur durch ihre Gravitationswirkung bemerkbar macht.

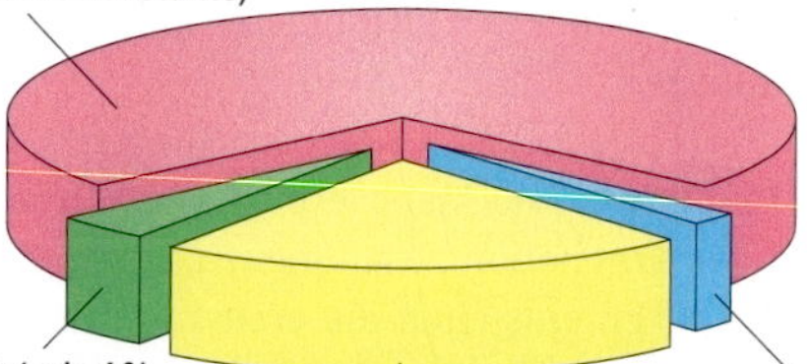

5 Die relativen Anteile dunkler Energie, dunkler Materie und gewöhnlicher Materie an der Energieverteilung des Universums. Die Daten wurden aus der Modellierung der vom Satelliten Planck beobachteten Fluktuationen der kosmischen Hintergrundstrahlung im Λ-CDM-Modell gewonnen.

Die dunkle Materie lässt sich in das bisherige Bild, das die Elementarteilchenphysik vermittelt, nur schwer einordnen. Es steht fest, dass es sich nicht um gewöhnliche Materie aus Atomen handeln kann. Auch andere bekannte Elementarteilchen (wie etwa Neutrinos) können die Effekte der dunklen Materie nicht erklären. Außer der Gravitationswirkung wurde bisher keine andere Wechselwirkung mit normaler Materie festgestellt. Das bisher einzige „Bild" einer Verteilung von dunkler Materie konnte entsprechend auch durch ihre Gravitationswirkung gewonnen werden. In **Abb. 4** ist die Verteilung der normalen Materie im Galaxienhaufen 1E 0657-556 rot dargestellt. Mithilfe der Lichtablenkung im Gravitationsfeld (Gravitationslinseneffekt) konnte auch die Verteilung der Gesamtmasse (inklusive der dunklen Materie) bestimmt werden, die in der Abbildung blau dargestellt ist. Der Unterschied zwischen den beiden Verteilungen ist der bisher direkteste Nachweis der dunklen Materie.

Dunkle Energie

Noch rätselhafter ist die **dunkle Energie**, die die Astrophysiker seit 1998 beschäftigt. Aus Helligkeitsmessungen entfernter Supernovae wurde damals geschlossen, dass die Expansion des Universums sich im Lauf der Zeit beschleunigt – und nicht abbremst, wie man vorher dachte. Der Effekt lässt sich mit EINSTEINS Gleichungen der Allgemeinen Relativitätstheorie beschreiben, wenn diese etwas modifiziert wird und darin die sogenannte **kosmologische Konstante Λ** eingeführt wird. Darunter lässt sich eine den ganzen Kosmos gleichmäßig erfüllende Energie vorstellen, die eine *abstoßende* Gravitationswirkung hat. Was sich physikalisch hinter dieser **dunklen Energie** verbirgt, ist bislang völlig unklar. Für die detaillierte Erklärung der kosmischen Hintergrundstrahlung wird die durch die dunkle Energie verursachte beschleunigte Expansion jedoch benötigt. Um eine Übereinstimmung mit der Theorie zu erhalten, muss die mit Λ verknüpfte Energiedichte etwa 70 % der gesamten Energie im Universum ausmachen. Das kosmologische Standardmodell, das heute als gültig angesehen wird, trägt daher die Bezeichnung Λ-CDM-Modell (CDM = Cold Dark Matter). Nach diesem Modell trägt die gewöhnliche atomare Materie, aus der Sterne und Planeten bestehen, nur knapp 4 % zur Gesamtenergie des Universums bei (**Abb. 5**). Die restlichen 96 % entfallen auf die dunkle Materie und die dunkle Energie – also Energieformen, deren Natur weitgehend unbekannt ist und die möglicherweise auf eine ganz neue, noch unerforschte Physik hinweisen.

EXKURS

Kometen- und Meteoriteneinschläge

Am 22. April 2002 wurde gegen 22 Uhr eine sehr helle Feuerkugel über Südbayern beobachtet, die in 22 km Höhe in mehrere Bruchstücke zerbrach. Das spektakuläre Ereignis konnte aufgrund der Videoaufzeichnungen von drei Beobachtungsstationen rekonstruiert werden. Nach Berechnung der Flugbahnen unter Berücksichtigung der damaligen Windverhältnisse konnten Bruchstücke des Meteoriten im deutsch-österreichischen Grenzbereich zwischen Füssen und Garmisch-Partenkirchen geborgen werden (**Abb. a**). Damit gelang es in Deutschland zum ersten Mal (weltweit zum vierten Mal), einen Meteoriten aufgrund von Beobachtungen seiner Flugbahn zu finden. **Abb. a** zeigt unten die rekonstruierten Flugbahnen der drei bisher gefundenen Bruchstücke des sogenannten Neuschwanstein-Meteoriten.

Von einer riesigen Feuerkugel berichteten auch Augenzeugen aus Sibirien, die einen der spektakulärsten Meteoriten- bzw. Kometenniedergänge in unserer Zeit beobachten konnten: „Ich sah einen riesigen Feuerball, der einen großen Teil des Himmels bedeckte. Danach wurde es dunkel und gleichzeitig fühlte ich eine Explosion, die mich von meinem Sitz schleuderte", berichtete ein Bauer. Am 30. Juni 1908 hatte der Einschlag eines interplanetaren Kleinkörpers in der Nähe des Flusses *Tunguska* die Energie einer kleinen Atombombe freigesetzt. Bei genaueren Untersuchungen im Jahr 1927 fand sich kein Einschlagkrater, der Kleinkörper war also wohl bereits über der Erdoberfläche explodiert. In einem Umkreis von 30 km waren alle Bäume verkohlt, in noch größerem Umkreis hatte die Wucht der Explosion die Baumstämme radial nach außen umgeknickt (**Abb. b**).

Trifft ein sehr großer Meteorit auf die Erde, so ist der angerichtete Schaden enorm. Spuren solcher Einschläge lassen sich an vielen Orten der Erde finden. **Abb. c** zeigt den *Barringer-Krater* in Arizona. Dort verschob ein 30 m großer Meteorit bei seinem Aufprall etwa 300 Millionen Tonnen Gestein und schuf einen 170 m tiefen Krater.

Bekannt ist die These, dass der Einschlag eines sehr großen Asteroiden zum Aussterben der Dinosaurier geführt hat. Zu nennen sind in diesem Zusammenhang die Untersuchungen des Physikers Luis Walter ALVAREZ und seines Sohnes Walter ALVAREZ, eines Geologen. Ihr Interesse galt Sedimentschichten. Zur genaueren Datierung sollte der Iridiumanteil der Gesteinsschichten und damit die Sedimentationsrate bestimmt werden. Iridium ist auf der Erde relativ selten. Es wird angenommen, dass Iridium hauptsächlich aus Meteoriten stammt und dass diese mit einer konstanten Rate in die Erdatmosphäre eindringen. Der Iridiumnachweis wurde mit der Neutronen-Aktivierungsanalyse vorgenommen, bei der die Probe mit Neutronen bestrahlt wird. Die dabei entstehenden radioaktiven Kerne lassen sich identifizieren. Überraschend war, dass in der Grenzschicht zwischen Kreidezeit und Tertiär die Iridiumkonzentration deutlich anstieg. Nach weiteren Untersuchungen konnte dieser Anstieg mit großer Wahrscheinlichkeit einem gewaltigen Meteoriten zugeordnet werden – und tatsächlich wurde 1991 der zugehörige Krater vor der Halbinsel Yucatan am Golf von Mexiko gefunden. Der *Chicxulub-Krater* hat einen Durchmesser von 180 km und ist 20 km tief. Der Meteorit musste einen Durchmesser von etwa 10 km gehabt haben.

a)

b)

Die Katastrophe, durch die sich der Himmel weltweit Monate, vielleicht sogar Jahre lang, verdunkelte, fand vor 65 Millionen Jahren statt, also in etwa zu der Zeit, zu der auch die Dinosaurier ausstarben. Die Entdeckung scheint dafür eine Erklärung zu sein. Noch ist aber keine endgültige Sicherheit erreicht und einige Wissenschaftler zweifeln diese Theorie an. Die Frage, wie die Dinosaurier, die für lange Zeit die Erde beherrschten, verschwanden, ist also noch nicht endgültig geklärt. Nach dem Verschwinden der Dinosaurier ergaben sich für die Säugetiere, die zunächst nur in ökologischen Nischen gelebt hatten, Entwicklungsmöglichkeiten, die bis zur Entstehung des Menschen führten. Meteoriteneinschläge hatten also wahrscheinlich maßgeblichen Einfluss auf die Entwicklungsgeschichte des Lebens auf der Erde.

c)

Das Sonnensystem

Das Sonnensystem besteht aus den acht Planeten Merkur, Venus, Erde, Mars, Jupiter, Saturn, Uranus und Neptun und deren Monden sowie mehreren tausend Kleinplaneten, den Planetoiden oder Asteroiden, die vorwiegend zwischen Mars und Jupiter zu finden sind, und etwa 1300 bekannten Kometen, die sich auf lang gestreckten, meistens parabelnahen Ellipsen um die Sonne bewegen. Bruchstücke solcher Kometen kreuzen jeweils an bestimmten Tagen des Jahres die Bahn der Erde und verglühen in der Erdatmosphäre – sichtbar als Meteore oder Sternschnuppen.

Kepler'sche Gesetze

- Die Planeten bewegen sich auf Ellipsen, in deren einem (gemeinsamen) Brennpunkt die Sonne steht.
- Der Vektor von der Sonne zum Planeten überstreicht in gleichen Zeiten gleiche Flächen.
- Das Verhältnis aus den 3. Potenzen der großen Bahnhalbachsen a und den Quadraten der Umlaufzeiten T ist für alle Planeten konstant:

$$\frac{a_1^3}{T_1^2} = \frac{a_2^3}{T_2^2} = \ldots = \text{konstant} \quad \text{oder} \quad \frac{a^3}{T^2} = \text{konstant}$$

Gravitationsgesetz

Zwei Körper der Massen m_1 und m_2 ziehen sich gegenseitig mit der Gravitationskraft F in Richtung der Verbindungslinie ihrer Schwerpunkte an. Die Gravitationskraft ist proportional zum Produkt der Massen m_1 und m_2 und umgekehrt proportional zum Quadrat des Abstandes r ihrer Schwerpunkte:

$$F = \gamma \frac{m_1 m_2}{r^2} \quad \text{mit} \quad \gamma = 6{,}674 \cdot 10^{-11}\ \text{Nm}^2/\text{kg}^2$$

Gravitationsfeld

Jeder Körper erzeugt aufgrund seiner Masse in seiner Umgebung ein Gravitationsfeld oder Schwerefeld.

Die **Gravitationsfeldstärke** G an einer bestimmten Stelle des Raumes ist der Quotient aus der Gravitationskraft F_G, die ein Körper der Masse m an dieser Stelle erfährt, und dieser Masse m:

$$G = \frac{F_G}{m}.$$

Auf der Erdoberfläche ist die Gravitationsfeldstärke annähernd gleich der Fall- oder Erdbeschleunigung:

$$G \approx g = 9{,}81\ \frac{\text{m}}{\text{s}^2}.$$

Im weiteren Radialfeld der Erde berechnet sich die Gravitationsfeldstärke aus dem Gravitationsgesetz zu

$$G = \gamma \frac{M_E}{r^2}.$$

Potentielle Energie der Gravitation

Die Energie, die ein Körper aus dem System Körper–Zentralkörper erhalten kann, wenn er sich von P_2 zu P_1 bewegt, wird als potentielle Energie der Gravitation E_{pot} des Körpers in P_2 bezüglich P_1 bezeichnet.

Im *homogenen Gravitationsfeld* der Erde ist die potentielle Energie zwischen dem Ausgangspunkt $P(h_1)$ und dem Endpunkt $P(h_2)$

$$\Delta E_{pot} = mg(h_2 - h_1) = mg\Delta h.$$

Im *inhomogenen Gravitationsfeld* der Erde oder eines Zentralkörpers der Masse M ist die potentielle Energie eines Körpers der Masse m, der vom Punkt $P_1(r_1)$ zum Punkt $P_2(r_2)$ bewegt wird,

$$\Delta E_{pot} = \gamma m M\left(\frac{1}{r_1} - \frac{1}{r_2}\right).$$

Bahnformen

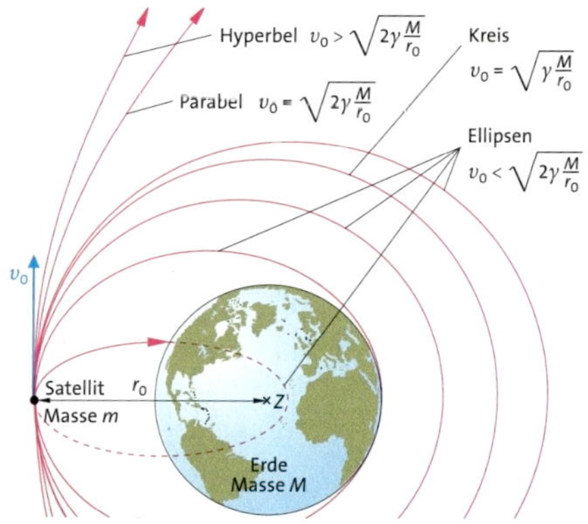

Weltbilder

Bis ins 15. Jahrhundert war das **geozentrische Weltbild maßgeblich,** nach dem die Erde im Mittelpunkt des Sonnensystems steht. Mit dem Modell des PTOLEMÄUS konnte die Bewegung der Planeten zuverlässig beschrieben werden. Nikolaus KOPERNIKUS begründete das **heliozentrische Weltbild** mit der Sonne im Mittelpunkt des Sonnensystems. Dessen Weiterentwicklung führte auf die Kepler'schen Gesetze und später zur Newton'schen Dynamik.

Heutiges kosmologisches Weltbild

Das Universum ist vor 13,8 Milliarden Jahren im sogenannten *Urknall* entstanden. Seine Entwicklung nach dem Urknall wird mit dem **kosmologischen Standardmodell** beschrieben, nach dem das Universum großräumig homogen expandiert.
Das heutige kosmologische Standardmodell, das durch Messungen gut bestätigt ist, sagt zwei bisher noch nicht direkt nachgewiesene Energieformen voraus: die *dunkle Materie* sowie die *dunkle Energie* (die sich auch als kosmologische Konstante deuten lässt).

VERSTEHEN & VERNETZEN

1. a) Berechnen Sie die Gravitationskraft, mit der der Mond die Erde anzieht. (Daten in Anhang, Lösung: $1{,}98 \cdot 10^{20}$ N).

b) Geben Sie an, ob die Gravitationskraft der Erde auf den Mond größer und kleiner ist.

2. Dargestellt sei die Bahn eines Himmelskörpers um die Sonne S.

a) Geben Sie die Strecke (a–d) an, die die „große Halbachse" kennzeichnet.

b) Geben Sie den Punkt (A–D) an, der das Perihel ist.

c) Nennen Sie das Gegenstück zum Perihel.

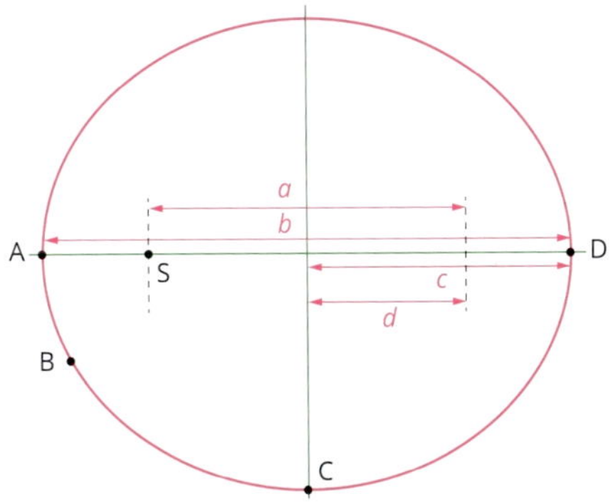

3. Dargestellt ist Bewegung eines Satelliten in einem Zentralkraftfeld (Simulation).

a) Geben Sie an, ob die Aussagen stimmen:

i) Der Punkt 2 ist von 1 und 3 gleichweit entfernt.

ii) Der Punkt 2 hat von 1 und 3 den gleichen zeitlichen Abstand.

b) Geben Sie begründet an, ob der Satellit im Bereich (a) oder im Bereich (b) mit größerer Geschwindigkeit unterwegs ist.

c) Der Inhalt der Fläche A_1 wird zu 2,1 Flächeneinheiten bestimmt. Geben Sie die Flächeninhalte von A_2 und A_3 an. Begründen Sie Ihre Angaben.

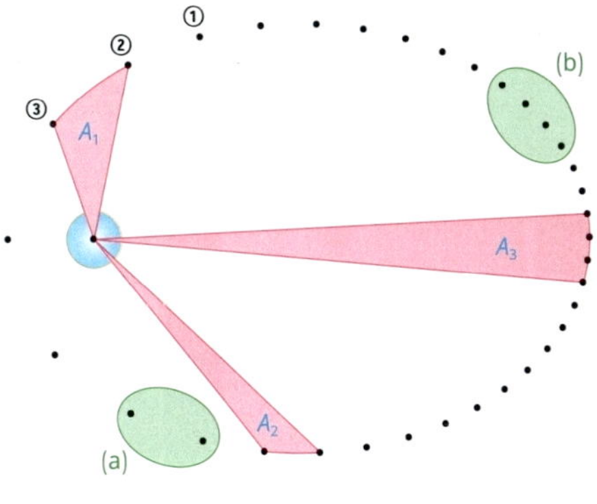

4. Geben Sie an, welche Abb. das Gravitationsfeld der Erde darstellt. Begründen Sie.

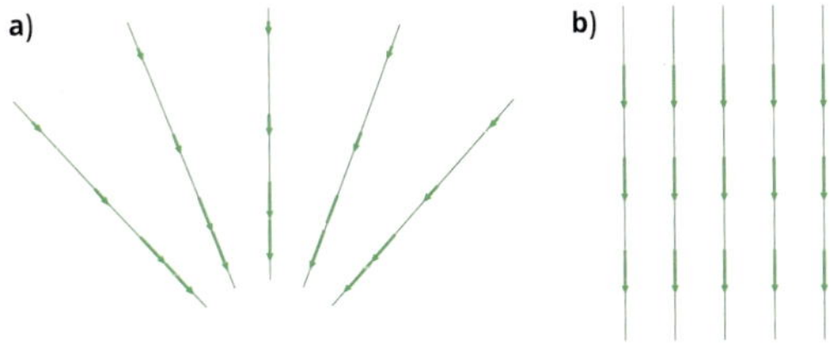

5. Zwei Planeten gleicher Masse m umlaufen einen wesentlich größeren Stern der Masse M, der erste auf einer Kreisbahn mit dem Radius $r_1 = 1 \cdot 10^{11}$ m und der Umlaufzeit $T_1 = 2\ a$, der zweite auf einer Ellipse mit folgenden Entfernungen vom Zentralgestirn: $r_A = 1{,}8 \cdot 10^{11}$ m im Aphel A und $r_P = r_1$ im Perihel P.

a) Berechnen Sie die Masse des Zentralgestirns mithilfe der Daten des ersten Planeten.

b) Bestätigen Sie, dass für die große Halbachse a_2 der Bahn des zweiten Planeten $a_2 = 1{,}4 \cdot 10^{11}$ m gilt.

c) Berechnen Sie die Umlaufzeit des zweiten Planeten mithilfe des 3. Gesetzes von Kepler.

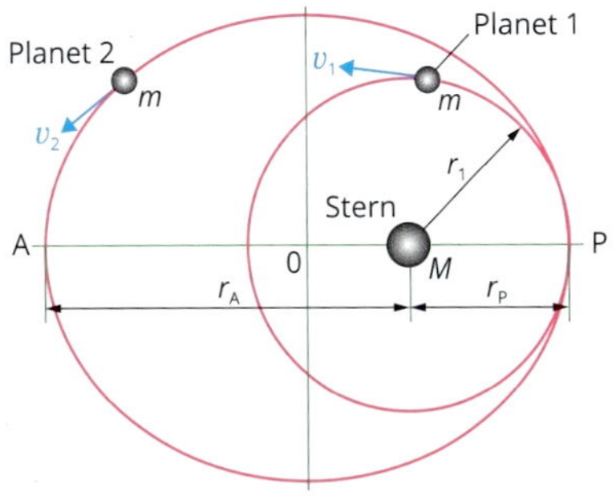

6. Der europäische Wettersatellit Meteosat-10 bewegt sich auf einer geostationären Bahn um die Erde – er benötigt für einen Umlauf um die Erde einen siderischen Tag: $T = 23$ h 56 min 4,10 s. Das Hubble-Weltraumteleskop bewegt sich dagegen auf einem „Low Earth Orbit" und braucht für einen Umlauf nur 97 Minuten.

a) Bestimmen Sie für beide Satelliten ihre Höhe über der Erdoberfläche.

b) Vergleichen Sie die Geschwindigkeiten der beiden Satelliten.

c) Diskutieren Sie, weshalb es sinnvoll ist, Fernsehsatelliten auf eine geostationäre Bahn zu bringen.

7. a) Ein Satellit ($m = 50$ kg) soll von der Erde (R = Radius der Erde, M = Erdmasse) auf eine Höhe von $h = 2\,R$ (Abstand vom Erdmittelpunkt, also $3\,R$) gebracht werden. Bestätigen Sie rechnerisch, dass die dazu erforderliche Energie ΔE_{pot} ca. $2{,}1 \cdot 10^9$ J beträgt.

b) Damit der Satellit dort auf einer Kreisbahn um die Erde kreist, benötigt er eine Geschwindigkeit von ca. 4,6 km/s. Bestätigen Sie dieses Ergebnis, ausgehend vom Kraftansatz $F_{ZP} = F_G$.

c) Leiten Sie her, dass die kinetische Energie des Satelliten $E_{kin} = \frac{1}{2}\gamma \frac{M\,m}{3\,R}$ beträgt.

d) Leiten Sie her, dass die gesamte aufzubringende Energie, also für das Anheben auf $h = 2\,R$ (ΔE_{pot}) und für die Bewegung um die Erde in dieser Höhe (E_{kin}), gilt $E = \frac{5}{6}\gamma\,M\,m\,\frac{1}{R}$.

8. Aufgrund von Reibung durch die Gezeiten dreht sich die Erde langsamer und dadurch entfernt sich der Mond jährlich um 3,82 cm von der Erde bzw. um 3820 m in 100 000 Jahren. Aktuell betragen die mittlere große Halbachse der Umlaufbahn des Mondes um die Erde $a = 384{,}4 \cdot 10^6$ m und die (siderische) Umlaufzeit $T = 27{,}32160$ d (Tage). Nutzen Sie das 3. Keplersche Gesetz, um zu prüfen, ob sich die Umlaufzeit in 100 000 Jahren um mehr als 1 Minute ändert.

Lösungen ab S. 140

3 ELEMENTE DER RELATIVITÄTSTHEORIE

Im Jahr 1905 veröffentlichte Albert Einstein (1879–1955) eine Arbeit mit dem Titel „Zur Elektrodynamik bewegter Körper", in der die neuen Ideen zur speziellen Relativitätstheorie ausgedrückt sind. 1916 folgte die Veröffentlichung der allgemeinen Relativitätstheorie, einer relativistischen Gravitationstheorie. Die beiden Theorien haben das bis dahin geltende klassische Weltbild der Physik völlig verändert. Heute bilden die Relativitätstheorie und die Quantenphysik das Fundament der modernen Physik. Die klassische Physik ist dadurch nicht hinfällig geworden, sondern wird von der modernen Physik als Teilbereich eingeschlossen.

3.1 Äther und absoluter Raum

Galilei hatte erkannt, dass jedes mechanische Experiment in gleicher Weise abläuft – gleichgültig, ob es in einem ruhenden oder in einem gleichförmig bewegten Bezugssystem stattfindet. In einem mit 280 km/h gleichförmig geradeaus fahrenden ICE kann sich eine Person wie auf dem Bahnsteig bewegen und ein Ball fällt in beiden Bezugssystemen in gleicher Weise lotrecht zu Boden. Geradlinig gleichförmig bewegte Bezugssysteme, in denen das *Trägheitsprinzip* gilt, heißen **Inertialsysteme** (*inertia*, lat.: Trägheit). Sie unterscheiden sich nur dadurch, dass sie *relativ* zueinander mit konstanter Geschwindigkeit bewegt sind. Nach dem Galilei'schen Relativitätsprinzip läuft in jedem Inertialsystem die Physik der Mechanik in gleicher Weise ab.
Neben den Inertialsystemen sollte es nach Newton einen **absoluten Raum** geben, der in besonderer Weise ausgezeichnet war. Der absolute Raum umfasst das gesamte Universum, in ihm ruhen die Fixsterne und in ihm breitet sich Licht mit der bekannten Lichtgeschwindigkeit $c = 300\,000$ km/s aus. Um dem absoluten Raum physikalische Realität zu geben, füllte ihn Newton mit einem sehr dünnen Medium, das er *Äther* nannte. Als im 19. Jahrhundert Interferenzversuche die Wellennatur des Lichtes zeigten, wurde der Äther zum Medium des Lichts. So wie die Luft der Träger der Schallwellen ist, sollte sich Licht als Schwingung des Äthers ausbreiten.

Die Frage nach der Natur und den Eigenschaften des Äthers war im 19. Jahrhundert ein wichtiges Thema physikalischer Forschung. Viele Versuche wurden durchgeführt, um den Äther nachzuweisen. Doch alle Versuche schlugen fehl. Mit keinem Experiment wurden irgendwelche Eigenschaften des Äthers bestimmt.

Schließlich glaubte der aus Deutschland stammende amerikanische Physiker Albert Michelson (1852–1931) ein Experiment gefunden zu haben, das erfolgreich sein sollte. Mit seinem Mitarbeiter Edward Morley führte er 1887 den Versuch in Cleveland durch.

Die Grundidee des Michelson-Morley-Versuchs

Licht war nach damaliger Ansicht eine Welle, die sich im Äther und damit *nur* im absoluten Raum mit der Geschwindigkeit $c = 300\,000$ km/s ausbreitet. Auf der Erde, die sich mit der Geschwindigkeit $v = 30$ km/s um die Sonne und damit durch den Äther bewegt, sollte die Lichtgeschwindigkeit unterschiedlich sein (**Abb. 1**):

- Läuft die Erde dem Licht des absoluten Raums entgegen, so wäre die Lichtgeschwindigkeit auf der Erde größer als c. Nach der klassischen Geschwindigkeitsaddition würde gelten: $c + v = 300\,030$ km/s.
- Läuft die Erde dem Licht hinterher, so wäre die Lichtgeschwindigkeit kleiner: $c - v = 299\,970$ km/s.
- Sind Lichtausbreitung und Erdbewegung senkrecht zueinander gerichtet, so sollte das Licht auf der Erde die Geschwindigkeit $\sqrt{c^2 - v^2} \approx 300\,000$ km/s haben.

Die geringe Differenz von 30 km/s schien einen experimentellen Nachweis nicht zu erlauben. Michelson hatte jedoch berechnet, dass mit dem von ihm entwickelten *Interferometer* der Unterschied der Lichtgeschwindigkeiten anhand von Interferenzen nachgewiesen werden könnte. Doch das mit großem Aufwand durchgeführte Experiment erwies sich als Fehlschlag. Das Interferenzmuster sollte sich nämlich bei einer Drehung des Interferometers verschieben. Aber keinerlei Veränderung der Interferenzfigur war zu beobachten. Zahlreiche Hypothesen wurden um die Jahrhundertwende entworfen und wieder verworfen, um den negativen Ausgang zu erklären. Alle führenden Physiker beteiligten sich an der Diskussion, denn das von Newton geschaffene physikalische Weltbild war erschüttert. Da meldete sich der damals noch unbekannte Einstein, der meinte, dass eine Bewegung durch den Äther vielleicht deswegen nicht nachzuweisen sei, weil es den Äther gar nicht gebe.

EINSTEIN baute ein physikalisches Weltbild auf, in dem der Äther und der absolute Raum NEWTONS nicht mehr vorkommen.
Diese Abkehr vom Weltbild der klassischen Physik stellte eine wissenschaftliche Revolution dar, die vielerorts abgelehnt wurde. Erst die Vielzahl experimenteller Bestätigungen führte zur allgemeinen Anerkennung der Theorie.

▶ **Grundversuch – Das Michelson-Interferometer:** Das parallele Lichtbündel eines Lasers fällt auf einen halbdurchlässigen Spiegel, der als Strahlteiler wirkt und das Licht in zwei zueinander senkrechte Teilbündel aufspaltet (**Abb. 2**). Das Licht läuft in beiden Armen zu Spiegeln, wird dort reflektiert und kehrt zurück. Der halbdurchlässige Spiegel lenkt beide Bündel zum Teil auf einen durchscheinenden Schirm (Milchglasscheibe, oder auch: Fernrohr). Die Überlagerung der Lichtbündel lässt dort ein *Interferenzmuster* entstehen.
MICHELSONS Aufbau war auf einer großen, erschütterungsfrei drehbaren Steinplatte montiert. Das Interferometer war zunächst so ausgerichtet, dass das Licht des einen Teilbündels parallel, das des anderen senkrecht zur Bewegung der Erde um die Sonne verlief. MICHELSON hatte berechnet, dass sich dann eine Laufzeitdifferenz für die Teilbündel auf dem Weg vom Strahlteiler zum Spiegel und zurück ergeben sollte. Haben beide Arme die Länge d, so folgt für die Laufzeit t_{par} parallel zur Erdbewegung für Hin- und Rücklauf:

$$t_{par} = \frac{d}{c - v} + \frac{d}{c + v} = \frac{2\,d\,c}{c^2 - v^2} = \frac{2\,d}{c}\frac{1}{1 - v^2/c^2}$$

Für die Laufzeit t_{senk} senkrecht zur Erdbewegung gilt:

$$t_{senk} = \frac{2\,d}{\sqrt{c^2 - v^2}} = \frac{2\,d}{c}\frac{1}{\sqrt{1 - v^2/c^2}} < t_{par}$$

Die Differenz der unterschiedlichen Laufzeiten beträgt:

$$\Delta t = t_{par} - t_{senk} = \frac{2\,d}{c}\left(\frac{1}{1 - v^2/c^2} - \frac{1}{\sqrt{1 - v^2/c^2}}\right)$$

$$= \frac{2\,d}{c}\left(\frac{1 - \sqrt{1 - v^2/c^2}}{1 - v^2/c^2}\right)$$

Die Multiplikation der Laufzeitdifferenz Δt mit der Lichtgeschwindigkeit c ergibt die Wegdifferenz Δs:

$$\Delta s = c\,\Delta t = 2\,d\left(\frac{1 - \sqrt{1 - v^2/c^2}}{1 - v^2/c^2}\right).$$

Wenn die ganze Apparatur um 45° gedreht wird, dann sollte die Bewegung der Erde durch den Raum in beiden Armen eine identische Auswirkung auf die Lichtlaufzeit haben. Die Differenz der Laufzeiten Δt und damit die Wegdifferenz Δs müssten bei Drehung also gegen null gehen und das auf dem Schirm (oder im Fernrohr) beobachtbare Muster sollte sich verändern (**Abb. 3**).

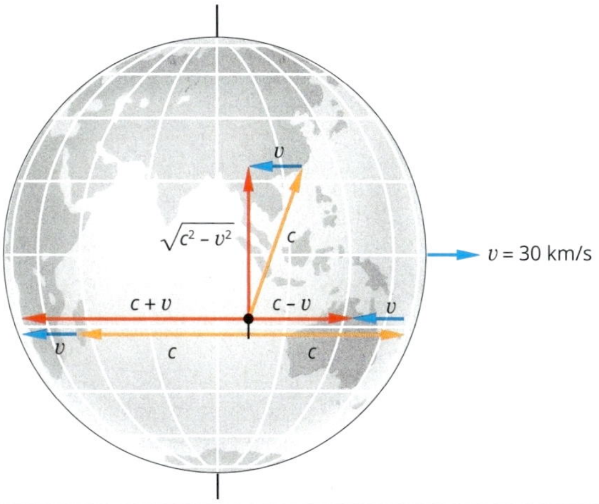

1 Die auf der Erde gemessenen Lichtgeschwindigkeiten (rot) sollten – wegen der Bewegung der Erde durch den Äther – unterschiedlich ausfallen: Es wurde angenommen, dass sich Licht im Äther ausbreitet und dass dieser mit dem Sonnensystem fest verbunden ist. Der Äther würde als „Ätherwind" wahrgenommen.

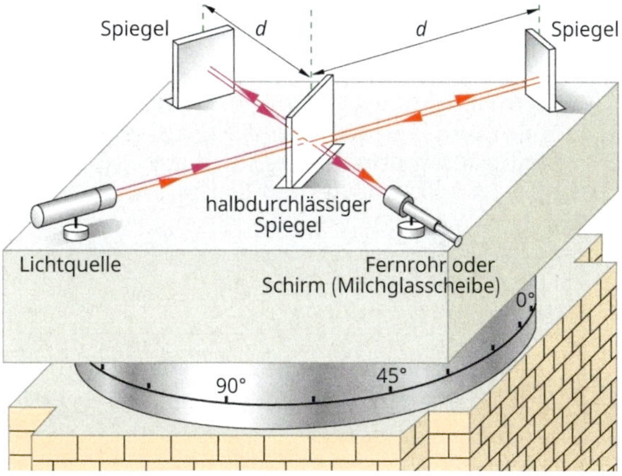

2 Das Michelson-Morley-Experiment

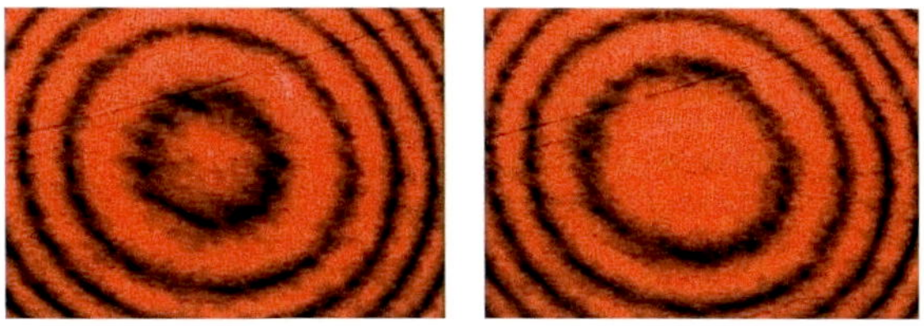

Video

3 Erwartung: Bei Drehung des Interferometers sollte sich das *Interferenzmuster* verändern.

Durch mehrfache Spiegelung des Lichts hatte Michelson eine effektive Armlänge von 11 m erreicht. Mit v = 30 km/s und d = 11 m berechnet sich die Wegdifferenz zu Δs = 110 nm. Da dies etwa ein Sechstel der Wellenlänge des roten Lichts ist, war MICHELSON sicher, ein Verschieben des Interferenzmusters beim Drehen der Apparatur beobachten zu können – aber keine Veränderung war zu sehen. ◀

ERKUNDEN & EINSTEIGEN

1. Ein Körper bewegt sich in einem Waggon mit konstanter Geschwindigkeit von $v_c = 3\,\frac{m}{s}$ auf und ab. Die Strecke d beträgt 3 m. Der Waggon rollt mit $v_1 = 2{,}25\,\frac{m}{s}$ an Ben vorbei.

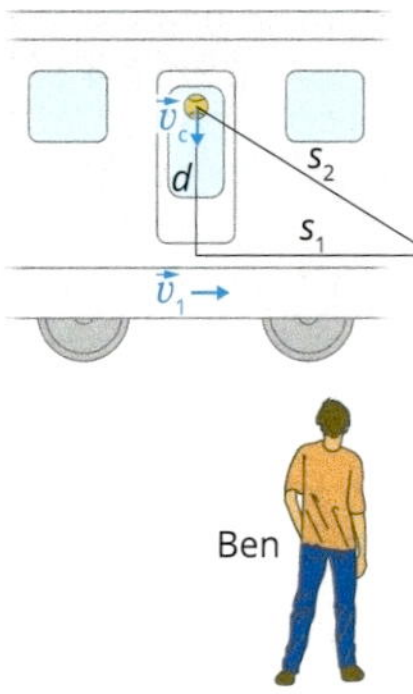

   a) Bestätigen Sie rechnerisch, dass eine Abwärtsbewegung im Eisenbahnwaggon 1 s dauert.
   b) Aus Sicht von Ben: Ermitteln Sie, welche Strecke s_1 der Waggon in 1 s zurücklegt, und bestätigen Sie rechnerisch, dass $s_2 = 3{,}75$ m gilt. Geben Sie auch die Geschwindigkeit v_2 des Körpers aus Sicht von Ben an.
   c) Aus Sicht von Ben: Zeichnen Sie die Bahn des Körpers in ein x-y-Diagramm ein (Start mit $y = 3$ m und $x = 0$ m; Zeit $t = 0$ s; 1 s; ...; 6 s).
   * d) G. Joos formulierte: „Der Physiker H. A. Lorentz erkannte, dass zwei gegeneinander bewegte Systeme zwei verschiedene Zeitrechnungen haben." Könnte es also sein, dass Ben ebenfalls eine Geschwindigkeit von $3\,\frac{m}{s}$ misst (und nicht 3,75 m/s)? Beurteilen Sie.

2. **Bezugssysteme:** Anna schwimmt senkrecht zur Fließrichtung des Wassers durch den Fluss. Ben sitzt derweil ohne Aktivität im Boot und lässt sich vom Fluss mitnehmen. Can steht am Ufer des Flusses, der 20 m breit ist, und sieht zu. Anna benötigt 12,5 s, um ans andere Ufer zu schwimmen. Can sieht, wie Anna beim Durchqueren von der Strömung um 15 m abgetrieben wird.

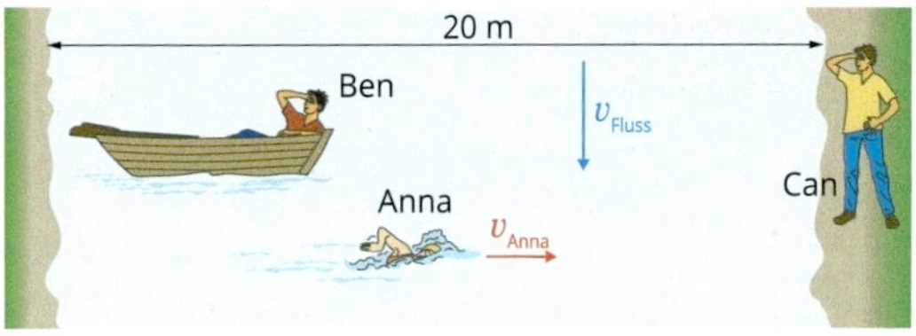

   a) Bestätigen Sie rechnerisch, dass das Wasser mit einer Geschwindigkeit von $v_{Fluss} = 1{,}2\,\frac{m}{s}$ fließt.
   b) Skizzieren Sie im Heft die Situation, wenn Anna gerade das andere Ufer erreicht. Markieren Sie Start- und Zielort von Anna.
   c) Can gibt an, dass Anna eine Strecke von 25 m zurückgelegt hat. Erklären Sie kurz, wie Can auf die 25 m kommt.
   d) Can berechnet, mit welcher Geschwindigkeit sich Anna „über Grund" bewegt. Berechnen Sie ebenfalls.
   e) Ben gibt an, welche Geschwindigkeiten Anna und Can aus seiner Sicht haben. Helfen Sie ihm.
   f) Geben Sie an, welche Geschwindigkeit Can aus Sicht von Anna hat.
   g) Ben und Can befinden sich in unterschiedlichen Bezugssystemen. Nennen Sie die Bezugssysteme der beiden.
   h) In der Formel $v = \frac{s}{t}$ kommen die drei Größen v, s und t vor. Geben Sie an, welche der Größen sich bei Wechsel des Bezugssystems ändern und welche nicht.
   * i) Ben und Can ermitteln mit Hilfe der Formel $v = s/t$ wegen der unterschiedlichen Strecken unterschiedliche Geschwindigkeiten für Annas Bewegung. Wie könnten Ben und Can trotz unterschiedlicher Strecken bei der Berechnung der Geschwindigkeit den gleichen Wert erhalten? Stellen Sie eine Vermutung auf.

3. a) **Addition von Geschwindigkeiten?** Anna und Ben stehen auf einem Drehteller. Ihre Bahngeschwindigkeiten betragen jeweils 3 m/s. Eine Ballmaschine schießt Tennisbälle mit einer Geschwindigkeit von 10 m/s in Richtung des Drehtellers. Je ein Ball trifft Anna und Ben in der gezeigten Situation, also als sich Anna dem Ball entgegen bewegt und Ben in die gleiche Richtung wie der Ball. Nach der Geschwindigkeit der Tennisbälle gefragt, geben beide unterschiedliche Antworten. Geben Sie an, wer welche Geschwindigkeit nennt. Wählen Sie jeweils eine Geschwindigkeit aus: 2 m/s; 3 m/s; 5 m/s; 7 m/s; 8 m/s; 10 m/s; 12 m/s; 13 m/s oder 15 m/s.

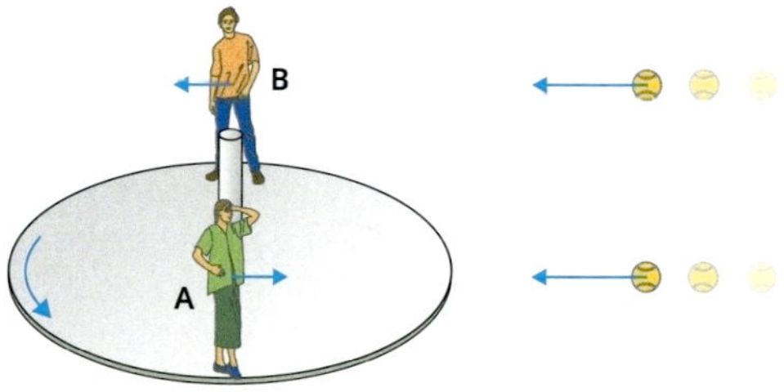

   b) Die Erde umkreist die Sonne mit einer Bahngeschwindigkeit von 30 km/s. An einem Tag im März hat die Erde die gleiche Bewegungsrichtung wie das Licht von einem entfernten Stern. Ein halbes Jahr später läuft die Erde dem Licht genau entgegen. Die Geschwindigkeit des Lichts (im Vakuum und in Luft) beträgt ca. 300 000 km/s. Geben Sie an, welche Geschwindigkeiten des Sternenlichts auf der Erde gemessen werden müssten. (Die Rotation der Erde um die eigene Achse hat einen Einfluss von unter 2 % und bleibt daher unberücksichtigt).

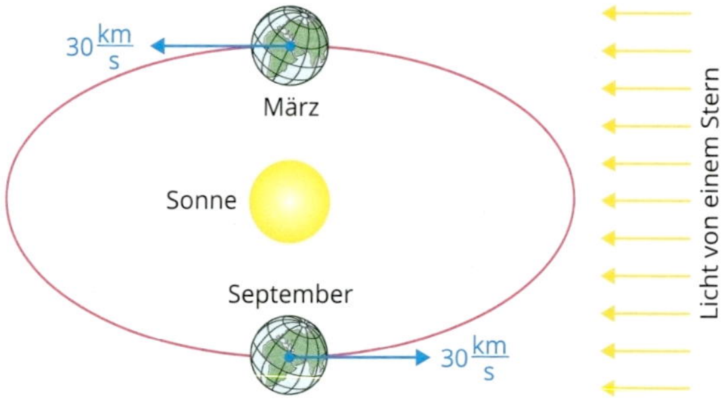

   c) Die in der vorherigen Aufgabe b) vorhergesagten Geschwindigkeiten wurden trotz guter Messinstrumente nie gemessen. Stattdessen wurde eine Grundannahme der Relativitätstheorie bestätigt – nämlich, dass die Lichtgeschwindigkeit in jedem (Inertial-)System identisch ist. Geben Sie an, welche Lichtgeschwindigkeiten im März und im September tatsächlich gemessen wurden.

ERKUNDEN & EINSTEIGEN

4. Uhrensynchronisation: Zwei Uhren A und B sind baugleich und laufen gleich schnell. Sie befinden sich an unterschiedlichen Orten und sind relativ zueinander nicht bewegt. Wie gelingt es, sie **gleichzeitig starten** zu lassen (= sie zu synchronisieren)? Mit dieser Frage hat sich schon Albert EINSTEIN beschäftigt und eine Lösung beschrieben. Finden Sie auch eine Lösung? (Die Uhren sollen ihre Orte nicht verlassen.)

a) Als Uhren werden zwei Smartphones genutzt. Sie haben einen Abstand von 10 m. Jedes Smartphone ist mit einer App versehen, die das Signal des Smartphonemikrofons aufzeichnet. Weiterhin erhalten Sie ein Maßband und zwei Metallstangen. Beschreiben Sie eine Möglichkeit, die Uhren zu synchronisieren, also gleichzeitig starten zu lassen..

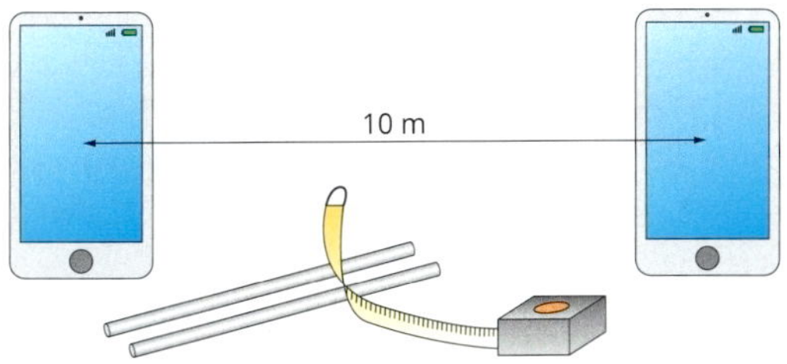

b) In der vorherigen Aufgabe werden Mikrofone und Schall genutzt. EINSTEIN nutzt statt Schall Licht. Beschreiben Sie eine Möglichkeit, zwei Uhren mithilfe von Licht zu synchronisieren.

5. Drehspiegelmethode: Der von Leon FOUCAULT 1850 entwickelte und 1878 von Albert MICHELSON verbesserte Versuch ermöglichte es, die Lichtgeschwindigkeit mit einer Abweichung von unter 1 % zum aktuellen Wert zu bestimmen. Heute wird er mit Laserlicht durchgeführt: Ein Laserstrahl trifft auf einen rotierenden Spiegel (A, „Drehspiegel") und wird in verschiedenste Richtungen reflektiert. Bei einer bestimmten Stellung des Drehspiegels trifft das Laserlicht auf einen zweiten Spiegel (B). Die Abbildung zeigt den Versuch in elementarisierter Form.

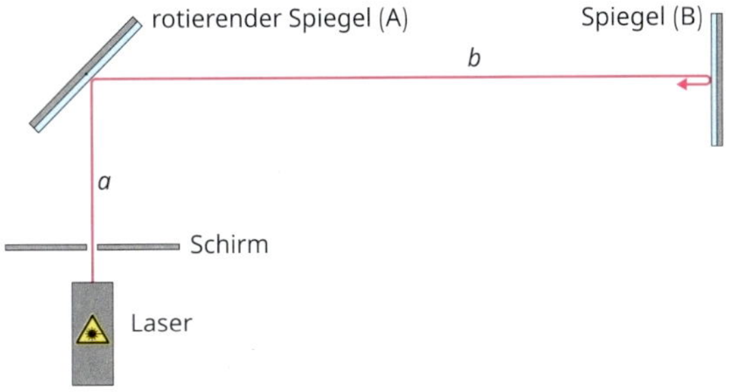

a) Wie kommt es, dass der Laserstrahl nach Reflexion an dem zweiten Spiegel nicht genau in den Laser zurückreflektiert wird? Erklären Sie kurz.

b) Aus den Abständen x und a und der Drehfrequenz des Spiegels kann berechnet werden, dass zwischen den beiden Abbildungen 78,57 ns (Nanosekunden) vergangen sind. Berechnen Sie damit die in diesem Experiment gemessene Lichtgeschwindigkeit (Lichtweg $s = 24{,}2$ m).

c) Begründen Sie, warum der Drehspiegel in diesem Versuch zur Zeitmessung dient.

d) Geben Sie an, aus welchen Strecken a, b, c und/oder d sich der für die Berechnung der Lichtgeschwindigkeit genutzte Lichtweg von 24,2 m zusammensetzt. Begründen Sie Ihre Angabe.

6. Geschwindigkeit des Lichts: Ist die Geschwindigkeit von Licht konstant? Ein Messgerät sendet Lichtimpulse aus, die von einem Reflektor zurückgeworfen werden und wieder zum Messgerät gelangen. Ausgehend von einem festgelegten Nullpunkt werden die Laufzeiten des Lichts angezeigt. Die Anzeige erfolgt in Nanosekunden (1 ns = $1 \cdot 10^{-9}$ s)

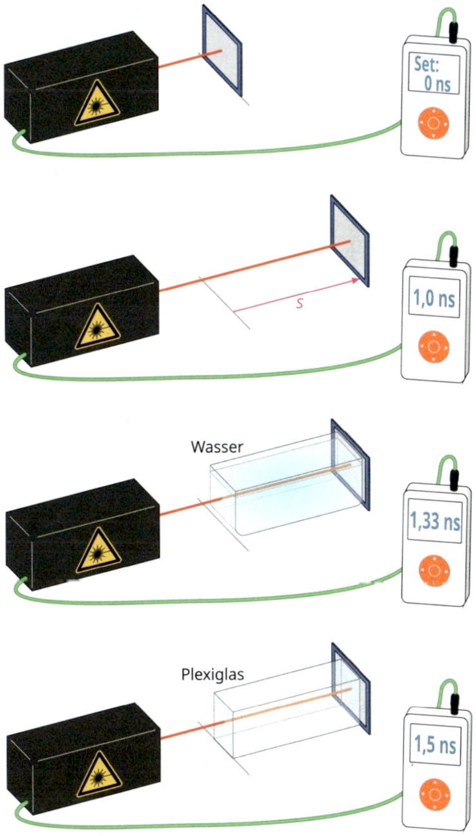

a) Ist die Geschwindigkeit von Licht konstant? Deuten Sie die Messergebnisse im Hinblick auf diese Frage.

b) Berechnen Sie die Lichtgeschwindigkeit in Luft. Es gilt $s = 15$ cm.

c) Begründen Sie ohne Rechnung und mithilfe der Abbildungen, ob die Lichtgeschwindigkeit in Plexiglas größer oder kleiner ist als die in Luft.

3.2 Postulate und Relativität der Gleichzeitigkeit

EINSTEIN stellt zum negativen Ausgang des Michelson-Morley-Experiments fest: *„Die misslungenen Versuche, eine Bewegung der Erde zum Lichtmedium zu konstatieren, führen zu der Vermutung, dass dem Begriff der absoluten Ruhe keine Eigenschaften der Erscheinungen entsprechen.“*

Damit schließt EINSTEIN die Existenz eines absoluten Raums aus. Es sollen nur noch relative Räume existieren, die sich mit Relativgeschwindigkeiten gleichförmig zueinander bewegen. In ihnen werden mit Inertialsystemen die Naturvorgänge beschrieben, wobei kein Inertialsystem vor einem anderen ausgezeichnet ist. Das von GALILEI für die Mechanik erkannte Relativitätsprinzip lässt Einstein für die gesamte Natur gelten.

1. Postulat – Relativitätsprinzip
Alle Inertialsysteme sind zur Beschreibung von Naturvorgängen gleichberechtigt. Die Naturgesetze haben in allen Inertialsystemen die gleiche Form.

Das Michelson-Morley-Experiment hat gezeigt, dass sich Licht auf der Erde in allen Richtungen mit gleicher Geschwindigkeit ausbreitet. Das kann aber keine Besonderheit des Systems Erde sein, vielmehr wird sich in jedem Inertialsystem die gleiche Beobachtung ergeben.

2. Postulat – Konstanz der Lichtgeschwindigkeit
Die Lichtgeschwindigkeit im Vakuum hat in jedem Inertialsystem in allen Richtungen den gleichen Wert $c = 3 \cdot 10^8$ m/s. Der genaue Wert ist heute zu $c = 299\,792\,458$ m/s festgesetzt.

Die Lichtgeschwindigkeit ist auch unabhängig von der Geschwindigkeit der Lichtquelle. Messungen an radioaktiven Kernen, die mit nahezu Lichtgeschwindigkeit fliegen, zeigen, dass die in allen Richtungen ausgesandten Photonen Lichtgeschwindigkeit c haben.

Die beiden Prinzipien können nicht als die einzig möglichen und richtigen bewiesen werden. Um die Theorie zu bestätigen, werden auf deduktivem Wege Folgerungen aus den Prinzipien hergeleitet und diese Folgerungen experimentell überprüft. Bisher wurden alle Vorhersagen durch das Experiment bestätigt.

In der klassischen Mechanik kann nur eine unendlich große Geschwindigkeit in jedem Bezugssystem den gleichen, nämlich unendlich großen Wert besitzen. Relativistisch übernimmt offenbar die *endliche* Lichtgeschwindigkeit c die Rolle einer in der klassischen Physik *unendlich* großen Geschwindigkeit. Dies bedeutet, dass in der Relativitätstheorie Geschwindigkeiten auf das Intervall von null bis zur Lichtgeschwindigkeit c beschränkt sind.

Die Lichtgeschwindigkeit ist **die obere Grenze aller Geschwindigkeiten.** Kein Körper, keine Wirkung und kein Signal zur Informationsübertragung können schneller sein als das Licht.

Die beiden Relativitätspostulate haben Konsequenzen für die Zeit. Nach NEWTON gibt es eine *absolute Zeit, die gleichmäßig und für sich vergeht.* Eine absolute Zeit bestimmt eindeutig, ob zwei weit entfernte Ereignisse gleichzeitig stattfinden oder nicht. EINSTEIN wies darauf hin, dass unklar sei, wie Gleichzeitigkeit festgestellt werde. Er konstatierte, dass im Prinzip überall Uhren aufgestellt sein müssten. Dies setzt voraus, dass die Uhren

EXKURS

Das Global Positioning System (GPS) – Relativitätstheorie im Alltag

Seit 1993 kreisen 24 Satelliten in 20000 km Hoöhe um die Erde und bilden zusammen mit Bodenstationen das Navigationssystem GPS, das von Flugzeugen, Schiffen, Kraftfahrzeugen und auch Smartphones genutzt wird. Alle 24 Satelliten senden nach jeweils einer Millisekunde codierte Funksignale auf der Frequenz 1,6 GHz ($\lambda = 19$ cm) aus, die die Kennung des jeweiligen Satelliten, die aktuellen Bahnparameter und die exakte Zeit der Signalaussendung enthalten. Wegen der Zeitdilatation vergeht in den Satelliten die Zeit langsamer als auf der Erde. Im Verlaufe

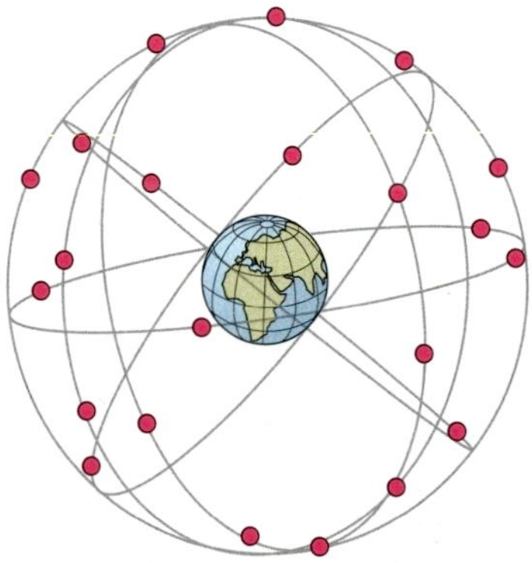

eines Tages gehen die Uhren in den GPS-Satelliten aufgrund der Zeitdilatation durch die Geschwindigkeit $v = 7{,}89$ km/s um 7 µs nach. Es tritt jedoch noch ein weiterer relativistischer Zeiteffekt auf, nämlich die Zeitdilatation durch Gravitation. Er hat zur Folge, dass die Zeit bei größerer Entfernung vom Gravitationszentrum schneller vergeht als auf der Erdoberfläche. In 20000 km Höhe gehen die Uhren im Verlaufe eines Tages aufgrund des Gravitationseffekts um 45 µs vor. Die gesamte Zeitdifferenz beträgt 45 µs – 7 µs = 38 µs.

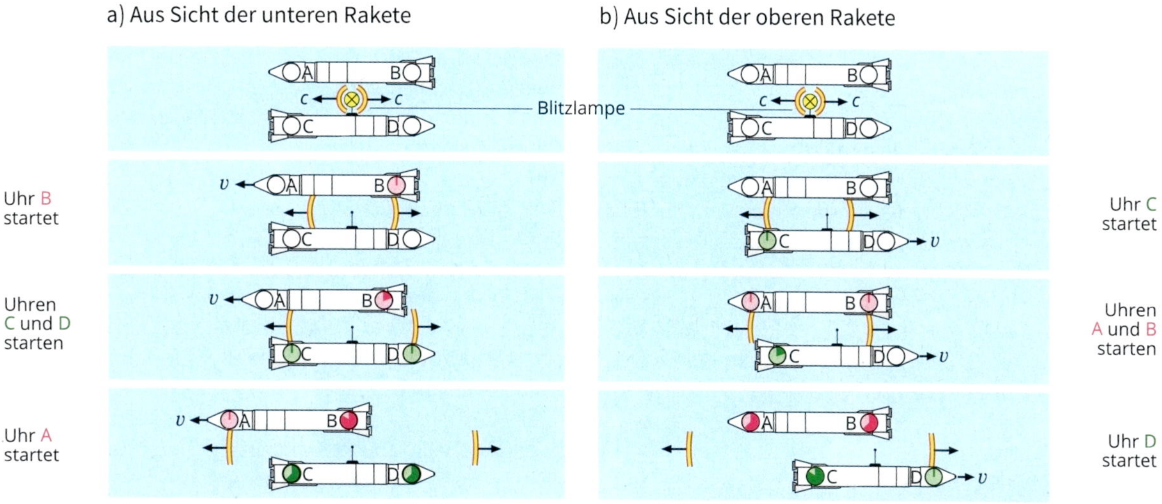

1 Die Starts der vier Uhren, also vier verschiedene Ereignisse, finden in den beiden Systemen in unterschiedlichen Reihenfolgen statt. Insbesondere gibt es keine absolute Gleichzeitigkeit

nicht nur exakt gleich gehen, sondern auch irgendwann auf gleichen Stand gebracht wurden. Es stellt sich die Frage, wie eine solche *Synchronisation* von Uhren durchgeführt werden kann. Gestützt auf die Konstanz der Lichtgeschwindigkeit schlägt EINSTEIN vor: Zwei voneinander entfernte Uhren werden synchronisiert, indem von ihrer geometrischen Mitte eine Blitzlampe Lichtsignale aussendet, die zu den Uhren laufen und beim Eintreffen die Uhren in Gang setzen. Dieses einsichtige Verfahren offenbart allerdings Verwunderliches:

▶ **Gedankenexperiment:** Zwei Raketen begegnen sich mit der Relativgeschwindigkeit $v = c/2$. Aufgabe soll es sein, vier Uhren A, B, C, D, die sich in Bug und Heck der Raketen befinden, gleichzeitig in Gang zu setzen. Dazu wird an dem Ort, an dem die beiden Mitten der Raketen zusammentreffen, im Moment des Zusammentreffens eine Blitzlampe gezündet. Die Lichtsignale laufen zu den Uhren und setzen sie in Gang (**Abb. 1**).

Ergebnis: Die vier Uhren können nicht gleichzeitig in Gang gesetzt werden. Aus Sicht der unteren Rakete werden die bordeigenen Uhren C und D gleichzeitig vom Licht erreicht, zuvor aber wird die Uhr B im Heck der oberen Rakete in Gang gesetzt, da die Uhr dem Lichtsignal entgegenläuft. Die Uhr A wird später gestartet, da sie dem Lichtsignal davoneilt. Aus Sicht der oberen Rakete ist es umgekehrt. Die Uhren A und B werden synchron gestartet, nicht aber die Uhren C und D der unteren Rakete.
Folgerung: Gleichzeitigkeit ist kein absoluter Begriff, sondern gilt nur für ein einzelnes Inertialsystem. ◀

Relativität der Gleichzeitigkeit: Zwei Ereignisse an verschiedenen Orten, die in einem Inertialsystem gleichzeitig eintreten, finden in einem relativ dazu bewegten Inertialsystem zu verschiedenen Zeiten statt.
Ergänzung: Treten zwei Ereignisse gleichzeitig und am selben Ort ein, so finden sie im anderen System ebenfalls gleichzeitig und an einem Ort statt.

AUFGABEN

1. Auf dem Kästchen-Papier breitet sich Licht mit 3 Kästchen pro Mikrosekunde (μs) aus. Ein Zug ist mit einer Geschwindigkeit von 1/3 c (also 1 Kä/μs) unterwegs. Ein Beobachter am Bahnsteig sieht einen Blitz in den Anfang des Zugs einschlagen und dann die Lichtausbreitung. Geben Sie an, welche der Abbildungen (a) oder b)) die Lichtausbreitung richtig darstellt.

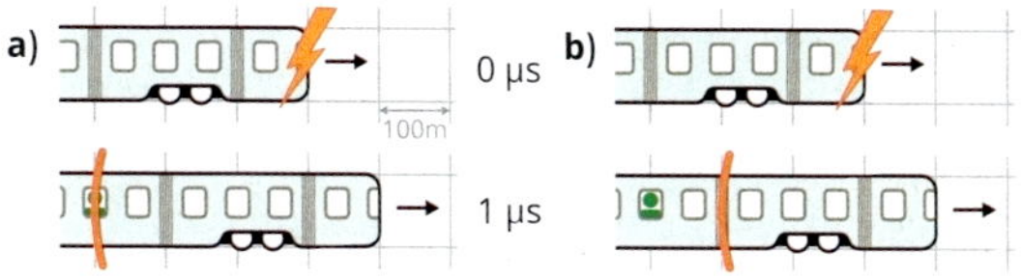

2. Ein Beobachter am Bahnsteig sieht, wie gleichzeitig hinten und vorne in einen Zug Blitze einschlagen. Und wie sich die Lichtsignale ausbreiten. In der Mitte des Zuges sitzt eine Reisende (grün). (Auf dem Kästchen-Papier breitet sich Licht mit 3 Kä/μs aus und der Zug bewegt sich mit 1 Kä/μs.)
   a) Geben Sie an, ob die Lichtsignale von den Blitzen bei der Reisenden gleichzeitig ankommen oder nicht.
   b) Erklären Sie, warum die Blitze im System der Reisenden nicht gleichzeitig eingeschlagen sein können. Nutzen Sie dazu, dass die Reisende in der Zugmitte sitzt.

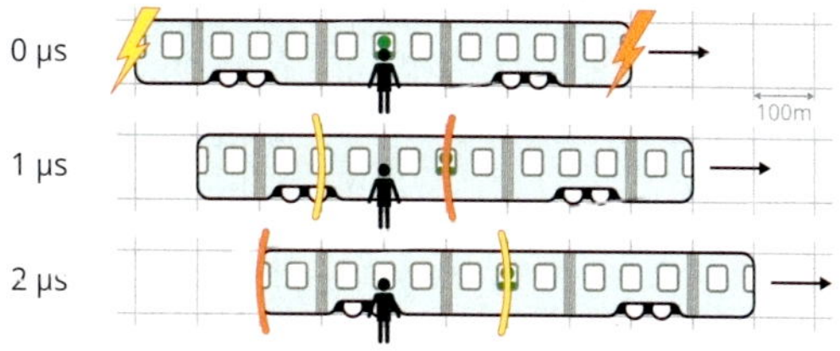

3.3 Eigenzeit und Zeitdilatation

Um die Aussagen der Theorie einfach zu verstehen, wurde die Lichtuhr erfunden, die sich auf das Prinzip von der Konstanz der Lichtgeschwindigkeit stützt. Solche Uhren werden zwar nicht gebaut, dienen aber dazu, den Gang von Uhren zu verfolgen, wenn diese mit nahezu Lichtgeschwindigkeit bewegt werden. Der Taktgeber einer Lichtuhr ist ein Lichtimpuls, der ständig zwischen einem oberen und einem unteren Spiegel hin und her reflektiert wird (**Abb. 1**). Hat die Lichtuhr eine Höhe von $d = 0{,}30$ m, so ist die Dauer für das Hin- bzw. Herlaufen des Lichts gerade eine Nanosekunde (1 ns):

$$t = \frac{d}{c} = \frac{0{,}30\ \mathrm{m}}{3 \cdot 10^8\ \mathrm{m/s}} = 1 \cdot 10^{-9}\ \mathrm{s} = 1\ \mathrm{ns}$$

Die Lichtuhr zählt, wie oft das Licht hin und herläuft, und zeigt die Anzahl als Zeit in Nanosekunden an.

▶ **Grundversuch – Gedankenexperiment mit Lichtuhren:** Es werden drei Lichtuhren eingesetzt (**Abb. 1**). Zwei Uhren A und B ruhen in einem Inertialsystem I und gehen synchron. Die dritte Uhr C bewegt sich mit der Geschwindigkeit v an den Uhren A und B vorbei. Beim Passieren von A wird die Uhr C gestartet. Es soll die Zeitspanne ermittelt werden, die vergeht, während C von A nach B läuft.

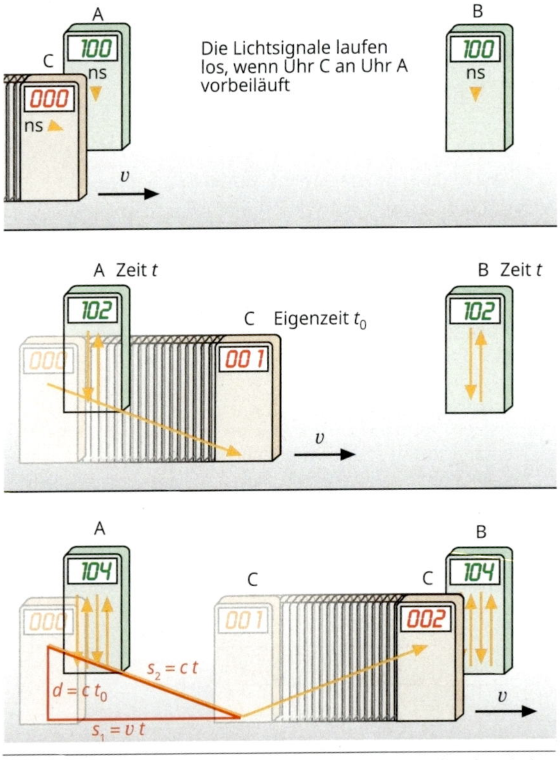

1 Während in den Lichtuhren A und B das Lichtsignal auf und ab läuft: tick, tack, tick, tack, ... läuft in der bewegten Lichtuhr C das Lichtsignal schräg auf und ab, weswegen die Uhr C langsamer geht: tiiick, taaack, tiiick

Beobachtung: Während aus Sicht des Inertialsystems I in den Uhren A und B die Lichtimpulse auf und ab laufen, läuft das Licht in der bewegten Uhr C schräg und muss daher einen längeren Weg zurücklegen. Während die Uhren A und B „tick, tack, tick, tack ...“ machen, geht die Uhr C wegen des längeren Lichtwegs und der Konstanz der Lichtgeschwindigkeit langsamer: „tiiick, taaack, tiiick, taaack, ...“
Die synchronisierten Uhren A und B gehen schneller als die bewegte Uhr C. Während die Uhr C für den Weg von A nach B eine Zeitspanne von 2 ns misst, vergeht für die synchronisierten Uhren A und B währenddessen eine Zeitspanne von 4 ns.

Ergebnis: Die im Inertialsystem I von den Uhren A und B gemessene Zeit ist größer als die von der bewegten Uhr C ermittelte Zeit. Die einmal zu 2 µs und einmal zu 4 µs gemessene Zeitspanne scheint gedehnt, weswegen der Effekt als **Zeitdilatation** (*dilatare*, lat.: dehnen, strecken) bezeichnet wird. ◀

Dem möglichen Einwand, die Zeitdilatation sei nur eine Besonderheit von Lichtuhren während andere Uhren diesen Effekt nicht zeigen, kann wie folgt begegnet werden: Würden nicht alle Uhren der Zeitdilatation unterliegen, könnte mit Lichtuhren ein Bezugssystem gefunden werden, in dem die Zeitdifferenz zu anderen Uhren am größten oder auch am kleinsten wäre. Dieses Bezugssystem wäre vor anderen Systemen ausgezeichnet, was nach dem Relativitätsprinzip nicht erlaubt ist. Außerdem verstehen wir unter „Uhren“ nicht nur die technischen Geräte zur Zeitanzeige, sondern grundsätzlich alle Erscheinungen, die ein Vergehen der Zeit erkennen lassen. Dazu gehören die Jahreszeiten mit ihrer jährlichen Wiederkehr ebenso wie die Jahresringe eines Baumstamms. Und auch die Menschen, deren Entwicklung und Alterung das Vergehen der Zeit erkennen lässt, sind natürliche Uhren. Nach der Relativitätstheorie ist für all diese Uhren das Vergehen der Zeit nicht gleich, sondern hängt vom Bezugssystem ab:

> Das Vergehen der Zeit hängt davon ab, ob die Zeit von synchronisierten Uhren in einem Inertialsystem gemessen wird, oder von einer Uhr, die sich relativ zu diesem System bewegt. **Zeit ist relativ**.

Der Lorentz-Faktor γ

Das Gedankenexperiment mit den Lichtuhren kann quantitativ ausgewertet werden. Dazu werden folgende Bezeichnungen verwendet: Das von den synchronisierten Uhren eines Inertialsystems I gemessene Zeitintervall wird als **Zeit t** bezeichnet. Das von einer einzelnen in I bewegten Uhr gemessene Zeitintervall heißt **Eigenzeit t_0**.

Die Auswertung erfolgt geometrisch: In **Abb. 1** ist ein rechtwinkliges Dreieck gezeichnet, dessen Seitenlängen bekannt sind: Die Uhr C bewegt sich in der Zeit t mit der Geschwindigkeit v um die Strecke $s_1 = v \cdot t$ nach rechts. Der Lichtimpuls läuft aus Sicht von Uhr C die Strecke $d = c \cdot t_0$ lotrecht nach unten und aus Sicht des Systems mit den Uhren A und B die schräge Strecke $s_2 = c \cdot t$ hinab. Mit dem Satz des Pythagoras folgt:

$$s_1^2 + d^2 = s_2^2$$

$$(v\,t)^2 + (c\,t_0)^2 = (c\,t)^2$$

Auflösen der Gleichung nach t_0 ergibt

$$t_0 = t\sqrt{1 - v^2/c^2}$$

oder aufgelöst nach t:

$$t = \frac{1}{\sqrt{1 - v^2/c^2}}\,t_0 .$$

Die im Inertialsystem I gemessene Zeit t ist um den Faktor $\gamma = 1/\sqrt{1 - (v/c)^2}$ größer als die Eigenzeit t_0. Der Faktor γ heißt **Lorentz-Faktor**.

Zeitdilatation: Bewegt sich ein Körper in einem Inertialsystem I mit der Geschwindigkeit v von Ort A zu Ort B, so vergeht eine gewisse Zeit t, die im System I synchronisierte Uhren messen. Für den bewegten Körper vergeht währenddessen die von einer mitgeführten Uhr gemessene Eigenzeit t_0.

$$t_0 = t \cdot \sqrt{1 - \frac{v^2}{c^2}}$$

Der Lorentz-Faktor ist erst ab etwa 10 % der Lichtgeschwindigkeit merklich größer als 1 ist. Daher macht sich die Zeitdilatation im Alltag nicht bemerkbar und der Lorentz-Faktor γ kann vereinfacht werden: Mit der aus der Mathematik bekannten **Näherungsformel**

$$(1 + x)^k \approx 1 + kx \quad \text{für } x \ll 1$$

folgt für $x = v^2/c^2 \ll 1$:

$$\gamma = \frac{1}{\sqrt{1 - v^2/c^2}} = \left(1 - (v^2/c^2)\right)^{-\frac{1}{2}} \approx 1 + \frac{1}{2}\frac{v^2}{c^2}$$

AUFGABEN

1. Zwei synchronisierte Uhren haben auf der Erde (angenommen als Inertialsystem) den Abstand $d = 36$ m. Ein Raumschiff fliegt mit $v = 0{,}8\,c$ über sie hinweg. Beim Überflug von Uhr A startet dort die Zeitmessung ebenso wie die einer Uhr im Raumschiff.

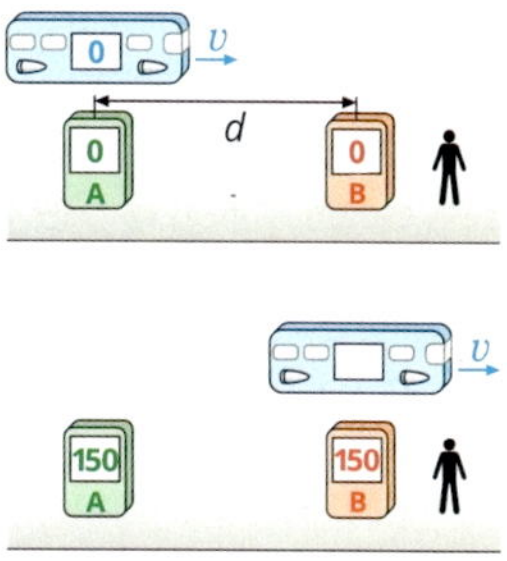

a) Bestätigen Sie durch Rechnung, dass Uhr B beim Passieren des Raumschiffs 150 ns anzeigt.

b) Geben Sie an, ob die Uhr im Raumschiff beim Überflug der zweiten Uhr mehr oder weniger als 150 ns anzeigt.

c) Berechnen Sie die fehlende Uhrzeit der Raumschiffuhr.

2. Anna befindet sich im Raumschiff und sieht unter sich die Erde vorbeiziehen ($v = 0{,}8\,c$). Beim Überflug von Uhr A zeigt diese 0 ns an. Nach 90 ns zieht Uhr B an Anna vorbei und zeigt 150 ns an. Von der Erde aus gesehen, läuft Annas Uhr langsamer. Anna im Raumschiff hingegen misst, dass eine Uhr auf der Erde langsamer läuft als Uhren im Raumschiff.

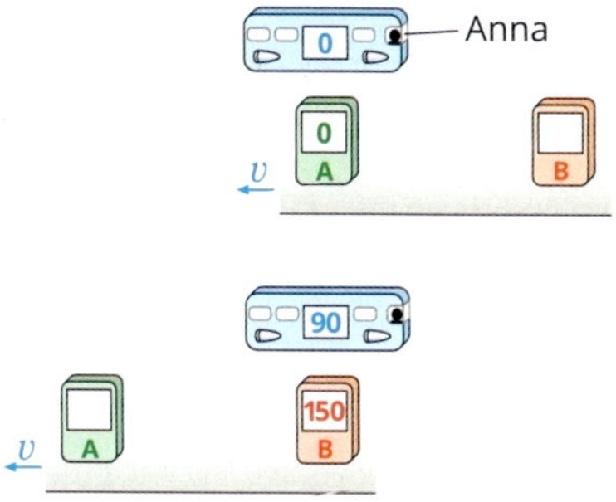

a) In Annas Raumschiff sind 90 ns vergangen. Bestätigen Sie rechnerisch, dass währenddessen aus Sicht von Anna auf der Erde 54 ns vergangen sind.

b) Geben Sie die fehlenden Uhrzeiten an.

***c)** Anna versucht den Abstand der Uhren A und B zu ermitteln. Helfen Sie ihr.

3. Auf der Reise von Erde zum Mars legt eine Sonde ca. 480 Millionen Kilometer zurück. Der Flug dauert ca. 6 Monate.

a) Berechnen Sie die Dauer des Flugs bei einer Geschwindigkeit von $0{,}6\,c$.

b) Geben Sie an, ob an Bord der Sonde mehr oder weniger Zeit vergeht als beim Beobachter auf der Erde.

c) Berechnen Sie die Zeit, die an Bord der Sonde vergeht.

4. a) Berechnen Sie den Lorentz-Faktor für $v = 0{,}1\,c$; $0{,}4\,c$; $0{,}5\,c$; $0{,}7\,c$ und vergleichen Sie mit den Werten, die die Näherungsformel ergibt.

b) Beurteilen Sie, bis zu welcher Geschwindigkeit die Näherung angewendet werden kann.

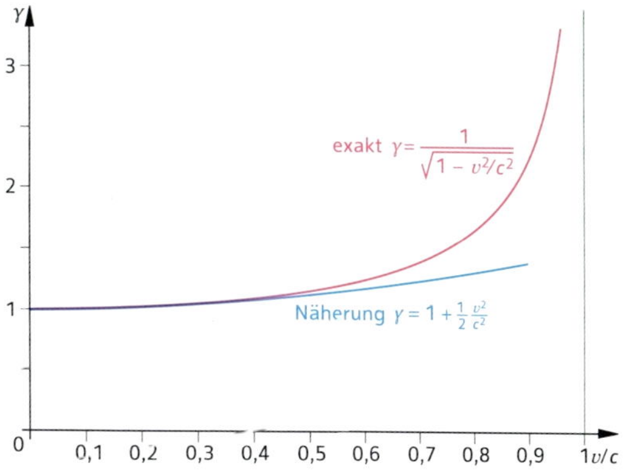

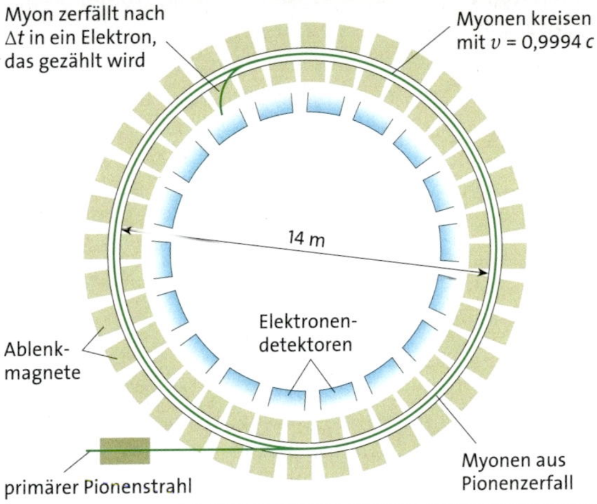

1 Im Myonen-Speicherring des europäischen Kernforschungszentrums CERN kreisen Myonen mit nahezu Lichtgeschwindigkeit. Beim Myonenzerfall entstehen Elektronen, die von Detektoren im Kreisinnern nachgewiesen werden.

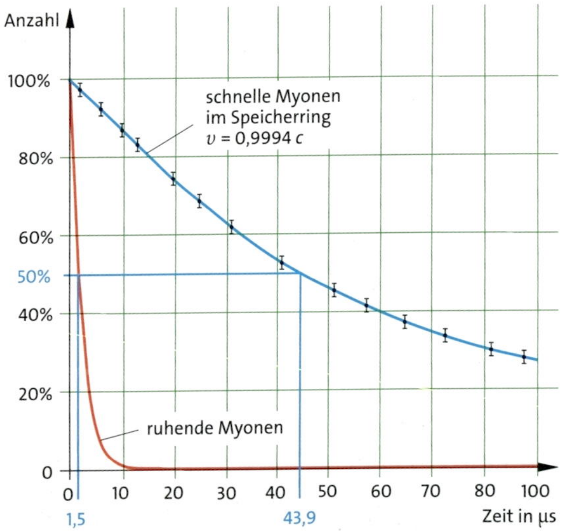

2 Zerfallskurven von ruhenden und von schnellen Myonen. Während die Halbwertszeit von ruhenden Myonen nur 1,52 µs beträgt, wird die Halbwertszeit der im Speicherring mit 0,9994 c kreisenden Myonen zu 43,9 µs gemessen.

3.4 Myonen im Speicherring

Myonen sind ebenso wie Protonen und Elektronen sogenannte *Elementarteilchen*. Bereits 1936 wurde entdeckt, dass Myonen in der kosmischen Höhenstrahlung enthalten sind und in ca. 10 km Höhe entstehen. Von dort fliegen sie mit mehr als 99 % der Lichtgeschwindigkeit bis zur Erdoberfläche. Im Gegensatz zu Elektronen sind Myonen jedoch instabil. Sie zerfallen mit einer Halbwertszeit von 1,52 µs, d. h. nach dieser Zeit sind von 100 Millionen Myonen nur noch ca. 50 Millionen vorhanden, nach weiteren 1,52 µs nur noch 25 Millionen usw.

Myonen werden im europäischen Kernforschungszentrum CERN erzeugt, indem ein Strahl hochenergetischer Protonen auf Materie trifft. Neben vielen anderen Elementarteilchen entstehen dabei auch Myonen mit großer Geschwindigkeit. In dem betrachteten Experiment werden Myonen mit der Geschwindigkeit $v = 0{,}9994\,c$ herausgefiltert und in einen Speicherring geleitet (**Abb. 1**). Von starken Magneten abgelenkt laufen die Myonen auf einer Kreisbahn, die einen Durchmesser von 14 m hat. Zerfällt ein Myon, so entsteht ein Elektron, das wegen seiner sehr viel geringeren Masse von dem Magnetfeld ins Kreisinnere abgelenkt und dort von einem Detektor nachgewiesen wird. So kann der Zerfall der Myonen verfolgt und daraus ihre Halbwertszeit bestimmt werden. Sie ergibt sich aus der Messkurve in **Abb. 2** zu 43,9 µs.

Die Zeitdilatation erklärt diesen Effekt: Die auf der Kreisbahn beschleunigten und damit *bewegten* Myonen zerfallen in der *Eigen*-Halbwertszeit $t_0 = 1{,}52$ µs. Die Uhren, die diese Zerfallszeit messen, ruhen in einem Inertialsystem, dem Laborsystem, und messen daher die größere Halbwertszeit $t = 43{,}9$ µs. Die Formel für die Zeitdilatation bestätigt dies exakt:

$$t_0 = t\sqrt{1 - v^2/c^2} = 43{,}9\ \mu\text{s}\sqrt{1 - 0{,}9994^2} = 1{,}52\ \mu\text{s}$$

Dieses mit großem Aufwand bei CERN durchgeführte Experiment hat die Zeitdilatation mit einer Genauigkeit von einem Promille bestätigt.

AUFGABEN

1. Ermitteln Sie die Lebensdauer von Myonen, wenn sie mit derselben Geschwindigkeit $v = 0{,}999\,999\,997\,c$ im Ring kreisen würden wie Elektronen im Deutschen Elektronensynchrotron (DESY) in Hamburg.

2. Nehmen Sie an, Myonen hätten eine Lebenserwartung, die ähnlich der der Menschen etwa 70 Jahre betragen würde. Berechnen Sie die Zeit Δt, während der die Myonen dann im Speicherring bei $v = 0{,}9994\,c$ kreisen könnten.

3. Berechnen Sie die Geschwindigkeit v, mit der ein Elementarteilchen fliegen muss, damit sich seine Halbwertszeit verdoppelt. Tipp: Nutzen Sie ein Beispiel.

EXKURS

Das Hafele-Keating-Experiment – Atomuhren messen die Zeitdilatation

TIME

18.10.1971

A Question of Time

To most of the passengers on Pan American Flight 106 from Washington's Dulles International Airport, it was simply a routine trip to London. But for Physicist Joseph C. Hafele and his companion, Astronomer Richard Keating, it was the beginning of a journey into the most esoteric realms of modern science. Occupying four seats in the big 747's tourist compartment – two for themselves and two for their scientific gear – they were setting off on an extraordinary round the world odyssey: an expedition to test Albert Einstein's controversial 'clock paradoxon', which stated simply, that time passes more slowly for a rapidly moving object then for an object at rest.

Im Jahre 1971 berichtete ein Artikel in der Zeitschrift *Time* von einem spektakulären Experiment, das die amerikanischen Physiker Hafele und Keating durchgeführt hatten. Ausgestattet mit Atomuhren flogen sie in Linienmaschinen rund um die Welt und verglichen bei ihrer Ankunft am Ausgangsort die Zeitanzeige der mitgereisten Uhrengruppe mit der Anzeige einer am Boden zurückgebliebenen Uhrengruppe. Damit war es ihnen erstmals gelungen, die Zeitdilatation mit makroskopischen Uhren zu messen

Ein Flug um die Erde dauert etwa zwei Tage. Das hat zur Folge, dass bei der Berechnung der Zeit nicht angenommen werden kann, die Uhren am Boden würden näherungsweise gleichförmig bewegt. Sie bewegen sich mit der Erdrotation auf einer Kreisbahn und sind damit ebenso beschleunigt wie die im Flugzeug um die Erde kreisenden Uhren. Der Gang beider Uhrengruppen muss daher in einem System betrachtet werden, das sich mit der Erde um die Sonne bewegt. Während des zwei Tage dauernden Fluges kann dieses System I als Inertialsystem angesehen werden, da es sich fast nur geradeaus bewegt. Die Uhrengruppe am Boden (A) hat in diesem System die Geschwindigkeit

$$v_A = 40\,000\,\text{km}/24\,\text{h} = 1\,667\,\text{km/h}\,.$$

Im System I hat das Flugzeug bei Ostflug eine andere Geschwindigkeit als bei Westflug: Angenommen die mittlere Geschwindigkeit über Grund beträgt $v = 800\,\text{km/h}$. Bei Ostflug, wenn die Maschine mit der Erddrehung fliegt, ist diese Geschwindigkeit zu der Äquatorgeschwindigkeit zu addieren. Für die Uhrengruppe im Flugzeug (B) ergibt sich damit für die Geschwindigkeit im System I:

$$v_{B(Ost)} = (1\,667 + 800)\,\text{km/h} = 2\,467\,\text{km/h}\,.$$

Bei Westflug, wenn das Flugzeug entgegen der Erddrehung fliegt, sind die Geschwindigkeiten zu subtrahieren. Es gilt dann

$$v_{B(West)} = (1\,667 - 800)\,\text{km/h} = 867\,\text{km/h}\,.$$

Bei Ostflug ist die Geschwindigkeit der Uhren im Flugzeug größer als die der Uhren am Boden. Daher gehen die Uhren im Flugzeug langsamer als die am Boden. Bei Westflug ist es gerade umgekehrt. Hafele und Keating hatten dies erkannt und waren zweimal um die Erde geflogen – einmal in östlicher und einmal in westlicher Richtung.

Zu berechnen ist die Zeitdifferenz

$$\Delta t = t_B - t_A\,.$$

Sie ergibt sich aus den Anzeigen der Uhren im Flugzeug t_B und den Uhren am Boden t_A. Beide Uhrengruppen sind bewegt und gehen daher langsamer als Uhren, die im Inertialsystem I die Zeit t messen. Hafele und Keating berechneten anhand der Flugdaten:

$$\Delta t_{Ost} = (-236 \pm 23)\,\text{ns}\,,$$
$$\Delta t_{West} = (+79 \pm 21)\,\text{ns}\,.$$

Die experimentellen Ergebnisse aus den Mittelwerten von jeweils vier Atomuhren im Flugzeug und am Boden lauten:

$$\Delta t_{Ost} = (-255 \pm 10)\,\text{ns}\,,$$
$$\Delta t_{West} = (+77 \pm 7)\,\text{ns}\,.$$

Die experimentellen Ergebnisse stimmen mit den berechneten Werten überein. Damit hatten Hafele und Keating mit makroskopischen Uhren die Vorhersage der Relativitätstheorie eindrucksvoll bestätigt.

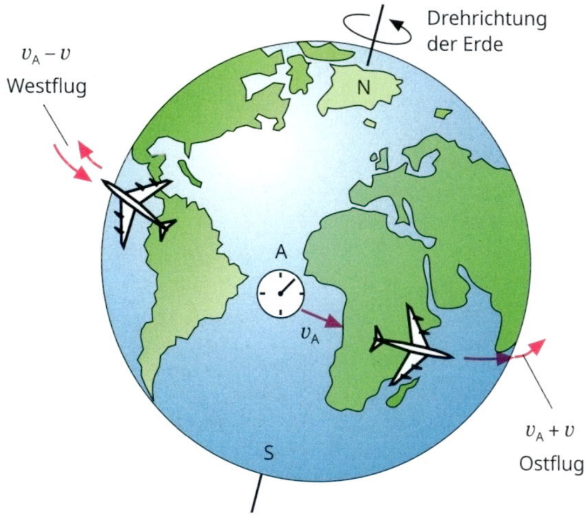

Neben der relativistischen Zeitdilatation aufgrund tritt aufgrund der Geschwindigkeit eine weitere Zeitdilatation, die ihre Ursache in der Gravitation hat. Sie hatte zur Folge, dass die Uhren sowohl bei Ost- als auch bei Westflug 200 ns mehr anzeigten.

Bei dem Navigationssystem GPS müssen beide relativistischen Zeiteffekte berücksichtigt werden. Die Relativität hat damit Einzug in den Alltag gehalten.

VERSTEHEN & VERNETZEN

Zeitdilatation durch Gravitation

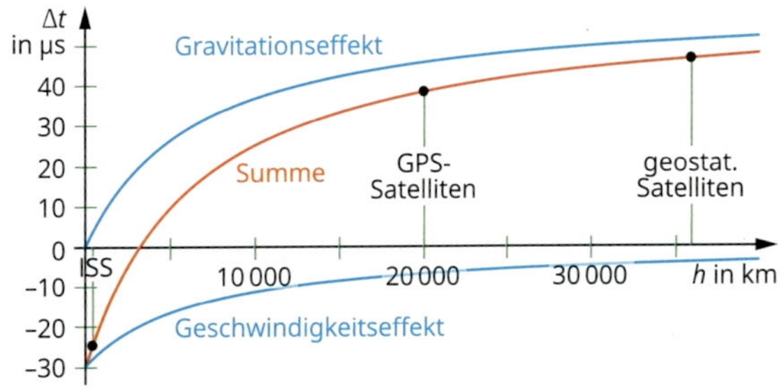

Zeitdifferenz Δt von Uhr im Satelliten zur Uhr am Boden, pro 24 Stunden

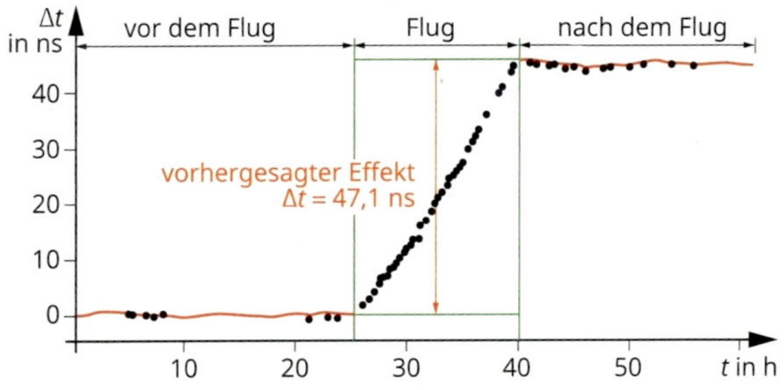

Zeitdifferenz Δt von Uhr im Flugzeug zur Uhr am Boden

Neben der Zeitdilatation durch Bewegung wird das Vergehen der Zeit auch von der Gravitation bestimmt. In der Umgebung von Himmelskörpern vergeht die Zeit langsamer als im Weltall. Für Uhren, die sich im Gravitationsfeld der Erde befinden, bedeutet dies, dass sie in der Höhe schneller gehen als am Boden.

Satelliten

Satelliten fliegen sehr schnell und sehr hoch, sodass sich die relativistischen Zeiteffekte der Geschwindigkeit und der Gravitation bemerkbar machen. Bei der Berechnung des Gravitationseffekts Δt_{Grav} ist zu berücksichtigen, dass die Stärke des Gravitationsfeldes mit der Höhe abnimmt. Es gilt dann $\Delta t_{\text{Grav}} = t \cdot \frac{g \cdot h}{c^2\left(1 + \frac{h}{R}\right)}$ mit der Erdbeschleunigung $g = 9{,}81\ \text{m/s}^2$, dem Erdradius $R = 6371$ km, der Höhe h über der Erdoberfläche und der Zeit t auf Meereshöhe.

Im Diagramm ist die Zeitdifferenz Δt aufgetragen, die sich in $t = 24$ Stunden zwischen Satelliten- und Bodenuhren ergibt – und zwar in Abhängigkeit von der Flughöhe h.

Maryland-Experiment

1976 hat eine Arbeitsgruppe der Universität Maryland die Zeitdilatation mit Atomuhren gemessen. Mit einem Flugzeug wurden Atomuhren auf verschiedene Höhen gebracht und der Gang der Uhren mit dem von Atomuhren am Boden verglichen. Insgesamt wurden fünf Flüge durchgeführt. Bei der Auswertung war zu berücksichtigen, dass es auch die – sich entgegengesetzt auswirkende – Zeitdilatation der Geschwindigkeit gibt („Bewegte Uhren gehen langsamer"). Die durchgeführten Messungen stimmten mit der Vorhersage von $\Delta t = 47{,}1$ ns gut überein.

AUFGABEN

1. a) Satelliten: Geben Sie an, um viel die Zeit in der internationalen Raumstation ISS während 24 Stunden langsamer vergeht als auf der Erde. Ermitteln nach welcher Zeit, die Differenz 1 s beträgt.

b) Geben Sie an, in welchen Höhen die internationale Raumstation ISS und geostationäre Satelliten ungefähr fliegen.

c) Satelliten des europäischen Navigationssystems Galileo umkreisen die Erde in 23 222 km Höhe. Geben Sie an, um wie viel die Zeit der Satelliten pro 24 Stunden schneller/langsamer läuft als auf der Erde.

d) Geben Sie an, in welcher Höhe sich die Zeitdilatation durch Gravitation und die Zeitdilatation durch Geschwindigkeit aufheben.

e) Erläutern Sie anhand der Angaben des Diagramms, ob die Bahngeschwindigkeit von geostationären Satelliten größer oder kleiner ist als die von GPS-Satelliten.

2. a) GPS: Bestätigen Sie rechnerisch und ausgehend von einem Kraftansatz, dass die Bahngeschwindigkeit eines GPS-Satelliten ca. 3,9 km/s beträgt. Prüfen Sie damit die im Diagramm angezeigte Zeitdifferenz aufgrund von Geschwindigkeit.

b) Berechnen Sie für einen GPS-Satelliten die Zeitdifferenz aufgrund von Gravitation. Vergleichen Sie mit dem Diagramm.

3. Zeitdilatation durch Gravitation: Berechnen Sie, um welche Zeitdifferenz Δt eine Uhr in 8000 Metern Höhe (8 km) in 100 Jahren schneller läuft als eine auf Meereshöhe. Beurteilen sie Bedeutung der Zeitdifferenz im Alltag.

4. Maryland:

a) Geben Sie an: Wie viele Stunden nach Start des Experiments hebt das Flugzeug ab und wann landet es wieder?

b) Geben Sie Flugdauer und Dauer des Experiments an.

c) Erklären Sie, warum der Flug weniger lange dauert als das ganze Experiment.

d) Bei dem Experiment gilt $\Delta t_{\text{Grav}} = 52{,}8$ ns und $\Delta t_{\text{Geschw}} = -5{,}7$ ns. Die Summe ergibt 47,1 ns. Geben Sie an, ob die Uhr im Flugzeug vor oder nachgeht, wenn die Maschine wieder gelandet ist. Begründen Sie.

e) Ermitteln Sie aus $\Delta t_{\text{Grav}} = 52{,}8$ ns die Flughöhe h. Hilfe: h ist so gering, dass $h/R \approx 0$ gesetzt werden kann.

f) Die Flughöhe wurde während des Experiments zweimal verändert. Geben Sie die Zeiten an und beschreiben Sie, wie die Veränderung im Diagramm erkennbar ist.

3.5 Längenkontraktion

Trifft die aus dem Weltall kommende primäre Höhenstrahlung – es sind vornehmlich energiereiche Protonen – auf die obersten Schichten der Atmosphäre, so entstehen in 20 km Höhe neben vielen anderen Elementarteilchen auch Myonen in großer Zahl. Diese fliegen mit nahezu Lichtgeschwindigkeit zur Erdoberfläche, wo sie nachgewiesen werden. Ohne Relativitätstheorie wäre nicht zu verstehen, dass Myonen in großer Zahl am Boden ankommen: Auch wenn die Myonen fast mit Lichtgeschwindigkeit zur Erde fliegen, sollten wegen der Halbwertszeit von $t_{\mathrm{H}} = 1{,}52\ \mu\mathrm{s}$ bereits nach

$$s = c\, t_{\mathrm{H}} = 3 \cdot 10^{8}\ \mathrm{m/s} \cdot 1{,}52 \cdot 10^{-6}\ \mathrm{s} = 456\ \mathrm{m}$$

ca. die Hälfte der Myonen zerfallen sein, nach weiteren 456 m wiederum die Hälfte usw. Demnach sollten von 10^{15} Myonen in 20 km Höhe nur etwa 40 an der Erdoberfläche ankommen; tatsächlich sind es aber $4 \cdot 10^{13}$. Dies ergaben Messungen an natürlichen Myonen, die eine Geschwindigkeit von $0{,}994\,c$ hatten: Die Verlängerung der Halbwertszeit aufgrund der Zeitdilatation erklärt das Vorkommen der Myonen an der Erdoberfläche. Wie aber kann der Effekt aus der Sicht des Ruhesystems der Myonen verstanden werden?

Die Relativitätstheorie erklärt dies mit einem zur Zeitdilatation komplementären Effekt: Die an den Myonen mit nahezu Lichtgeschwindigkeit vorbeifliegende Erdatmosphäre ist so stark verkürzt, dass die Myonen in großer Zahl zur Erdoberfläche gelangen.

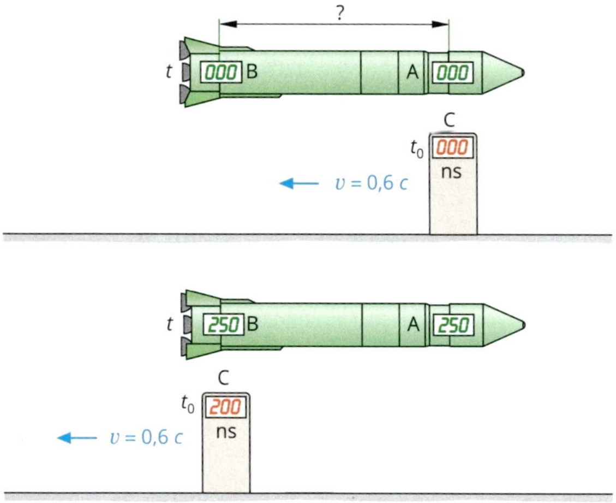

1 Um die Länge eines Raumschiffs zu bestimmen, wird die Zeit beim Vorbeiziehen der Uhr C gemessen. Die Raumschiffuhren A und B messen eine andere Zeit als die Uhr C.

▶ **Gedankenversuch:** An einer Rakete (Eigenlänge $l_0 = 45$ m) bewegt sich Uhr C mit einer Geschwindigkeit von $v = 0{,}6\,c$ vorbei. Uhr C steht auf der Erde (**Abb. 1**). Eine in der Rakete Mitfliegende stoppt die Zeit des Vorbeiflugs zu

$$t = \frac{l_0}{v} = \frac{45\ \mathrm{m}}{0{,}6\ c} = 250\ \mathrm{ns}.$$

Die Zeit in der relativ zur Rakete bewegten Uhr C vergeht langsamer, dort dauert der Überflug nur

$$t_0 = 250\ \mathrm{ns}\sqrt{1 - \left(\frac{0{,}6\,c}{c}\right)^2} = 200\ \mathrm{ns}.$$

Ein Beobachter auf der Erde bestimmt die Länge der Rakete daher zu

$$l = v \cdot t_0 = 200\ \mathrm{ns} \cdot 0{,}6\,c = 36\ \mathrm{m}.$$ ◀

Mit den obigen Gleichungen lässt sich allgemein eine Formel für verkürzte Länge l ermitteln:

$$l = v \cdot t_0 = v \cdot t \cdot \sqrt{1 - \frac{v^2}{c^2}} = l_0 \cdot \sqrt{1 - \frac{v^2}{c^2}}$$

Die Erscheinung wird als *Längenkontraktion* bezeichnet (*contrahere*, lat.: zusammenziehen).

Längenkontraktion: Bewegt sich ein Körper mit der Geschwindigkeit v relativ zu einem Inertialsystem, so ist in diesem System seine Länge l in Bewegungsrichtung kürzer als seine Eigenlänge l_0:

$$l = l_0 \cdot \sqrt{1 - \frac{v^2}{c^2}}$$

Senkrecht zur Bewegung tritt keine Kontraktion auf.

AUFGABEN

1. Eine Rakete hat eine Eigenlänge von $l_0 = 100$ m.
a) Berechnen Sie die verkürzte Länge für $v = 0{,}6\,c$.
b) Bestimmen Sie v, sodass l_0 halbiert wird.

2. Myonen werden z. B. in 12 km Höhe erzeugt und fliegen mit $v = 0{,}9998\,c$ auf die Erde zu. Berechnen Sie, auf welche Strecke der Weg zur Erde für die Myonen verkürzt ist.

3. **a)** Zwei Cowboys stehen im Abstand von 40 m neben dem Gleis und schießen gleichzeitig auf den ganz dicht vorbeirauschenden Einsteinexpress ($v = 0{,}6\,c$, von links). Der Zug hält an, niemand ist verletzt. Erklären Sie, warum die Einschusslöcher einen größeren Abstand als 40 m haben.

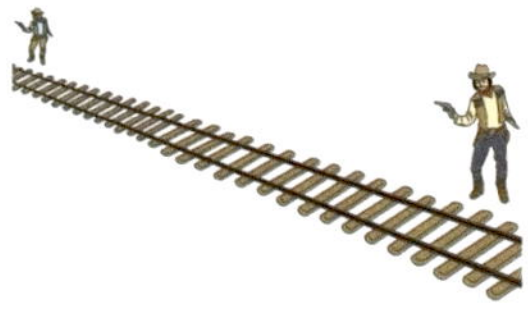

b) Begründen Sie kurz, warum für die Reisenden im Zug die Cowboys nicht gleichzeitig schießen.
***c)** Aus Sicht der Reisenden ist der Abstand der Cowboys auf 32 m kontrahiert. Trotzdem haben die Einschusslöcher im Zug einen Abstand von 50 m. Erklären Sie diesen scheinbaren Widerspruch. Nutzen Sie, dass die Einschüsse nacheinander erfolgt sind.

3.6 Masse und Energie

Nach der Relativitätstheorie ändert sich mit zunehmender Geschwindigkeit die Masse eines Körpers. Dieses Phänomen wurde um 1900 und danach von WALTER KAUFMANN, ALFRED BUCHERER und anderen experimentell untersucht. Ermittelt wurden die Massen schnell fliegender Elektronen, weil diese aus bestimmten radioaktiven Stoffen in großer Anzahl ausgesendet werden und daher gut verfügbar waren. Die Geschwindigkeit der Elektronen konnte mit einem speziellen Filter, der elektrische und magnetische Felder nutzt, bestimmt werden. Um 1909 gelang die Massenbestimmung zuverlässig und die Messergebnisse (**Abb. 1**) bestätigten die Vorhersage der Relativitätstheorie:

Massenzunahme: Die Masse m eines mit der Geschwindigkeit v bewegten Körpers ist größer als seine Ruhemasse m_0:

$$m = \frac{m_0}{\sqrt{1 - \frac{v^2}{c^2}}}$$

Geschrieben mit dem Lorentzfaktor $\gamma = \frac{1}{\sqrt{1 - \frac{v^2}{c^2}}}$ ergibt sich $m = \gamma\, m_0$. Die Masse m wird in Abgrenzung zur Ruhemasse auch als **dynamische Masse** bezeichnet.
Heute stehen Teilchenbeschleuniger zur Verfügung, um geladene Teilchen wie Elektronen, Protonen und Ionen auf nahezu Lichtgeschwindigkeit zu beschleunigen. Dabei wird deutlich: Einem Teilchen wird immer mehr Energie zugeführt, aber seine Geschwindigkeit ändert sich nur in geringem Maße. Das liegt daran, dass mit steigender Geschwindigkeit ein immer größerer Teil der Energie in die Massenzunahme fließt.

EINSTEIN veröffentliche bezüglich Masse und Energie im Jahr 1905 die Erkenntnis, dass die *„Masse eines Körpers ein Maß für seinen Energieinhalt“* ist. *„Ändert sich die Energie, so ändert sich die Masse.“* Ausgedrückt wird dieser Sachverhalt ins EINSTEINS berühmter Gleichung:

Energie-Masse-Äquivalenz: Energie und Masse sind gleichwertig. Die Gesamtenergie eines Körpers der Ruhemasse m_0 beträgt

$$E = m\,c^2 = \frac{m_0}{\sqrt{1 - \frac{v^2}{c^2}}}\,c^2$$

Für kleine Geschwindigkeiten unter 0,1 c gilt mit guter Näherung: $m_0/\sqrt{1 - \frac{v^2}{c^2}} = m_0\,(1 + \frac{1}{2} \cdot v^2/c^2\,)$. Damit folgt:

$$E = m\,c^2 = m_0\left(1 + \frac{1}{2} \cdot \frac{v^2}{c^2}\right)c^2$$
$$= m_0\,c^2 + \frac{1}{2}\,m_0\,v^2 = E_0 + E_{kin}$$

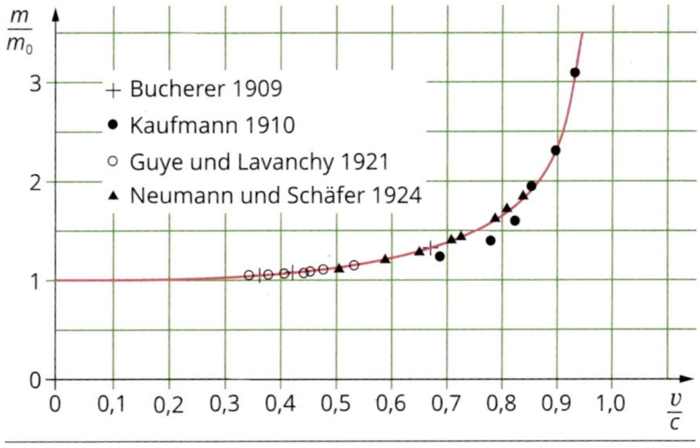

1 Der Quotient m/m_0 gibt an, auf das Wievielfache der Ruhemasse m_0 die Masse m eines Elektrons angewachsen ist.

Die Gesamtenergie E setzt sich also einer Ruheenergie E_0 und der kinetischen Energie E_{kin} zusammen. Für Geschwindigkeiten größer als 0,1 c gilt die Näherung $E_{kin} = \frac{1}{2}\,m_0\,v^2$ nicht mehr, sondern

$$E_{kin} = E - E_0.$$

AUFGABEN

1. Ein Körper habe die Ruhemasse 1 kg. Übertragen und ergänzen Sie die Tabelle.

v	0 c	0,5 c	0,9 c	0,999 c	0,999 999 c
m	1kg				

2. Zum Diagramm (**Abb. 1**): Geben Sie an, bei ungefähr welcher Geschwindigkeit sich die Masse verdoppelt / verdreifacht.
3. Der Airbus A380 hat beim Start eine maximale Masse von 569 Tonnen. Zeigen Sie, dass bei einer Reisegeschwindigkeit von 265 m/s (= 954 km/h) die Differenz von dynamischer Masse und Ruhemasse nur $2{,}3 \cdot 10^{-7}$ kg = 230 µg beträgt. Tipp: Berechnen Sie die Massen nicht einzeln, sondern in einer Rechnung die Differenz $m - m_0$.
4. Berechnen Sie die Geschwindigkeit, bei der die Masse eines Körpers doppelt so groß ist wie (5 % größer ist als) seine Ruhemasse (m_0 = 1 g).
5. Die Lichtgeschwindigkeit ist die obere Grenze aller Geschwindigkeiten. Kein Körper kann schneller sein. Diese Erkenntnis ergibt sich auch aus der Massenzunahme. Erläutern Sie, wie sich die Masse eines Körpers ändert, wenn sich seine Geschwindigkeit der Lichtgeschwindigkeit c annähert und warum es keine Geschwindigkeit größer als c geben kann.
6. Notieren Sie die rechte Seite der Gleichung $E_{kin} = E - E_0$ ausführlich unter Verwendung der Masse m_0 (und ohne m).
7. Skizzieren Sie, ausgehend vom Diagramm in **Abb. 1**, zu $E = m\,c^2$ ein v-E-Diagramm. Achten Sie auf die Achsenbeschriftung.

VERSTEHEN & VERNETZEN

Herleitung der Formel für die dynamische Masse

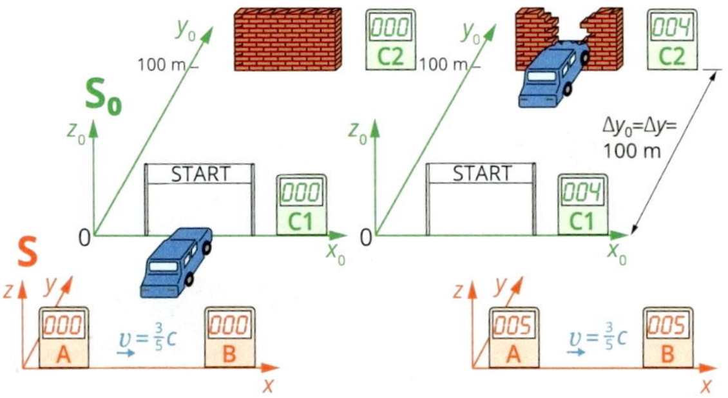

Gedankenversuch: Die Betrachtung erfolgt aus dem System S. Es gilt $v = 0{,}6\,c$, d. h. aus Sicht des Systems S bewegt sich das Auto einerseits auf die Mauer zu und andererseits zusammen mit dem System S_0 mit $v = 0{,}6\,c$ nach links. Das Auto beschädigt beim Auftreffen die Mauer. Diese Beschädigung tritt in beiden Systemen S_0 und S in gleicher Weise auf (Zeitangaben auf den Uhren in Sek.).

AUFGABEN

1. Bestätigen Sie rechnerisch, dass das Auto im System S_0 mit einer Geschwindigkeit von $v_0 = 25$ m/s auf die Mauer zufährt und im System S dies nur mit einer Geschwindigkeit von $v = 20$ m/s erfolgt (in y-Richtung).

Aus der in beiden Systemen gleichen Beschädigung der Mauer folgt, dass das Auto vor dem Stoß in beiden Systemen den gleichen Impuls $p_0 = p$ gehabt haben muss. Es gilt also:

$$m_0\, v_0 = m\, v.$$

AUFGABEN

2. a) Die Geschwindigkeiten v_0 und v sind unterschiedlich. Erklären Sie kurz, warum m_0 und m dann nicht gleich sein können.

b) Ausgehend von der Gleichheit der Impulse soll die Formel für die Masse hergeleitet werden.
Einige Zwischenschritte sind hier genannt, andere **fehlen.** Notieren Sie die **ganze Herleitung** mit allen Umformungsschritten im Heft:

$m_0\; v_0 = m\, v.$

Die Geschwindigkeiten v_0 und v berechnen sich als Strecke pro Zeit. Die Strecken y_0 und y sind gleichlang, da senkrecht zur Bewegung keine Kontraktion stattfindet.
Damit folgt:

$\frac{m_0}{t_0} = \frac{m}{t}$

Bei Betrachtung aus S gehen die Uhren in S_0 langsamer.

$t_0 = t\sqrt{1 - \frac{v^2}{c^2}}$

Damit ergibt sich, dass das Auto im System S eine größere Masse hat, nämlich $m = \frac{m_0}{\sqrt{1 - \frac{v^2}{c^2}}}$.

Symmetrie – Welche Uhr geht langsamer?

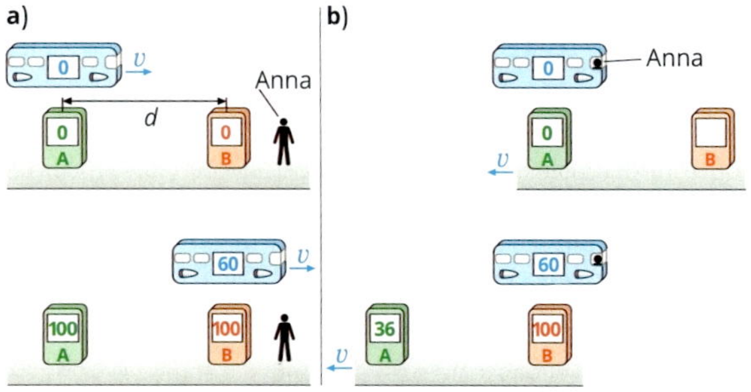

Für Anna auf der Erde vergeht die Zeit in einem über die Erde hinwegfliegenden Raumschiff langsamer. Aber müsste nicht umgekehrt, aus Raumschiff-Sicht die Zeit auf der Erde langsamer gehen? Ja, vom Raumschiff aus betrachtet vergeht die Zeit auf der Erde tatsächlich langsamer! Im Folgenden soll deutlich werden, wie trotz dieser *Symmetrie der Zeitdilatation* die Zeitanzeigen von Uhren widerspruchsfrei bestimmt werden können

Ein Raumschiff fliegt $v = 0{,}8\,c$ an zwei Uhren A und B auf der Erde vorbei. Anna auf der Erde hat dafür gesorgt, dass ihre Uhren (Abstand 24 m) synchron laufen. Alle Uhrzeiten sind in Nanosekunden (1 ns = 10^{-9} s) angegeben.

AUFGABEN

3. Vorbereitung: Bestätigen Sie rechnerisch die in **Abb. a** zu sehenden Uhrzeiten ($d = 24$ m, $v = 0{,}8\,c$).

4. Perspektivwechsel: Anna fliegt ab jetzt im Raumschiff mit.

a) Wenn das Raumschiff an Uhr A vorbeikommt, zeigt diese 0 ns an. Begründen Sie kurz, warum Uhr B dann nicht 0 ns anzeigen kann. (Tipp: Relativität der Gleichzeitigkeit)

b) Wenn Anna an Uhr B vorbeikommt, sind bei ihr im Raumschiff 60 ns vergangen. Uhr B auf der Erde zeigt 100 ns. Begründen Sie erneut, warum Uhr A auf der Erde nicht ebenfalls 100 ns anzeigen kann.

c) Geben Sie an, ob die Uhren A und B aus Sicht von Anna synchron laufen, d. h. stets gleiche Zeiten anzeigen.

d) Es geht um die fehlende Uhrzeit von Uhr A: Im Raumschiff sind 60 ns vergangen – und Uhr A läuft langsamer. (Sicht von Anna: Es handelt sich um eine bewegte Uhr.) Bestätigen Sie rechnerisch, dass sich die Zeit von Uhr A um 36 ns verändert hat.

e) Uhr B ist aus Sicht von Anna ebenso bewegt. Ermitteln Sie die noch fehlende Uhrzeit von Uhr B.

***f)** Die Uhren A und B laufen im Raumschiff-System nicht synchron. Für die Zeitdifferenz gilt die Formel $\Delta t_a = \frac{v}{c}\,\frac{l_0}{c}$. Dabei ist l_0 der Abstand der Uhren in ihrem Ruhesystem, in dem sie synchron laufen. Berechnen Sie Δt_a.

5. Geht eine Uhr im vorbeifliegenden Raumschiff langsamer als eine Uhr auf der Erde – oder geht umgekehrt eine Uhr auf der Erde langsamer? Erläutern Sie den Sachverhalt.

VERSTEHEN & VERNETZEN

1. Ein Elektron durchläuft eine 10 m lange Messstrecke mit der Geschwindigkeit $v = 0{,}9\ c = 2{,}7 \cdot 10^8$ m/s.

a) Berechnen Sie die Flugdauer für einen Beobachter an der Messstrecke (Angabe in Nanosekunden, ns).

b) Berechnen Sie die Flugdauer, die im System des Elektrons vergeht.

c) Im System des Elektrons wird die Länge der Messstrecke gemessen. Ermitteln Sie, welche Länge gemessen wird.

d) Ermitteln Sie mithilfe der Werte aus den vorherigen Aufgaben, mit welcher Geschwindigkeit die Messstrecke am Elektron vorbeizieht.

e) Ermitteln Sie, welche Masse des Elektrons ein Beobachter an der Messstrecke misst. (Ruhemasse $9{,}1 \cdot 10^{-31}$ kg)

2. Myonen entstehen z. B. in 12 km Höhe und fliegen mit einer Geschwindigkeit von $v = 0{,}999\ c$ zur Erde. Ihre mittlere Lebensdauer beträgt 2,2 µs.

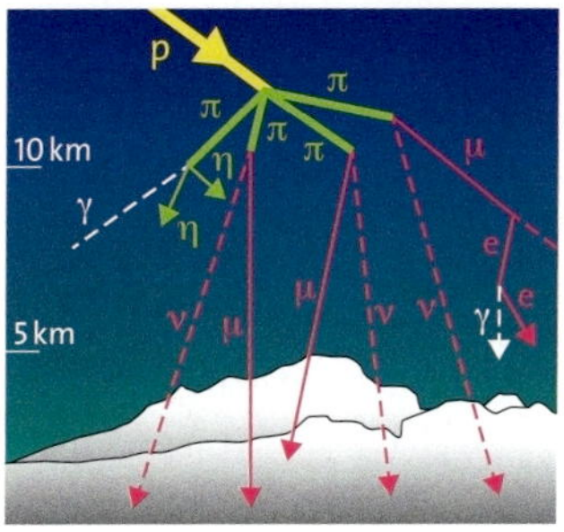

a) Bestätigen Sie rechnerisch, dass der Flug eines Myons zur Erde ca. 40 µs dauert. Begründen Sie, warum nicht sehr viele Myonen auf der Erde ankommen dürften.

b) Die Lebensdauer von 2,2 us ist die Eigenzeit im System eines Myons. Berechnen Sie die auf der Erde vergangene Zeit. Begründen Sie, warum doch viele Myonen die Erde erreichen.

c) Berechnen Sie, auf welche Strecke die Entfernung von 12 km im Myonen-System verkürzt ist. Begründen Sie erneut, warum viele Myonen die Erde erreichen.

3. Eine Rakete fliegt mit einer Geschwindigkeit von 0,8 c an drei Uhren und Ben vorbei. Im 3-Uhren-System haben die Uhren je 36 m Abstand. Die Uhrzeiten 40 ns und 20 ns sind willkürlich gewählt (alle Zeiten in Nanosekunden = 10^{-9} s).

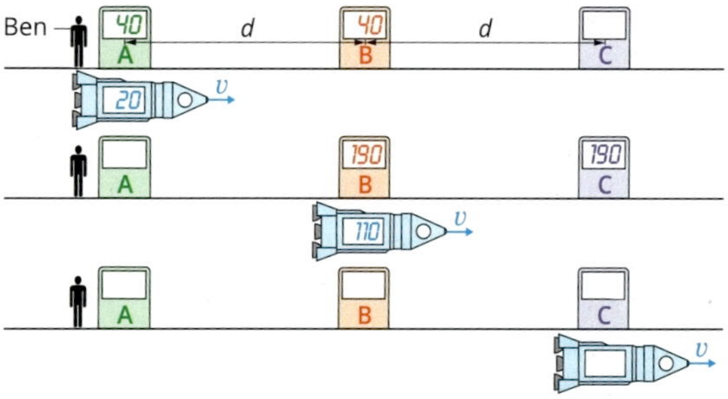

a) Ergänzen Sie in Ihrem Heft – ohne Berechnung mit Formeln – die fehlenden Uhrzeiten.

* **b) Wechsel des Systems.** Die gleiche Situation, nun aus dem Raketen-System: Ergänzen Sie – wieder ohne Berechnung mit Formeln – die fehlenden Uhrzeiten.

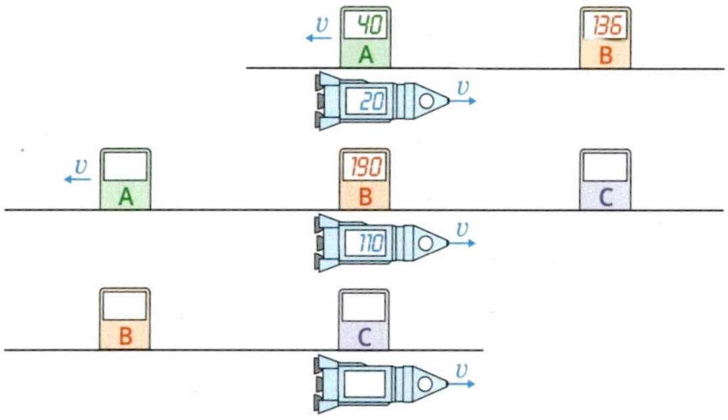

* **c)** Bestätigen Sie die 136 ns von Uhr B mit Hilfe von Rechnungen und Erklärungen.

d) Im Raketen-System: Begründen Sie kurz, warum die Uhren A und B nicht die gleiche Zeit anzeigen.

Grundwissen Relativitätstheorie

1. Postulat – Relativitätsprinzip: Alle Inertialsysteme sind zur Beschreibung aller Naturvorgänge gleichberechtigt.

2. Postulat – Konstanz der Lichtgeschwindigkeit: In jedem Inertialsystem hat die Lichtgeschwindigkeit im Vakuum den Wert c.

Relativität der Gleichzeitigkeit: Zwei Ereignisse an verschiedenen Orten, die in einem Inertialsystem gleichzeitig eintreten, finden in einem relativ dazu bewegten Inertialsystem zu verschiedenen Zeiten statt.

Zeitdilatation: Bewegt sich ein Körper in einem Inertialsystem I mit der Geschwindigkeit v von Ort A zu Ort B, so vergeht eine gewisse Zeit t, die synchronisierten Uhren im System I messen. Für den bewegten Körper vergeht währenddessen die von einer mitgeführten Uhr gemessene Eigenzeit t_0:

$$t_0 = t \cdot \sqrt{1 - \frac{v^2}{c^2}}$$

Längenkontraktion: Bewegt sich ein Körper mit der Geschwindigkeit v relativ zu einem Inertialsystem, so ist in diesem System seine Länge l in Bewegungsrichtung kürzer als seine Eigenlänge l_0

$$l = l_0 \cdot \sqrt{1 - \frac{v^2}{c^2}}$$

Senkrecht zur Bewegung tritt keine Kontraktion auf.

Massenzunahme: Die Masse m eines mit der Geschwindigkeit v bewegten Körpers ist größer als seine Ruhemasse m_0:

$$m = \frac{m_0}{\sqrt{1 - \frac{v^2}{c^2}}}$$

VERSTEHEN & VERNETZEN

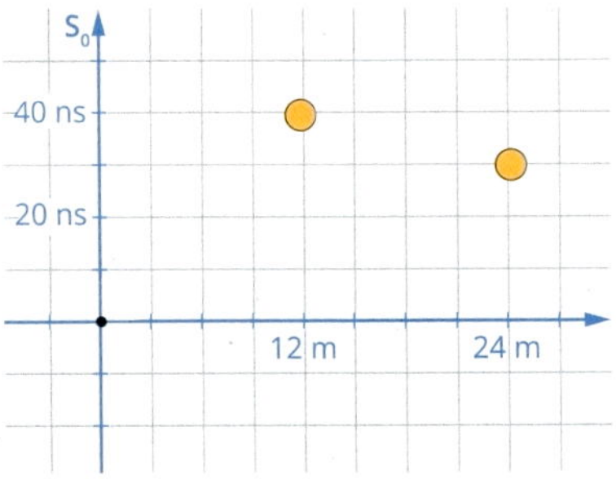

Aufg. 4 digital

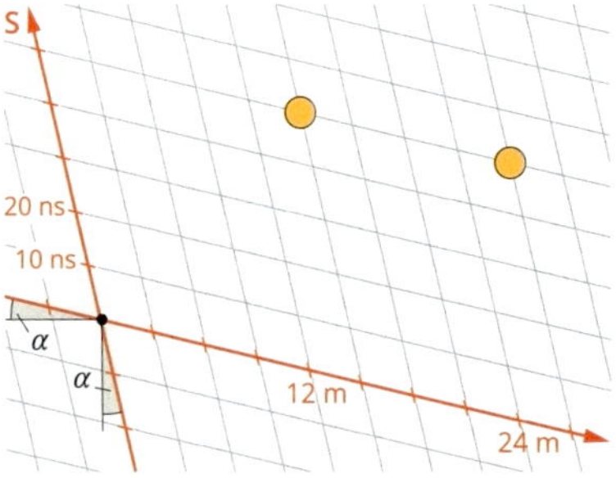

4. Gleichzeitigkeit in Diagrammen (Abb. oben)

a) Im Inertialsystem S_0 platzten an zwei verschiedenen Orten Luftballons. Lesen Sie Orts-Zeit-Koordinaten ab. Geben Sie an, ob die Ballons gleichzeitig platzen.

Bezüglich eines anderen Inertialsystems S, welches sich relativ zu S_0 mit der Geschwindigkeit v bewegt, findet in der Relativitätstheorie ein anderes Koordinatensystem Verwendung. Dabei bleiben die Ereignisse (Platzen der Ballons) auf dem Zeichenblatt unverändert (rechtes Diagramm).

b) Ein Beobachter im System S gibt an, dass die Ballons gleichzeitig platzen. Begründen Sie kurz mithilfe des rechten Diagramms.

c) Mehrere Inertialsysteme bewegen sich mit jeweils unterschiedlichen Geschwindigkeiten v relativ zum System S_0. Beurteilen Sie, ob es mehr als ein Inertialsystem geben kann, in dem die Ballons gleichzeitig platzen. (Info: Je größer v, desto größer der Winkel α.)

5. Zug und Tunnel haben Eigenlängen von je 1200 m und bewegen sich mit Geschwindigkeiten von $\frac{2}{3}c$ relativ zueinander. Ben steht am Gleis und misst, dass der Zug auf ca. 900 m verkürzt ist („kontrahiert"). Ben meint: Der Zug passt komplett in den Tunnel. Die Tore A und B an den Tunnelportalen können sich gleichzeitig ganz kurz schließen.

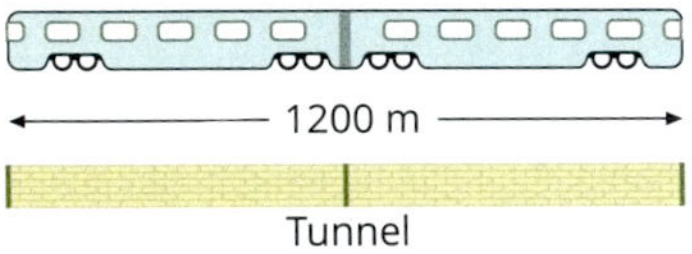

a) Anna fährt im Zug mit und widerspricht: Die Tore können nicht gleichzeitig schließen. Notieren Sie eine mögliche Begründung von Anna.

b) Wer hat recht? Im Experiment wird in der Mitte des Tunnels ein Funksignal ausgelöst, wenn die Zugspitze (D) dort ankommt. Erreicht das Funksignal ($v_{Funk} = c$) ein Tor, so schließt es. Erklären Sie mithilfe der Abbildungen, die die Bewegungen von Zug bzw. Tunnel zeigen, warum beide recht haben.

6. Lichtuhr: Betrachten Sie die dargestellte Situation aus dem System S_{AB} der Uhren A und B. Uhr C bewegt sich an den Uhren A und B vorbei. Die Zeitmessungen starten in beiden Systemen, wenn Uhr C an Uhr A vorbeikommt.

a) Erklären sie mithilfe der Lichtsignale einer jeden Lichtuhr, warum unterschiedliche Zeiten für die Bewegung von Uhr C gemessen werden.

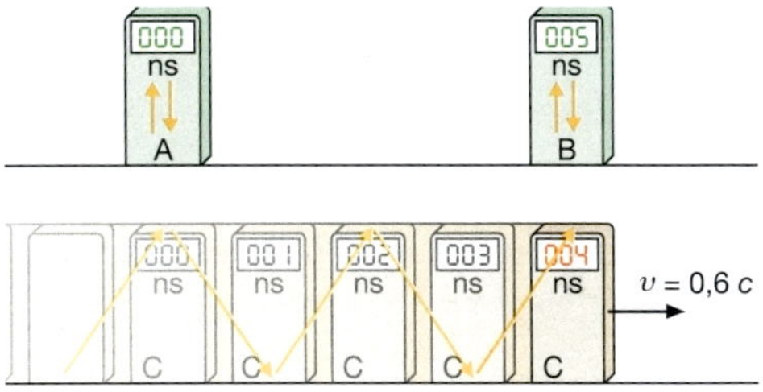

b) Die Dreiecksseiten x, y und z stellen Wege dar, die das Licht bzw. die Uhr C laufen. t_C ist die Zeit im System der Uhr C, t_{AB} die Zeit im System S_{AB}. Geben Sie Terme für y und z an. (Beachten Sie: Aus Sicht von Uhr C läuft das Licht in ihr auf und ab – erst aus Sicht des Systems AB läuft das Licht schräg.)

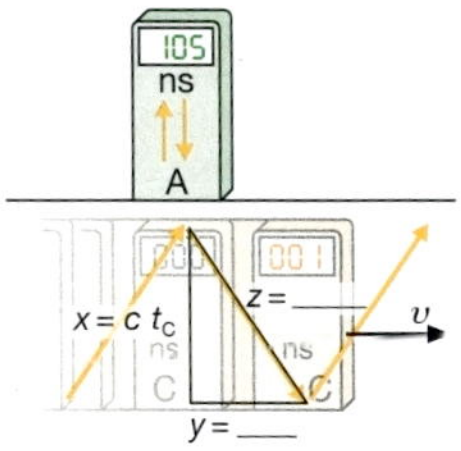

***c)** Nach Pythagoras gilt $x^2 + y^2 = z^2$. Lösen Sie die Gleichung nach t_C auf.

Maßstab:
Breite 1 Kästchen ≙ 100 m

Lichtgeschwindigkeit c:
3 Kästchen pro µs

$v = 2/3\,c$, also
2 Kästchen pro µs

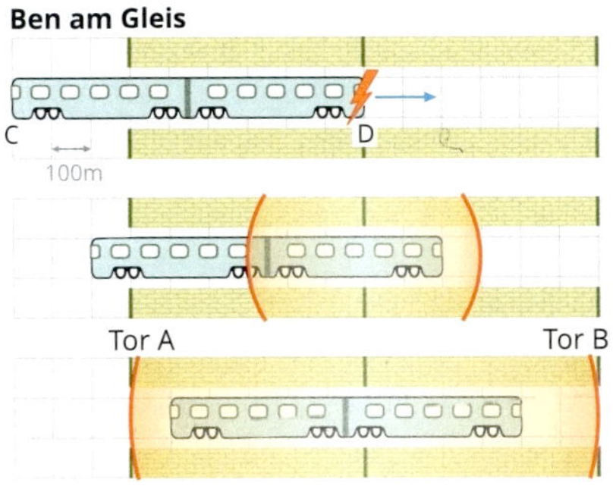

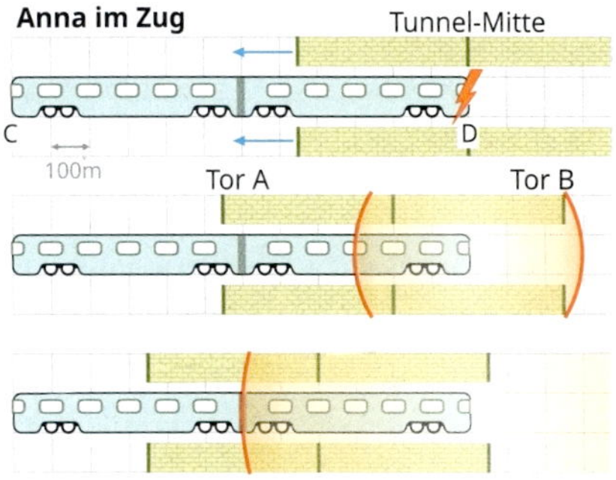

Lösungen ab S. 140

4 ELEMENTE DER WÄRMELEHRE

Die Thermodynamik oder Wärmelehre ist die Lehre von energetischen Prozessen, die im Allgemeinen mit Temperaturänderungen verbunden sind. Sie befasst sich mit Wärmekraftmaschinen, zu denen die großen Wärmekraftwerke ebenso gehören wie Diesel- oder Benzinmotoren, und liefert grundlegende Erkenntnisse über den Ablauf natürlicher Vorgänge, wie z. B. das Wettergeschehen auf der Erde. Im Zentrum der Thermodynamik stehen der sogenannte erste Hauptsatz vom Prinzip der Erhaltung der Energie und der zweite Hauptsatz, der die Grenzen für die Umwandlung von Wärmeenergie in mechanische Energie aufzeigt. Neben der Temperatur und der Energie ist die Entropie eine wichtige Größe der Thermodynamik. Mit dem Begriff der Entropie sind Einsichten über den Ablauf von Vorgängen verbunden, deren Bedeutung über die Thermodynamik hinausgeht.

4.1 Grundlagen

Eine Klärung der Bedeutung der Begriffe *Temperatur*, *Wärme* und *Energie* und ihrer Zusammenhänge verdanken wir den Untersuchungen über das physikalische und chemische Verhalten der Gase. Daher stehen die Gasgesetze und ihre atomistische Deutung am Beginn.

4.1.1 Temperaturmessung

Die durch unsere Sinne vorgegebene Erfahrung von Heiß und Kalt muss in der Physik zu einer definierten und messbaren Größe werden. Diese Grundgröße, die den Wärmezustand der Körper erfasst, ist die Temperatur.
Zur objektiven Messung der Temperatur wird eine einfach zu beobachtende Veränderung von Körpern benötigt, die davon abhängt, wie warm bzw. kalt der Körper ist. Eine solche Veränderung ist die *Wärmeausdehnung*. Feste, flüssige und besonders gasförmige Körper dehnen sich bei Erwärmung aus.

Die Celsiustemperatur

Das erste wissenschaftlich brauchbare Thermometer und eine damit verbundene Temperaturskala wurde von dem schwedischen Astronomen Anders Celsius (1701–1744) vorgeschlagen. Das von ihm entwickelte Thermometer besteht aus einem mit Quecksilber gefüllten Glasgefäß, an das eine Kapillare angesetzt ist. Zur Messung wird das temperaturabhängige Volumen des Quecksilbers benutzt, das sich an der Kapillare leicht ablesen lässt. Für die so gemessene Temperatur in Grad Celsius (°C) gilt:

Celsiustemperatur: 0 °C ist die Temperatur des schmelzenden Eises, 100 °C ist die Temperatur des siedenden Wassers (bei normalem Luftdruck von $p = 1013{,}25\,\text{hPa}$). Hat Quecksilber das Volumen V, dann ist seine Temperatur

$$\vartheta = 100\,^\circ\text{C}\,\frac{V - V_0}{V_{100} - V_0},$$

wobei V_0 bzw. V_{100} seine Volumina bei 0 °C bzw. 100 °C sind.

Nach dieser Definition wird an einer gleichmäßig dicken Thermometerkapillare der Abstand zwischen der 0 °C-Marke und der 100 °C-Marke in 100 gleich lange Teile unterteilt und die Skala für Temperaturen über 100 °C und unter 0 °C linear fortgesetzt.

Voraussetzung für dieses Messverfahren ist die Tatsache, dass sich die Anzeige eines Thermometers nach einiger Zeit nicht mehr ändert, wenn es in Kontakt zu einem anderen Körper gebracht wird. Das Thermometer und der Körper haben dann dieselbe Temperatur. Sie sind im sogenannten *thermischen Gleichgewicht*.

Alle Körper, die untereinander im thermischen Gleichgewicht sind, haben eine physikalische Eigenschaft gemeinsam, die **Temperatur.** Im Bereich zwischen 0 °C und 100 °C ist die Temperaturdefinition nach Celsius gut brauchbar. Probleme ergeben sich bei wesentlich höheren oder tieferen Temperaturen oder sehr genauen Messungen: Da bei der Definition der Temperaturskala eine bestimmte Substanz (Quecksilber) zugrunde lag, ist die so gemessene Temperatur von deren Ausdehnungsverhalten abhängig. Mit anderen Thermometersubstanzen (z. B. Alkohol) ergeben sich daher leicht unterschiedliche Temperaturwerte. Außerdem wird Quecksilber bei minus 39 °C fest und siedet bei 357 °C, sodass weitere Thermometersubstanzen nötig sind.

Eine wesentliche Verbesserung ergibt sich, wenn als Thermometersubstanzen Gase verwendet werden. Ein *Gasthermometer* besteht aus einem gläsernen Kapillarrohr, das mit Gas gefüllt und durch einen kleinen Quecksilbertropfen verschlossen ist.

▶ **Versuch 1:** Ein Gasthermometer wird mit einer bestimmten Luftmenge gefüllt und in ein Wasserbad gestellt. Nachdem das Wasser gesiedet hat, wird während des Abkühlens das Volumen in Abhängigkeit von der Temperatur gemessen. Der Versuch wird mit unterschiedlichen Luftmengen und verschiedenen Gasen wiederholt.

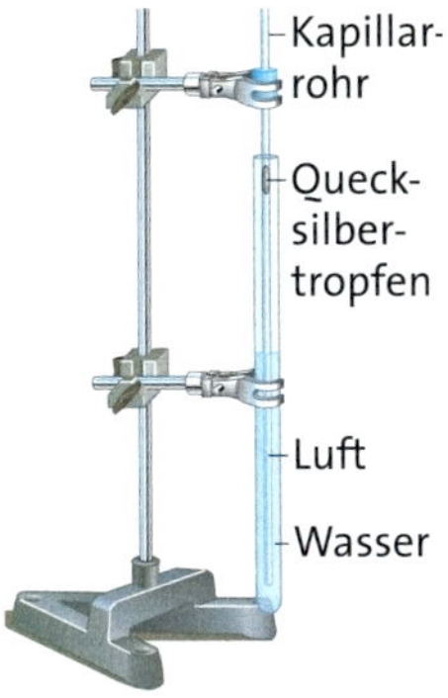

Ergebnis: In einem ϑ-V-Diagramm (**Abb. 1**) liegen die Messwerte für eine bestimmte Luftmenge auf einer Geraden. Die Volumenänderung ΔV eines Gases ist proportional zur Temperaturänderung $\Delta\vartheta$ und zur vorliegenden Gasmenge. Wird mit V_0 das Volumen des Gases bei 0 °C bezeichnet, so gilt das nach dem französischen Chemiker und Physiker Joseph Louis GAY-LUSSAC (1778–1850) benannte Gesetz. ◀

Gesetz von GAY-LUSSAC: Ist V_0 das Volumen eines Gases bei 0 °C, dann ist sein Volumen bei der Temperatur ϑ (in Celsiusgraden gemessen) bei *konstantem Druck* gegeben durch:
$V = V_0 + \Delta V = V_0(1 + \beta\vartheta)$.

β heißt *isobarer Ausdehnungskoeffizient* (isos, griech.: gleich; barys, griech.: schwer; also bei gleichem Druck). Die Messungen zeigen, dass β von der Art des Gases weitgehend unabhängig ist und dass sich die β-Werte verschiedener Gase mit sinkender Gasdichte immer mehr dem Wert $\beta = 3{,}661 \cdot 10^{-3}\,°\mathrm{C}^{-1}$ annähern.

Ein Gas, das unabhängig von der Dichte das Gesetz von GAY-LUSSAC mit dem Wert von $\beta = 3{,}661 \cdot 10^{-3}\,°\mathrm{C}^{-1}$ streng erfüllen würde, wird als **ideales Gas** bezeichnet.

Die **realen Gase** erfüllen das Gesetz von GAY-LUSSAC nicht exakt. Bei hohen Temperaturen und kleinen Drücken, also bei sehr geringer Dichte, können sie aber als **quasi-ideale Gase** angesehen werden, wie z. B. Wasserstoff und Helium bei 20 °C und normalem Druck.

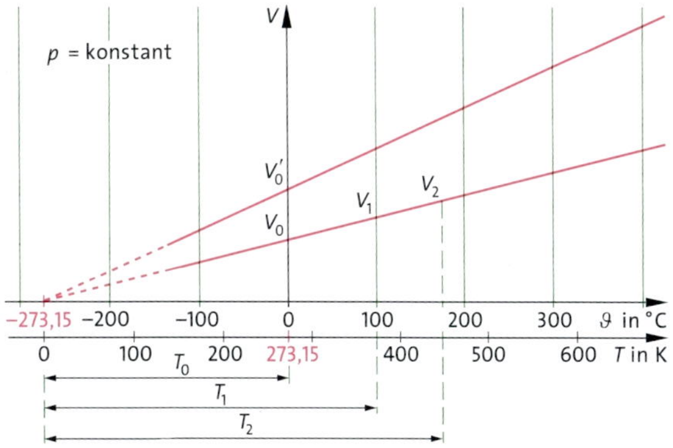

1 ϑ-V-Diagramme eines Gases: Die Geraden, die sich für verschiedene Ausgangsvolumina ergeben, schneiden sich alle auf der Temperaturachse bei $\vartheta_0 = -273{,}15\,°\mathrm{C}$.

Die absolute Temperatur

Werden die einzelnen Geraden über den Bereich der Messungen bis zu ihrem Schnittpunkt $(\vartheta_0|0)$ mit der Temperaturachse (**Abb. 1**) verlängert, so schneiden sich alle Geraden in demselben Punkt der Temperaturachse. Aus $V(\vartheta_0) = V_0(1 + \beta\vartheta_0) = 0$ folgt $\vartheta_0 = -\frac{1}{\beta} = -273{,}15\,°\mathrm{C}$. Für jedes ideale Gas gilt $V(\vartheta_0) = 0$. Dass reale Gase nie das Volumen null haben können, zeigt die vorgenommene Idealisierung: Nur das *ideale Gas* hat bei der Temperatur $\vartheta_0 = -273{,}15\,°\mathrm{C}$ kein Volumen.
Der Wert $\vartheta_0 = -273{,}15\,°\mathrm{C}$ auf der Temperaturachse wird auf Vorschlag des englischen Physikers Sir William THOMSON (Lord KELVIN) (1824–1907) zum neuen *Nullpunkt einer Temperaturskala* gewählt.

Der **absolute Nullpunkt** der Temperatur ist $\vartheta_0 = -273{,}15\,°\mathrm{C}$. Die von dort aus zählende Temperaturskala heißt **absolute Temperaturskala.**

Unter Verwendung der absoluten Temperaturskala erhält das Gesetz von GAY-LUSSAC eine besonders einfache Form, wie aus **Abb. 1** unmittelbar abzulesen ist:

Gesetz von GAY-LUSSAC: Bei konstantem Druck p (*isobare Zustandsänderung*) gilt
$$\frac{V_1}{T_1} = \frac{V_2}{T_2} = \frac{V_0}{T_0} = \text{konstant bzw. } V = \text{konstant } T.$$

AUFGABEN

1. Ein Gas nimmt bei 20 °C ein Volumen von 3 m³ ein. Berechnen Sie die Temperatur, auf die das Gas bei gleichem Druck erwärmt werden muss, damit es 4 m³, das doppelte, das dreifache Volumen einnimmt.
2. Während einer Unterrichtsstunde steigt im Physikraum mit den Abmessungen 12 m, 5 m und 4 m die Temperatur von 18 °C auf 20 °C. Wie viel Luft entweicht?

4.1.2 Die allgemeine Gasgleichung

In der Sekundarstufe I wurde der Druck definiert:

> Der Druck p ist der Quotient aus der Kraft F und der Fläche A, auf die diese flächenhaft verteilte Kraft wirkt: $p = F/A$.

Die Einheit des Drucks ist $[p] = 1\,\text{N/m}^2 = 1\,\text{Pa}$ **(Pascal).** Häufig benutzte Vielfache sind:
$1\,\text{bar} = 10^5\,\text{Pa} = 10\,\text{N/cm}^2$, $1\,\text{hPa} = 10^2\,\text{Pa} = 1\,\text{mbar}$.

Man findet, dass der Druck in einer Flüssigkeit oder einem Gas ganz unabhängig von der Lage der Fläche A ist. Er beschreibt daher eine Art „Spannungszustand“, in dem sich der ganze Körper befindet. Neben der Temperatur ist der Druck daher eine wichtige Größe zur Beschreibung eines Körpers, insbesondere eines Gases.

Im folgenden Versuch wird das Verhalten eines Gases bei gleichzeitiger Änderung der drei Größen Druck, Temperatur und Volumen untersucht.

▶ **Versuch 1:** Bei abgeschlossenen Mengen verschiedener Gase werden gleichzeitig Druck p und Temperatur T verändert und das zugehörige Volumen V gemessen (**Abb. 1**). Für jede Messung wird der Ausdruck $p\,V/T$ berechnet.

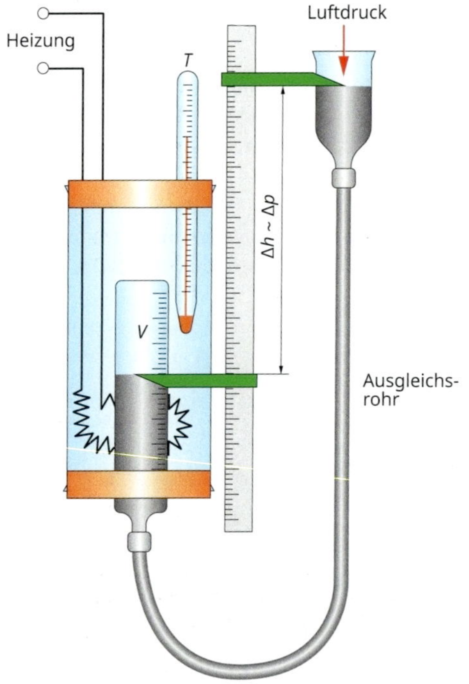

1 Versuchsanordnung zur Untersuchung des thermischen Verhaltens der Gase

Ergebnis: Für eine beliebige abgeschlossene Gasmenge ist in jedem Zustand (charakterisiert durch Druck p, Volumen V und Temperatur T) der Ausdruck $p\,V/T$ konstant. ◀

> **Allgemeine Gasgleichung**
> Für eine abgeschlossene Gasmenge ist bei Zustandsänderungen der Quotient $p\,V/T$ konstant:
> $$\frac{p_1 V_1}{T_1} = \frac{p_2 V_2}{T_2} = \frac{p_0 V_0}{T_0} \quad \text{oder} \quad \frac{pV}{T} = \text{konstant.}$$

Darin bedeuten p_0 den mittleren Luftdruck auf Meereshöhe $p_0 = 1013{,}25\,\text{hPa}$ und $T_0 = 273{,}15\,\text{K}$, die sogenannten „Normalbedingungen“. V_0 ist das Volumen, das die vorliegende Gasmenge bei diesen Bedingungen einnimmt. Das Gesetz ist nur für ein ideales Gas streng gültig; von realen Gasen wird es mit guter Näherung erfüllt.

Hält man bei einer Zustandsänderung jeweils eine der Größen p, V oder T konstant, so ergeben sich die folgenden Spezialfälle:

1. Der Druck p ist konstant (*isobare* Volumen- oder Temperaturänderung). Man erhält das schon oben beschriebene **Gesetz von Gay-Lussac:**
$$\frac{V_1}{T_1} = \frac{V_2}{T_2} = \frac{V_0}{T_0} \quad \text{oder} \quad \frac{V}{T} = \text{konstant (bei konstantem } p\text{).}$$
2. Die Temperatur T ist konstant (*isotherme* Zustandsänderung). Man erhält das nach Robert Boyle (1627–1691) und Edmé Mariotte (1620–1684) benannte **Gesetz von Boyle und Mariotte:**
$$p_1 V_1 = p_2 V_2 = p_0 V_0 \quad \text{oder} \quad pV = \text{konstant}$$
(bei konstantem T).
3. Das Volumen V ist konstant (*isochore* Druck- oder Temperaturänderung). Man erhält das nach Guilleaume Amontons (1663–1705) benannte **Gesetz von Amontons:**
$$\frac{p_1}{T_1} = \frac{p_2}{T_2} = \frac{p_0}{T_0} \quad \text{oder} \quad \frac{p}{T} = \text{konstant}$$
(bei konstantem V).

AUFGABEN

1. Ein Gas nimmt bei 20 °C ein Volumen von 3 L ein. Auf welche Temperatur muss das Gas bei gleichem Druck erwärmt werden, damit es 4 L , das doppelte, das dreifache Volumen einnimmt?
2. Während einer Unterrichtsstunde steigt im Physikraum mit den Abmessungen 12 m, 5 m und 4 m die Temperatur von 18 °C auf 20 °C. Wie viel Luft entweicht?
3. Ein abgeschlossenes Luftvolumen steht bei 20 °C unter einem Druck von 1 bar. Bei welcher Temperatur beträgt der Druck 0,5 bar ($\frac{1}{3}$ bar, 2 bar, 3 bar)?

4.2 Energieumwandlungen

Ohne die ständig von der Sonne zufließende Energie und ohne die dadurch entstandenen fossilen Energieträger wäre ein Leben auf der Erde nicht möglich. Energie wird aus den fossilen Energieträgern Kohle, Öl und Erdgas und durch Kernspaltung in Kernkraftwerken oder aus regenerativen Energiequellen wie Wind, fließendem Wasser und Sonnenstrahlung gewonnen.
Von größter Bedeutung ist dabei die *Umwandlung der Energie* in elektrische Energie, weil diese in einfachster Weise transportiert werden kann. Diese Umwandlung geschieht bei der Nutzung der fossilen Energieträger und der Kernenergie über die Erzeugung heißen Dampfes, der über Turbinen geleitet wird, die ihrerseits an Generatoren gekoppelt sind. Der Umwandlung der thermischen Energie des heißen Dampfes in mechanische Energie sind jedoch, wie sich zeigen wird, grundsätzliche Grenzen gesetzt.

4.2.1 Der erste Hauptsatz der Thermodynamik

Ein wichtiges Ergebnis der kinetischen Gastheorie ist, dass die absolute Temperatur T eines idealen Gases ein Maß für die mittlere kinetische Energie seiner Teilchen ist. Bei einem idealen Gas ist die Summe der kinetischen Energien aller Teilchen einer Gasmenge die sogenannte *innere Energie U* der Gasmenge.
Das folgende Experiment zeigt, dass die *innere Energie U* eines Gases durch Übertragung *mechanischer Energie E* geändert werden kann:

▶ **Versuch 1:** Die Luft in einem Glaszylinder wird mit einem Kolben, der durch die Kraft F um die Strecke Δs bewegt wird, komprimiert (**Abb. 1**). Am Boden des Zylinders befindet sich ein kleines Thermoelement, das mit einem Anzeigegerät verbunden ist.
Beobachtung: Bei einer Kompression steigt die Temperatur der Luft und damit die innere Energie U der Gasmenge. ◀

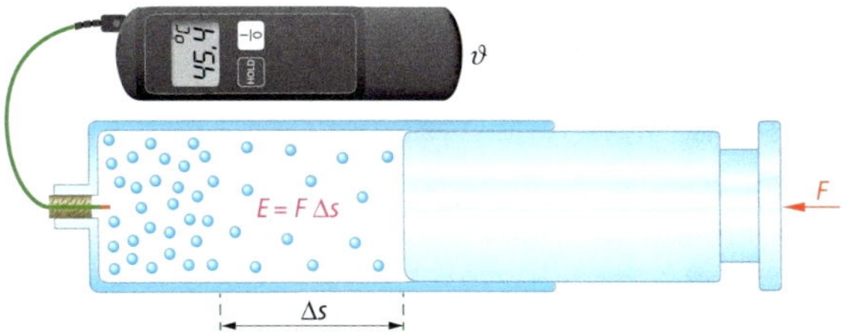

1 Die Kompression der eingeschlossenen Luftmenge führt zur Erhöhung ihrer Temperatur. Die übertragene mechanische Energie $E = F\Delta s$ erhöht die innere Energie.

Auf diesem Effekt beruht auch das Zünden des Öl-Luft-Gemisches im Dieselmotor. In einem sogenannten *pneumatischen Feuerzeug* gelingt es sogar, durch eine schnelle Kompression die Temperatur der Luft so weit zu erhöhen, dass sich der im Feuerzeug befindliche Zunder entzündet.

Durch die über den Term $E = F\Delta s$ erfassbare *mechanische Energie,* die einer eingeschlossenen Gasmenge zugeführt wurde, wird die *Temperatur T* und damit die *innere Energie U* der Gasmenge erhöht.

Im Allgemeinen werden Temperaturerhöhungen und damit Erhöhungen der inneren Energie durch Übertragung von *Wärmeenergie* erzeugt. Dazu wird der Körper in engen Kontakt mit einem anderen Körper höherer Temperatur gebracht.

Energie, die von einem Körper höherer Temperatur zu einem Körper niedrigerer Temperatur fließt, heißt **Wärmeenergie** Q.

Die *innere Energie U* eines Körpers kann durch Übertragung *mechanischer Energie E* oder *Wärmeenergie Q* erhöht werden. In beiden Fällen bewirkt eine Zufuhr von Energie eine Erhöhung der Temperatur. Dieser Sachverhalt wird mit der Gleichung $\Delta U = E + Q$ beschrieben. In dieser Gleichung werden dem Körper *zugeführte* Energien *positiv,* vom Körper *abgegebene* Energien *negativ* gerechnet. In welcher Weise die innere Energie und damit die Temperatur erhöht worden ist, lässt sich im Nachhinein nicht mehr unterscheiden.

Erster Hauptsatz der Thermodynamik
Die Änderung der *inneren Energie U* eines Körpers ist gleich der Summe der ausgetauschten *mechanischen Energie E* und der ausgetauschten *Wärmeenergie Q:*
$\Delta U = E + Q$.

In einem System von Körpern, die nur miteinander und mit keinem anderen Körper im Energieaustausch stehen, also ein *thermisch und mechanisch abgeschlossenes System* bilden, ist die Änderung der inneren Energie dieses Systems von Körpern $\Delta U = 0$ oder anders ausgedrückt: Es bleibt die gesamte innere Energie U des Systems konstant.
Findet z. B. innerhalb dieses Systems in einem Teilsystem durch Reibung eine Verringerung der mechanischen Energie statt, etwa der kinetischen Energie eines Körpers, so bleibt diese Energie in dem System und macht sich in einer Temperaturerhöhung bemerkbar.

Allgemeines Energieerhaltungsprinzip
In einem thermisch und mechanisch abgeschlossenen System ist die Gesamtenergie konstant.

Der erste Hauptsatz der Thermodynamik ist also nichts anderes als eine Ausweitung des aus der Mechanik bekannten *Energieerhaltungsprinzips*. Dieses Prinzip gilt in Bezug auf rein mechanische Energieanteile der Körper wie kinetische und potenzielle Energie nur im Idealfall und ist immer dann verletzt, wenn Reibungsvorgänge auftreten.

Messung der Wärmeenergie

Die einem Körper zugeführte Wärmeenergie Q wird über die Änderung seiner inneren Energie U gemessen. Im folgenden Experiment wird durch Reibung Wärmeenergie Q erzeugt, die zur Temperaturerhöhung führt.

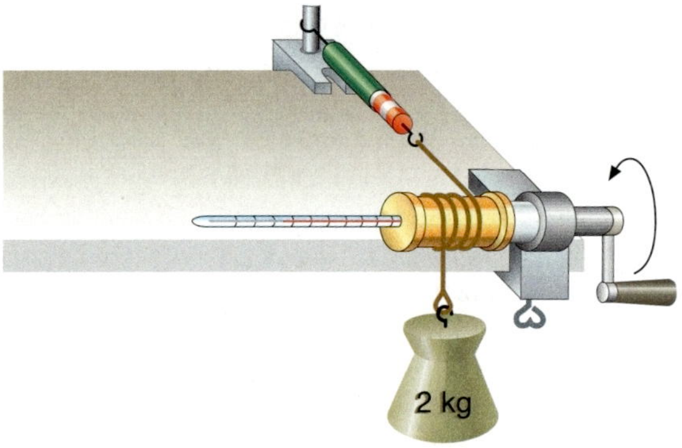

2 Die mechanisch erfassbare Energie $E = F\,\Delta s$ wird bei der Reibung des Metallbandes auf der Trommel in Wärmeenergie Q umgewandelt und führt zur Erhöhung der inneren Energie U. Dies macht sich als Temperaturerhöhung ΔT bemerkbar.

▶ **Versuch 2:** Über eine massive Aluminiumtrommel ist ein Metallband gewickelt, an dem ein Wägestück der Masse $m = 2\,\text{kg}$ befestigt ist. Die Trommel wird gerade so schnell gedreht, dass das Wägestück – von der Reibungskraft gehalten – in einer bestimmten Höhe bleibt (**Abb. 2**). Mithilfe eines in die Aluminiumtrommel eingesetzten Thermometers wird die Temperatur zu Beginn und am Ende des Drehens gemessen.
Beobachtung: Nach 120 Umdrehungen ist die Temperatur um $\Delta T = 1\,\text{K}$ gestiegen.
Auswertung: Da das Wägestück durch die Reibungskraft F_R gehalten wird, ist F_R gleich der Gewichtskraft $F_G = mg$: $F_R = 2\,\text{kg} \cdot 9{,}81\,\text{m/s}^2$. Der Umfang der Trommel beträgt $u = 15\,\text{cm}$, sodass die bei 120 Umdrehungen zugeführte Energie $E = F_R \Delta s = F_R \cdot 120\,u = 353\,\text{Nm}$ beträgt. Diese Energie ist als Wärmeenergie Q in die Aluminiumtrommel geflossen und hat deren Temperatur erhöht. ◀

Versuche mit Körpern mit unterschiedlichen Massen und Materialien zeigen, dass die durch eine bestimmte Wärmeenergie Q hervorgerufene Änderung der Temperatur ΔT außer von der Masse m des Körpers von einer stoffspezifischen Konstanten c abhängt:

Wird einem Körper der Masse m die Wärmeenergie Q zugeführt und ruft diese eine Temperaturänderung ΔT hervor, so gibt der Term $Q = \Delta U = c\,m\,\Delta T$ die zugeführte Wärmeenergie an, wobei c die **spezifische Wärmekapazität** des Stoffes ist.

Mithilfe der Formel $Q = c\,m\,\Delta T$ kann nun durch weitere Auswertung des Versuchs 2 die spezifische Wärmekapazität c_{Al} von Aluminium bestimmt werden. Die Masse der Aluminiumtrommel beträgt $m = 400\,\text{g}$, sodass folgt: $c_{Al} = 353\,\text{Nm}/(1\,\text{K} \cdot 400\,\text{g}) = 0{,}88\,\text{J}/(\text{g}\,\text{K})$.

EXKURS

Zur Geschichte des ersten Hauptsatzes der Thermodynamik

Bis zur Mitte des 19. Jahrhunderts hielt man „Wärme" für einen besonderen Stoff, der unerschaffbar und unzerstörbar sein sollte. Die Temperatur eines Körpers wird nach dieser Vorstellung von der Menge des Wärmestoffes bestimmt, die der Körper aufgenommen hat. Die Beobachtung des Grafen Rumford (1753–1814), dass beim Ausbohren von Kanonenrohren große Temperaturerhöhungen auftraten, ließen sich aber nicht mit dieser Vorstellung vereinbaren. Der Arzt Julius Robert Mayer (1814–1878) gewann aus seinen Experimenten die Erkenntnis, dass es sich bei der Wärme um eine Form der Energie handelt und dass zwischen den in unterschiedlichen Einheiten gemessenen Größen mechanische Energie und Wärme ein festes konstantes Umrechnungsverhältnis besteht. Zum gleichen Ergebnis kam auch der Engländer James Prescott Joule (1818–1889). Joule hatte nicht nur die Beziehung zwischen mechanischer Energie und Wärme, sondern auch die Umwandlung von elektrischer Energie in Wärmeenergie eingehend untersucht und dabei ebenfalls ein bestimmtes konstantes Umrechnungsverhältnis feststellen können. Von diesen Grundlagen ausgehend hat Hermann von Helmholtz (1821–1894) den ersten Hauptsatz der Wärmelehre auf alle Gebiete der Physik und ihre Energieformen übertragen und als Erster das **Prinzip von der Erhaltung der Energie** ausgesprochen und begründet.

Innere Energie

Materie kann in den **Aggregatzuständen** *fest, flüssig* oder *gasförmig* existieren. Der Aggregatzustand ist abhängig von Druck und Temperatur. Wird einem Körper bei konstantem Druck Wärmeenergie zugeführt, so steigt im Allgemeinen seine Temperatur, es sei denn, es findet ein Übergang von einer in eine andere Zustandsform, ein sogenannter **Phasenübergang,** statt. Solche Phasenübergänge sind **Schmelzen** (*fest → flüssig*), **Verdampfen** (*flüssig → gasförmig*) und **Sublimieren** (*fest → gasförmig*). Phasenübergänge finden bei ganz bestimmten Temperaturen, der *Schmelz-* oder *Siedetemperatur,* statt, die jedoch stark druckabhängig sind.
Zum Schmelzen bzw. Verdampfen der Masse m eines Stoffes muss eine für den Stoff charakteristische Energie, die **Schmelzwärme** oder **Verdampfungswärme,** zugeführt werden, die beim umgekehrten Vorgang abgegeben wird. Während des Phasenübergangs bleibt die Temperatur des Stoffes konstant. Dies zeigt, dass Energiezufuhr bzw. Energieabgabe nicht unbedingt mit einer Temperaturänderung verknüpft sein müssen.

Während eines Phasenübergangs verändert sich die Struktur der Materie und damit ihre Dichte. Die feste Ordnung der Teilchen in einer kristallinen Struktur wird beim Schmelzen aufgelöst, wozu Energie benötigt wird. Ebenso ist Energie nötig, um die Teilchen eines Körpers beim Übergang flüssig → gasförmig voneinander zu lösen. Ursache für den Energiebedarf beim Schmelzen und Verdampfen sind die zwischen den Teilchen der Materie existierenden anziehenden elektrischen Kräfte. Die dabei zugeführte Energie ist dann in der Materie, in dem sogenannten **thermodynamischen System,** als *potenzielle Energie der Teilchen* gespeichert und kann beim umgekehrten Phasenübergang wieder abgegeben werden. Wenn die zugeführte Energie zu einer Erhöhung der Temperatur führt, so bedeutet dies für frei bewegliche Teilchen des thermodynamischen Systems z. B. eine größere *mittlere kinetische Energie* bzw. für an feste Plätze gebundene Teilchen größere *Schwingungsenergie.* Die *potenzielle* und die *kinetische Energie* der Teilchen werden zusammenfassend auch als **thermische Energie** bezeichnet.
Neben diesen Energien kann Materie aufgrund ihres molekularen bzw. atomaren Aufbaus außerdem noch sogenannte *chemische Energie* und *nukleare Energie* besitzen.

Die gesamte Energie eines thermodynamischen Systems, die aus **thermischer Energie** (*potenzielle* und *kinetische Energie der Teilchen*), aus *chemischer Energie* und *nuklearer Energie* besteht, ist die **innere Energie** U.

Da sich bei thermischen Prozessen die chemische Energie und die nukleare Energie nicht verändern, werden diese in der Thermodynamik bei der Betrachtung der Änderung der *inneren Energie* eines thermodynamischen Systems nicht berücksichtigt.

Wärmeenergie ist Energie, die von selbst aufgrund einer Temperaturdifferenz von einem Körper zu einem anderen übergeht.
Dieser Übergang kann als sogenannte *Wärmeleitung* durch materiellen Kontakt zwischen den Körpern oder durch *Wärmestrahlung* ohne materiellen Kontakt geschehen. Wird an Materie gebundene thermische Energie mit der Materie transportiert, so wird dies als *Konvektion* bezeichnet.

AUFGABEN

1. 200 g Aluminiumschrot ($c_{\text{Al}} = 0{,}9\,\text{J/(g K)}$) werden in kochendem Wasser erhitzt und dann in ein Thermogefäß mit 300 g Wasser ($c_{\text{Wasser}} = 4{,}18\,\text{J/(g K)}$) von 20 °C gegeben. Bestimmen Sie die Temperaturerhöhung.

2. a) Berechnen Sie die thermische Energieänderung eines Wasserbeckens mit den Abmessungen 10 m, 4 m, 2 m, wenn die Temperatur um 1 °C sinkt ($c_{\text{Wasser}} = 4{,}18\,\text{J/(g K)}$).
b) Bestimmen Sie die Höhe, in die mit dieser Energie ein Körper der Masse 5000 kg auf der Erde gehoben werden kann.

3. Mit einem Tauchsieder der Leistung 200 W sollen 0,2 l Wasser zum Aufbrühen von Kaffee erhitzt werden. Berechnen Sie die Zeit, die es mindestens dauert, wenn das Wasser eine Anfangstemperatur von 15 °C hat ($c_{\text{Wasser}} = 4{,}18\,\text{J/(g K)}$).

4. Bei einer Solarheizung zirkuliert Wasser durch Rohre auf dem Dach und nimmt Wärmeenergie auf. Unter Berücksichtigung der Verluste hat der Kollektor pro m² eine wirksame Leistung von 140 W/m². Bestimmen Sie die Fläche, die ein Kollektor haben muss, wenn er in einer Stunde 200 l Wasser von 20 °C auf 40 °C erwärmen soll. Die spezifische Wärmekapazität von Wasser ist $c_{\text{Wasser}} = 4{,}18\,\text{J/(g K)}$.

5. Ein Auto der Masse 1500 kg wird aus 90 km/s auf einer Strecke von 80 m bis zum Stillstand abgebremst. Berechnen Sie die Leistung, mit der durch die Bremsen mechanische Energie in Wärmeenergie umgewandelt wird.

***6.** In einer beidseitig mit einem Stopfen verschlossenen Pappröhre befinden sich 0,8 kg Bleischrot. An einem Stopfen kann die Temperatur des Bleis gemessen werden. Wird die aufrecht gehaltene Röhre schnell um 180° gedreht, so fällt das Blei im Innern der Röhre herunter. Bei 25-maligem Umdrehen wird eine Temperaturerhöhung von $\Delta T = 1{,}8\,\text{K}$ gemessen.
a) Berechnen Sie die zugeführte mechanische Energie bei einer Fallhöhe von 1 m sowie die thermische Energie, wenn die spezifische Wärmekapazität von Blei $c_{\text{Blei}} = 0{,}128\,\text{J/(g K)}$ beträgt.
b) Berechnen Sie die Zeit, in der mit diesem Verfahren 200 g Wasser in einer Thermoskanne um 1 K erwärmt wird, wenn die Fallstrecke 0,2 m beträgt und pro Minute 30 Umkehrungen stattfinden können.

4.2.2 Eine Wärmekraftmaschine

Die Umwandlung von Wärmeenergie in mechanische Energie lässt sich in einfacher Weise auch praktisch vornehmen.

▶ **Versuch 1:** Wird das an einen Messzylinder angeschlossene Glasgefäß in heißes Wasser getaucht (**Abb. 1**), so dehnt sich die Luft im Glasgefäß aus und hebt den Kolben im Zylinder mitsamt dem aufgelegten Wägestück. Dabei wird Wärmeenergie in potenzielle mechanische Energie umgewandelt.
Um diesen Hubvorgang zu wiederholen, muss die Ausdehnung der Luft rückgängig gemacht werden. Dazu wird das Glasgefäß in kaltes Wasser getaucht.

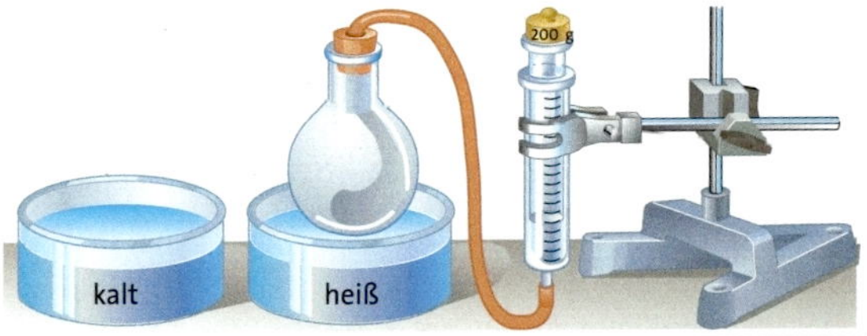

1 Umwandlung von Wärmeenergie in mechanische Energie

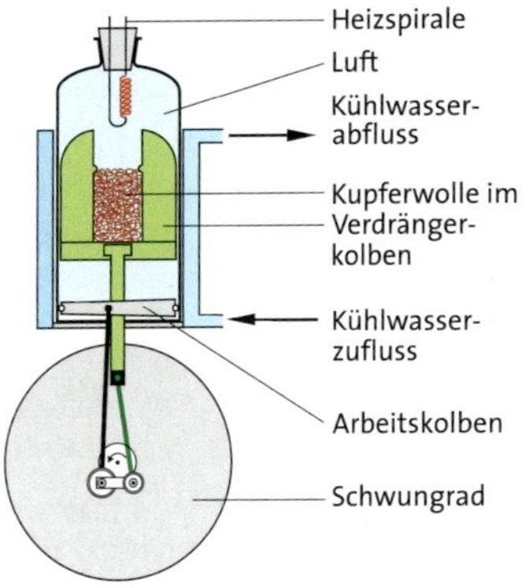

2 Schematische Darstellung des Heißluftmotors, einer periodisch arbeitenden Wärmekraftmaschine

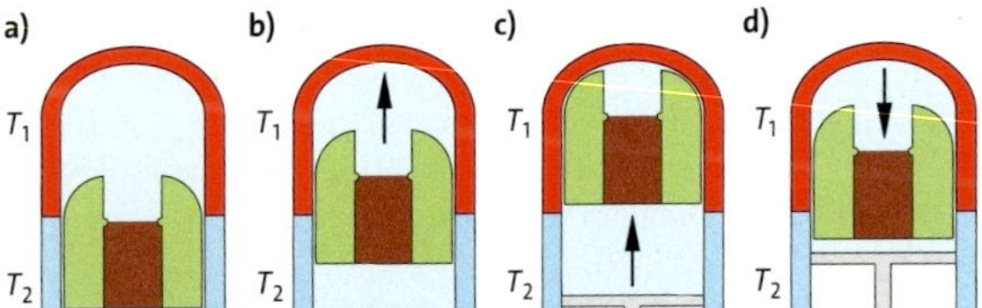

3 Die Takte des Heißluftmotors: Der Verdrängerkolben eilt dem Arbeitskolben um eine Viertelperiode voraus.

Insgesamt wird bei diesem Vorgang der Luft zunächst Wärmeenergie zugeführt und dann entzogen. ◀
Eine technische Realisierung dieses Prozesses, bei dem *periodisch* Wärmeenergie in mechanische Energie umwandelt wird, ist der sogenannte **Heißluftmotor** (**Abb. 2**). Die abgeschlossene Luft wird in vier Takten, dem sogenannten **Stirling'schen Kreisprozess**, 1. erwärmt, sodass sie isotherm expandiert, 2. bei konstantem Volumen abgekühlt, 3. isotherm komprimiert und 4. wieder aufgeheizt, sodass der Anfangszustand wieder erreicht ist.

Der Heißluftmotor besteht aus einem Zylinder, in dem sich zwei Kolben mit einer Phasendifferenz von 90° bewegen (**Abb. 2** und **3**). Im oberen Teil des Zylinders befindet sich eine Heizspirale, mit deren Hilfe die Wärmeenergie zugeführt wird. Der untere Teil des Zylinders ist von einem Kühlwassermantel umgeben.
Der sogenannte Arbeitskolben verschließt den Innenraum des Zylinders und gibt die mechanische Energie nach außen an das Schwungrad ab. Der Verdrängerkolben verschiebt die eingeschlossene Luft vom oberen in den unteren Zylinderteil und umgekehrt. Der axiale Hohlraum des Verdrängerkolbens ist teilweise mit Kupferwolle ausgefüllt, sodass die durchströmende Luft entweder an die Kupferwolle Wärmeenergie abgeben oder von ihr Wärmeenergie aufnehmen kann.

▶ **Versuch 2:** Nachdem das Kühlwasser den Mantel durchströmt und die Heizwendel eingeschaltet ist, wird der Motor mit einem einmaligen Anstoß über das Schwungrad in Bewegung gesetzt. Der Motor läuft gleichmäßig weiter.
Ohne Kühlwasserzufuhr jedoch bleibt der Motor nach kurzer Zeit stehen.
Erklärung: Im oberen Teil des Zylinders wird die Luft durch Wärmeenergiezufuhr erwärmt, dehnt sich aus und drückt den Arbeitskolben nach unten, wobei mechanische Energie an das Schwungrad abgegeben wird (**Abb. 3a**). Der um eine Viertelperiode voreilende Verdrängerkolben bewegt sich nach oben (**Abb. 3b**), sodass die Luft in den unteren Teil des Zylinders strömt, dabei an die Kupferwolle Wärmeenergie abgibt und sich abkühlt. Durch die folgende Bewegung des Arbeitskolbens nach oben (**Abb. 3c**) wird die Luft komprimiert und gibt Wärmeenergie an den Kühlmantel ab. Nun drängt der nach unten laufende Verdrängerkolben (**Abb. 3d**) die Luft wieder in den oberen Zylinderteil, wobei sie von der Kupferwolle wieder Wärmeenergie aufnimmt.
Bei abgeschaltetem Kühlkreislauf kann die Luft keine Wärmeenergie abgeben, die Kompression der Luft wird unterbunden und der Motor bleibt stehen.
Ergebnis: Die periodische Umwandlung von Wärmeenergie in mechanische Energie funktioniert nur bei Vorhandensein einer Kühlung, die die *Abgabe von Wärme-*

energie ermöglicht. Da mechanische Energie entstanden ist, muss die zugeführte Wärmeenergie Q_1 größer sein als die abgegebene Q_2. ◀

In idealisierter Weise wird der Stirling'sche Kreisprozess durch das *V*-*p*-Diagramm in **Abb. 4** beschrieben: Im 1. Takt erfolgt die Expansion isotherm unter Zufuhr der Wärmeenergie Q_1. Im 2. Takt wird bei konstantem Volumen (isochor) die Temperatur von T_1 auf T_2 verringert, wobei die Wärmeenergie Q_3 abgegeben wird. Im 3. Takt wird bei isothermer Kompression die Wärmeenergie Q_2 abgegeben und im 4. Takt isochor die Temperatur von T_2 auf T_1 erhöht, wobei die Wärmeenergie Q_4 zugeführt wird.

Da die Temperaturänderungen um gleiche Beträge bei konstantem Volumen erfolgen, sodass sich nur die innere Energie des (idealen) Gases ändert, sind die Wärmeenergien Q_3 und Q_4 gleich groß.

Um die insgesamt in mechanische Energie umgewandelte Wärmeenergie zu bestimmen, wird der Flächeninhalt berechnet, den die bei dem Kreisprozess durchlaufene Kurve im *V*-*p*-Diagramm umschließt. Da Anfangs- und Endzustand übereinstimmen, ist die gesamte Änderung der inneren Energie $\Delta U = 0$, sodass aus dem ersten Hauptsatz folgt:

$$0 = E + Q_1 + Q_2.$$

Die Wärmeenergie Q_1 wird zugeführt, die Wärmeenergie Q_2 und die mechanische Energie E werden abgegeben, beide sind also negativ. Die bei dem Kreisprozess abgegebene mechanische Energie ist also

$$|E| = Q_1 + Q_2.$$

Bei allen Maschinen soll die abgegebene mechanische Energie möglichst groß werden. Die Effektivität eines Energieumwandlungsprozesses wird durch den **Wirkungsgrad η**, das Verhältnis von Nutzenergie E zu aufgewendeter Energie Q_1, angegeben.

Der Wirkungsgrad η eines Prozesses, bei dem die Wärmeenergie Q_1 in mechanische Energie E umgewandelt wird, ist gegeben durch

$$\eta = \frac{|E|}{Q_1} = \frac{Q_1 + Q_2}{Q_1} = 1 + \frac{Q_2}{Q_1} = 1 - \frac{|Q_2|}{Q_1}.$$

Ein Wirkungsgrad von $\eta = 1$ ist nur zu erzielen, wenn die bei der Kompression abgegebene Wärmeenergie $Q_2 = 0$ wird. Nur dann würde die zugeführte Wärmeenergie Q_1 vollständig in mechanische Energie umgewandelt werden. Dies ist zwar bei einer einmaligen isothermen Expansion möglich. Es gibt jedoch keine in ihren Anfangszustand zurückkehrende, d.h. periodisch arbeitende

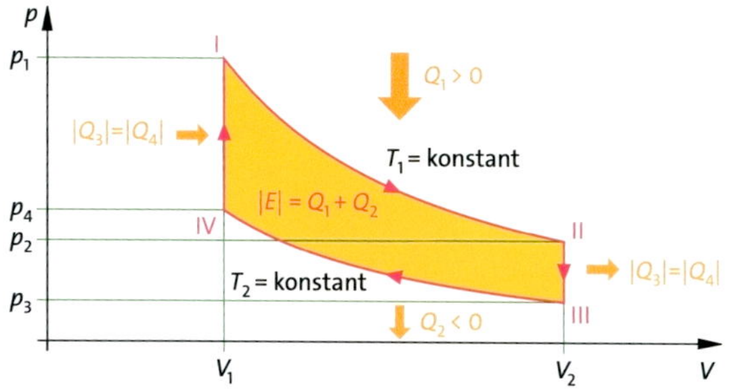

4 Der Kreisprozess des Stirling-Motors: isotherme Expansion (I-II); isochore Abkühlung (II-III); isotherme Kompression (III-IV); isochore Erwärmung (IV-I)

Maschine, die dies tut. Bei einem periodischen Vorgang muss nach der Expansion wieder eine Kompression stattfinden, wobei ein Teil der zugeführten Energie vom Gas als Wärmeenergie wieder abgegeben wird.

Zweiter Hauptsatz der Thermodynamik
Es gibt keine *periodisch* arbeitende Maschine, die Wärmeenergie in mechanische Energie umwandelt, *ohne dass ein Teil der zugeführten Wärmeenergie wieder abgegeben wird.*

Ein periodischer Prozess, der nichts anderes bewirkt als die Abkühlung eines Wärmereservoirs und die Umwandlung der abgegebenen Wärmeenergie in mechanische Energie, ein sogenanntes **Perpetuum mobile zweiter Art**, ist unmöglich. Wäre er möglich, stünde Energie z. B. in der inneren Energie der Meere unbeschränkt zur Verfügung.

AUFGABEN

1. In einem abgeschlossenen Behälter durchläuft ein Gas den im nebenstehenden *V*-*p*-Diagramm gezeichneten Kreisprozess. Berechnen Sie die dem Gas zugeführte Wärmeenergie.

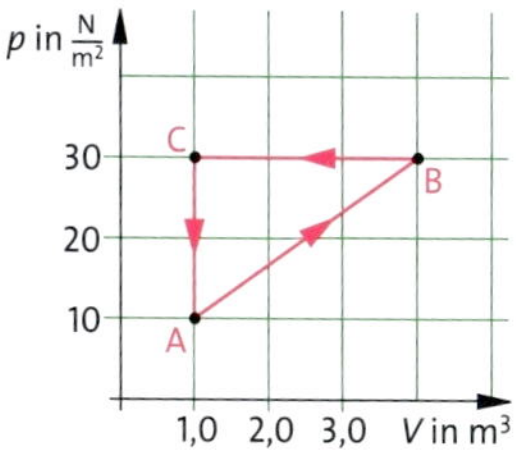

2. Beim Durchlaufen des im nebenstehenden Diagramm dargestellten Kreisprozesses betrugen $Q_{AB} = 20\,J$, $Q_{BC} = 0$ und die gesamte abgegebene mechanische Energie $E = 15\,J$. Berechnen Sie die Wärmeenergie Q_{CA}.

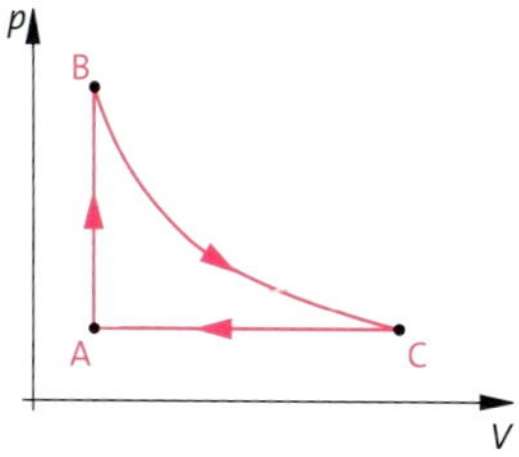

4.2.3 Wirkungsgrad von Energieumwandlungsprozessen

Bei vielen technischen Prozessen wird Wärmeenergie in mechanische Energie umgewandelt und umgekehrt. Der *technische Wirkungsgrad* eines solchen Prozesses ist das Verhältnis von *Nutzenergie zu aufgewendeter Energie*.

Wirkungsgrad von Wärmekraftmaschinen

Arbeitet eine Wärmekraftmaschine mit einem idealen Gas z. B. im Stirling'schen Kreisprozess und läuft der Prozess so langsam ab, dass die Zustandsgleichung der Gase angewendet werden kann, so gilt für die isotherm zugeführte Energie Q_1

$$Q_1 = -E_{12} = nRT_1 \ln\left(\frac{V_2}{V_1}\right)$$

und für die isotherm abgegebene Energie Q_2

$$Q_2 = -E_{34} = -nRT_2 \ln\left(\frac{V_2}{V_1}\right).$$

Damit lässt sich dann der Wirkungsgrad angeben:

$$\eta = 1 + \frac{Q_2}{Q_1} = 1 - \frac{T_2}{T_1}.$$

Er ist umso größer, je höher die Temperatur T_1 ist, bei der die Wärmeenergie Q_1 zufließt, und je geringer die Temperatur T_2 ist, bei der die Wärmeenergie Q_2 abfließt (**Abb. 1 a**). Hierauf beruht der hohe Wirkungsgrad von Dieselmotoren.

Wirkungsgrad von Wärmepumpe und Kältemaschine

Jeder Heißluftmotor kann als *Wärmepumpe* betrieben werden, wenn der Kolben angetrieben und der Kreisprozess in entgegengesetzter Richtung durchlaufen wird. Dann findet die isotherme Expansion bei der niedrigen Temperatur T_2 unter Zufuhr der Wärmeenergie Q_2 statt und die isotherme Kompression bei der höheren Temperatur T_1 unter Zufuhr der mechanischen Energie E, wobei die *Nutzenergie* Q_1 abgegeben wird. Nach dem ersten Hauptsatz gilt $0 = Q_1 + Q_2 + E$, nun sind Q_1 negativ, Q_2 und E positiv. Die Wärmeenergie Q_2 wird von der niedrigeren Temperatur T_2 auf die höhere Temperatur T_1 heraufgepumpt (**Abb. 1 b**).

Der *technische Wirkungsgrad* der Wärmepumpe ist

$$\eta_{WP} = \frac{|Q_1|}{E} = \frac{|Q_1|}{|Q_1| - |Q_2|}.$$

η_{WP} ist offensichtlich größer als 1. Für ein ideales Gas ergibt sich mit den obigen Termen für Q_1 und Q_2

$$\eta_{WP} = \frac{T_1}{T_1 - T_2}.$$

Bei der Anwendung der Wärmepumpe zum Heizen eines Hauses kann die Wärmeenergie der Luft oder dem Grundwasser entzogen werden. Für eine Raumtemperatur von 22 °C und eine Grundwassertemperatur von 5 °C ergibt sich ein Wirkungsgrad $\eta_{WP} = 17$, d. h., für 17 kWh Heizenergie wird im Idealfall nur 1 kWh an mechanischer oder elektrischer Energie benötigt. 16 kWh werden dem Grundwasser entnommen. Dieser Idealfall wird in der Praxis jedoch nicht erreicht.

Eine Wärmepumpe kann als *Kältemaschine* betrieben werden, wenn die bei der niedrigen Temperatur T_2 dem Energiereservoir entzogene Wärmeenergie Q_2 als die *Nutzenergie* angesehen wird. Dann ist der technische Wirkungsgrad der Kältemaschine

$$\eta_{KM} = \frac{|Q_2|}{E} = \frac{|Q_2|}{|Q_1| - |Q_2|}.$$

Für ein ideales Gas ergibt sich mit den obigen Termen für Q_1 und Q_2

$$\eta_{KM} = \frac{T_2}{T_1 - T_2}.$$

Der Wirkungsgrad einer Kältemaschine wird umso kleiner, je tiefer die Temperatur T_2 liegt, bei der Wärmeenergie entzogen werden soll.

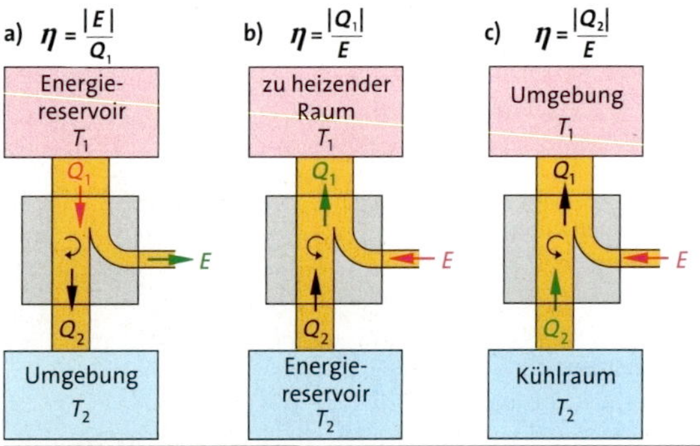

1 Energiefluss bei a) Wärmekraftmaschine, b) Wärmepumpe, c) Kältemaschine

AUFGABEN

1. Bei einer Außentemperatur von –5 °C soll der Heizkessel in einem Haus mit einer Wärmepumpe auf einer Temperatur von 40 °C gehalten werden. Berechnen Sie die elektrische Energie, die der Pumpe zugeführt werden muss, um dem Heizkessel eine Wärmeenergie von 1 kJ zuzuführen.
2. Eine Kältemaschine hat den Wirkungsgrad $\eta_{KM} = 4$. Berechnen Sie die abgegebene Wärmeenergie, wenn dem kälteren Reservoir 200 kJ entnommen werden.

4.3 Die Entropie

Der *zweite Hauptsatz der Thermodynamik* gibt die Erfahrung wieder, dass die *Richtungen der Umwandlung* von Wärmeenergie in mechanische Energie und umgekehrt nicht gleichwertig sind: Bei der Umwandlung von Wärmeenergie in mechanische Energie mit einem periodischen Vorgang muss stets ein Teil der Wärmeenergie ungenutzt abgegeben werden, während die Umwandlung von mechanischer Energie in Wärmeenergie vollständig möglich ist. Dies lässt sich mithilfe des im Folgenden zu entwickelnden Begriffs der Entropie verstehen.

4.3.1 Irreversible Vorgänge

Bei allen mechanischen Vorgängen ist zu beobachten, dass mit zunehmender Zeit ein immer größerer Teil der mechanischen Energie, die als kinetische oder potenzielle Energie vorliegt, verloren geht. Ursache dafür ist die Umwandlung in Wärmeenergie durch Reibungsvorgänge. Die folgenden Beispiele belegen diese Erfahrung:

- Bei einem schwingenden Fadenpendel nimmt die Amplitude, wenn auch nur in geringem Maße, ständig ab. Beim Schwingen wird kinetische Energie in potenzielle Energie und umgekehrt umgewandelt, jedoch geht durch Wechselwirkung des Pendels mit der umgebenden Luft und durch Reibung an der Pendelaufhängung stets ein Teil der mechanischen Energie als Wärmeenergie verloren: Dieser Prozess ist *nicht umkehrbar, nicht reversibel.* Die Amplitude des Pendels nimmt niemals durch Rückfluss der Wärmeenergie wieder zu, obwohl dies kein Widerspruch gegen den Energieerhaltungssatz wäre.

- Fällt ein „Superball" aus einer bestimmten Höhe auf eine feste ebene Unterlage, so springt er wieder nach oben. Jedoch erreicht er trotz großer Elastizität nicht wieder die Anfangshöhe. Auch hier geht durch Wechselwirkung mit der Umgebung und durch elastische Verformung ständig mechanische Energie als Wärmeenergie verloren. Der Prozess des Energieabflusses ist *unumkehrbar, irreversibel:* Der Superball erlangt niemals durch Zufluss von Wärmeenergie aus der Umgebung wieder seine ursprüngliche Höhe, obwohl auch dies nach dem Energieerhaltungssatz zulässig wäre.

Für irreversible Vorgänge gibt es zahlreiche weitere Beispiele:

- Beim Abkühlen eines Körpers geht Wärmeenergie von selbst vom Körper höherer Temperatur zu einem Körper tieferer Temperatur über. Niemals wurde der umgekehrte Vorgang beobachtet, dass sich ein Körper niedrigerer Temperatur von selbst abkühlt und dadurch ein Körper höherer Temperatur seine Temperatur entsprechend erhöht.

- Ein bei hohem Druck in einem Behälter eingeschlossenes Gas strömt aus, sobald das Ventil geöffnet wird. Zwei verschiedene, zunächst in getrennten Behältern gehaltene Gase durchmischen sich, wenn die Trennung aufgehoben wird. Nie wurde beobachtet, dass ein ausgeströmtes Gas von selbst in seinen Behälter zurückkehrt oder dass sich zwei durchmischte Gase wieder von selbst trennen.

Zwar ist es möglich, bei von allein in einer Richtung ablaufenden Prozessen den Anfangszustand wiederherzustellen, also das Pendel und den Superball auf die ursprüngliche Höhe zu heben, den abgekühlten Körper wieder auf die Anfangstemperatur zu bringen oder das ausgeströmte Gas wieder in den Behälter zurückzubringen. Jedoch ist dies nur unter Einsatz von Energie möglich, was wieder andere irreversible Veränderungen in der Natur verursacht.

Ein Prozess heißt *irreversibel (nicht umkehrbar),* wenn es nicht möglich ist, den Anfangszustand wieder herzustellen, ohne dass irgendeine andere Änderung der Natur entsteht.

Alle Beispiele zeigen: *Es gibt nur eine Richtung des Ablaufs natürlicher Vorgänge.* Mit zunehmender Zeit wird immer mehr Energie in Wärmeenergie bzw. in thermische Energie umgewandelt und die Verteilung von Teilchen gleichmäßiger.

Bei irreversiblen Prozessen scheint der *Endzustand* gegenüber dem *Anfangszustand* dadurch ausgezeichnet zu sein, dass der Prozess unmöglich von selbst in umgekehrter Richtung ablaufen kann.

1 Ein fallendes Ei zerplatzt beim Aufprall – ein irreversibler Vorgang.

4.3.2 Die Definition der Entropie

Entropie wird bei der Umwandlung von mechanischer, elektrischer oder chemischer Energie in Wärmeenergie erzeugt. Die Definitionsgleichung für die Entropie mit dem Symbol S kann analog zur Gleichung

$$\Delta E = v \Delta p$$

aufgeschrieben werden. Die Gleichung besagt, dass ein Körper, der sich mit der Geschwindigkeit v bewegt, zusammen mit dem Impuls Δp die Energie $\Delta E = v \Delta p$ erhält. Der Impuls fließt bei Wechselwirkungen von selbst vom Körper höherer Geschwindigkeit v zu dem mit niederer Geschwindigkeit, zum Beispiel bei einem Auffahrunfall. (Ebenso fließt z. B. die elektrische Ladung von der höheren Spannung z. B. am Stromeingang eines Elektromotors bei $U = 12$ V zur niederen Spannung $U = 0$ V am Ausgang.)

Für die Entropie S ist es die Temperatur T, die den Entropiestrom $\Delta S/\Delta t$ von der höheren zur tieferen Temperatur fließen lässt. Der Impuls Δp wird unter Energieaufwand auf eine bestimmte Geschwindigkeit v *gebracht*. Für den Impuls gilt ein Erhaltungssatz, während die Entropie ΔS bei einer bestimmten Temperatur T *erzeugt* wird. Dazu ist ebenfalls Energie ΔE erforderlich, die mechanisch, elektrisch oder chemisch geliefert werden kann. Je höher die Temperatur T ist, umso mehr Energie wird benötigt. Es gilt die analoge Beziehung $\Delta E = T \Delta S$.

Entropie ΔS wird durch Reibung, unelastische Verformung, Stromfluss durch einen Widerstand oder Verbrennung bei einer bestimmten Temperatur T erzeugt. Dazu ist die Energie $Q = T \Delta S$ erforderlich. Als Definitionsgleichung folgt daraus:

$$\Delta S = \frac{1}{T} \cdot Q.$$

Q ist die aufgewandte Energie, die an die Entropie gebunden ist und als **Wärmeenergie** bezeichnet wird. Die Entropie fließt von der höheren zur tieferen Temperatur.
Die Einheit der Entropie ist $[S] = [Q/T] = 1$ J/K.

Für die Entropie gibt es kein Messgerät. Daher kann die Entropie nur aus der Messung anderer Größen ermittelt werden.

▶ **Versuch 1:** 200 g Wasser werden in ein Thermogefäß gefüllt und mit zwei dünnen Heizspiralen unter ständigem Umrühren erwärmt. Bei der Spannung $U = 10{,}9$ V fließt für $\Delta t = 310$ s ein Strom von $I = 5$ A. Das Wasser erwärmt sich währenddessen von $\vartheta_1 = 27$ °C auf $\vartheta_2 = 46$ °C um $\Delta T = 19$ K (**Abb. 1 a**).

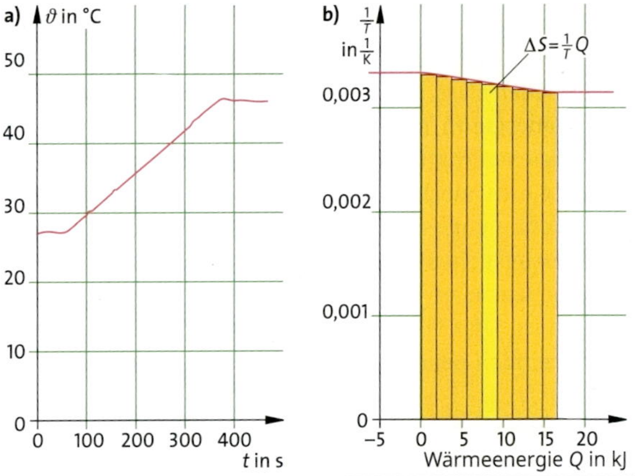

1 a) Zeit-Temperatur-Messkurve beim Tauchsiederversuch; **b)** $1/T$ als Funktion der zugeführten Wärmeenergie Q

Auswertung: Dem Wasser wird die elektrische Energie $\Delta E = U I \Delta t = 10{,}9\ \text{V} \cdot 5{,}0\ \text{A} \cdot 310\ \text{s} = 16{,}9$ kJ als Wärmeenergie zugeführt. Zur Berechnung der erzeugten Entropie wird die gemessene Temperatur ϑ in den Kehrwert $1/T$ der absoluten Temperatur umgerechnet und über der zugeführten Wärmeenergie Q aufgetragen (**Abb. 1 b**). In dem so erhaltenen Q-$1/T$-Diagramm stellen schmale Rechtecke unter dem Graphen entsprechend der Gleichung $\Delta S = Q/T$ kleine Entropiebeträge dar. Deren Flächeninhalt ist die insgesamt erzeugte Entropie ΔS. Sie lässt sich in guter Näherung aus dem Trapez in **Abb. 1 b** berechnen:

$$\Delta S = \frac{16{,}9\ \text{kJ}}{2}\left(\frac{1}{(27+273)\ \text{K}} + \frac{1}{(46+273)\ \text{K}}\right) = 54{,}7\ \frac{\text{J}}{\text{K}}$$

Ergebnis: Mit der proportionalen Umrechnung folgt aus dem Versuchsergebnis: Bei der Erwärmung von $m = 1$ kg Wasser um $\Delta T = 1$ K wird die Entropie $\Delta S = 14{,}4$ J/K erzeugt. Theoretische Berechnungen ergeben eine Entropiezunahme von $\Delta S = 13{,}9$ J/K. ◀

Entropiezunahme

Ein thermisch isolierter Raum habe ein Volumen von $V = 1\ \text{m}^3$. Darin brennt für kurze Zeit ein Bunsenbrenner und liefert die Wärmeenergie $Q = 10{,}8$ kJ, die benötigt wird, um die im Raum bei Normaldruck enthaltene Luft von $m = 1{,}2$ kg um $\Delta T = 9$ K von 18 °C auf 27 °C zu erwärmen. Bei der Verbrennung wird chemische Energie in Wärmeenergie umgewandelt und im Flammensaum des Bunsenbrenners bei etwa $T = 1800$ K (1527 °C) die Entropie

$$\Delta S = \frac{1}{T}\, Q = \frac{1}{1800\ \text{K}} \cdot 10{,}8\ \text{kJ} = 6\ \text{J/K} \quad \text{erzeugt.}$$

Entropie und Energie sind anfangs am Ort der Flamme konzentriert, werden sich aber im Laufe der Zeit durch Konvektion der erwärmten Luft und durch Wärmeleitung gleichmäßig im Raum verteilen. Die Raumtemperatur beträgt dann $T = 27\ °C = 300\ K$. Die im Raum enthaltene Entropie hat sich dabei vermehrt, wie die folgende Rechnung zeigt: Da die Energie erhalten bleibt, also $Q_{1800\ K} = Q_{300\ K}$ ist, vermehrt sich nach $Q = T\,\Delta S$ die Entropie um einen beträchtlichen Faktor:

$$\frac{\Delta S_{27\ °C}}{\Delta S_{1527\ °C}} = \frac{Q_{27\ °C}\,T_{1527\ °C}}{Q_{1527\ °C}\,T_{27\ °C}} = \frac{T_{1527\ °C}}{T_{27\ °C}} = \frac{1800\ K}{300\ K} = 6\,.$$

Die Entropiezunahme hat im Verlaufe der Zeit stattgefunden, so wie sich Entropie und Energie selbstständig ausgebreitet haben. Es wird niemals zu beobachten sein, dass der Prozess in umgekehrter Richtung abläuft, sodass sich die Energie unter Abkühlung des Raums wieder am Ort des Brenners versammeln würde. Ein solcher Prozess, der von allein nur in einer Richtung abläuft, heißt **irreversibel** (lat.: unumkehrbar). Dieser Sachverhalt wird durch die Entropiezunahme beschrieben. Mit dem Ablaufen eines irreversiblen Prozesses nimmt die Entropie zu. Um den Vorgang in umgekehrter Richtung unter Verringerung der Entropie stattfinden zu lassen, müsste die Zeit zurücklaufen, was es nicht gibt. Ohne selbstständig ablaufende, irreversible Prozesse könnte demnach auch kein Zeitablauf festgestellt werden. Zeit und Entropie sind wegen des einsinnigen Ablaufs eng miteinander verknüpft.

Gibt es überhaupt *reversible* Prozesse? Es gibt sie als idealisierte Grenzfälle: Würde eine Billardkugel gefilmt, wie sie *ideal elastisch* gegen andere Kugeln stößt, so ließe das Abspielen des Films nicht erkennen, ob der Film vor- oder rückwärts liefe. Dieser Prozess, bei dem keine kinetische Energie in Wärmeenergie umgewandelt würde, wäre reversibel. Hierbei bliebe die Entropie konstant, es wäre $\Delta S = 0$. Der zweite Hauptsatz fasst die Bedeutung der Entropie wie folgt zusammen:

Zweiter Hauptsatz der Wärmelehre:
Die Entropie nimmt in einem abgeschlossenen System bei irreversiblen Prozessen immer zu, bei reversiblen Prozessen bleibt sie konstant. Niemals nimmt sie ab.

Entropie und Ordnung

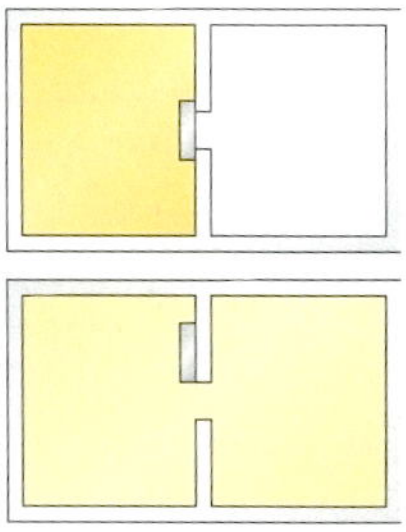

Bei einem anderen irreversiblen Prozess lässt sich nicht sofort erkennen, wieso eine Entropiezunahme damit einhergeht. Ein Thermogefäß ist in zwei Abteilungen unterteilt, von denen eine ein Gas enthält, während die andere Abteilung evakuiert ist. In der Trennwand zwischen den beiden wird eine Öffnung freigegeben. Das Gas dehnt sich aus und füllt beide Abteilungen. Der Vorgang ist irreversibel, denn niemals wird das Gas in die eine Abteilung zurückkehren. Da zwischen den Gasteilchen keine Kräfte bestehen sollen, ändert sich die Temperatur nicht. Wieso nimmt dennoch die Entropie des Gases zu, obwohl $Q = 0$ ist?

Der Erklärung liegt zugrunde, dass ein System in einem bestimmten Zustand eine ganz bestimmte Menge Entropie S enthält. Dies ist unabhängig davon, wie das System in den Zustand gelangt ist. Da sich bei irreversiblen Zustandsänderungen die Entropie zunächst nicht berechnen lässt, wird stattdessen eine Folge von *reversiblen*, also umkehrbaren Vorgängen betrachtet, die vom gleichen Ausgangszustand zum gleichen Endzustand führen. Befände sich das Gas in einem Kolbenprober, so gäbe es bei der Ausdehnung mechanische Energie $\Delta E_{mech} = F\Delta s$ an den Kolben ab. Dieser Prozess, bei dem sich das Gas abkühlt, ist reversibel. Nun wird dem Gas die abgegebene mechanische Energie als Wärmeenergie $Q = \Delta E_{mech}$ zugeführt. Auch dieser Prozess ist reversibel, wenn die Wärmequelle, was angenommen werden soll, stets die gleiche Temperatur wie das Gas hat. Mit der zugeführten Wärmeenergie Q kann die Entropiezunahme ΔS berechnet werden.

Wenn sich das Gas nur in einer Abteilung befindet, hat es einen Zustand höherer Ordnung als dann, wenn es sich in beide Abteilungen ausgebreitet hat. Solche Überlegungen führten den österreichischen Physiker Ludwig BOLTZMANN (1844–1906) zu der Erkenntnis:

In einem abgeschlossenen System hat von zwei Zuständen der ungeordnetere die größere Entropie.

AUFGABEN

1. Bestimmen Sie die Entropiezunahme, wenn 200 g Wasser von 20 °C mit 400 g Wasser von 40 °C gemischt werden.

2. Eine Kugel der Masse $m = 2$ kg fällt aus der Höhe $\Delta h = 3$ m herab und schlägt unelastisch am Boden auf. Die Temperatur der Kugel und der Aufschlagstelle, die dabei unwesentlich erhöht wird, soll $\vartheta = 25$ °C betragen. Berechnen Sie die beim Aufschlagen erzeugte Entropie.

3. Entropieerzeugung und -vermehrung in einem Tauchsieder (Leistung $P = 800$ W; Temperatur Heizdraht $\vartheta = 750$ °C): Berechnen Sie den aus dem Draht austretenden Entropiestrom $\Delta S/\Delta t$. Die Wärmeleitung durch die Keramikisolation und den äußeren Metallmantel vermehrt die Entropie. Berechnen Sie den Entropiestrom durch die Metalloberfläche, wenn diese die Wassertemperatur $\vartheta = 50$ °C hat.

4.4 Die Strahlungsgesetze

Wärmeenergie kann nicht nur durch Leitung, sondern auch ohne materiellen Kontakt zwischen zwei Körpern übertragen werden. So erhält die Erde ihre Energie von der Sonne durch das Vakuum des Weltraums. Die wärmende Wirkung der Sonnenstrahlung nehmen wir unmittelbar mit unserer Haut wahr. Auch in der Nähe heißer Gegenstände, wie z.B. einem heiß gefahrenen Automotor oder einer glühenden Herdplatte, ist die von ihnen abgestrahlte Wärmeenergie zu spüren. Die Strahlung wird umso intensiver, je höher die Temperatur der Körper ist. Den Einfluss der Oberfläche eines strahlenden Körpers auf die Strahlung zeigt der folgende Versuch.

▶ **Versuch 1:** Ein Hohlwürfel mit unterschiedlichen Oberflächen wird mit heißem Wasser gefüllt. Die von ihm ausgehende Strahlung wird mit einer *Thermosäule* gemessen: Die durch die Strahlung hervorgerufene Temperaturerhöhung einer kleinen geschwärzten Fläche führt bei ihr zu einer messbaren elektrischen Spannung.
Beobachtung: Bei gleicher Temperatur strahlt die schwarze Oberfläche am stärksten, die polierte Fläche am schwächsten. Die Strahlung wird also auch von der Art der Oberfläche eines Körpers bestimmt. ◀

Die **Strahlungsintensität** oder *Energiestromdichte I* einer Strahlung ist definiert durch

$$I = \frac{\textit{transportierte Energie}}{\textit{Fläche} \cdot \textit{Zeit}} = \frac{\Delta E}{A\,\Delta t}.$$

Ihre Einheit ist $\mathrm{J/(m^2\,s) = W/m^2}$.

Die schwarze und die polierte Oberfläche unterscheiden sich darin, wie stark sie Strahlung absorbieren: Eine ideal schwarze Oberfläche (**„schwarzer Körper“**) absorbiert alle auftreffende Strahlung, eine völlig blanke Fläche wirft die Strahlung vollständig zurück. Das *Absorptionsvermögen a* eines Körpers ist definiert durch

$$a = \frac{\textit{absorbierte Intensität}}{\textit{auftreffende Intensiät}}.$$

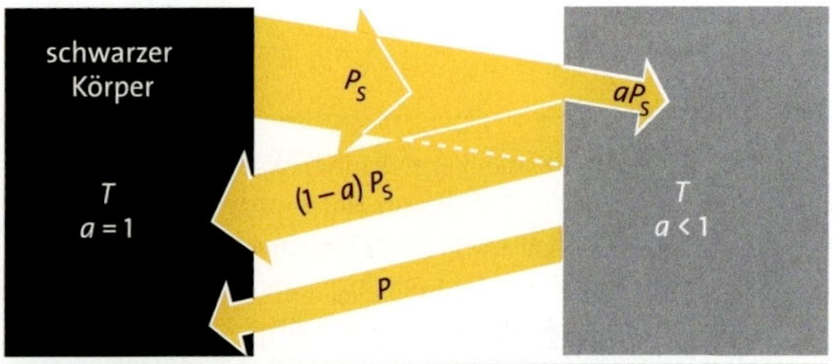

1 Zur Herleitung des Kirchhoff'schen Gesetzes: Die Strahlungsleistungen der beiden Körper stehen im Gleichgewicht.

Tauschen zwei Körper unterschiedlicher Temperatur durch Strahlung Energie aus, dann befinden sie sich nach einiger Zeit im thermischen Gleichgewicht, also bei gleicher Temperatur *T*.

Stehen sich ein schwarzer Körper ($a = 1$) und ein Körper mit dem Absorptionsvermögen $a < 1$ bei gleicher Temperatur mit der Fläche A gegenüber, dann kann sich nach dem zweiten Hauptsatz ihre Temperatur nicht mehr ändern (**Abb. 1**). Der schwarze Körper emittiert eine Strahlungsleistung $P_s = A I_s$, die den anderen Körper trifft. Dieser nimmt die Leistung aP_s auf, reflektiert $(1-a)P_s$ und emittiert P. Den schwarzen Körper trifft daher die Leistung $P + (1-a)P_s$. Im thermischen Gleichgewicht muss diese Leistung gleich P_s sein. Es folgt $P + (1-a)P_s = P_s$ oder $P = aP_s$ und daraus nach Division mit A unmittelbar das

Kirchhoff'sches Gesetz
Die Strahlungsintensität I eines Körpers ist proportional zum Absorptionsvermögen a und zur Strahlungsintensität I_s des schwarzen Körpers: $I = a I_s$.

Diese Überlegung gilt für jede Temperatur und Strahlung. In Kap. 7 wird gezeigt, dass Wärmestrahlung wie sichtbares Licht eine elektromagnetische Welle ist, die sich vom Licht durch die Wellenlänge λ unterscheidet. Die Wellenlängen liegen für sichtbares Licht zwischen etwa $4 \cdot 10^{-7}\,\mathrm{m}$ (blau) und $8 \cdot 10^{-7}\,\mathrm{m}$ (rot), Wärmestrahlung hat Wellenlängen zwischen $8 \cdot 10^{-7}\,\mathrm{m}$ und $10^{-3}\,\mathrm{m}$.

Nach dem Kirchhoff'schen Gesetz lässt sich die Strahlungsintensität eines Körpers aus seinem Absorptionsvermögen a und der Strahlungsintensität $I_s(\lambda, T)$ eines schwarzen Körpers berechnen. Die beste Annäherung an einen schwarzen Körper stellt die Öffnung eines innen geschwärzten Hohlraums dar: Alles Licht, das in den Hohlraum eintritt, wird vollständig absorbiert.

▶ **Versuch 2 – Hohlraumstrahlung:** Ein Hohlzylinder aus Keramik wird elektrisch beheizt. In Abhängigkeit von der Temperatur des Hohlzylinders wird die Strahlungsintensität, die aus seiner Öffnung austritt, mit einer Thermosäule gemessen (**Abb. 2**).
Beobachtung: Die Strahlungsintensität nimmt mit der Temperatur stark zu. ◀

Eine genaue Auswertung liefert das

Stefan-Boltzmann'sche Gesetz:
Die Strahlungsintensität des schwarzen Körpers wächst mit der 4. Potenz der Temperatur:
$I_s(T) = \sigma T^4$. Die Konstante σ hat den Wert
$\sigma = 5{,}6703 \cdot 10^{-8}\ \mathrm{W/(m^2\,K^4)}$.

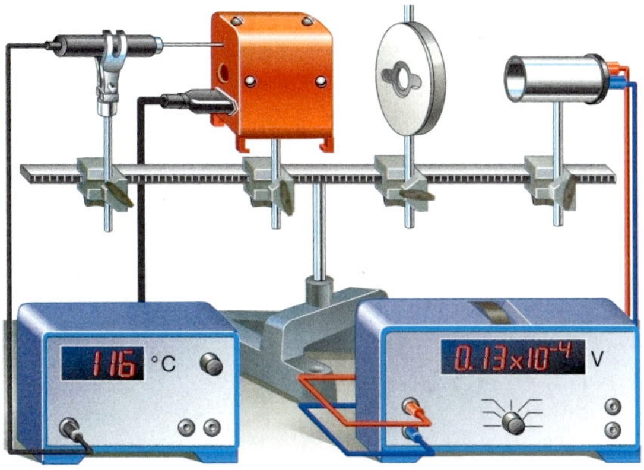

2 Messung der Strahlungsintensität eines Hohlraums

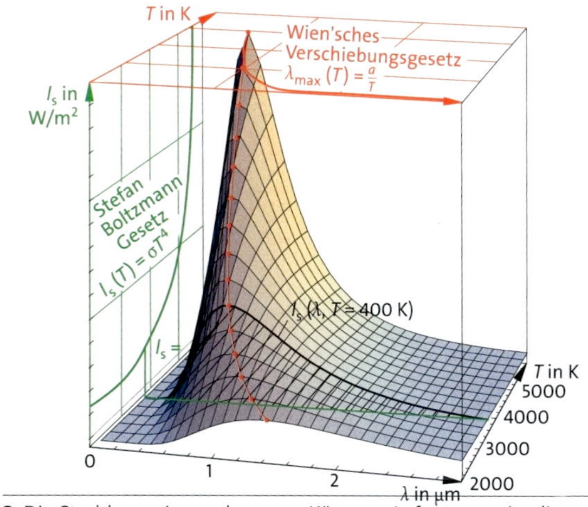

3 Die Strahlung eines schwarzen Körpers. Aufgetragen ist die Kurvenschar $I_s(\lambda)$ mit T als Parameter. Während die gesamte Strahlungsleistung $I_s(T)$ (die Fläche unter den Kurven) mit steigender Temperatur zunimmt, verschiebt sich ihr Maximum λ_{max} zu immer kleineren Wellenlängen (rote Kurve).

Mithilfe des Stefan-Boltzmann'schen Gesetzes lässt sich die Oberflächentemperatur eines heißen Körpers bestimmen, indem die Intensität der von ihm ausgehenden Strahlung gemessen wird. So lässt sich z. B. die Temperatur von geschmolzenem Metall berührungsfrei messen (**„Pyrometrie"**) oder die Oberflächentemperatur der Sonne bestimmen.

Wird in Versuch 2 das Licht in sein Spektrum zerlegt, dann kann I_s für jede Wellenlänge einzeln bestimmt werden. **Abb. 3** zeigt für verschiedene Temperaturen T die Kurven $I_s(\lambda)$, die sich auf diese Weise ergeben. Die spektrale Verteilung der Intensität durchläuft bei $\lambda = \lambda_{max}$ ein Maximum und λ_{max} wird mit steigender Temperatur kleiner. Es ergibt sich das

Wien'sche Verschiebungsgesetz:
Ein schwarzer Körper der Temperatur T strahlt am intensivsten Licht der Wellenlänge λ_{max} aus, für das gilt:

$$\lambda_{max} = \frac{2{,}898 \cdot 10^{-3}\,\text{m K}}{T}.$$

Die Sonne mit einer Oberflächentemperatur von $T = 5800\,\text{K}$ strahlt z. B. bei $\lambda_{max} = 500\,\text{nm}$ am intensivsten.

AUFGABEN

1. Die Sonne hat einen Radius von 696 000 km und ist 149,5 Millionen km entfernt. Wir empfangen von ihr eine Strahlungsleistung von $1{,}353\,\text{kW/m}^2$. Berechnen Sie die Oberflächentemperatur der Sonne.

2. Die Haut eines Menschen wirkt im Infraroten wie ein schwarzer Strahler. Berechnen Sie die von einem unbekleideten Menschen in einen Raum von 20 °C abgestrahlte Leistung, wenn man davon ausgeht, dass seine Körperoberfläche $1{,}4^{2}$ und seine Hauttemperatur 33 °C beträgt.

***3.** Der Wolframfaden ($a = 0{,}25$) einer Glühlampe (100 W|230 V) wird auf $\vartheta = 2300\,°\text{C}$ erhitzt und gibt dabei die gesamte elektrische Leistung als Strahlung wieder ab.
a) Berechnen Sie die Fläche des Fadens.
b) Bestimmen Sie die Lage des Intensitätsmaximums.
c) Berechnen Sie, wie viel Prozent der Strahlungsleistung im Bereich $0{,}4\,\mu\text{m} \le \lambda \le 0{,}8\,\mu\text{m}$ abgegeben werden.

Grundwissen Wärmelehre

Erster Hauptsatz der Wärmelehre

Die Änderung der *inneren Energie U* eines Systems kann durch den Austausch von *Wärmeenergie Q* und von *mechanischer Energie* ΔE_{mech} erfolgen:

$$\Delta U = Q + \Delta E_{mech}$$

Entropie

Die *Entropie* ΔS ist der Energieträger in der Wärmelehre. Sie wird durch Reibung, unelastische Verformung, Stromfluss durch einen Widerstand oder Verbrennung bei einer bestimmten absoluten Temperatur T erzeugt. Dazu ist die Energie $Q = T\Delta S$ erforderlich. Für die Entropie gilt:

$$\Delta S = \frac{1}{T}\Delta Q$$

Q ist die aufgewandte Energie, die an die Entropie gebunden ist und als *Wärmeenergie* bezeichnet wird.

Zweiter Hauptsatz der Wärmelehre

Die Entropie nimmt in einem abgeschlossenen System bei irreversiblen Prozessen immer zu, bei reversiblen Prozessen bleibt sie konstant. Niemals nimmt sie ab.

Lösungen Seite 86/87

1. a) $0\,\text{s} < t < 6\,\text{s}$: 8,3 m/s
$6\,\text{s} < t < 9\,\text{s}$: 33,3 m/s
$9\,\text{s} < t < 12\,\text{s}$: 0 m/s
$12\,\text{s} < t < 18\,\text{s}$: −25 m/s
b) Diagramm:

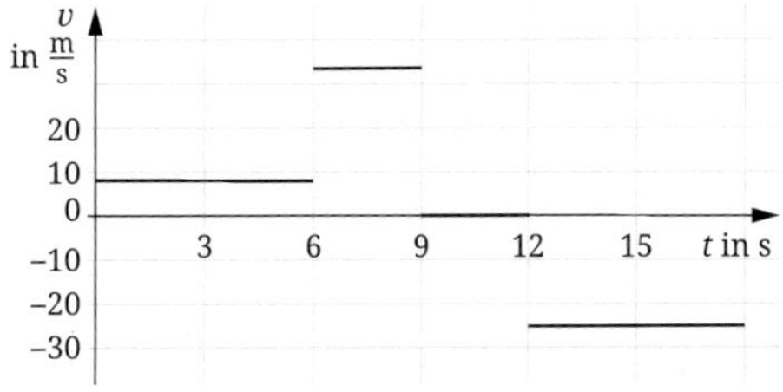

2. Nach 60 s hat der Körper eine Strecke von $s = v\,t = 333{,}3\,\text{m}$ zurückgelegt. Die Rückfahrt der 333,3 m dauert $t = s/v = 40$ Sekunden. Insgesamt dauert die Fahrt also 1 Minute und 40 Sekunden.

3. a) [0,5 min; 0,75 min]: $\overline{a} = \frac{\Delta v}{\Delta t} = \frac{\frac{78}{3{,}6}\,\frac{\text{m}}{\text{s}} - \frac{40}{3{,}6}\,\frac{\text{m}}{\text{s}}}{15\,\text{s}} = 0{,}7\,\text{m/s}^2$

[0,25 min; 0,5 min]: $\overline{a} = -1{,}1\,\text{m/s}^2$

[0 min bis 1,5 min]: $\overline{a} = 0{,}44\,\text{m/s}^2$

b) Die Fläche unter dem Graphen lässt sich mit etwa 26,5 Kästchen ausfüllen. Der Inhalt eines Kästchens beträgt $s = 20\,\frac{\text{km}}{\text{h}} \cdot 15\,\text{s} = 20\,\frac{\text{km}}{3600\,\text{s}} \cdot 15\,\text{s} = \frac{1}{12}\,\text{km}$. Folglich beträgt die Gesamtstrecke etwa $\frac{26{,}5}{12}\,\text{km} = 2{,}2\,\text{km}$.

4. a) $s_0 = \frac{1}{2}\,g\,t_0^2 = 33{,}2\,\text{m}$

b) $\frac{1}{2}\,s_0 = \frac{1}{2}\,g\,t_\text{H}^2 \rightarrow \frac{1}{2} \cdot \frac{1}{2}\,g\,t_0^2 = \frac{1}{2}\,g\,t_\text{H}^2 \rightarrow t_\text{H} = t_0\,\sqrt{\frac{1}{2}} = 1{,}84\,\text{s}$

c) $t' = t_0 - t_{3/4} = t_0 - t_0\,\sqrt{\frac{3}{4}} = t_0\left(1 - \sqrt{\frac{3}{4}}\right) = 13{,}4\,\%\;t_0 = 0{,}35\,\text{s}$

5. Mit $s = \frac{1}{2}\,g\,t^2$ und $v = g\,t$ folgt $s = \frac{v^2}{2g} = 39{,}3\,\text{m}$.

6. Mit $s = \frac{1}{2}\,a\,t^2$ und $v = a\,t \Leftrightarrow a = \frac{v}{t}$ folgt $s = \frac{1}{2}\,vt$ und dann $t = 2\,s/v = 1{,}0\,\text{s}$. Weiterhin folgt aus den beiden ersten Gleichungen $s = \frac{v^2}{2a}$ und dann $a = \frac{v^2}{2s} = 27{,}6\,\frac{\text{m}}{\text{s}^2}$.

7. a) Falsch: Das Tempo nimmt in 12 s gleichmäßig um 30 m/s zu, also beträgt die (konstante) Beschleunigung
$a = \frac{30\,\text{m/s}}{12\,\text{s}} = 2{,}5\,\text{m/s}^2$.
b) Falsch: Die zurückgelegte Strecke wird vom Flächeninhalt unter dem t-v-Graphen in der Zeit von 0 s bis 6 s angegeben. Die Fläche ist ein Dreieck, der Flächeninhalt beträgt folglich $s = \frac{1}{2} \cdot 6\,\text{s} \cdot 15\,\frac{\text{m}}{\text{s}} = 45\,\text{m}$.
c) Richtig: Die relevante Fläche wird gebildet durch 5 Kästchen, von denen jedes für eine Strecke von $2\,\text{s} \cdot 10\,\frac{\text{m}}{\text{s}} = 20\,\text{m}$ steht. Folglich beträgt die zurückgelegte Strecke $5 \cdot 20\,\text{m}$ und die Aussage stimmt.
(Oder Flächeninhalt eines Trapezes:
$s = \frac{1}{2} \cdot \left(20\,\frac{\text{m}}{\text{s}} + 30\,\frac{\text{m}}{\text{s}}\right) \cdot 4\,\text{s} = 100\,\text{m}$.)

8. Reaktionsweg: $s = v\,t = 11{,}1\,\text{m}$
Bremsweg: $s = v^2/(2\,|a|) = 12{,}1\,\text{m}$
Anhalteweg: $s = 11{,}1\,\text{m} + 12{,}1\,\text{m} = 23{,}2\,\text{m}$
Das Auto kommt rechtzeitig zum Stehen.

9. Wurfweite $x_\text{w} = 20\,\text{m}$
a) $t = \frac{x_\text{W}}{v_0} = 2\,\text{s}$

b) $h_0 = \frac{1}{2}\,g\,t^2 = 19{,}62\,\text{m}$

c) $v = \sqrt{v_0^2 + (gt)^2} = 28\,\text{m/s}$, aus $\tan\alpha = g\,t/v_0$ folgt $\alpha = 44{,}5°$

10. Der Ball hat in Bewegungsrichtung des Rades die gleiche Geschwindigkeit wie das Rad. Bei Außerachtlassung des Luftwiderstands wird diese Geschwindigkeit nicht reduziert und der Ball fällt aus Sicht des Radfahrers geradlinig zu Boden (Bahnkurve d). Für einen Beobachter am Wegesrand stellt das Fallenlassen einen waagerechten Wurf dar, die Bahnkurve ist entsprechend g.

11. a) Aus $0 = v_0 - g\,t$ folgt für die Flugdauer bis zum höchsten Punkt $t = \frac{v_0}{g} = 2{,}04$ s. Die Flughöhe beträgt dann $h = v_0 t - \frac{1}{2}\,g\,t^2 = \frac{v_0^2}{2g} = 20{,}4$ m.
b) Wiederkehr nach $2 \cdot 2{,}04$ s = 4,08 s.
Flugzeit bis $H = 5$ m Höhe:
$H = v_0\,t - \frac{1}{2} \cdot g\,t^2$, also $t^2 - \frac{2v_0}{g}\,t + \frac{2H}{g} = 0$

p-q-Formel: $t = \frac{v_0}{g} \pm \sqrt{\left(\frac{v_0}{g}\right)^2 - \frac{2H}{g}}$

$t_1 = 0{,}27$ s und $t_2 = 3{,}81$ s

***12.** x: Tiefe des Brunnens
t_F: Zeit, die der Stein fällt
t_S: Zeit, die der Schall benötigt
$t_\text{G} = 3{,}2$ s
v_S: Schallgeschwindigkeit
$t_\text{S} + t_\text{F} = t_\text{G}$, $x = t_\text{S}\,v_\text{S}$, $x = \frac{g}{2}\,t_\text{F}^2$
Schall-Weg = Fallweg, also $t_\text{S} \cdot v_\text{S} = (t_\text{G} - t_\text{F})\,v_\text{S} = \frac{g}{2}\,t_\text{F}^2$

$\Rightarrow\; 0 = \frac{g}{2}\,t_\text{F}^2 + v_\text{S}\,t_\text{F} - v_\text{S}\,t_\text{G} \;\Rightarrow\; t_\text{F} = \frac{-v_\text{S} \pm \sqrt{v_\text{S}^2 + 2\,g\,v_\text{S}\,t_\text{G}}}{g}$

$\Rightarrow t_\text{F} = 3{,}064$ s ($t_\text{F} > 0$), $t_\text{S} = 0{,}136$ s, $x = t_\text{S}\,v_\text{S} = 46{,}04$ m
Der Wasserspiegel liegt in 46,0 m Tiefe.

13. Die Münze bewegt sich nicht (kaum) mit der Pappkarte, weil die Kraft von der Karte auf die Münze in Bewegungsrichtung der Karte zu gering ist. Ohne Krafteinwirkung bleibt die Münze – gemäß Trägheitsprinzip – in ihrem bisherigen Zustand, also (nahezu) am Ort liegen. Wenn die Pappkarte unterhalb die Münze fehlt, entfällt die Normalkraft von der Pappkarte auf die Münze und nur noch die Gewichtskraft wirkt. Durch die Gewichtskraft wird die Münze nach unten beschleunigt und fällt somit ins Glas.

14. a) Mit $F = \frac{m\,\Delta v}{\Delta t}$ folgt $\Delta v = \frac{\Delta t\,F}{m} = 24\,\text{m/s}$,
$a = \frac{\Delta v}{\Delta t} = 2{,}4\,\text{m/s}^2$
b) $p = m\,v = 60\,\text{kg m/s}$

15. a) Mit $a = \frac{F}{m}$ und $s = \frac{1}{2}a t^2$ folgt $t = \sqrt{\frac{2\,s}{a}} = \sqrt{\frac{2\,m\,s}{F}}$ $= 6{,}8\,\text{s}$.
b) Für die Geschwindigkeit gilt $v = a\,t = \frac{F}{m}\sqrt{\frac{2\,m\,s}{F}}$ $= \sqrt{\frac{2\,F\,s}{m}} = 22{,}2\,\frac{\text{m}}{\text{s}} = 79{,}9\,\frac{\text{km}}{\text{h}}$.

16. Mit $F = ma$ bzw. $F \cdot \Delta t = m \cdot \Delta v$ (Kraftstoß) folgt $F = m\,\frac{\Delta v}{\Delta t}$.
0,5 min bis 0,75 min: $F = \frac{1{,}8\,t \cdot 38\,\frac{\text{km}}{\text{h}}}{0{,}25\,\text{min}} = 1{,}27\,\text{kN}$
0,25 min bis 0,5 min:
$F = 1{,}8\,t \cdot \frac{-60\,\frac{\text{km}}{\text{h}}}{0{,}25\,\text{min}} = -2{,}0\,\text{kN}$

17. Beide Kraftmesser zeigen jeweils eine Kraft von 1 N an.
In der links dargestellten Situation zieht das Wägestück infolge der Gewichtskraft mit 1 N am Kraftmesser, die an der Skala des Kraftmessers abgelesen werden können. Der Kraftmesser beschleunigt allerdings nicht, wie es nach $F = ma$ zu erwarten wäre, sondern bleibt in Ruhe. Das liegt daran, dass der Kraftmesser auch eine Kraft von 1 N auf die linke Halterung ausübt – und diese gemäß Wechselwirkungsprinzip eine Kraft von 1 N auf den Kraftmesser ausübt.
In der rechts dargestellten Situation zeigt der Kraftmesser ebenso 1 N an, denn es wirken gleichfalls jeweils von links und rechts Kräfte von 1 N.

18. $f = \frac{4}{\text{min}} = \frac{4}{60}\,\text{Hz} = \frac{1}{15}\,\text{Hz} = 0{,}067\,\text{Hz}$

$T = \frac{1}{f} = 15\,\text{s}$, $\omega = \frac{2\pi}{T} = \frac{0{,}42}{\text{s}}$

19. Aus $v = \frac{2\pi r}{T}$ folgen $T = \frac{2\pi r}{v}$ und $T = 0{,}45\,\text{s}$
Die Anzahl der Umdrehungen pro Minute beträgt $\frac{60\text{s}}{T} \approx 134$.

20. Tatsächlich ist die zum Festhalten erforderliche Zentripetalkraft weiter außen größer. In der Formel $F_Z = m v^2/r$ ändert sich nicht nur r, sondern mit r auch v. Aus $F_Z = mv^2/r$ folgt mit $v = \frac{2\pi r}{T}$ die Formel $F_Z = mr\frac{4\pi^2}{T^2}$, die eine proportionale Zunahme der erforderlichen Kraft zum Festhalten bei größer werdendem Radius beschreibt.

21. a) Die Werferin.
b) $F_Z = 1{,}5\,\text{kN}$
c) $m = \frac{F_Z}{g} = 152\,\text{kg}$. Die aufzubringende Kraft ist betragsmäßig gleich der Gewichtskraft auf 152 kg.

22. $F_G = 12{,}75\,\text{kN}$
Grenzfall: Aus $mg = \frac{mv^2}{r}$ folgt $v = \sqrt{gr} = 22{,}1\,\frac{\text{m}}{\text{s}} \approx 80\,\frac{\text{km}}{\text{h}}$

23. $a = \frac{F}{m} = \frac{(m_2 - m_1)g}{m_0 + m_1 + m_2} = \frac{1}{6}\,g = 1{,}6\,\frac{\text{m}}{\text{s}^2}$

24. a) Aus $F = m\,a$ folgt $a = \frac{(m_K - m_A)g}{m_K + m_A} = 0{,}47\,\frac{\text{m}^2}{\text{s}}$.

Beschleunigende Masse: $m_K - m_A = 1\,\text{kg}$,
beschleunigte Masse: $m_K + m_G = 21\,\text{kg}$
b) Die Kiste drückt mit einer Kraft von $(11\,\text{kg} - 10\,\text{kg})\,g = 1\,\text{kg} \cdot g$ auf den Boden. Damit die Kisten angehoben wird, muss die Kraft vom Affen auf das Seil infolge seiner Beschleunigung a größer sein als diese Differenz der Gewichtskräfte, also $m_A\,a > (m_K - m_A)\,g$. Daraus folgt $a > 0{,}1\,g$.

25. a) Es gilt Energieerhaltung: Aus $\frac{1}{2}\,m v_0^2 + m g h = \frac{1}{2}\,m v^2$ folgt für die Auftreffgeschwindigkeit $v = \sqrt{v_0^2 + 2\,g\,h} = 24{,}28\,\text{m/s}$.
b) Wegen der Energieerhaltung bleiben die Beträge der Auftreffgeschwindigkeiten in allen Fällen gleich. Es gibt aber verschiedene Auftreffwinkel.

26. a) Aus $F_Z = F_G$ folgt $v = \sqrt{gr} = 2{,}1\,\text{m/s}$.
b) Aus $m g h = m g 2 r + 1/2\,m v^2$ folgt $h = 2{,}5\,r = 1{,}125\,\text{m}$.
c) Aus $m \cdot g \cdot 2{,}5 \cdot r = 1/2\,m v'^2$ folgt $v' = \sqrt{5\,g\,r}$. Mit $F_Z = \frac{m\,v'^2}{r}$ folgt $F_Z = 5\,m g = 5\,F_G$.
Dazu kommt noch die Gegenkraft zur Gewichtskraft, sodass die Fahrbahn mit $6\,F_G$ auf den Wagen wirkt.

27. vorher: $p = 0{,}06\,\text{kg m/s}$; $E = 0{,}042\,\text{J}$
Stoß 1, nachher: $p = 0{,}06\,\text{kg m/s}$; $E = 0{,}042\,\text{J}$; Deutung: ideal elastischer Stoß
Stoß 2, nachher: $p = 0{,}06\,\text{kg m/s}$; $E = 0{,}0036\,\text{J}$; Deutung: unelastischer Stoß, keine Erhaltung der mechanischen Energie

28. 1,8 m/s

29. a) $a = F/m = 15\,\text{m/s}^2$; Abzüglich Erdbeschleunigung ergibt sich eine Startbeschleunigung von $5{,}19\,\text{m/s}^2$.
b) Die Beschleunigung ist im Folgenden nicht konstant, da die Masse des Space-Shuttles aufgrund des Massenausstoßes der Raketen abnimmt. Die Beschleunigung nimmt folglich zu.

30. a)
- Bei der steileren Ebene dauert die Fahrt weniger lange.
- Die Endgeschwindigkeiten der beiden Wagen sind gleich. Das ergibt sich aus dem Energieerhaltungssatz $m\,g\,h = \frac{1}{2}\,m\,v^2$, der nur die Höhe h, nicht aber die Ebenenneigung enthält.
- Die Gewichtskräfte auf beide Wagen sind identisch, aber die Normalkräfte haben unterschiedliche Beträge und Richtungen. Das führt dazu, dass bei der steileren Ebene eine größere Hangabtriebskraft F_A auf den Wagen wirkt.

- Beide Wagen wandeln die gleichen Betrag an potentieller Energie in kinetische Energie um.

b) *Lösung 1*: Bei einer gleichmäßig beschleunigten Bewegung aus der Ruhe, die hier vorliegt, gilt $\overline{v} = \frac{1}{2}\,v_e$. Aus gleichen v_e folgen gleiche Durchschnittgeschwindigkeiten.

Lösung 2: Für die Länge s der Ebene gilt bei einem Neigungswinkel α zur Horizontalen $s = h/(\sin(\alpha))$. Aus $F_A = F_G \sin(\alpha)$, $F_A = m\,a$ und $s = \frac{1}{2}\,a\,t^2$ folgt

$$t = \sqrt{\frac{2\,s}{g\sin(\alpha)}} \text{ und dann } t = \frac{1}{\sin(\alpha)}\sqrt{\frac{2\,h}{g}}.$$

Zusammen ergibt sich $\overline{v} = \frac{s}{t} = \sqrt{\frac{g\,h}{2}}$, woran deutlich wird, dass die Ebenenneigung α ohne Bedeutung ist.

31. Die Wagen erreichen die Enden der Rampen in der zeitlichen Reihenfolge A, B ,C. Wagen A beschleunigt am Beginn der Rampe aufgrund des starken Gefälles der Rampe stark und erreicht damit schon früh eine hohe Geschwindigkeit, die im weiteren Weg noch zunimmt. Dadurch ist er früher am Ziel als der Wagen auf der etwas kürzeren Rampe B, der langsamer schneller wird. Wagen C kommt zum Schluss an, weil der Wagen für lange Zeit mit recht niedrigen Geschwindigkeiten unterwegs ist.

Lösungen Seite 107

1. a) $F_G = \gamma\,\frac{m_E\,m_M}{(r_{\text{Erde-Mond}})^2}$

$$= 6{,}674 \cdot 10^{-11}\,\frac{\text{m}^3}{\text{kg s}^2} \cdot \frac{5{,}97 \cdot 10^{24}\,\text{kg} \cdot 7{,}34 \cdot 10^{22}\,\text{kg}}{(3{,}844 \cdot 10^8\,\text{m})^2} = 1{,}98 \cdot 10^{20}\,\text{N}$$

b) gleich groß

2. a) Strecke c
b) Punkt A
c) Aphel

3. a) (i) nein, (ii) ja
b) In den Bereichen (a) und (b) legt der Planet ungefähr die gleiche Strecke zurück. Aus den zeitlich festen Abständen der Ortspunkte folgt, dass im Bereich (b) ungefähr 3-mal so viel Zeit benötigt wurde wie im Bereich (a). Entsprechend ist der Planet im Bereich (b) langsamer unterwegs.
c) $A_2 = 2{,}1$ FE, $A_3 = 3 \cdot 2{,}1$ FE $= 6{,}3$ FE. Die Fläche A_3 wurde vom Vektor vom Zentralkörper zum Satelliten in der dreifachen Zeit überstrichen wie die Fläche A_1. Entsprechend ist der Flächeninhalt von A_3 dreimal so groß wie der von A_1 (2. Gesetz von Kepler).

4. Beide: Die linke Abb. zeigt das Gravitationsfeld aus großer Entfernung, die rechte Abbildung zeigt einen sehr kleinen Ausschnitt daraus, in dem die Feldlinien quasi parallel verlaufen.

5. a) Aus $F_G = \gamma\,\frac{m\,M}{r_1^2} = m\,r_1\,\frac{4\,\pi^2}{T^2} = F_{ZP}$ folgt $M = \frac{4\,\pi^2\,r_1^3}{\gamma\,T^2}$ und ergibt $M = 1{,}49 \cdot 10^{29}$ kg.
b) Eine große Halbachse besteht aus der Hälfte der Strecke AP und somit gilt $a_2 = \frac{r_A + r_1}{2} = 1{,}4 \cdot 10^{11}$ m.
c) $\frac{r_1^3}{T_1^2} = \frac{a_2^3}{T_2^2} \Rightarrow T_2 = T_1\sqrt{\frac{a_2^3}{r_1^3}} = 2\text{a} \cdot 1{,}66 = 3{,}3\,\text{a}\ (= 1{,}046 \cdot 10^8\,\text{s})$

6. a) Berechnung der Höhe für den geostationären Satelliten:
Zentripetalkraft = Gravitationskraft
$m\omega^2 r = \gamma\frac{mM}{r^2}$, also $r^3 = \gamma\frac{M}{\omega^2}$ und $T = \frac{2\pi}{\omega}$.
Daraus folgt: $r^3 = \gamma\frac{MT^2}{4\pi^2}$, $r = \sqrt[3]{\gamma\frac{MT^2}{4\pi^2}} = 42\,164$ km
Die Höhe des Wettersatelliten ist
$h = r - r_E = 42\,164\text{ km} - 6378\text{ km} = 35\,786\text{ km}$
Für Hubble ist die entsprechende Höhe $h = 615$ km.
b) Die Geschwindigkeit von Meteosat-10 ist $v = 2\,\pi\,r/T = 3{,}07$ km/s, die von Hubble 7,55 km/s.
c) Fernsehsatelliten bewegen sich auf geostationären Bahnen und befinden sich aus Sicht eines Erdbewohners immer an der gleichen Position am Himmel. So können Parabolantennen für den Rundfunkempfang auf bestimmte Satelliten ausgerichtet werden.

7. a) $\Delta E_{pot} = \gamma\,M\,m\left(\frac{1}{R} - \frac{1}{3R}\right) = 2{,}086 \cdot 10^9\,\text{J} \approx 2{,}1 \cdot 10^9\,\text{J}$
b) Aus $F_{ZP} = F_G$, d.h. $m\,\frac{v^2}{3R} = \gamma\,\frac{M\,m}{(3R)^2}$, folgt $v = \sqrt{\gamma\,\frac{M}{3R}} = 4{,}57\,\frac{\text{km}}{\text{s}}$
c) Mit dem Ergebnis der vorherigen Teilaufgabe folgt $E_{kin} = \frac{1}{2}\,mv^2 = \frac{1}{2}\,m\,\gamma\,\frac{M}{3R}$.
d) $E = \Delta E_{pot} + E_{kin} = \gamma\,M\,m\left(\frac{1}{R} - \frac{1}{3R}\right) + \frac{1}{2}\,\gamma\,\frac{m\,M}{3R}$
$= \gamma\,m\,M\left(\frac{4}{6R} + \frac{1}{6R}\right) = \frac{5}{6}\,\gamma\,\frac{m\,M}{R}$

8. $\frac{T_2^2}{T_1^2} = \frac{(r_{EM} + 3820\text{ m})^3}{r_{EM}}$, also $T_2 = T_1\sqrt{\frac{(r_{EM} + 3820\text{ m})^3}{r_{EM}}}$
$= T_1 \cdot 1{,}000015$
$\Delta t = T_2 - T_1 = 0{,}000\,015 \cdot T_1 = 0{,}000\,407\,\text{d} = 0{,}59\,\text{min} \approx 35\,\text{s}$

Lösungen Seite 122/123

1. a) $t = \frac{10\text{ m}}{2{,}7108\text{ m/s}} = 3{,}7 \cdot 10^{-8}\text{ s} = 37\text{ ns}$
b) $t_0 = t\sqrt{1 - v^2/c^2} = 16$ ns
c) $l = 10\text{ m}\sqrt{1 - v^2/c^2} = 4{,}36$ m
d) $v = \frac{4{,}36\text{ m}}{16\text{ ns}} = 2{,}7 \cdot 10^8\text{ m/s} = 0{,}9\,c$
e) $m = m_0/\sqrt{1 - v^2/c^2} = 21 \cdot 10^{-31}$ kg

2. a) $t = s/v = 12\,000\text{ m}/0{,}999\,c = 40\,\mu\text{s}$
Es dürften nicht sehr viele Myonen auf der Erde ankommen, da die mittlere Lebensdauer von 2,2 µs deutlich kürzer ist als Flugdauer von 40 µs.

b) Aus $t_0 = t\sqrt{1 - v^2/c^2}$ bzw. $t_0/\sqrt{1 - v^2/c^2} = t$ folgt mit $t_0 = 2{,}2$ µs eine Zeit $t = 49$ µs.
Wegen der hohen Geschwindigkeit vergeht die Myonen-Zeit langsamer und eine mittlere Myonen-Lebensdauer von 2,2 µs wird zu 49 µs im Erd-System. Die Flugdauer ist mit 40 µs kleiner als die mittlere Lebensdauer der Myonen, sodass viele Myonen auf der Erde ankommen.
c) Die zurückzulegende Strecke beträgt aus Myon-Sicht $l = 12\ \text{km} \cdot \sqrt{1 - v^2/c^2} = 537$ m.
Während der mittleren Lebensdauer von 2,2 µs kommt ein Myon $s = v \cdot t = 0{,}999\ c \cdot 2{,}2\ \mu\text{s} = 659$ m weit, also weiter als erforderlich. Daher kommen viele Myonen auf der Erde an.

3. a)

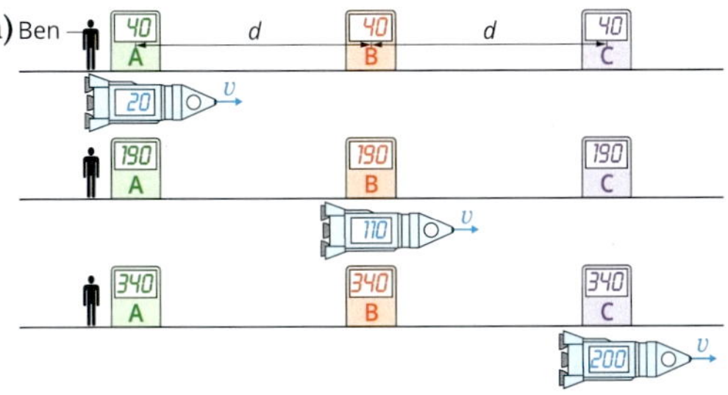

b)

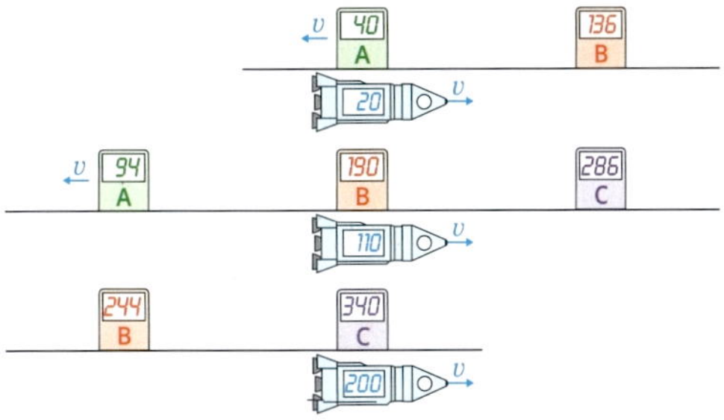

c) Im Raumschiff vergehen 110 ns – 20 ns = 90 s. Die bewegte Uhr C geht langsamer. Statt 90 ns sind nur $t_0 = t\sqrt{1 - v^2/c^2} = 54$ ns vergangen. Im mittleren Bild zeigt die Uhr 190 ns und daher im obersten Bild 190 ns – 54 ns = 136 ns.
d) Die Uhren A und B zeigen im 3-Uhren-System stets die gleiche Zeit an. Nach der Relativität der Gleichzeitigkeit können Sie dann in keinem anderen, relativ dazu bewegten System ebenfalls synchron laufen.

4. a) (12 m | 40 ns) und (24 m | 30 ns); die Ballons platzen nicht gleichzeitig, sondern nacheinander (nach 30 ns und nach 40 ns).
b) Im (Koordinaten-)Systems S ergeben sich die Punkte (15 m | 50 ns) und (27 m | 50 ns). Die Ballons platzen also beide nach 50 ns und damit gleichzeitig.
c) Durch die Punkte der Ereignisse (Platzen der Ballons) lässt sich eine Gerade g legen. Wenn die Orts-Achse des Koordinatensystems parallel zu dieser Geraden liegt, dann finden die Ereignisse gleichzeitig statt. Da der Winkel α und damit die Neigung der Orts-Achse bei größer werdender Geschwindigkeit v immer größer werden, gibt es nur genau eine Geschwindigkeit v, bei der Orts-Achse und die Gerade g parallel zueinander verlaufen. Daraus folgt, dass es nicht mehr als Inertialsystem geben kann, in dem die Ballons gleichzeitig platzen.
Bemerkung: Ausgenommen davon sind natürlich weitere Inertialsysteme, die zu diesem einen eine Relativgeschwindigkeit von 0 haben.

5. a) Anna könnte argumentieren, dass in ihrem Zug-System der Zug 1200 m lang ist und der Tunnel auf 900 m verkürzt ist. Daher passt der Zug gar nicht in den Tunnel und die Tore können folglich auch nicht gleichzeitig kurz schließen.
b) Aus der Abbildung wird deutlich, dass das Funksignal in Bens System (Tunnel-System) zu einem gleichzeitigen Schließen der Tore führt.
Anna hat aber ebenfalls recht. Gleichzeitig können die Tore ihrem System nicht schließen. Die Bilderfolge zeigt, dass das Funksignal im Zugsystem die Tore auch gar nicht gleichzeitig erreicht. Die Tore schließen nacheinander.
(Aus der Relativität der Gleichzeitigkeit folgt, dass ein gleichzeitiges Schließen der Tore in beiden Systemen grundsätzlich nicht möglich ist.)

6. a) Wie dargestellt, springt die Anzeige einer Lichtuhr immer dann um 1 ns weiter, wenn der Lichtstrahl an Decke oder Boden der Lichtuhr ankommt (und dort von einem Spiegel reflektiert wird). Da die (Vakuum-)Lichtgeschwindigkeit konstant ist und das Licht bei der Bewegung von Uhr C einen längeren Weg zurücklegen muss als bei den Uhren A und B, springt die Anzeige von Uhr C weniger oft um 1 ns weiter. Die bewegte Uhr C läuft also langsamer.
b) $x = c\,t_C \quad y = v\,t_{AB} \quad z = c\,t_{AB}$
c) Satz des Pythagoras: $x^2 + y^2 = z^2$ oder $x^2 = z^2 - y^2$, also
$(c\,t_C)^2 = (c\,t_{AB})^2 - (v\,t_{AB})^2$
Damit folgen $t_C^2 = t_{AB}^2\,(1 - v^2/c^2)$ und $t_C^2 = t_{AB}^2\,(1 - v^2/c^2)$ und schließlich $t_C = t_{AB}\sqrt{1 - v^2/c^2}$.
Mit $v = 0{,}6\ c$, $t_C = 4$ ns und $t_{AB} = 5$ ns lässt sich die Gleichung bestätigen.

Sachwortverzeichnis

A

absoluter Nullpunkt 125
absoluter Raum 108
absolute Temperaturskala 125
Abstand der Erde zu Sonne und Mond, Bestimmung 100
Aggregatzustände 129
allgemeine Gasgleichung 126
Allgemeine Relativitätstheorie 102
allgemeines Energieerhaltungsprinzip 128
Amontons, Guilleaume 126
Apollo Xl 94
Äquivalenz von Schwere und Trägheit 45
Aristarch 100
Aristoteles 100
Äther 108
Atomuhr 117

B

Bahngeschwindigkeit 50
ballistische Kurven 31
Basiseinheiten 11
Bernoulli, Daniel 58
Beschleunigung 16
– vektorielle Darstellung 27
Bewegung 5
– geradlinig gleichförmige 8
– geradlinig gleichmäßig beschleunigte 17
– konstant beschleunigte 16
– nicht lineare 30
– Überlagerung 28
Bewegungsgleichungen 23
Bezugssystem 5
– Wechsel 26
Bilanzgleichung 66
Bogenmaß 50
Boltzmann, Ludwig 135
Brahe, Tycho 90, 101
Bremsvorgang 23
Bucherer, Alfred 120

C

Cavendish, Henry 92
Celsiustemperatur 124
COBE 102
Coriolis, Gaspard Gustave 56
Corioliskraft 56

D

Drehbewegung, gleichmäßig beschleunigte 78
Drehimpuls 80
Drehimpulserhaltungssatz 80
Drehmoment 78
drittes Newton'sches Axiom *siehe* Reaktionsprinzip
Druck 126
dunkle Energie 104
dunkle Materie 104
Durchschnittsbeschleunigung 16
Durchschnittsgeschwindigkeit 12
dynamische Masse 120

E

Ebbe und Flut 96
Eigenzeit 114
Einstein, Albert 108, 112
Energie
– kinetische 62
– kinetische Energie der Rotation 79
– mechanische 60
– nnere Energie 129
– potenzielle 63
– Reibung 64
– Spannenergie 63
– thermische 129
– Wärmeenergie 127
Energieerhaltung 65
– zentraler elastischer Stoß 71
Energieerhaltungssatz
– der Mechanik 66
– verallgemeinerter 66
Energie-Masse-Äquivalenz 120
Energiestrom 69
Entropie 134, 137
– und Ordnung 135
Epizykeltheorie 101
Eratosthenes 100
Erdbeschleunigung *siehe* Fallbeschleunigung
Erdumfang, Bestimmung 100
erster Hauptsatz der Wärmelehre 127, 137
erstes Newton'sches Axiom *siehe* Trägheitsprinzip

F

Fallbeschleunigung 20
Fall, freier 20
Fall mit Luftwiderstand 21
Federpendel 65
Feldlinienbilder 95
Flächeninhalte unter t-v-Graphen 24
Flächensatz *siehe* zweites Kepler'sches Gesetz
Flächensatz (zweites Kepler'sches Gesetz) 90
Foucault, Michel 57
Foucault'sches Pendel 57
freier Fall 20, 45
Frequenz 50

G

Galilei, Galileo 36
Galileo-Sonde 99
Gamow, George 102
Gas
– ideales 125
– quasi-ideales 125
– reales 125
Gasgleichung, allgemeine 126
Gay-Lussac, Joseph Louis 125
Genzel, Reinhard 89
geozentrisches Weltbild 101, 106
Geschwindigkeit 8
– Betrag 26
– vektorielle Darstellung 26
Gesetz von Amontons 126
Gesetz von Gay-Lussac 125
Ghez, Andrea 89
Gleichzeitigkeit, Relativität 113, 122
Gleitreibungszahl 48
GPS 112
Gravimetrie 94
Gravitationsdrehwaage 92
Gravitationsenergie 97
Gravitationsfeld 63, 106
Gravitationsfeldstärke 95
Gravitationsgesetz 91, 106
Gravitationskonstante 91, 92
Gravitationskraft 91
Größe, physikalische 6
Grundgesetz der Rotation 79
Grundgleichung der Mechanik 38, 42

H

Hafele-Keating-Experiment 117
Haftkräfte 48
Haftreibungszahl 48
Hangabtriebskraft 46
Hauptsätze der Thermodynamik 127, 131
Heißluftmotor 130
heliozentrisches Weltbild 101, 106
Helmholtz, Hermann von 128
Hyperbelbahn (Satellit) 98

I

ideales Gas 125
Impuls 42
Impulserhaltungssatz 70
Impulserhaltungssatz, allgemeiner 74
Inertialsystem 36, 108
Inflation 103
Intervallbeschleunigung *siehe* Durchschnittsbeschleunigung
Intervallgeschwindigkeit *siehe* Durchschnittsgeschwindigkeit
irreversible Prozesse 133, 135
isobarer Ausdehnungskoeffizient 125

J

Joule, James Prescott 128

K

Kältemaschine 132
Kaufmann, Walter 120
Kelvin, Lord *siehe* Thomson, William
Kepler, Johannes 90, 101
Kepler'sche Gesetze 90, 106
kinetische Energie 62
Kirchhoff'sches Gesetz 136
Kometen- und Meteoriteneinschläge 105
Konstanz der Lichtgeschwindigkeit 112, 122
Kontinuitätsgleichung 58
Kopernikus, Nikolaus 100
kosmische Hintergrundstrahlung 102
kosmologische Konstante 104
kosmologisches Standardmodell 102, 106
Kraft 36
– Drehbewegung 44
– Gravitationskraft 91
– Haftkräfte 48
– Hangabtriebskraft 46
– Kräftegleichgewicht 44
– Normalkraft 46
– Reibungskräfte 48
– schiefen Ebene 46
– Trägheitskräfte 55
– Wechselwirkungskraft 41
– Wegintegral 61
– zentripetale Kräfte 52
Kräftegleichgewicht 44
Kreisbewegung 50
Kreisprozesse 130

L

Lageenergie 97
Längenkontraktion 119, 122
Leistung *siehe* Energiestrom
Lichtgeschwindigkeit, Konstanz 112, 122
Linearisierung (Messdaten) 18
Lorentz-Faktor 115
lotrechter Wurf 33
Luftwiderstand 21, 31, 84
Luftwiderstandsbeiwert 59

M

Magnus-Effekt 59
Maryland-Experiment 118
Masse
– schwere 45
– träge 45
Massenbestimmung (Sonne, Erde, Mond) 93
Massenzunahme 120, 122
Mechanik, Grundgleichung 38
mechanische Energie 60
Messunsicherheit 15
Messwerte erfassen 10, 32
Meter, Definition 11
Michelson, Albert 108
Michelson-Interferometer 109
Michelson-Morley-Versuch 108

Momentangeschwindigkeit 12
– Ermittlung 14
Morley, Edward 108
Myonen 116

N

Neuschwanstein-Meteorit 105
Newton, Isaac 36, 90, 101, 108
Newton'sche Axiome 36, 41, 42
nicht lineare Bewegung 30
Normalkraft 46
Nullpunkt, absoluter 125

P

Parabelbahn (Satellit) 98
Penrose, Roger 89
Penzias, Arno 102
Perpetuum mobile zweiter Art 131
Phasenübergang 129
Postulate von Einstein 112, 122
potentielle Energie 106
potentiellen Energie 97
Potenzfunktionen (Modellierung) 18
potenzielle Energie 63
Ptolemäus 101
Pyrometrie 137

Q

quasi-ideale Gase 125

R

Raketenantrieb 76
Reaktionsprinzip 41
reales Gas 125
Reibung 64
Reibungskräfte 48
Relativgeschwindigkeit 77
Relativität der Gleichzeitigkeit 113, 122
Relativitätsprinzip 112, 122
Relativitätstheorie
– Allgemeine 102
– spezielle 108
Rotation, Grundgesetz der 79
Rotation starrer Körper 78
Rückstoßprinzip 76

S

S2 (Stern) 89
Satelliten 98
schiefen Ebene 46
Schmelzen 129
Schmelzwärme 129
schräger Wurf 31
schwarzer Körper 136
schwarzes Loch 89
schwere Masse 45
Schweremessungen 94
Schwerpunktsatz 72
Sekunde, Definition 11
SI 11
siderisches Jahr 88
signifikante Stellen 15
Skalar 27
skalares Produkt 61
Sonnensystem 88, 106
Spannenergie 63
spezielle Relativitätstheorie 108
spezifische Wärmekapazität 128
stefan-boltzmannsches Gesetz 136
Stirling'scher Kreisprozess 130
Stoß
– elastischer 70
– real elastischer 73
– unelastischer 70
– zentraler 70
– zentraler elastischer 71, 72
Strahlungsintensität 136
strömende Medien 58
Sublimieren 129
Superposition von Bewegungen 28
Swing-by 99

T

Temperatur 124
thermodynamisches System 129
Thomson, William 125
träge Masse 45
Trägheitsgesetz der Rotation 80
Trägheitskräfte 55
Trägheitsmoment 79
Trägheitsprinzip 36

U

Umlaufzeit 50
Urknall 102, 106

V

Vektor 26
Vektoraddition 26
Vektoren in Komponenten zerlegen 47
vektorielle Größen 26
Verdampfen 129
Verdampfungswärme 129
Videoanalyse 32

W

waagerechter Wurf 30
Wärmeenergie 127, 134
Wärmekraftmaschine 132
Wärmepumpe 132
Wechselwirkungskräfte 41
Wien'sches Verschiebungsgesetz 137
Wilson, Robert 102
Winkelbeschleunigung 81
Winkelgeschwindigkeit 50, 81
Wirkungsgrad 131, 132
WMAP 102
Wurf
– lotrechter 33
– schräger 31
– waagerechter 30
Wurfparabel 30

Z

Zeitdilatation 114, 122
– durch Gravitation 118
Zeit-Weg-Diagramm 6
Zeit-Weg-Funktion 6
Zentrifugalkraft 55
Zentripetalbeschleunigung 51
zentripetale Kraft 53
zweiter Hauptsatz der Thermodynamik 131
zweiter Hauptsatz der Wärmelehre 137
Zweiter Hauptsatz der Wärmelehre 135
zweites Newton'sches Axiom 42

Bildquellenverzeichnis

|action press, Hamburg: ACTIONPLUS 6.2. |Alamy Stock Photo, Abingdon/Oxfordshire: World History Archive 105.3. |Alamy Stock Photo (RMB), Abingdon/Oxfordshire: Lex Rayton 6.4; The Print Collector Titel. |CERN, Geneva 23: © 1974-2022 CERN 116.1. |ESA, Frascati (Roma): ESA and the Planck Collaboration 102.2. |fotolia.com, New York: AK-DigiArt 46.3. |Getty Images, München: fStop Images - Benson, Caspar 37.1. |iStockphoto.com, Calgary: Bliokh, Anna Titel. |Kilian, Ulrich - science & more redaktionsbüro, Frickingen: 7.3, 7.5, 85.3. |Lingemann, Peter, Münster (Westf.): 3.1, 21.4, 21.5, 28.2, 28.4, 29.5, 30.3, 31.2, 32.1, 32.2, 32.3, 34.3, 34.7, 35.8, 40.1, 40.5, 40.6, 45.4, 46.1, 47.2, 47.3, 50.1, 50.3, 52.4, 89.2, 99.1, 107.4, 109.3, 109.4, 111.2, 113.2, 113.3, 115.1, 115.3, 121.1, 121.2, 123.3, 123.5, 123.6. |Lüddecke, Liselotte, Hannover: 94.2. |mauritius images GmbH, Mittenwald: Westmacott, Edward/Alamy/Alamy Stock Photos 37.6. |NASA, Washington: X-ray: NASA/CXC/CfA/ M.Markevitch et al.; Lensing Map: NASA/STScI; ESO WFI; Magellan/U.Arizona/D. Clowe et al.; Optical: NASA/STScI; Magellan/U.Arizona/D.Clowe et al. 104.1. |newVISION! GmbH, Pattensen OT Reden: 6.1, 7.1, 7.2, 7.4, 8.1, 9.1, 9.2, 9.3, 10.1, 10.2, 10.3, 11.1, 11.2, 12.1, 12.2, 13.1, 13.2, 13.3, 13.4, 14.1, 14.2, 14.3, 16.1, 16.2, 16.3, 16.4, 17.1, 18.1, 18.2, 18.3, 19.1, 19.2, 20.2, 21.1, 21.2, 21.3, 22.1, 22.2, 22.3, 22.4, 23.1, 23.2, 23.3, 24.1, 24.2, 24.3, 24.4, 24.5, 25.1, 25.2, 25.3, 25.4, 26.1, 26.2, 26.3, 27.1, 27.2, 27.3, 28.1, 28.3, 29.1, 29.2, 29.3, 29.4, 30.1, 30.2, 31.1, 31.3, 31.4, 32.4, 33.1, 33.2, 33.3, 33.4, 34.1, 34.2, 34.4, 34.5, 34.6, 34.8, 35.1, 35.2, 35.3, 35.4, 35.5, 35.6, 35.7, 36.1, 37.2, 37.3, 37.4, 37.5, 37.7, 38.1, 38.2, 39.1, 39.2, 39.3, 39.4, 40.2, 40.3, 40.4, 41.1, 42.1, 42.2, 42.3, 42.4, 43.1, 43.2, 43.3, 43.4, 43.5, 43.6, 43.7, 43.8, 44.1, 44.2, 44.3, 44.4, 44.5, 45.1, 45.2, 45.3, 46.2, 46.4, 46.5, 47.1, 47.4, 47.5, 47.6, 47.7, 48.1, 48.2, 48.3, 48.4, 49.1, 49.2, 49.3, 49.4, 49.5, 50.2, 51.1, 52.1, 52.2, 52.3, 53.1, 53.2, 53.3, 54.1, 54.2, 54.3, 54.4, 54.5, 55.1, 55.2, 56.1, 56.2, 56.3, 56.4, 56.5, 57.1, 57.2, 57.3, 58.2, 58.3, 58.4, 59.1, 59.2, 60.1, 60.2, 60.3, 61.1, 61.2, 61.3, 61.4, 62.1, 62.2, 63.1, 63.2, 64.1, 64.2, 65.1, 66.1, 66.2, 67.1, 67.2, 67.3, 67.4, 67.5, 68.1, 68.2, 68.3, 69.1, 70.1, 70.2, 71.1, 72.1, 73.1, 73.2, 73.3, 74.1, 74.2, 74.3, 75.1, 75.2, 75.3, 75.4, 75.5, 76.1, 77.1, 77.2, 78.1, 78.2, 78.3, 79.1, 79.2, 79.3, 79.4, 80.1, 80.2, 80.3, 81.1, 81.2, 81.3, 82.1, 84.1, 85.1, 85.2, 86.1, 86.2, 86.3, 86.4, 86.5, 86.6, 87.1, 87.2, 87.3, 87.4, 87.5, 87.6, 88.1, 89.1, 89.3, 89.4, 90.1, 90.2, 91.1, 91.2, 92.1, 93.1, 93.2, 94.1, 95.1, 95.2, 96.1, 96.2, 96.3, 97.1, 98.1, 99.2, 99.3, 100.1, 100.2, 101.2, 102.1, 103.1, 104.2, 105.2, 106.1, 107.1, 107.2, 107.3, 109.2, 110.1, 110.2, 110.3, 110.4, 111.1, 111.3, 112.1, 113.1, 114.1, 115.2, 118.1, 118.2, 119.1, 119.2, 120.1, 122.1, 122.2, 122.3, 123.1, 125.2, 126.1, 127.1, 128.1, 130.1, 131.1, 131.2, 131.3, 134.1, 135.1, 137.1, 137.2, 138.1, 141.1, 141.2. |Picture-Alliance GmbH, Frankfurt a.M.: dpa 117.1; dpa/DaimlerChrysler 58.1; dpa/Kneffel, Peter 105.1; HB-Verlag 6.3. |Schlierf, Birgit und Olaf, Lachendorf: 92.2, 101.1, 109.1, 116.2, 116.3, 117.2, 123.2, 123.4, 125.1, 130.2, 130.3, 132.1, 136.1. |Science Photo Library, München: David Parker/SPL 105.4; SPL 57.4. |Shutterstock.com, New York: Nenad Ilic 133.1. |Tegen, Hans, Hambühren: 20.1.

Astronomische Daten

	Zeichen	Größenwert
Astronomische Längeneinheiten (mittlere Entfernung Erde – Sonne)	1 AE	$1{,}496 \cdot 10^{11}$ m
Lichtjahr (Weg des Lichtes in einem Jahr)	1 Lj	$0{,}946 \cdot 10^{16}$ m
Parallaxensekunde (Entfernung entsprechend der Parallaxe einer Bogensekunde)	1 parsec	1 pc = $3{,}086 \cdot 10^{16}$ m
Siderisches Jahr 365 d 6 h 9 min 10 s (Zeit zwischen zwei Vorübergängen der mittleren Sonne vor demselben Stern)		365,2563 mittlere Sonnentage $3{,}1558 \cdot 10^7$ s
Tropisches Jahr 365 d 5 h 48 min 46 s (Zeit zwischen zwei Durchgängen der mittleren Sonne durch den Frühlingspunkt)		365,2422 mittlere Sonnentage $3{,}1557 \cdot 10^7$ s
Siderischer Monat 27 d 7 h 43 min 12 s (Zeit zwischen zwei Vorübergängen des Mondes vor demselben Stern)		27,3217 d
Synodischer Monat 29 d 12 h 44 min 3 s (Zeit zwischen zwei Vorübergängen des Mondes vor der Sonne)		29,5306 d

Sonne	Zeichen	Größenwert
mittlerer Radius	$R_\odot$	$6{,}96 \cdot 10^8$ m (Sehwinkel 32′)
Masse	$m_\odot$	$1{,}989 \cdot 10^{30}$ kg (= $3{,}33 \cdot 10^5\ m_E$)
mittlere Dichte	$\rho_\odot$	$1{,}409 \cdot 10^3$ kg/m³
Schwerebeschleunigung (an der Oberfläche)	$g_\odot$	$2{,}736 \cdot 10^2$ m/s²
Oberflächentemperatur	T	5773 K
Effektive Temperatur der „Oberfläche“	T_{eff}	5777 K
Abstand zum nächsten Fixstern (Proxima Centauri)	e	4,24 Lj
Leuchtkraft (gesamte Strahlungsleistung)	$L_\odot$	$3{,}86 \cdot 10^{26}$ W
Solarkonstante (auf der Erde ankommende Strahlungsleistung)	S	$1{,}372 \cdot 10^3$ W/m²

Erde	Zeichen	Größenwert
Äquatorradius	r_{Ea}	$6{,}37814 \cdot 10^6$ m Abplattung
Polradius	r_{Ep}	$6{,}35680\,10^6$ m $\frac{r_{Ea} - r_{Ep}}{r_{Ea}} = \frac{1}{298}$
mittlerer Erdradius (Radius der Kugel mit Volumen der Erde)	r_E	$6{,}37104 \cdot 10^6$ m
mittlere Dichte	ρ_E	$5{,}515 \cdot 10^3$ kg/m³
Dichte der Erdkruste in 30 bis 70 km Tiefe	ρ_E	$2{,}6 \cdot 10^3$ kg/m³ bis $3{,}0 \cdot 10^3$ kg/m³
Masse	m_E	$5{,}972 \cdot 10^{24}$ kg
mittlere Schwerebeschleunigung	g_E	9,814 m/s²

Mond	Zeichen	Größenwert
mittlerer Radius	r_M	$1{,}737 \cdot 10^6$ m (Sehwinkel 31′)
Masse	m_M	$7{,}346 \cdot 10^{22}$ kg (= $0{,}0123\ m_E$)
mittlere Dichte	ρ_M	$3{,}341 \cdot 10^3$ kg/m³
Schwerebeschleunigung	g_M	1,620 m/s² (= $\frac{1}{6} g_E$)
mittlerer Abstand von Erde (Abstand schwankt zwischen $3{,}633 \cdot 10^8$ m und $4{,}055 \cdot 10^8$ m)	e	$3{,}844 \cdot 10^8$ m

Planetensystem

Planet	Zeichen	Masse m des Planeten: absolut in 10^{24} kg	Masse m des Planeten: relativ zur Masse m_E der Erde m/m_E	mittlere Entfernung e zur Sonne: absolut in 10^9 m	mittlere Entfernung e zur Sonne: relativ zum Erdbahnradius r_E e/r_E	siderische Umlaufzeit T Zeit eines vollen Umlaufs um die Sonne	Äquatorialer Radius r in km
Merkur	☿	0,330	0,0553	57,9	0,387	87,969 d	2440
Venus	♀	4,869	0,815	108,2	0,723	224,701 d	6052
Erde	♁	5,9736	1,000	149,6	1,000	365,256 d	6378
Mars	♂	0,6419	0,107	227,9	1,523	686,98 d	3397
Jupiter	♃	1899	317,9	778,3	5,204	11,862 a	71492
Saturn	♄	568,5	95,2	1429,4	9,555	29,457 a	60265
Uranus	⛢	86,83	14,5	2871,0	19,19	84,001 a	25559
Neptun	♆	102,43	17,1	4504,3	30,11	164,79 a	24766
			zum Vergleich				
Sonne	⊙	1989100	332950	–	–	–	695000
Mond	☾	0,0735	0,0123	–	–	–	1738

Physikalische Größen

Basisgröße	**SI-Basiseinheit**	**Zeichen**
Länge l	Meter	m
Masse m	Kilogramm	kg
Zeit t	Sekunde	s
Elektrische Stromstärke I	Ampère	A
Thermodynamische Temperatur T	Kelvin	K
Stoffmenge n	Mol	mol
Lichtstärke	Candela	cd

Abgleitete Größe	**Definition**	**SI-Einheit**	**in SI-Basiseinheiten**
Aktivität A	$A = -\mathrm{d}N/\mathrm{d}t$	1 Bq (*Becquerel*)	1/s
Äquivalentdosis H	$H = qD$	1 Sv (*Sievert*)	1 m^2/s^2
Beschleunigung a	$a = \Delta v/\Delta t$	1 m/s^2	1 m/s^2
Drehimpuls L	$L = J\omega$	1 N m s	1 $kg\,m^2/s$
Drehmoment M	$M = rF$	1 N m	1 $kg\,m^2/s^2$
Druck p	$p = F/A$	1 Pa (*Pascal*) = 1 N/m^2	1 $kg/(m\,s^2)$
Elektrische Energie W	$W = qU$	1 J = 1 W s = 1 V A s	1 $kg\,m^2/s^2$
Elektrische Feldstärke E	$E = F/q$	1 V/m = 1 N/C	1 $kg\,m/(A\,s^3)$
Elektrische Kapazität C	$C = q/U$	1 F (*Farad*) = 1 C/V = 1 A s/V	1 $A^2 s^4/(kg\,m^2)$
Elektrische Ladung q	$q = It$	1 C (*Coulomb*)	1 A s
Elektrische Leistung P	$P = UI$	1 W = 1 J/s = 1 V A	1 $kg\,m^2/s^3$
Elektrische Spannung U	$U = \Delta\varphi$	1 V (*Volt*) = 1 J/C = 1 J/(A s)	1 $kg\,m^2/(A\,s^3)$
Elektrischer Widerstand R	$R = U/I$	1 Ω (*Ohm*) = 1 V/A	1 $kg\,m^2/(A^2 s^3)$
Elektrisches Potenzial φ	$\varphi = W/q$	1 V (*Volt*) = 1 J/C = 1 J/(A s)	1 $kg\,m^2/(A\,s^3)$
Energiedosis D	$D = E/m$	1 Gy (*Gray*) = 1 J/kg	1 m^2/s^2
Entropie S	$\Delta S = Q/T$	1 J/K	1 $kg\,m^2/(K\,s^2)$
Frequenz f	$f = n/t$	1 Hz (*Hertz*)	1/s
Geschwindigkeit v	$v = \Delta s/\Delta t$	1 m/s	1 m/s
Impuls p	$p = mv$	1 kg m/s	1 kg m/s
Induktivität L	$L = U_L/(\Delta I/\Delta t)$	1 H (*Henry*) = 1 V s/A	1 $kg\,m^2/(A^2 s^2)$
Intensität I	$I = \Delta E/(A\,\Delta t)$	1 W/m^2	1 kg/s^3
Kraft F	$F = \Delta p/\Delta t$	1 N (*Newton*)	1 $kg\,m/s^2$
Leistung P	$P = \Delta E/\Delta t$	1 W (*Watt*) = 1 J/s = 1 N m/s	1 $kg\,m^2/s^3$
Magnetische Feldstärke B	$B = F/(Il)$	1 T (*Tesla*) = 1 V s/m^2	1 $kg/(A\,s^2)$
Magnetischer Fluss Φ	$\Phi = BA$	1 Wb (*Weber*) = 1 V s	1 $kg\,m^2/(A\,s^2)$
Mechanische Energie E, (W)	$E = Fs\cos\alpha$	1 J (*Joule*) = 1 N m = 1 W s	1 $kg\,m^2/s^2$
Trägheitsmoment J	$J = M/\alpha$	1 N m s^2	1 $kg\,m^2$
Winkel φ	$\varphi = b/r$	1	1 m/m
Winkelbeschleunigung α	$\alpha = \Delta\omega/\Delta t$	1/s^2	1/s^2
Winkelgeschwindigkeit ω	$\omega = \Delta\varphi/\Delta t$	1/s	1/s